日米開戦と二人のソ連スパイ

ホワイトとヒスが石油禁輸を促した

Michio Saito
斎藤三知雄

PHP研究所

まえがき

本書は、太平洋戦争前の日米関係、特にアメリカ政府内の動きと、ソ連と共産主義の影響について記したものである。今から約八〇年前、当時の世界は、先進国で資本主義が発達してきたものの、社会保障政策は発達が遅れて貧富の差が激しかった。また世界の列強国はアジアやアフリカを植民地化していた。このようななかで、労働者の権利を拡大し、植民地を解放しようとする共産主義には、多くの人が期待を寄せた。

しかし、ソ連のスターリンが政権をとってから、世界の共産主義運動はスターリンの支配下に置かれるようになった。スターリンに反対する人物は粛清された。スターリンの独裁は、深刻な人権侵害や周辺国の侵略など多くの問題を引き起こした。ソ連は、世界中で役立ちそうな共産主義者がいると、ソ連のスパイ網に組み込んでいった。スターリンはソ連のスパイ網を、自己の権力の拡大や、ソ連の国益のために用いた。

アメリカ政府内の共産主義者がソ連のためにスパイを働いていたのではないかという疑惑は昔からあったが、決定的な証拠がなく、真偽は不明のままとなっていた。ところが一九九〇年代に入ってソ連が崩壊すると、アメリカ側とロシア側から新資料が公開された。これらによって、研究者のあいだでは、アメリカ政府内の共産主義者がソ連のスパイを働いていたことが確実視されるようになった。特に地位が高かったのが、財務省のホワイトと国務省のヒスである。

本書では、アメリカ側の新資料（ヴェノナ文書やＯＡＳＩＡ資料）や、ロシア側のＫＧＢ資料を参照しながら、全米のアーカイブを巡ってアメリカ財務省や国務省などに関する資料を調査し、日米開戦前にホワイトやヒスがどのような動きをしていたのかを明らかにした。

特に、アメリカがなぜ日本に石油禁輸をしたのかは、これまでよくわかっていなかったが、ホワイトとヒスが深く関わっていたことを本書で明らかにした。ホワイトは自分の部署の中にＦＦＣ（外国資産管理）分析課をつくってアメリカの経済戦争の方針を決定しようとし、実際にアメリカから日本への石油輸出を止めてしまった。そしてオランダから日本への石油輸出については、石油輸出をさせないように、国務省のヒスが暗躍した。

日本では「ソ連スパイのホワイトが強硬なハル・ノートをつくって日本に押しつけた」などと言われることがあるが、これはソ連ＫＧＢのパブロフが主張する作戦（オペレーション・スノー）のことを指している。本書では、ソ連諜報部全体の動きを説明しながら、実際のソ連の作戦がどのようなものであったのかを明らかにしている。そしてホワイトがつくった日米協定案が、米国政府内でなぜ強硬な「ハル・ノート」になってしまったのか、その経緯も解明した。

さらに、ホワイトと部下たちが、日中戦争開始以降、日本への経済制裁をずっと狙っていたことや、ＡＢＣＤ包囲網（米英中蘭による対日経済制裁）が国務省でどのように確立され、その背後でヒスがどのように暗躍していたかについても明らかにした。

本書が今後の太平洋戦争の研究の一助となれば幸いである。

ハリー・デクスター・ホワイト(1892-1948)
米国財務省で通貨調査部長や財務次官補を務める。国際通貨問題の第一人者であり、IMF(国際通貨基金)設立を主導した。在任中からソ連のスパイ疑惑が持たれていたが、現在ではスパイであったことが確実視されている。

アルジャー・ヒス(1904-1996)
米国国務省の高官。ヤルタ会談では米国側の事務をとりまとめ、国連創設会議では事務局長を務めた。1948年に米国議会の委員会でさまざまな疑惑を追及されて、世間から大きな注目を浴びた。結果的に偽証罪となり服役した。

日米開戦と二人のソ連スパイ　目次

第二章　二人の大物ソ連スパイ、ホワイトとヒス

第三章　出世の踏み台となったニューディール政策

第四章　ホワイトとヒスの裏の顔――チェンバーズの証言

第五章 日本に経済制裁せよ——日米通商航海条約の破棄

第六章

第二次世界大戦が始まり揺れ動くアメリカ

第七章

陰の動きを加速するホワイトとヒス

第八章 石油禁輸が実現したプロセス

第九章 財務省の権威の陰で暗躍するホワイト

第十章 石油会社とオランダを操るヒス

第十一章

ハル・ノートの裏にもホワイトがいた

第十二章　アメリカに浸透していたソ連諜報部

エピローグ

装丁――神長文夫＋松岡昌代
装丁・本文写真提供――ユニフォトプレス

第一章　新資料公開で暴かれたソ連スパイと日米開戦の関係

■太平洋戦争は侵略戦争か自衛戦争か

太平洋戦争については、いろいろな見方がある。侵略戦争であったという見方や、自衛のための戦争であったという見方などである。

侵略戦争であったという見方では、以下のようになるであろう。日本の軍部、特に陸軍が暴走して満州事変を起こし、さらに中国を侵略して、日中戦争を始めた。戦争は拡大していき、さらに東南アジアに進出（仏印進駐）して英米との対立を深め、ついにはハワイの真珠湾を攻撃して太平洋戦争へと突き進んでいったというような感じになるであろう。

自衛のための戦争だったという立場からは、以下のような見方になるだろう。アメリカは以前より中国市場に興味をもっており、中国市場をめぐって、日本と対立していた。特に太平洋戦争が始まる四年前、一九三七年に日中戦争が始まると、露骨に中国を支援するようになり、日本に敵対するようになった。こうしてアメリカは、一九四〇年にくず鉄を禁輸し、一九四一年には、ＡＢＣＤ包囲網で石油を禁輸して日本の野望を打ち砕こうとした。[1]

ＡＢＣＤ包囲網というのは、アメリカ（America）・イギリス（Britain）・中国（China）・オランダ（Dutch）が、協力して日本に経済制裁を加え、日本との貿易を制限・禁止したことを指す。特に日本は、石油の九割をアメリカやオランダ（オランダ領東インド）からの輸入に頼っていたので、石油の禁輸は死活問題であった。ＡＢＣＤ包囲網を解いてもらおうと交渉すると、アメリカはハル・ノートを押しつけて無理難題をふっかけ、日本が戦争するように仕向けた。このため、日本は自存自衛のために立ち上がり、真珠湾を攻撃し、アメリカと戦争したのだというのである。

▒開戦までの四年間の日米関係

実際のところはどうであったのだろうか。ここで、日中戦争のころから日米が開戦するまで、日米がどのように対立を深めていったのか、歴史を簡単に振り返ってみよう。

一九三七年

七月に日中戦争が起こると、戦火は拡大していき、日本への非難が高まった。するとアメリカのルーズベルト大統領は十月に、有名な「隔離演説」を行った。国際条約を破って戦争ばかりしている国は、世界から隔離してしまうべきだというのである。これは一般に経済制裁を意味するものだと考えられた。しかし当時のアメリカは反戦平和の風潮が強く、経済制裁は戦争を招くと「隔離演説」は不評だった。十二月になると、日本軍が中国で、米国の砲艦パネー号を撃沈するという事件が起こった。ルーズベルトは激怒したが、日本側が謝罪して賠償金を支払うことで解決した。

一九三八年

日本は快進撃を続け中国の主要都市を占領した。近衛文麿内閣は十一月に「東亜新秩序」声明を発表した。東アジアで新しい秩序をつくろうとするこの声明は、これまでアメリカが主張してきた中国での経済活動(門戸開放、機会均等)を否定するものだった。十二月にアメリカは中国への経済支援(借款)を表明して、中国を支援する姿勢を明らかにした。そして日本には、「東亜新秩序」は認められないと通知した。

一九三九年

アメリカでは日本への経済制裁を主張する声が強まっていった。しかし、日本とアメリカには日米通商航海条約が結ばれており、一方的な経済制裁はできなかった。すると七月にアメリカは、日本に対して日米通商航海条約の破棄を通告した。日本側は突然の事態に驚いた。その後も日本を驚かせる事態が起こった。八月に、これまで敵同士とみられていたナチス・ドイツとソ連が、独ソ不可侵条約を結んだのである。そして九月にドイツがポーランドに侵入すると第二次世界大戦が始まった。

一九四〇年

四月になるとドイツが怒濤の勢いで攻勢をかけ、デンマーク、オランダ、ベルギー、フランスを破った。残るイギリスもドイツに敗れるのは時間の問題だと予想されるようになった。日本に近い東南アジアには、フランス、オランダ、イギリス、アメリカの植民地があったが、多くがドイツのものとなる可能性があった。すでにイタリアはドイツについて参戦していたが、日本もドイツとの関係を強化すべきだという声が高まった。アメリカは日本が東南アジアに進出しないようけん制した。七月、アメリカは日本への航空機燃料を禁輸した。しかし日本は九月に北部仏印進駐を行って東南アジアへ進出した。アメリカはくず鉄禁輸や中国への経済支援などを表明して対抗した。すると日本は電撃的に日独伊三国同盟を発表してアメリカを驚かせた。三国同盟が敵国として想定しているのがアメリカであるのは明らかだった。

一九四一年

アメリカは、銅、亜鉛、ニッケルなど日本への禁輸品目を増やしていった。松岡外相は二月に、ルーズベルト大統領と旧知の野村吉三郎大使を米国に送った。一方で松岡外相は四月に日ソ中立条約を結んで、ソ連との関係改善を図った。日独伊にソ連も加えた陣容で、アメリカに圧力をかける予定であった。ところが六月に、ドイツがソ連に攻め込んで独ソ戦が始まり、日独伊ソの連合構想は崩れた。新しい事態に直面し、日本ではドイツに呼応してソ連に攻め込む意見（北進）や、東南アジアに進出する意見（南進）、日中戦争に集中する意見などが出た。その結果、しばらくのあいだ情勢をうかがうこととなり、南進する場合に重要となる南部仏印進駐をとりあえず行うこととなった。

ところが、七月に日本が南部仏印進駐を行うと、アメリカは日本資産を凍結し、そのあとすぐに石油を全面禁輸して対抗した。これに、イギリスやオランダも追随した。日本は石油の九割を外国からの輸入に頼っており、その多くがアメリカからの輸入だった。日本は石油の備蓄が一年数ヶ月分しかなかったので、窮地に立たされた。日本に残された選択肢は、外交交渉か戦争であった。外交交渉の場合は、徹底的に譲歩しなければならないことが予想された。しかも交渉が長引けば長引くほど日本に不利になっていくのだった。もう一つの選択肢は、東南アジアの油田地帯（オランダ領東インド）を占領することだった。オランダ領東インドでは、日本の消費量をまかなえるだけの石油が得られた。しかし東南アジアの油田地帯に進出すれば、英米との戦争になる可能性が大きかった。また侵攻作戦には時間がかかり、作戦に適した気象条件（モンスーン等）を考慮すると、戦争までに許された時間は数ヶ月しかなかった。

このような中で、近衛首相が動いた。近衛首相は、ルーズベルト大統領とトップ会談を行って、日米関係を改善し危機を脱しようとした。しかしハル国務長官は予備折衝が必要だと主張した。野村大使とハル国務長官は何度も話し合ったが、予備折衝はまとまらず、アメリカは日米首脳会談を断った。

十月に近衛首相は時局をまとめられなくなって辞職した。代わりに首相となったのは東条英機であったが、昭和天皇の意を受け、外交交渉に力を入れた。外務大臣となった東郷茂徳は甲案と乙案という二つの案を作成し、来栖《くるす》大使をワシントンに派遣した。この動きを受けてアメリカ側は、暫定協定案を用意した。九〇日間限定で石油輸出などを再開する代わりに、日本が東南アジアなどで新たな軍事行動をとるのをやめさせようとしたのである。十一月二十二日、ハル国務長官は関係国（英蘭豪中）に暫定協定案を見せて承認を求めた。ところが十一月二十六日、ハル長官は突然、暫定協定案を放棄して、もう一つ用意していたハル・ノートだけを、野村と来栖の両大使に渡したのであった。ハル・ノートは日本側にとって受け入れられるものではなく、日本は戦争を決意した。十二月七日（現地時間）、日本は真珠湾を攻撃して太平洋戦争が始まった。

■アメリカでは太平洋戦争の理由について議論百出

さて、アメリカは太平洋戦争について、どのように見ているのであろうか。アメリカで出された歴史書を読むと、アメリカは基本的に、ナチス・ドイツの脅威から自国を守ることが最重要の目的だったようである（日本は日独伊三国同盟の一員であった）。日本が自衛のための戦争と主張するなら、アメリカにとっても自衛のための戦争だったようなのである。そして当時のアメリカの戦略は、ヨーロッパ第一主義で、ナチス・ドイツ打倒のために戦力を集中することとなっていた。アジアで日本と戦争をするようなことは避けるべきだとされていたのである。それではなぜアメリカと日本は戦争をしてしまったのであろうか。

これに対してはさまざまな意見が出されている。アメリカは「経済拡張主義のために中国で日本と対立した」、「ウィルソン主義（門戸開放、領土保全、国家主権）の原則に引きずられてしまった」、「国際法とベルサイユ条約後の秩序を守ろうとした」、「世論に押された」、「現実的計算を忘れて道徳に引きずられた」、「東南アジアの資源で対立した」など多くの意見が出されているが、どうして太平洋戦争になってしまったのかについては、意見の一致を見ていないようである。[2]

また、真珠湾攻撃から八〇年以上が経過したが、まだ分かっていない点も多い。たとえば、アメリカがなぜ石油禁輸をしたかについては、多くの説が出されているが、なぜそうなったのかは分かっていない。日本を戦争に追い込むような石油禁輸は、アメリカ政府の失策だとする意見も多い。

またアメリカがなぜ暫定協定案を捨てて、ハル・ノートだけを提出したかについても議論がある。張本人のハル国務長官は「中国の強い反対と、英国の消極的な態度、世論の反対などを考慮して」暫定協定案をやめたと述べている。しかしアメリカには修正派と呼ばれる人々がいて、ハルの説明に満足していない。修正派の中には、ハルではなくルーズベルト大統領がアメリカを戦争に導くために、強硬な提案（最後通牒）を出して日本を挑発したというような意見を述べる人もいる。

■影響力を持っていた米政府内の対日強硬派

ところで、アメリカ政府内には対日強硬派と呼ばれる人々がいて、日本に厳しい政策をとることを主張したことが知られている。

閣僚では、スティムソン陸軍長官、ノックス海軍長官、モーゲンソー財務長官、イッキーズ内務長官などが対日強硬派であったとされている。

国務省内部では、経済担当のアチソン次官補、政治顧問のホーンベックと部下のヒス、財務省内部では、通貨調査部のホワイト部長とその部下（コー、ウルマン、アドラー他）などが挙げられる。

対日強硬派は日本への経済制裁を主張していた。ここに出てくるアチソン、ホーンベック、ヒス、ホワイトと部下たちは石油禁輸に大きく関わっている。

また財務省のホワイトは、ハル・ノートに影響を与えたことで知られている。国務省のハル長官らが日米交渉をしているときに、突然ホワイトが日米協定案を提出して割り込んできたのである。

これは考えてみれば、不思議な話であろう。たとえば日本で、外務省が他国と交渉中のときに、財務省が交渉案をつくって割り込んできたら、外務省はおもしろくないであろう。ところが、これは当時のアメリカ政府でたびたび起こっていたできごとだったようである。ハル長官は、次のように不満を述べている（［］内は筆者の補足である）。

「モーゲンソー［財務長官］は、財務省のなかに、ハリー・ホワイトがたくみに率いる素晴らしい組織を持っていた。モーゲンソーは、財務省の仕事だけでとどまっているようなことはなかった。

モーゲンソーは、すべての情報や正確な情報を知らなかったにもかかわらず外交問題に干渉したが、彼が閣僚になったときから、国務省の権限に大きく踏み込むような機会を常にうかがっていたのである。ヒトラーの台頭とユダヤ人の迫害に心が動転してしまい、モーゲンソーはたびたび、大統領が国務省を先回りするように仕掛けたり、我々国務省のよりよい判断に反するような行動を大統領がとるように仕向けたりした」[3]

このように、ホワイト部長はたびたび米国の外交政策に介入していたようなのである。さて、ホワイト部長が作成した日米協定案はどうだったのであろうか。ハル長官は次のように述べている。

「モーゲンソー財務長官は、財務省で作成した協定案を私に送りつけてきた。私から見ると、財務長官には、第二の国務長官になろうとするしつこい傾向があり、これはその一例である。そうであったにもかかわらず、この内容にはなかなか良いところがあったので、我々の最終提案にいくつか入れることにした」[4]

このように、財務省のホワイト部長がつくった日米交渉案は好評だったようである。そしてハル長官はいくつか入れたと言っているが、実はホワイトの提案はハル・ノートの最終案にかなり多く取り入れられたのである。このハル・ノートは日本にとっては強硬な提案で、とてものめるものではなかった。

■ソ連スパイの実相をかえってうやむやにしたマッカーシー

ところで、ここに出て来る人物の中には、赤狩りの時代に非難された人物がいる。赤狩りで有名なマッカーシー上院議員は、アメリカ政府内には共産主義者がうようよいてソ連のスパイを働いていると主張し、次から次へと人々に「アカ」のレッテルを貼って攻撃した。

国務次官補だったアチソンも、マッカーシー上院議員から攻撃された。アチソンは、後にトルーマン政権下で国務長官にまで出世し、ヨーロッパでの共産主義の封じ込めに活躍した反共の政治家として有名である。なぜ、冷戦の立役者として知られる反共のアチソンが、赤狩りのマッカーシーから攻撃されたのであろうか。アチソンはヨーロッパでは反共政策をとったのだが、極東ではどういうわけか共産主義に都合の良い政策ばかりとっていると疑われたのである。[5]

また、赤狩りの時代には元スパイと称する人々が、証人としてたくさん現れた。かつて、ソ連のスパイ網や共産党地下組織に属していたものの、ソ連や共産主義に幻滅して、米国政府に協力するようになったという人々で、有名なのは、チェンバーズやベントリーである。

元スパイのチェンバーズとベントリーは、上記の対日強硬派のなかで、国務省のヒスや財務省のホワイト部長（とその部下）などが、共産党の地下工作員あるいはソ連のスパイであったと証言した。

国務省のヒスはのちに国連創設会議で事務局長を務め、財務省のホワイトは国際通貨基金（ＩＭＦ）設立で主導的な役割を果たし、戦後の国際協力体制に大きく貢献した人物であった。このため、ソ連のスパイだという証言は賛否両論を引き起こした。

このほかにも右記の人物の何人かが赤狩りの時代に疑われた。ホワイトやヒスをはじめとする人物は、本当にソ連のスパイであったのだろうか。

一九五〇年代に米国に吹き荒れた「赤狩り」の嵐であるが、そのうちに、マッカーシー上院議員のやり方の問題点が批判されるようになった。十分な証拠もないのに人々を「アカ」だと攻撃して、その人物の信用を落とすのである。マッカーシーに「アカ」のレッテルを張られた人々が反論するようになり、ジャーナリストやマスコミが、マッカーシーを徹底攻撃しはじめた。

こうしたなかで一九五四年、上院はマッカーシー譴責《けんせき》決議案を出した。三年後の一九五七年、マッカーシーは失意のうちに死亡した。

マッカーシーの失脚によって、「赤狩り」の問題点が積極的に指摘されるようになった。共産主義に共鳴しただけで共産党員だとレッテルを貼り、違法行為をした人もしていない人も、まとめて犯罪者のように責め立てるのは問題とされた。「赤狩り」は思想の抑圧で、アメリカ民主主義の敵だとする主張が強くなった。また、共産スパイを告発していた証人の中には、お金目当てで嘘をついていた人物がいたことも明らかとなった。さらにベトナム戦争が泥沼化するにつれて反戦運動が激化したが、反戦運動をした人の中には、アメリカ政府が共産主義の脅威をでっち上げて、国民を戦争に駆り立てているのだと考えるようになった人もいた。

こうしてアメリカでは、マッカーシーと言えば「インチキ」、赤狩りと言えば「アメリカ民主主義の汚点」といった歴史観が定着していった。さらに、マッカーシーの周辺で共産スパイを告発していた元スパイの証人たちも、ひとまとめに「インチキ」とされるようになった。[6]

こうしてホワイト部長やヒスも、ソ連のスパイでは無く、濡れ衣を着せられた赤狩りの被害者だとの見方が強くなったのである。

■ソ連崩壊でコミンテルンの資料庫が解放された

一九九〇年代に入ると、歴史の世界に大変革が起こった。一九九一年に共産主義の総本山・ソ連が崩壊し、旧ソ連の資料が公開されはじめたのである。

ソ連崩壊後に出現したのは、ロシア政府であったが、できたばかりのロシア政府が警戒していたのは、旧ソ連の共産党有力者がふたたび力を盛り返すことであった。ロシア政府は、共産党政権が復活しないようにするため、対策を打つ必要があった。その一環としてロシア政府は、旧ソ連政府の悪事を暴露することにした。これによって、国民や欧米諸国が共産主義を嫌い、新しく生まれたロシア政府を支持するはずともくろんでいた。こうしてコミンテルン（国際共産主義運動の指導組織）のアーカイブ（資料庫）が、欧米の研究者に開放された。その結果、数多くの新事実が明らかになったのである。[7]

コミンテルンのアーカイブには、これまで知られていなかったアメリカの共産主義（米国共産党）の機密資料がおさめられていた。これによって、米国共産党の幹部が、第二次世界大戦のころ、積極的にソ連のスパイ活動に協力していたことが明らかになったのである。こうして「赤狩り」の時代に疑われたことの一部が、正しかったことが分かった。[8]

■世界に衝撃を与えたＫＧＢのアーカイブ

さらに、旧ソ連の秘密警察の諜報部門「ＫＧＢ」の資料が一部明らかになった。ＫＧＢ元職員のミトローヒンは、KGBの資料を大量にノートに写していたが、英国諜報部の手引きで英国に亡命し、ノートを英国に持ち込むことに成功した。この文書は「ミトローヒン文書」と呼ばれ、一九九九年に出版された『The Sword and the Shield』をはじめとして、多くの研究成果が発表された。「ミトローヒン文書」は世界に衝撃を与え、イタリアのように政治問題にまで発展する国も出た。[9]

また、新しくできたロシア政府は民主主義を目指していたので、旧ソ連の秘密警察「KGB」には当初冷たかった。ロシア政府でKGBを引き継いだのはSVR（ロシア対外情報庁）であったが、予算が削られて、退職者の年金が払えなくなった。そこでARIO（退役諜報員協会）は、欧米の出版社と契約し、KGBのアーカイブを欧米の研究者に一部開放して本を書かせる代わりに、契約金を支払わせることとした。これはクラウン出版プロジェクトと呼ばれ、四冊の本が出版された。米国内でのソ連のスパイ活動に関しては、一九九九年に『The Haunted Wood』が発表され、これまで知られていなかった事実が明らかにされて大きな反響を呼んだ。[10]

さらに、クラウン出版プロジェクトでKGB資料を調べていたロシアのワシリーエフは、英国に移住し、KGB資料を写したノートを英国に送ることに成功していたことが、後に判明した。このノートは「ワシリーエフ文書」と呼ばれ、クラウン出版プロジェクトで出版された『The Haunted Wood』には書かれていなかった、もっと多くの貴重な情報が明らかになった。「ワシリーエフ文書」の内容は、二〇〇九年に『Spies』として出版された。[11]

これらのKGB資料が、ソ連崩壊後に、かなり信頼できる資料として西側の研究者に明らかになったのである。そして、これらの資料の中で、ホワイト部長やヒスをはじめ対日強硬策を唱えていた人物の何人かが、ソ連のスパイとして登場してくるのである。

このほかに、ソ連崩壊後の混乱時代には、ＫＧＢを引退した諜報員が次から次へと自伝を出版した。目的は生活費を稼ぐためと、諜報活動の重要性をロシア国民に知らせて予算を獲得するためであった。このような目的があるため、大げさな手柄話、意図的な嘘、記憶の間違いなども多く、信頼できる部分とできない部分が入り交じっているが、貴重な参考資料とされている。このなかには、ＫＧＢの工作員が、財務省のホワイト部長を使って謀略をしくみ、日本とアメリカを対立させて戦争に追い込んだという資料も含まれている。[12]

■アメリカ政府の資料公開も歴史を揺るがす

一方で、一九九〇年代に入ると、太平洋戦争から約五〇年が過ぎ、アメリカ政府からも、さらに多くの資料が公開されるようになった。

たとえば財務省関係の新資料が現れた。発端は、研究者がナチス・ドイツの被害にあったユダヤ人の財産がないか、調査しようとしたことに始まる。ナチス・ドイツがホロコースト（ユダヤ人大虐殺）をしている時代に、ユダヤ人がスイスの銀行に預け、いまだに銀行に眠っている資産の記録がないかを調べようとしたのである。米国の国立公文書館は、第二次世界大戦時にヨーロッパで集めた資料や、米国内の外国資産に関する資料を大量に保有していたが、五〇年以上にわたってあまり整理されずに倉庫に保管されたままとなっていた。資料がないかとの照会を受けて、一九九六年には一〇ページほどの最初の資料リストができた。[13]

そのあいだに、ナチス・ドイツがヨーロッパで略奪した金塊などの資産を調査し、もとの持ち主に返還することの重要性が認識されてきた。そこでＥＵ大使や東中欧資産返還担当国務省特使などを務めたアイゼンスタットが、米国政府内に省庁間委員会を結成し、国立公文書館に、資料を整理しリストをつくるように要請した。こうして一九九七年には二七七ページ、一九九八年には七〇〇ページのリストができ、一九九九年には一〇〇〇ページ以上にわたるリストが完成した。リスト（目録）だけで一〇〇〇ページ以上になるのであるから、ものすごい分量の資料である。[14]

この目的は、ナチス・ドイツが略奪した資産を調査するためであったが、これに関連して、米国が経済戦争をおこなった際、外国の資産を凍結した資料も整理された。外国資産の管理は当初、財務省が担当していた。その関係で、日本の資産凍結や石油禁輸に関する財務省資料も整理され、日の目を見ることとなった。すると、財務省・通貨調査部のホワイト部長に関係する資料も大量に出てきたのである。ホワイトなどに関するこれらの資料は略称でOASIA（国際問題担当・財務次官補）資料と呼ばれている。これまで、資産凍結や石油禁輸に関して、国務省の動きはだいたい明らかになっていたが、財務省内部の動きは、あまり明らかになっていなかった。しかし、OASIA資料によって財務省内部の動きがかなり詳しく分かるようになってきた。[15]

二〇〇七年には、OASIA資料を用いたミラーの研究『Bankrupting the Enemy』が出版されている。ミラーはこのなかで、日本はニューヨークに一億ドルの戦争資金を隠し持っていて、発見した財務省を怒らせたとの事実を明らかにしている。[16]

■「ヴェノナ文書」が明かしたトップ・シークレット

さらにアメリカ政府が秘密にしていた、ソ連の暗号解読に関する資料が公開された。アメリカ政府は、第二次世界大戦のころ（一九四〇～四八）、ソ連の通信文を傍受して、ソ連のスパイ網の暗号をほんの一部であるが、解読することに成功していたのであった。とはいっても解読は難航し、一九八〇年までの数十年間続けられていたほどだった。米国は、暗号解読の成果をソ連側に知らせないために、この情報を五〇年間、極秘にしていた。しかし冷戦が終結し、ソ連が崩壊してしまったことを受けて、アメリカ政府は情報公開することを決定した。暗号を解読した文書はヴェノナ（ＶＥＮＯＮＡ）文書と呼ばれ、一九九五年〜九六年にかけて公開された。[17]

これを受けて、一九九九年に『VENONA: Decoding Soviet Espionage in America』、二〇〇〇年には『The Venona Secrets』、『VENONA: The Greatest Secret of the Cold War』といった研究書が相次いで出版された。

また、ＦＢＩ資料を用いた研究も出されるようになった。ソ連のスパイ容疑者を調べたＦＢＩの捜査資料は、基本的に非公開であった。しかし、情報公開法（ＦＯＩＡ）によって、研究者が捜査資料の公開を要求したため、公開できない部分は黒塗りにされているものの、だんだん捜査資料が公開されるようになってきた。一部の研究者は、ＦＢＩはいい加減な捜査によって共産スパイをでっちあげていたのではないかと疑っていたが、黒塗りされていない部分を見たかぎりでは、ときに違法捜査をするものの、ＦＢＩは基本的にきちんと捜査していたことが分かった。そして、ＦＢＩの捜査結果は、ソ連側資料やアメリカのヴェノナ文書とよく符合していることが明らかになった。特に、これまで公開されていなかった、ＦＢＩが盗聴した記録や、家宅捜索して押収した資料は、黙秘権を用いることが多かったソ連スパイの本音を探る資料として、有益な参考情報となることが分かった。[18]

■アメリカ政府内にはソ連スパイがうようよいた

　これらの結果、アメリカ側のヴェノナ文書や、ソ連側のＫＧＢ資料などの新資料によって、衝撃の事実が判明した。第二次世界大戦の頃、アメリカにはとんでもない数のソ連のスパイや協力者がいたのである。*少なくとも数百人の人物が、アメリカ政府、マスコミ、学界等において、何らかの形でソ連諜報部に協力していたようなのである。[19]

　まさしく、一九五〇年代にマッカーシーが言っていたように、アメリカ政府には共産スパイがうようよいたのである。こうしてアメリカでは、「マッカーシーははたして正しかったのか？」と、マッカーシーを再検討する議論がされるようになった。結果としては、やはりマッカーシーのやり方には問題があり、不十分な証拠をもとに、無実の人もそうでない人もひとまとめにして攻撃していたことが分かった。しかし、ソ連のスパイ網から逃げ出して米国政府に協力し、証人として共産スパイを告発していた元スパイのチェンバーズとベントリーの証言は、大筋で正しかったということが判明した。チェンバーズとベントリーが告発した人物の多くが、米国側のヴェノナ文書と、ソ連側のＫＧＢ資料の両方で確認されたのである。チェンバーズとベントリーについて、マッカーシーと同様にただの嘘つきだと信じていた研究者も多く、この結果を受け入れられない研究者が、激しい論争をくり広げたほどであった。[20]

　ところで、対日強硬策を唱えていた人物のうちで、ソ連のスパイだと非難された、アチソン国務次官補、財務省のホワイト部長、国務省のヒスはどうだったのであろうか。右記の資料や研究書の多くが、アチソンについてはソ連のスパイではなかったとしているが、ホワイトとヒスについては、ソ連のスパイであったと結論づけている。[21]
ホワイトやヒス以外にも、アメリカ政府には多くのソ連スパイが潜り込んでいたことを考えると、石油禁輸やハル・ノートなどのアメリカの対日強硬策の背後には、日本の矛先をソ連から米国に転じさせるための、ソ連の謀略の影響があったのではないかと疑われるのは自然なことであろう。

それでは本題に入ろう。

石油禁輸やハル・ノートなど、対日強硬策が実行されていった背後には、ソ連の謀略の影響があったのだろうか？　あったとしたら、その影響度はどの程度のものだったのだろうか？

はたして日本は、ソ連の謀略のせいでアメリカとの戦争に追い込まれたのだろうか？


そこで以下の章では、ホワイトとヒスの動きを中心に、日米関係の悪化から日米開戦にいたるまでの歴史を振り返り、対日強硬策の背後に、ソ連の謀略のようなものが本当にあったのかどうかを、新資料を利用して、できるだけ中立的な立場から検討してみることにしたい。

なお、共産主義にもいろいろな流れがあるが、本書に出てくる共産主義は、現代の共産主義では否定されることの多いスターリン主義と呼ばれるものであることを、あらかじめお断りしておきたい。

＊ヴェノナでは、ソ連の暗号をすべて解読できたわけではない。一九四二年は二％しか解読できず、多かったとされる一九四四年でも半数しか解読できていない（West, p.13; Romerstein and Breindel, p.10）。解読できても、人物には実名でなくコードネームがつけられており、だれがその人物かをつきとめなければならない。ヴェノナでは、三四九名の人物を確認しているが、その内、実名が分かったのは、一七一名にすぎなかった（Haynes and Klehr, *VENONA*, p.339）。実際に、どれほど多くのソ連協力者がいたのかは、よく分かっていない。

第二章 二人の大物ソ連スパイ、ホワイトとヒス

ソ連のスパイであったとされているホワイトとヒスは、どのような人物だったのか。二人の育った時代と生い立ちとを振り返ってみたい。

（一）ハリー・デクスター・ホワイト

■ソ連スパイだった財務省エリート、ハリー・デクスター・ホワイト

財務省で石油禁輸にあたったホワイトの青年時代をさぐってみると、非常に正義感が強く、理想主義的で優しい、しかも野心的な人物だったようである。

ハリー・デクスター・ホワイトは、一八九二年十月九日、ボストン（マサチューセッツ州）で生まれた。父親は、ユダヤ系ロシア（リトアニア）人の行商人で、ホワイトが生まれる七年前にアメリカへ移住した。[1]

ホワイトは七人兄弟の末っ子であり、両親を若い頃に失っている。しかしホワイト兄弟は懸命に生

き抜き、金物や陶磁器を扱う店を経営して大きくしていった。店の数が増えていったため、ホワイトは若くして店長を任せられるようになった。[2]

ホワイトは働きながら高校に通い、高校を卒業すると、そのまま兄弟経営の金物屋で働いた。しかし、勉強したいという気持ちは捨てがたく、二年後の一九一一年、マサチューセッツ農科大学に入学を果たした。マサチューセッツ農科大学は、日本でもおなじみの「少年よ、大志をいだけ」のクラーク博士が、かつて学長を務めていた大学である。ホワイトはこの頃、将来は農業をやろうと考えていたようである。ところでホワイトが最も優秀な成績をおさめたのは、どういうわけか「軍事科学」の科目であった。しかし、兄弟経営の金物屋の仕事が忙しくなったためにホワイトは呼び戻され、大学を中退しなければならなかった。[3]

ホワイトは家業に戻ると、朝から晩まで仕事に明け暮れた。当時は、長時間労働は普通のことであった。しかしホワイトは日曜日になると、孤児や貧困家庭の子供のための養護施設に行って、子供たちを教えた。ボーイスカウトの指導をすることもあった。早い時期に両親を亡くし、さびしい少年時代をすごした経験が、ホワイトにそのような行動をとらせたのかもしれない。[4]

このままいけば、ホワイトは金物商として働きながら、恵まれない子供に奉仕するような一生を送っていたかもしれなかった。しかし、ホワイトの人生を一変するようなできごとが起こった。第一次世界大戦の勃発である。

アメリカは参戦すべきかどうか国論が分かれたが、一九一七年四月六日、第一次世界大戦がはじまって三年近く経ってから、参戦することを決めた。当時のアメリカには、国家のために尽くすのは、アメリカ国民の義務として当然のことだという風潮があった。軍隊にみずから志願する青年も多かった。ホワイトも、アメリカ参戦の六日後、陸軍に志願した。このとき二四歳であった。ホワイトはかつて大学で、「軍事科学」で好成績をおさめたためか、士官養成コースに入って歩兵中尉となることができた。[5]

当時の独身の青年たちは、戦場に送られる前に結婚しておく風習があった。ホワイトも、翌年の一九一八年二月、ロシアから移民してきたアン・テリーと結婚した。そして、そのあとすぐに、フランス戦線に送られた。[6]

ホワイトがフランス戦線に送られて九ヶ月たった後、ついにドイツは降伏した。こうしてホワイトの部隊もアメリカに戻ることとなった。翌年の一九一九年二月、士官養成コースも含め約二年間の陸軍生活を終えると、ホワイトは生まれ故郷のボストンに無事に帰ることができた。しかし、悲惨な戦争に遭遇して、ホワイトの心境は一変していた。ホワイトは家業の金物屋から離れると、戦死した軍人の子供の世話をする孤児院に夫婦で就職し、その責任者となった。[7]

ホワイトの心境の変化の理由はよく分からない。後に、日本のスパイ事件で有名となったゾルゲという人物がいるが、ゾルゲも、第一次世界大戦でドイツ陸軍に志願し、悲惨な戦争を体験した人物だった。多くの人がむだに死んでいくのを目の当たりにして、こんなことは二度と起こしてはいけないと、深く決意したという。そして、世界平和のために共産主義運動にのめりこみ、スパイとなっていったという。ホワイトにも、ゾルゲのような心境の変化があったのかもしれない。ホワイトは、もともと孤児など恵まれない人に対する同情の気持ちがあつく、奉仕の心をもっていたので、このような活動に一生を捧げたいとの考えが強くなったのかもしれない。[8]

■セツルメント運動から大学へ、理想主義者の転身

ホワイトは、翌年の一九二〇年、孤児院からセツルメント運動に活動の場を移した。セツルメント運動は、隣保事業とも呼ばれ、宗教家・学生・知識人が、貧困地区に定住して、その地区の住人と接触しながら、住人の生活向上や福祉の向上をはかる運動である。

産業革命や資本主義の発展によって、都市部には多くの労働者が引き寄せられていったが、貧しく教育のない労働者がかたまって定住するスラム地区ができるようになった。このような貧困者を救うための慈善・救済事業が行われるようになったが、ただ金品を与えるだけではいつまでも情況は改善しないとの認識が深まった。知識人や宗教家が実際にスラム地区に定住し、スラム地区の住人と接触しながら、自立した生き方、道徳的な生き方を身をもって示し、住人の自覚をうながすことが大切だと説かれるようになった。こうして、貧しい住民の住む地区に、宿泊所、診療所、託児所などをつくり、住民の生活・福祉の向上をはかる運動が行われた。

このような運動は、特にイギリスやアメリカで盛んになった。一八〇〇年代後半から一九二〇年代までは、アメリカの理想主義の若者が、一〜二年、社会奉仕のために貧困地区の労働者と生活をともにするのは珍しいことではなかった。後のルーズベルト政権のパーキンズ労働長官、ホプキンズ商務長官、モーゲンソー財務長官などの閣僚もセツルメント運動の経験者であった。ルーズベルト政権は、実業家、弁護士など、さまざまな人物を抜擢したが、そのなかに社会福祉事業の経験者も多く含まれていた。一方、日本では、終戦後の東久邇稔彦《ひがしくになるひこ》内閣で、セツルメント活動で有名な賀川豊彦《かがわとよひこ》が参与となった例がある。[9]

さて、ホワイトに話をもどすと、ホワイトは一九二〇年、ニューヨークにあるセツルメント・ハウスの責任者となった。貧しい人を救い、誰もが豊かに暮らせるような社会づくりの理想に燃えていたことは間違いない。しかし、セツルメント運動をするなかで、ホワイトの心境は、また徐々に変化していったようである。ホワイトの心境の変化を次のように推測する研究者もいる。ホワイトがセツルメント運動で、わずかな数の貧しい労働者を助けたとしても、それをはるかに超える数の貧困労働者が発生していた。あたかもバケツの水で大火災を消し止めようとしているかのようだった。個人や慈善団体の努力には限界があり、政府による救済がなければこの問題は解決できないと、多くの人が考えるようになっていった。こうしてホワイトもふたたび大学に入って勉強し直すことを考え始めた。

■大恐慌の中、経済学者となってワシントンへ

二年後の一九二二年、ホワイトは政治学を学ぶために、コロンビア大学に入学した。ホワイト、三〇歳近くになっての挑戦であった。翌年の一九二三年、ホワイトはスタンフォード大学に転学した。ホワイトの興味は政治学から経済学にうつった。ホワイトは経済学に天与の才能を示し、スタンフォード大学の経済学部を優秀な成績で卒業した。若いときから金物屋の店長をつとめるなど、生きた経済学が身についていたのかもしれない。

つづいて一九二五年、ホワイトはスタンフォード大学から修士号をとると、ハーバード大学にうつって博士号取得をめざした。ハーバード大学でもホワイトは優秀な成績をとった。ホワイトのライバルは、のちに大統領補佐官となるロークリン・カリーであった。カリーもまた、のちにソ連のスパイだと糾弾されることになる。ホワイトの研究テーマは、フランスの国際収支についてであった。研究

のためフランスに長期滞在するほど研究に打ち込んだ。[11]

一九三〇年、ホワイトはハーバード大学から博士号を受けた。ホワイトの博士論文は、カリーの論文をおさえて最優秀賞をとり、後に出版された。こうしてホワイトは、金物屋、軍人、社会福祉家を経て、全米トップクラスの経済学者の仲間入りを果たしたのである。ちなみに、出版されたホワイトの本『フランスの国際収支（一八八〇～一九一三）』の謝辞には、カリーとシルバーマンの名前が挙げられている。後に、ホワイト、カリー、シルバーマンは、同じグループに属するスパイだと非難されることになる。[12]

ホワイトは、ハーバード大学の講師となった。しかし、ハーバード大学での出世の道はとても厳しいことに気づきはじめた。ホワイトはもうすぐ四〇歳になろうとしていた。ホワイトは一九三二年、ウィスコンシン州にあるローレンス大学に助教授のポストを見つけると、ハーバード大学を離れた。翌年、ローレンス大学で助教授から教授に昇進した。それでもハーバードで優秀な成績をおさめたホワイトは、いまの仕事は自分の能力以下だと嘆いていたという。ローレンス大学の同僚は、ホワイトを優秀だと認めたが、好感を持てなかった。[13]

この頃、アメリカの大問題は、なんといっても大恐慌であった。アメリカ政府が何をやっても景気は回復せず、失業者は増えるばかりであった。世界中が大恐慌に襲われるなかで、ソ連だけが経済発展を続けているとされていた。ソ連の計画経済に興味をもつ経済学者たちが増えはじめていた。ホワイトもソ連の計画経済に興味をもち、ロシア語を習い始めた。できれば一年ぐらいソ連に研究に行ってみたいと考えていたほどであった。[14]

そうこうしているうちに、ホワイトはアメリカ政府から誘いを受けた。ルーズベルト政権になってから、大恐慌を克服するために多くの経済学者がワシントンに呼ばれるようになっていた。シカゴ大学のヴァイナー教授もその一人であったが、彼がホワイトを見込んでワシントンに来るように勧めたのである。一九三四年六月、四十一歳のとき、ホワイトは財務省から短期の仕事をもらい、それをきっかけにルーズベルト政権下の財務省に入省した。財務省のモーゲンソー長官は、同じユダヤ系であるホワイトが気に入った。こうしてホワイトは、財務省の出世街道を歩みながら、政治分野での活動を始めていくのである。[15]

(二) アルジャー・ヒス

■ソ連スパイだった国務省の大物、アルジャー・ヒス

つぎに、国務省で極東政策に関わり、のちに出世の階段を昇っていく、アルジャー・ヒスの生い立ちを追ってみよう。

アルジャー・ヒスは、一九〇四年十一月十一日、メリーランド州のボルティモアで生まれた。ホワイトよりも一二歳年下である。[16]

アルジャー・ヒスは、五人兄弟の四番目で、二人の姉と一人の兄、一人の弟がいた。ホワイトが若くして親を亡くしたように、ヒスも幼い時に、父親を亡くした。幸いにして、父親の保険金がはいったので、残された家族が路頭に迷うということはなかった。豊かではないがひどく貧しいわけでもない、といった生活を送ることができた。[17]

父親の死因は自殺であったが、幼いヒスには秘密にされていた。しかし一〇歳の時、ヒスは、近所

の人が「自殺者の子」と自分たちを呼んでいることに気づいてしまった。キリスト教社会では一般に自殺は罪深いおこないと考えられていたので、父親の自殺は不名誉なことであった。[18]

しかし、このことを除けば、ヒスは幸せな少年時代をおくったと言われている。悲劇を乗り越えるためか、ヒスの母親や親戚は、子供たちの教育に力を入れた。その結果、五人の兄弟全員が、奨学金を得るなどして大学に入ったのは立派であった。[19]

少年時代のヒスはけなげに働いた。湧き水をくみにいっては、台車に乗せて運び、町の人に売っていたという。また、ハトを飼って、ひな鳥を売るようなこともしていた。何十年ものちに、ヒスは、水売りの仕事をしたことを誇らしげに語っている。[20]

ヒスは、地元の高校を卒業すると、大学進学準備校（プレップ・スクール）を経て、アメリカの名門校ジョンズ・ホプキンズ大学に入学した。高校・大学時代を通じて、ヒスの評判は高かった。成績優秀なだけではなく、性格が良いために誰からも好かれた。いつも幸せそうにしており、親切で、明るく、親しみやすくて、礼儀正しく、周囲の尊敬を集めた。ジョンズ・ホプキンズ大学を卒業すると、一九二六年、ホワイトのようにハーバード大学大学院に入った。ホワイトは経済学部であったが、ヒスは法律を専攻し、ロー・スクールに入った。[21]

ヒスがハーバード大学ロー・スクールに在籍していたとき、またしても、ヒス家は不幸に襲われた。兄と姉が死亡したのである。

ヒスがハーバード大学に入学して六週間後、兄のボズリーが死んだ。ボズリーはブライト病（腎炎）にかかっており、徐々にからだが動かなくなって寝たきりの状態になっていった。困っている人をみると見捨ててはおけない性格のヒスは、ハーバード大学が始まるまで、休暇を返上して兄の身の回りの世話をしていた。その兄が、ついに死んでしまったのである。[22]

そしてヒスがロー・スクールを卒業する一ヶ月前、こんどは姉のメアリアンが死んだ。メアリアンは、名門の家系の裕福な男性と結婚した。幸せな結婚生活をおくるはずであったが、夫がビジネスに失敗して財産を失ってしまった。メアリアンは情緒不安定となり、ある晩、夫と口論したのち、消毒液を飲んで自殺してしまった。ロー・スクールに入学してすぐ兄が病死し、卒業まぢかに、父親のように姉が自殺したことは、ヒスにショックを与えた。[23]

家族が不幸に見舞われたものの、ヒスのハーバード大学での評判は非常に高かった。ヒスは長身でハンサムであり、着こなしも良かった。ヒスは裕福な家の出ではなかったにもかかわらず、周囲の人々は、ヒスを上流階級の出身だと考えた。ヒスには、上流階級のような、優雅で洗練された身のこなしと、自制心がそなわっているというのである。もちろん成績も優秀であり、ハーバード大学の大物フランクファーター教授に認められた。フランクファーターは、後にルーズベルト大統領のご意見番となって、アメリカの政策に影響を与えることとなる。[24]

■法曹界のエリートとなるも結婚で人生が狂い始める

ヒスを気に入ったフランクファーター教授は、ヒスをホームズ裁判官の助手に推薦した。ホームズは、最高裁判所の裁判官で、アメリカ法曹界の超大物である。ヒスが、アメリカ法曹界のエリートコースを歩んでいることは間違いなかった。こうして一九二九年、ヒスはホームズ裁判官の助手となった。ヒスは目上の人間から気に入られ、信用されるという性格の持ち主であったが、フランクファーター教授に続き、ホームズ裁判官からも気に入られた。[25]

ところが、ホームズ裁判官の機嫌を損ねかねない事件が起こった。ヒスの結婚である。ホームズ裁判官の助手を務めるのは一年間の契約であったが、このあいだは結婚しないとの取り決めがあった。ところが、ヒスはそれを破って、プリシラという旧知の女性と結婚したのである。[26]

プリシラはイェール大学やコロンビア大学の大学院で学んだ秀才であった。プリシラは一度結婚したが離婚し、子供が一人いた。当時、プリシラは新しい交際相手との恋に破れ、病院で手術を受けるところだった。プリシラは精神的・肉体的に、そして経済的にも打撃を受けていた。このような困った情況にあるときに、プリシラはヒスと再会したのであった。ヒスは昔からプリシラに好意をいだいており、また困った人を見捨てておけない性格であったため、プリシラとすぐに結婚することを決意した。[27]

結婚を決意したヒスであったが、周囲は大反対であった。ヒスの母親は、離婚歴があり、年上で子持ちの女性と息子が結婚することを認めなかった。結婚式にも出席せず、「身を滅ぼすようなことはしないでおくれ」との電報をよこしただけだった。ホームズ裁判官や推薦者のフランクファーター教授も困惑したが、結局ヒスが押し切った。ヒスは二十五歳になっていた。[28]

一九三〇年、ヒスはホームズ裁判官の助手を一年間つとめたあと、ボストンの法律事務所に就職した。アメリカでは大恐慌がはじまっていたが、若きエリート弁護士・ヒスの将来は有望であった。ところが、ヒスの弁護士としての人生は、プリシラの影響を受けて、だんだん違う方向へと向かっていく。[29]

ボストンで、性格の良いヒスは多くの友人にかこまれて暮らしていた。ところがヒスの友人たちのあいだで、プリシラが浮いてしまった。ヒスの友人が「良い天気《ナイスデー》ですね」と声をかけると、プリシラは「家や召使いをもっている人にとっては良い日《ナイスデー》かもしれませんが、オクラホマの物納小作人《シェアクロッパー》にとっては、良い日《ナイスデー》ではありませんわ」といった感じの受け答えをした。プリシラは優しい心の持ち主で、貧しい人への同情心でいっぱいだったのかもしれないが、ヒスの友人たちは、プリシラから、貧しい人を救いなさいと説教されているように感じた。ヒスの友人たちはプリシラを、あまりに知性的な、現実離れした理想主義者だと考えた。そして、プリシラを敬遠した。つまらなくなったプリシラは、カーネギー財団から美術研究の奨学金をとると、一九三一年の秋に、子供をつれてニューヨークに行ってしまった。[30]

ボストンに取り残されたヒスは、週末になると、ボストンからニューヨークのプリシラのアパートを訪れる生活を半年ほど続けた。しかし結局、プリシラに説得されて、ヒスもニューヨークに移ることにした。一九三二年春、ヒスはニューヨークの弁護士事務所に職を見つけると、大恐慌下のニューヨークにやってきた。ニューヨークでは失業者があふれていた。悲惨な情況を改善するためには、大規模な社会改革が必要だと唱える声が強くなっていた。[31]

このようなニューヨークで、プリシラは社会主義運動に熱中し始めた。プリシラは以前から社会党に登録していたが、貧困者に無料で食事を提供する社会党のスープ・キッチンで働きはじめた。プリシラは、貧しい人や困っている人を助け、社会のために何かよいことができる活躍の場が得られて喜んだ。ＡＬＡ（アメリカ労働協会）のような別の団体にも参加したが、ＡＬＡは急進的な革命をうったえていた。こうして、だんだん過激な左翼活動にも引き込まれていくようになった。[32]

ヒスもだんだん、恵まれない人々の救済に関心をもつようになり、労働法や社会改革を研究するようになっていった。そうして左翼系の弁護士の集まりである、国際法律協会（ＩＪＡ）に関係するようになった。国際法律協会には、リベラル派の弁護士や、共産党員の弁護士など、労働者や農民の救済に関心をもつ弁護士が幅広く参加していた。またヒスと同じくハーバード大学出身のプレスマンやウィットも参加していた。のちに、ヒスとプレスマンとウィットは、共産党地下組織（ウェア・グループ）のメンバーだと非難されることになる。[33]

さて一九三三年春、ルーズベルト政権が誕生した。ルーズベルト大統領は、大恐慌を克服するために、アルファベット三文字の政府機関を大量につくったが、AAA（農業調整局）もその一つだった。AAAは、農業不振に悩む農民を救うための機関であった。AAAのジェローム・フランク局長は、若い優秀な頭脳がたくさん欲しいと、ハーバード大学のフランクファーター教授などに推薦を依頼した。フランクファーター教授が推薦した人物の一人が、アルジャー・ヒスであった。こうしてヒスも、ホワイトのようにアメリカ政府の職に就くこととなり、ニューヨークを去って、ワシントンにやって来た。ヒスが二十八歳のときであった。[34]

■世界恐慌の深刻化と日米関係の険悪化を背景に育った二人

ホワイトとヒスの共通点を挙げると、二人ともハーバード大学出身の秀才であったことが共通している。ホワイトは経済学で一、二を争う秀才であり、経済学博士となった。ヒスは、ロー・スクールで優秀な成績をおさめて弁護士となった。

二人が高等教育を受けたのは一九二〇年代であった。この時代は、悲惨な第一次世界大戦の後ということもあり、反戦・軍縮・世界平和をめざす気運が強かった。また、共産主義のソ連が誕生した影響で、共産主義が本当によいものなのかどうかが学生たちの議論の的となり、注目が集まっていた。

また、二人とも世界大恐慌が深刻化し、ルーズベルト大統領がニューディール政策を推し進めるなかでアメリカ政府入りしたことも共通している。そして、有力者に取り立てられ、出世していくところが二人に共通した特徴である。ホワイトは、財務長官のモーゲンソーに気に入られて、財務次官補にまで登りつめた。後にウォーレス副大統領のお気に入りとなり、ウォーレスは、自分がもし大統領になったら、ホワイトを財務長官にしたいと考えていた。

ヒスの場合は、ハーバード大学の大物教授フランクファーターに認められ、アメリカ法曹界の大物、ホームズ最高裁判所判事の助手となった。後に国務省に入ってからも、セイヤー国務次官補や、ホーンベック顧問、アチソン国務次官補、ステッティニアス国務長官など、多くの上司や高官に気に入られ、国連創設会議のときには事務局長を務めるほどだった。のちにヒスにスパイの疑いがかかっても、最後までヒスを信じる上司が多かった。

二人とも、世界大恐慌には大きな衝撃を受けた。世界大恐慌が深刻化するなかで、日米関係も悪化していった。この時代、理想主義に燃えるアメリカ人の多くが、侵略を続けるドイツや日本を非難するようになっていった。後に、ホワイトとヒスはいずれも反日政策をとるようになっていくのである。

第三章　出世の踏み台となったニューディール政策

■原因がわからないまま悪化していく大恐慌

ルーズベルト政権が誕生したのは、一九三三年三月、大恐慌がますます悪化していくなかでのことであった。大恐慌を克服するために、ルーズベルト大統領はニューディール政策と呼ばれる政策をとった。ここで簡単に、ニューディール政策について振り返ってみよう。[1]

ルーズベルトが政権につく三年半前の一九二九年十月二十四日、ニューヨークの株式市場が暴落した。この日は「暗黒の木曜日」と呼ばれた。第一次大戦後、戦争で疲れ切ったヨーロッパを尻目に、アメリカ経済は発展を続け、かつてない好景気に沸いていた。ところが暗黒の木曜日を境に、株価はどんどん下落し、景気が悪くなっていった。当初は、景気はすぐ回復するだろうといった楽観論が大勢をしめていた。しかし景気が回復する様子はなかった。[2]

なぜ景気が悪くなったのか、原因はよく分からなかった。海外から安い農産物や工業製品が大量に入ってきて、アメリカ国内の産業を脅かしているという意見もあった。このため、一九三〇年には、スムート・ホーリー関税法と呼ばれる法律ができた。これは、海外から入ってくる商品に、かつてないほどの高い関税をかけて、アメリカ国内の産業を保護する法律であった。スムート・ホーリー法の提唱者の一人であるスムート議員は、アメリカの産業の復活に、この法律は大きな役割を果たすだろうと述べた。しかし復活するどころか、ますます不景気となり、失業者が増えていった。そして経済恐慌は世界中に広がり、世界大恐慌となっていった。[3]

一九三一年にはドイツが金融危機に襲われた。アメリカは、イギリスやフランスなどと協調してドイツを救おうとしたが、第一次世界大戦でドイツにひどい目にあわされたフランスは、ドイツの救済を嫌がり、国際協調は難航した。そのうちにイギリスもおかしくなり、金本位制を離脱して、世界を驚かせた。世界大恐慌がひどくなったのは、フランスがドイツへの復讐《ふくしゆう》心を捨てないからだと考える人もいた。[4]

アメリカ国内では、世界大恐慌の原因をめぐってさまざまな意見が出された。企業が無秩序な競争をして経営が悪化し、失業者が増加しているとの意見が出た。また、世界的に農産物がだぶついて価格が下がり、農家が苦しくなっているとも言われた。[6]

また、共産主義の学説の影響を受けた人々は、大恐慌は、共産主義者が主張しているように、資本主義の崩壊を意味しているのではないかと考えるようになった。資本主義は内部に矛盾を抱えているので必然的に崩壊し共産主義社会に移行する、このことは科学的に証明されているのだ、といったことが叫ばれ、これからは共産主義の世の中になるのだと考える人が増えていった。

ヨーロッパの金融システムが崩壊していくとともに、アメリカでも金融不安がひどくなり、銀行の倒産が増えていった。銀行を始めとする金融システムを安定させることは、最重要課題の一つであった。一方、失業者も増える一方だった。ルーズベルトが政権についた一九三三年には、失業率は二五%に及んだ。失業者を救うために、至急で対策をとらなければならなかった。

■「やれることは何でもやる」というニューディール政策

このような空前の大不況のなかで、一九三三年三月、ルーズベルトは政権の座についた。ルーズベルト大統領は、超特急で次から次へと大恐慌対策を打ち出していった。これらの政策は、ニューディール政策と呼ばれた。ルーズベルトのニューディール政策の特徴は、「やれることは何でもやってみる」ということになるであろう。とにかくルーズベルトは、大恐慌対策として効果があると言われたことは何でもやった。アルファベット三文字（または四文字）の政府機関を大量につくって対策にあたらせた。[7]

農家が農産物をつくりすぎているとの意見に関しては、AAA（農業調整局）をつくり、政府が補助金を出して農産物の生産を減らし、農産物の価格を安定させるようにした。いわゆる減反政策である。企業が無秩序な競争におちいっているという意見に対しては、NRA（全国復興局）を設けて、産業界に対する国家の統制を強化した。

失業対策のために大規模な公共事業が必要だとの意見に対しては、PWA（公共事業局）をつくって公共事業による景気刺激を目指した。また、CWA（民間事業局）を設立して失業対策にあたった。

注目を集めたのはCCC（市民保全部隊）であった。CCCは失業中の若者を雇用するためのもので、一〇年間で約三〇〇万人の若者を雇用したと言われている。CCCは道路建設や国立公園の整備などを行ったが、アメリカの国立公園は、この時期に整備されたものが多い。ちなみにCCCは、野営地などで集団生活したが、これに陸軍が協力し、若者は軍隊調の生活を送った。のちにアメリカが第二次世界大戦に参戦したとき、規律ある軍隊をいちはやくつくることができたのは、若者がCCCで軍隊調の生活を経験していたためだったとも言われる。[8]

この他にも、TVA（テネシー川流域開発公社）をつくり、七つの州にまたがる広大な領域でダム建設、電力供給、肥料工場建設などの公共事業を興した。

また、少し後には、WPA（雇用促進局）をつくり、空港や道路、病院、郵便局の建設・修理を行った。変わったところでは、学術・芸術・演劇のプロジェクトが組まれ、アメリカ先住民の歌の録音とか、芸術家に絵を描かせるなどの仕事を与えた。一九三五～四三年に、八〇〇万～九〇〇〇万人が雇用されたと言われる。仕事を得た人は喜んだが、お金の無駄遣いという批判も出た。[9]

金融を安定させるべきだとの意見に対し、ルーズベルト政権は、銀行に預金しても安全だということを国民に確信させるために、FDIC（連邦預金保険公社）をつくって、銀行預金を政府が保証する仕組みをつくった。また、株式市場の混乱によって銀行の経営が悪化し、倒産するような事態を防ぐために、銀行法（グラス・スティーガル法）を定めて、銀行業務と証券業務を分離する政策がとられた。また、SEC（証券取引委員会）をつくって、株式市場で公正な取引が行われるようにし、さまざまな規制をもうけて、投資家が安心して株式に投資できるようにした。[10]

このようにしてルーズベルトは、次から次へと、大恐慌の対策を打ち出した。少なくとも、ルーズベルトが何もしていないとは誰も言えなかった。

■ルーズベルト政権の危機と不穏化する世界情勢

また、ニューディールの後期には、社会保障を充実させる政策がとられ、失業保険や年金制度が整備された。このことは、アメリカ社会を安定させるために役立った。大恐慌前のアメリカ社会は、ほんの一部の人々が巨万の富を築くような、貧富の差が非常に激しい社会となっていた。〇・一％の富裕層の所得が、アメリカ全体の所得の四二％に達していたとも言われている。ニューディールではこれに対し、労働者の権利の強化や、富裕層への増税などの政策がとられた。これは後に、豊かな中間所得層が生みだされるもととなった。貧富の差があまりに激しい社会よりも、豊かな中間所得層が存在する社会の方が民主主義は発展しやすいと言われている。ニューディール政策は、のちのアメリカの民主主義の発展にも役立ったと言えるであろう。[11]

しかし、こういったさまざまな努力にもかかわらず、一九三七〜三八年にかけて、アメリカは景気後退にみまわれた。ニューディール政策は厳しい批判にさらされた。ニューディール政策は、赤字と公約非達成の山と批判され、一九三八年の中間選挙では野党の共和党が議席を増やして、ニューディール政策は危機におちいった。[12]

この一方、ニューディール政策が後期に入る頃から世界情勢は風雲急を告げていた。一九三五年にはイタリアがエチオピア侵略を開始し、翌年にはスペイン内戦が始まり、一九三七年には日中戦争が起こった。またナチス・ドイツが勢いを強め、ヨーロッパ情勢は悪化の一途をたどり、一九三八年秋にはミュンヘン危機が起こって、世界大戦の一歩手前のところまでいった。このようななかでルーズベルトは、内政のニューディールではなく、外交と国防に政策の重点を置くようになっていった。翌一九三九年、ついにヨーロッパで第二次世界大戦が始まると、アメリカは、ニューディール政策から、戦時経済体制へと移行していった。[13]

■国民に希望を与えたが、景気回復はできなかった

ところでニューディール政策の結果はどうだったのであろうか。ニューディール政策のあるものは大反対を受け、裁判で訴えられ、憲法違反と判断されて立ち消えになってしまった。その一方で、年金制度やSEC（証券取引委員会）のように、現在まで続いている制度もある。

しかし、おそらくニューディール政策の最大の功績は、アメリカ国民に希望を与えたことであろう。「私たちが恐れなければならない唯一のこととは、恐れることである」などと力強い演説をし、ものすごい勢いで次から次へと政策をうちだすルーズベルト大統領を見て、国民は、ルーズベルトなら何とかしてくれるのではないかと期待を持つようになった。大不況のなかでも、国民が政府に信頼をよせていたというのは大きい。

ルーズベルトのもとに集まったニューディーラー（ニューディール政策に賛同する人々）もよく働いたようである。ニューディーラーのなかには、あまりに忙しいので、スタッフは二交代制で働かなければならなかったと回想する人もいる。[14]

このように、懸命の努力を続けるルーズベルトやニューディーラーたちをみて、国民はルーズベルト政権を少し信頼してみようという気になったのであろう。もし政治家が無為無策で、失業率が増大する一方であったら、アメリカの治安は悪化し、革命騒ぎが起きていたかもしれない。

さて、ニューディール政策の最大の失敗とは何であろうか。それは、本来の目的であった本格的な景気回復を実現できなかったことであろう。ルーズベルトのニューディール政策は、多少の効果はあったものの、本格的な景気回復にまでは至らなかった。強力なリーダーシップのもとに、これほど多くの対策をとったにもかかわらず、なぜアメリカは、以前のような好景気を実現できなかったのであろうか。

優秀な経済学者であったホワイトは、その根本的な原因を探り、とるべき対策を報告書にまとめた。ヒスは、それを実現に近づけるためにハル国務長官を助けることになる。その原因と対策とは何であろうか。ホワイトとヒスの、ニューディール時代の活動を探りながら考えてみよう。

■ブロック経済化で危機に陥る日本を論じたホワイト

後に、財務次官補にまで出世するホワイトは、財務省でどのような仕事をしていたのであろうか。

一九三四年六月、財務省から短期の仕事をもらったあと、ホワイトは秋に、経済調査官として財務省入りした。このころ、ホワイトが特に興味をもっていたのは、国際的な通貨制度の安定であった。イギリス、日本、アメリカがつぎつぎに金本位制をやめるようななかで、通貨の安定性をどのように確保するかは重大な問題であった。一九三五年四月、ホワイトはヨーロッパへ調査旅行に出かけた。ケインズやラスキのような有名な経済学者や政治家に会って、金本位制などについて意見を交換した。[15]

この年の八月七日、ホワイトは、世界経済を復活・安定させ、さらに世界平和を実現するために、何がもっとも重要なのかを明らかにした報告書を提出した。ホワイトが考えた、世界経済の復活の鍵とは「自由貿易」であった。ホワイトは自由貿易を発展させるために、関税の引き下げ、通貨の安定、国際間の債務問題の解決を行うべきだと述べている。[16]

このうち関税といえば、先に述べたスムート・ホーリー関税法が思い浮かぶであろう。これは保護貿易を目指す法律だった。ところが、イギリス、フランスなど世界の有力国も、同じような保護主義政策をとりはじめたので、世界中の貿易が縮小し始めた。こうした経済はブロック経済と呼ばれた。世界経済がブロック化した結果、世界全体の貿易額は、一九二九年から一九三四年の間に、三分の一になってしまった。[17]

ニューディールで行われた政策は、基本的に内需拡大政策である。外国との貿易がだめになったから、アメリカ国内の需要を増やし、景気を拡大しようとしたのであった。しかし、アメリカはすでに世界一の債権大国となっており、世界経済のなかに複雑に組み込まれていた。世界貿易が三分の一になってしまったのだから、いくらアメリカ国内市場を活気づけても、限界があることは明らかである。そこでホワイトは、景気回復には自由貿易の復活が必要だと考えたのであろう。

さてホワイトは、同じころに、日本に関する報告書を提出している。日本はすでに満州事変を起こすなど、軍事力を背景に中国大陸への進出を積極化していた。ドル・ブロック（アメリカ）、スターリング・ブロック（イギリス）、金ブロック（フランス）など、世界のブロック経済化がすすむなかで、日本は、満州を足がかりにして東アジアに円ブロックをつくろうとしていた。アメリカは、大恐慌のなかで中国との貿易を拡大することをもくろんでおり、日本の円ブロックに対抗して何かすべきだとの意見が出ていた。

これに対し、ホワイトの意見は、アメリカはまず日本への関税障壁を撤廃すべきだという意見であった。アメリカが関税を引き下げて、自由貿易政策をとり、日本との貿易を拡大すれば、アメリカの利益になるだけでなく、日本の軍国主義（帝国主義）もおさえられるという革新的な意見であった。[18]

ホワイトの意見を簡単に解説すると以下のようになるであろう。一九二〇年代、世界に自由貿易の傾向があったころは、日本はだいたいにおいて国際協調主義をとっていた。ところが、世界大恐慌と、世界の保護貿易政策の影響で、一九二九年から一九三一年のあいだに、日本の外国貿易は半分になってしまった。日本は経済的な苦境におちいり、自由貿易を唱えていた政治家が力を失い、日本独自の勢力圏を築くべきだという軍国主義者が力を得た。こうして一九三一年には満州事変が起こり、日本は中国大陸への侵略政策をとるようになった。だから、日本の帝国主義をおさえるためには、アメリカが日本に対する関税障壁を撤廃して自由貿易を復活させることが必要だというのが、ホワイトの意見だったのである。[19]

さらに詳しく説明すると、当時の日本の最大の貿易相手国はアメリカであった。これに中国とインドが続いた。アメリカ・中国・インドで約六〇％を占めるような状況であった。最大の貿易相手国アメリカは、保護貿易政策をとりはじめ、中国では反日運動が強まって経済ボイコット運動を展開していた。インドはイギリス圏で、満州事変の翌年に、スターリング・ブロックにのみこまれた。日本にとってはまさしく踏んだり蹴ったりの状態であった。こうして日本は、貿易市場を確保するために、中国大陸を侵略する道を選んだといえるのかもしれない。日本と同じく、経済不況に耐えきれなかったのはドイツである。ドイツではヒトラーが出現して、やはり侵略政策をとっていくのである。[20]

ドイツは、ブロック経済に対抗するために、ヨーロッパで二国間貿易（双務貿易）を推し進めた。

ドイツが相手国から資源などを買う場合、相手国がドイツ製品を買ってバランスをとるように取り決めさせた。こうするとほかの国が参入しにくくなるので、ドイツは国際的な自由貿易システムを崩壊させると非難された。しかしそのうちに、各国も対抗するようになり、ヨーロッパでこの二国間貿易の方式が広まっていってしまった。アメリカは、ドイツが南米市場をこの方式で独占するのではないかと恐れていた。また、ドイツはヒトラーの独裁政治となり、政治や軍事において、ベルサイユ条約やミュンヘン協定など、国際条約や取り決めを堂々と破っていった。[21]

日本については、ブロック経済に対抗するために、東アジアに排他的な円ブロックをつくろうとして英米仏と対立するようになっていった。また、満州事変などが起こって世界の多くの国から非難されるようになった。日本政府は「日本は国際条約を破っていない」と主張したが、世界の国々は、日本を条約違反国だととらえるようになった。日本の場合は、軍部が政府の知らないところで突っ走ってしまい、あとで政府が言い訳に追われるというパターンの繰り返しとなった。[22]

さて、ホワイトのこの日本に関する意見書は、一九三五年八月十五日に、ホワイトの上司からモーゲンソー長官に提出された。しかし日本との自由貿易は行われず、日本は貿易ができる勢力圏をアジアにつくりあげるため、軍事行動をつづけた。そして、ホワイトの自由貿易提案のちょうど一〇年後、一九四五年八月十五日に日本は敗戦の苦悩を味わうのである。[23]

ホワイトはその後、順調に財務省の出世階段をのぼっていた。一九三六年二月には、通商条約に関する省庁間委員会の財務省代表となり、十月には、調査統計部の次長となった。一九三八年三月には、通貨調査部の部長に就任する。財務省に入省して三年半、まさしくスピード出世であった。[24]

こうして、ホワイト部長はモーゲンソー財務長官の懐刀《ふところがたな》として、アメリカの外交政策に口をはさむようになっていくのである。

■毎年のように職場が変わった「正義の味方」ヒス

後に、国連創設会議で事務局長をつとめるほど出世するアルジャー・ヒスは、ルーズベルト政権下でどのような仕事をしていたのであろうか。

ホワイトが財務省を活躍の場としたのに比べ、ヒスの場合は、毎年のように職場が変わっているところが異なっている。一九三三年に農務省のＡＡＡに入ると、三四年にはナイ委員会に移り、三五年に司法省に入り、三六年に国務省に入省しているのである。[25]

さて、ヒスが最初に入ったのはＡＡＡ（農業調整局）であった。ＡＡＡは、どのような経緯でできたかを簡単にみてみよう。第一次世界大戦後、世界各国の復興が進むなかで、農産物が世界的にだぶつき始めていた。こうして農産物の価格が下がっていき、アメリカの農家は苦境におちいった。アメリカの農産物は、過剰生産で価格が暴落し、つくればつくるほど赤字になるような状況となってしまった。これは農家だけの問題におさまらなかった。借金して家や土地を買っていた農家は借金が返せなくなり、お金を貸していた銀行は融資がこげついて金融危機が悪化するという悪循環だった。[26]

そこで、ルーズベルト政権では、農家の経営を安定させるために、農産物の価格が高くなるような政策をとることとなった。これを担当したのがＡＡＡで、農家に補助金を支払う代わりに、農産物の生産を減らすようにさせた。日本でいう減反政策のようなものである。ＡＡＡは、こうすれば、需要と供給の関係で、農産物の価格が上がるとみていた。実際に農産物の価格は上がり、農家の苦境を救うことに一定の役割を果たしたとされている。[27]

しかし良いことずくめというわけではなく、別の問題が起こった。AAAは、農家の所有者に補助金を払ったが、アメリカの農家は自作農家だけではなかった。とくに南部では、奴隷制の名残《なごり》もあり、農園主が多数の小作人を抱えて大規模な農園を経営しているところが多かった。こういったところでは、農園主が補助金をポケットに入れてしまい、小作人には、補助金を分け与えなかった。それどころか、農産物の生産を減らすのにあわせて、小作人を解雇してしまい、農民の失業が増えるという問題が起こってしまった。[28]

ヒスは、政府の補助金が適切に分配されていないのは問題だと考え、貧しい小作農民たちに直接補助金を渡すような制度にしようと努力した。しかし、さまざまな問題があって実現しなかった。小作農民の多くは読み書きができないというのも問題であった。農園主からの反対も強かった。大農園主の上院議員が、余計なことをするなと、ヒスのところに怒鳴り込んでくることもあった。[29]

農民の失業者増大に注目した社会党や共産党は、農民の組織化につとめ、南部小作人組合をつくって労働運動を活発化させた。アーカンソー州では、労働運動が過激化して、暴動が起こるようになった。このようなかでAAAには批判が殺到した。AAA内には、ヒスのように小作人に同情的な人々と、農園主の立場に同情的な人々がおり、内部対立が起こるようになった。結局、AAAを監督する農務省は、AAAのフランク局長を解雇してしまった。AAA内で、ラジカル（過激な左翼）と呼ばれていたヒスの仲間たちは、次々と解雇されてしまった。このときナイ委員会に出向中だったヒスも、司法省に移ることになる。[30]

一九三四年七月、ヒスはAAAにかかわりながらも、ナイ委員会に仕事の場を移していた。このころ、アメリカでは戦争反対の世論が強く、第一次世界大戦に参戦したことを反省する気運があった。こうしたなかで、軍需に関係する産業界が不当な利益をあげるために、アメリカを第一次世界大戦に引きずり込んだのではないかとの疑惑がでていた。ナイ委員会は、この疑惑を追及する委員会であった。

ナイ委員会でヒスは、戦争中に大企業がどのように利益を得ていたのかを、徹底的に追及した。名士と呼ばれ世間の尊敬を集めていた大企業の社長も、ヒスの前ではたじたじだった。大企業だけではなく、政治家もやり玉にあげられた。フーバー前大統領もその一人だった。フーバー前大統領は、著書のなかで、次のように文句を言っている。[31]

「後の一九三四年十二月五日、上院委員会のメンバーは、アルジャー・ヒス弁護士を通じて『フーバーは商務長官時代に国際的な武器取引を活発化させた』との濡れ衣をわたしに着せて、中傷キャンペーンを展開した。このインチキの告発は、マスコミを通じて何日も広まってしまった。わたしはこのような告発を嫌悪している。なぜなら、武器の取引はわたしの主義からいってまったく相いれないものであるからだ」[32]

このフーバーの著書のなかで、ヒスのところには注が入れられており、「ヒスはのちにソ連への機密漏えいの件で偽証罪となった」とわざわざ記している。平和主義者を自認するフーバーはよっぽど怒っていたのであろう。[33]

■自由貿易を守る意思を示したハル国務長官

一九三五年八月、ヒスは司法省に移った。ルーズベルトが強引に推し進めるニューディール政策は、反対も多かった。反対派は、ニューディール政策のなかに憲法違反の疑いを見つけては、裁判に訴えた。実際に、ルーズベルト政権が裁判に負ける事態があいついだ。ルーズベルト政権はニューディール政策を守るため、なにがなんでも裁判に勝たなければならなかった。ＡＡＡも憲法違反ではないかとやり玉にあげられていた。ヒスはＡＡＡなどのニューディール政策を守るため、司法次官の特別補佐となった。[34]

このほかに、裁判で訴えられていたものに、ハル国務長官の互恵貿易制度があった。アメリカは保護貿易政策をとっていたが、自由貿易を主張する人物がいないわけではなかった。ハル・ノートで知られるハル長官は、実は熱心な自由貿易主義者の一人であった。ハル長官は、ホワイトと同じように、自由貿易こそアメリカ経済復活の鍵だと考えていた。そしてのちには、自由貿易はアメリカ経済復活のみならず、世界平和の鍵だと主張するようになった。このようにハル長官は、自由貿易を復活させることをライフワークとしていた。しかし、国内の反対が強くてなかなか実現できなかったのである。海外からの輸入品と競争しなければならない農業や製造業の関係者は、輸入品に高い関税をかけることを望み、自由貿易の復活に反対だった。[35]

またアメリカには、外国との貿易を廃止して、自給自足にした方がよいといった極端な意見を唱える人もいた。関税障壁を築いて完全な禁輸をすることによって、アメリカの資本主義は守られるというのである。アメリカは建国以来、世界の紛争にかかわらずに、キリスト教精神にもとづいた理想の国家をつくりあげることに集中すべきだという孤立主義の傾向があった。経済においても、世界から孤立すべきだとの意見が出されていたのである。[36]

また、共産主義の学説に影響された学者たちは、資本主義は内部に矛盾を抱えているから、崩壊する運命にあり、これからは共産主義社会が実現するのだと考えていた。それゆえ、自由貿易の縮小によって世界経済が駄目になったのではなく、資本主義それ自体が駄目になったのであって、これからは社会主義的な経済になっていくのだという意見を好んだ。

さて、国務長官に就任したハルは、さっそく自由貿易の復活を手がけようとした。しかしアメリカ国内の抵抗勢力はとても強く、現状の関税率を一律に変更することは不可能だと悟った。そこで、ハルが考え出したのは、特定の国と低関税の貿易協定（互恵通商協定）を結ぶ権限を、大統領に与えるという作戦だった。特定の国にかぎっては、議会を通さずに関税を引き下げることができるような法案をつくることにしたのである。もちろん、互恵貿易を研究していたハルは、「最恵国条項」を入れるのを忘れなかった。もし米国がある国と、もっとも低い関税率の貿易協定を結んだら、最恵国に指定された国も、自動的にその低い関税率になるというのである。こうすると、アメリカが最恵国に指定した国とのあいだで、自動的に関税率が下がっていき、自由貿易の復活に近づいていくというものであった。[37]

一九三四年、ハルはこの法案を議会にかけた。議会は期間限定などさまざまな制約をつけたが、なんとか互恵通商協定法を通すことに成功した。ハルは、セイヤー国務次官補を責任者として仕事に当たらせることにした。通商条約部長には、カリフォルニア大学のグレーディ教授を引っ張ってきた。[38]

グレーディは、自由貿易の目的は、競争相手を打ち砕くことではなく、世界貿易の量を増やすことであり、市場を拡大させていくことだと述べている。別の言葉で言えば、自由貿易とは、限られた資源と市場をめぐって諸国が争うというイメージではなく、消費市場が拡大することによりこれまで採算がとれなかった事業が可能になったり、多くの国の資源や技術を組み合わせて新たな産業が生まれたりするような、市場や産業の創造が起こって、貿易が拡大していくということであろう。しかし、自由貿易といってもただ自由にすればよいというものではなく、適切なルールがなければうまくいかない。グレーディは、政府内で、通商条約に関する省庁間委員会をつくって、どのようなルールがよいかを検討させた。これらの結果が、のちのＧＡＴＴ（関税および貿易に関する一般協定）につながったと言っている。ちなみに、省庁間委員会の財務省代表はホワイトであった。[39]

これを少し詳しく説明してみよう。自由貿易がよいといっても問題点もある。自由主義経済の祖と呼ばれ、自由貿易を勧めたアダム・スミスも、問題点を挙げているほどである。もし自由放任にしてしまったら、強い国家・企業だけが巨額の利益をあげて、貧富の差の拡大や失業者の増大などが起こってしまう。自由貿易を強者の論理と呼ぶ人もいるほどである。だからといって、世界中が保護貿易に走ったら、世界大恐慌や第二次世界大戦が起こったように、ひどい事態が起こってしまうだろう。結局、適正なルールのもとでの自由貿易ということになる。自由貿易がうまくいくかどうかは、適正なルールがつくれるかどうかと、政府・国民の理解にかかってくるのである。[40]

さて、このハルの互恵貿易には、反対者も多かった。頼みの綱のルーズベルト大統領も、当初は国内の抵抗勢力を気づかって、ハルの努力を邪魔するほどだったが、最終的には賛成した。しかし、実際には一筋縄ではいかなかったようである。たとえば、ベルギーの鉄鋼の関税引き下げについては、国内の鉄鋼産業への影響が心配でハルも弱気になり、ルーズベルトと責任をなすりつけあったという。また日米繊維摩擦が起こると、国内の繊維産業からの圧力で、ルーズベルトは綿糸などの関税を引き上げてしまった。カナダと互恵通商条約を結ぶに当たっては、牧畜の強い五州が、カナダから安い牧畜品が入ってくると反対していた。このとき、ルーズベルトは一九三六年の大統領選を控えていた。しかし、ルーズベルトはここで妥協したら、すべてに妥協しなければならなくなると言って、今回は断固として押し切ったという。それでもルーズベルトは、大統領選で地滑り的大勝利をおさめた。また、通商条約をとりまとめる通商条約部も、アメリカの実業界から脅迫を受けた。通商条約部の中心人物で、のちに通商条約部長となったホーキンズは、執務室にとつぜん人が入り込んできて脅されるようなことがあったが、それでもホーキンズが脅しに屈することはなかったという。[41]

関税引き下げに反対する人々は、議会に働きかけたり、裁判にうったえたりするようになった。互恵貿易が、議会の妨害や、裁判でつぶされてしまうことを恐れて、国務省は司法省に相談した。こうして、ハルの互恵貿易を守るために司法省からかり出されたのがアルジャー・ヒスであった。[42]

国務省で、互恵貿易の担当となったのは、セイヤー国務次官補であったが、セイヤーは以前、ハーバード大学ロー・スクールでヒスを教えたことがあった。セイヤー次官補の補佐が辞職したのを機に、ヒスは一九三六年九月、国務省に移って、セイヤー次官補の補佐となった。ヒスは、国務省で互恵貿易制度の法的側面を検討することとなり、国際的な貿易協定に詳しい法律家となった。[43]

たとえば、ヒスが担当した問題の一つに、フロリダ州のセメント問題がある。自由貿易を目指すハル国務長官の努力で、オランダ産のセメント関税が引き下げられることになった。ところが、フロリダ州にはセメントの大手企業があり、セメント会社は価格競争に勝つために、検査費という名目で輸入障壁を設けるようにフロリダ州に働きかけた。自由貿易を進める国務省は怒ってフロリダ州にやめさせようとした。結局、裁判となり、ヒスなどの法律家が必要となった。[44]

ヒスはこのように、ハルの互恵貿易を裁判や議会から守るために活躍した。また、各国との通商条約締結の問題でも活躍した。ヒスは、戦争は国々を分裂させるが、貿易は国々を引き寄せると考え、ハルの互恵貿易の計画を、平和の一手段だと見なしていたという。[45]

こうしてヒスは、ニューディール政策のもと、貧しい農民の味方をし、大企業の社長や政治家などの巨悪をやっつけ、ハルの互恵貿易を通じて世界平和に貢献するために活躍した。当時のアメリカの一般市民から見れば、ヒスは正義の味方のように見えたかもしれない。

■ニューディール政策の推進者として出世した二人

ここまで述べたように、ホワイトとヒスは、ルーズベルト政権下でニューディール政策の推進者として活躍した。ホワイトはアメリカの通貨政策の第一人者となり、ヒスは、農業政策や軍需産業の問題などにたずさわった。

ホワイトはニューディール政策に限界があることを見抜き、自由貿易こそが経済復活の鍵であると考えていた。ヒスは、自由貿易を復活させるための政策に協力した。

一九三八年になったとき、ホワイトは財務省の通貨調査部長となっており、ヒスは国務省のセイヤー次官補の補佐となっていた。

ところが、この一〇年後、ニューディール時代のホワイトとヒスの「裏の顔」を知っているという人物が現れた。共産党・地下工作員から寝返ったホイッタカー・チェンバーズである。チェンバーズによれば、米国共産党は、アメリカ政府内に共産主義者を増やしていく工作をしていた。そして、共産党に都合の良い政策をアメリカ政府がとるように誘導させたり、アメリカ政府の機密を盗ませたりするなどしていたという。ホワイトはその協力者であり、ヒスは共産党の地下工作員で、のちにソ連軍事諜報のスパイになったというのである。

もちろんホワイトとヒスは否定した。チェンバーズの証言とどちらが正しかったのであろうか。次の章では、チェンバーズの証言を追ってみよう。

第四章 ホワイトとヒスの裏の顔——チェンバーズの証言

ホワイトとヒスを告発したチェンバーズは、アメリカ議会の小委員会や、著書のなかで、ソ連と米国共産党の地下工作を暴露した。チェンバーズは共産党の地下組織から抜け出した人物なので、当然、共産主義には批判的な見方をしている。チェンバーズは、どのような経緯で共産党の地下工作員となり、どのような活動をし、どうして活動をやめたのであろうか。チェンバーズ（およびマッシング）の証言をもとに、ホワイトとヒスの裏の顔を追ってみよう。

■アメリカには「表の共産党」と「裏の共産党」があった

チェンバーズが共産主義に興味をもったきっかけは、コロンビア大学の学生時代、ヨーロッパ旅行に出かけたときだったという。第一次大戦後のヨーロッパは悲惨な状況におかれていた。大混乱のドイツ、粉々にされたフランスやベルギーなどをみて、西洋文明が迎えた危機は、通常の方法ではとても解決できないと実感したという。[1]

どうしたら西洋文明は救われるのか、チェンバーズは考え続けた。イギリスのフェビアン協会の社会主義を研究してみたこともあった。そうしたなかで出会ったのが、マルクスとレーニンの共産主義であった。レーニンの著作には、なぜこのような悲惨なことが起こるのか、われわれはどうすべきかについてはっきりと書いてあった。チェンバーズはこれこそが、西洋文明を救う解決方法だと考えた。チェンバーズは一九二五年に共産党に入党し、コロンビア大学は中退してしまった。[2]

チェンバーズが入党した当時の米国共産党は、まだ歴史も浅く、外国からの移民が集まってできていたような状況であった。英語が話せる党員は一五％以下で、約六割が、共産主義が盛んな旧ロシア帝国の領域からやってきた移民であった。仕事に就いていない変わり者や、暴力革命のような過激な運動に引きつけられていくような人物も多かった。一般のアメリカ人からみて、共産党というのは、英語が話せず、アメリカ文化に調和できない外国人がやっている、怪しい団体とみられていた。インテリが大挙して共産党に押しよせる時代はまだ来ていなかった。[3]

このような外国人の団体のなかで、生粋のアメリカ人であるチェンバーズは珍しい存在であった。チェンバーズは、アメリカ社会の主流であるＷＡＳＰ（ホワイト・アングロ・サクソン・プロテスタント）であった。そしてアイビー・リーグ（米国名門私立大学）の一つであるコロンビア大学で学んだインテリであり、ドイツ語ができた。[4]

米国共産党は、才能あるチェンバーズを放っておかなかった。一九二六年には、チェンバーズは米国共産党の新聞「デーリー・ワーカー」の編集者となった。チェンバーズによれば、すぐに実質的な編集長となったという。[5]

その後、米国共産党内で派閥争いが起こり、多くの党員が離脱した。チェンバーズも一九二九年、一時的に共産党を離れたが、数年後に復帰した。復帰すると、共産党の文芸雑誌「ニュー・マッセズ」（新大衆）の編集者となった。[6]

一九三二年六月、大恐慌が深刻化するなか、「ニュー・マッセズ」の仕事をしていたチェンバーズのもとに、共産党幹部から呼び出しがかかった。さっそく、チェンバーズが駆けつけると、驚くべき指令を聞かされた。共産党の地下組織に入れと告げられたのである。[7]

当時の共産党の目的は、暴力革命を念頭においた共産革命を起こし、資本家（金持ちと権力者）を倒して、労働者の天国をつくることであった。共産革命を起こすためには、ありとあらゆる謀略が必要だった。当時、世界の共産党を指導していたコミンテルンは、合法的な組織である共産党と並行して、非合法的な活動を担当する地下組織も必ずつくるようにさせていた。一般の人に知られている共産党を「表の共産党」とすると、地下組織は「裏の共産党」にあたる。表の共産党と地下組織が協力して、共産革命を達成する手はずになっていた。もちろん一般の人は、共産党が地下組織をつくって、危険な違法活動をしているとは知らなかった。[8]

地下組織の工作員に選ばれるのは、ほんのわずかな共産党員だけだった。革命の理想に燃える共産党員にとって、危険な革命活動にたずさわることができるのは名誉なことであった。チェンバーズも、自分が選ばれたことを誇りに思った。しかしチェンバーズにとって気がかりなのは、昨年結婚したばかりの妻であった。妻は、チェンバーズが地下組織に入ることを嫌がった。チェンバーズは、地下組織入りすることをちゅうちょした。一方で、共産党は階級闘争をする組織であり、軍隊に準じる鉄の規律を守らなければならないことを、チェンバーズは理解していた。上からの命令には絶対服従しなければならなかった。チェンバーズは、鉄の規律に従った。[9]

■「裏の共産党」、驚くべき地下組織のおきて

チェンバーズはさっそく、地下組織のおきてを学ぶこととなった。地下組織では、ニックネームで呼び合うこととなっており、つきあっている相手が誰なのか、まったく分からないようになっていた。チェンバーズの上司は、ソ連から派遣されてきた工作員のようであったが、ビルとかピーターのようなアメリカ人の名前で呼ばれ、正体は不明であった。チェンバーズ自身もボブとか、カールのような名前で呼ばれた。また、諜報《ちょうほう》や謀略《ぼうりゃく》をおこなうさまざまな組織があることが知られていたが、チェンバーズはいったい自分がどこの組織の仕事を手伝っているのかまったく分からなかった。[10]

実際、ソ連の諜報組織は複雑で、国際共産主義運動のコミンテルン、秘密警察のKGB、軍事諜報のGRUなどが独立に行動していた。さらに、GRUに属する海軍GRUや、コミンテルンに属する米国共産党地下組織が独立して行動していた。ところでKGBは、GPU、OGPU、NKVDなど何度も名前を変えたが、本書では混乱を避けるためKGBで統一しておきたい。

チェンバーズはまず、地下組織にはいった人間は、「表の共産党」と接触してはいけないことを学んだ。かつて勤めていた「ニュー・マッセズ」の事務所には二度と行くなと命じられた。表の共産党に関係する組織とはいっさい縁を切り、表の共産党員とつきあってはならなかった。[11]

チェンバーズは、世間の目をあざむくため、貧しい労働者ではなく、ブルジョア（資本家・金持ち）のように振る舞うことを要求された。そのための給料が与えられ、地下組織の仕事にかかる交通費や宿泊費などの必要経費は、全額支給された。しかし、酒は絶対に飲んではいけなかった。[12]

工作員が待ち合わせをするときは、時間厳守であった。もし相手が待ち合わせ場所に来ないような

ときは、一五分たったらその場を立ち去らなければならなかった。相手が警察に捕まり、待ち合わせ場所を自白して、逮捕されるような事態を防がなければならなかった。待ち合わせ時間を手帳に書くときは、時間を二時間ずらして書くように指導された。もし手帳が警察の手におちても、待ち合わせ時間を警察に知られないようにするためである。また、もし地下工作員同士がどこかで偶然に出会うことがあったら、お互いに知らないふりをして、その場を立ち去るように指導されていた。[13] そして万一、警察に逮捕されるようなことがあったら、徹底して無罪を主張するように言われていた。

それから、もし地下工作員がヘマをしでかしたら、必ず罰が与えられると教えられた。チェンバーズはソ連送りにされた工作員の話を聞かされた。当時、世界の共産党はソ連の強い影響下にあった。共産党員は、共産主義の母国であるソ連に忠誠を誓うべきであり、ソ連に忠誠を誓わなければ共産党員ではないとチェンバーズは信じていた。[14]

■アメリカ政府内に共産党細胞を植え付ける

一九三四年になって、チェンバーズは共産党幹部のピーターズから、一人の男を紹介された。ピーターズは当時、米国共産党の地下組織をとりしきっていた人物である。もちろんピーターズというのは本名でなく、実際はハンガリーに生まれ、モスクワで地下工作の訓練を受けた、筋金入りの共産主義革命家であった。[15]

そのピーターズがチェンバーズに紹介した男とは、ハロルド・ウェアであった。ウェアは、ワシントンのアメリカ政府内に、共産党細胞（共産党員の組織）を植えつけようとしているとのことだった。

ウェアは変わった履歴をもつ男であった。ウェアの母親は有名な共産党員で、ウェアの周囲には共産党で活躍した人物が多かった。ウェアは大学で農業を学び、農業の専門家となった。しかし冒険心旺盛なウェアは、農場から農場をわたりあるく季節労働者となって働いていたこともあった。一九二二年、ソ連で飢饉《ききん》が発生したと聞くと、三三歳のウェアはさっそくソ連を目指した。ソ連を救うために、トラクターなど最新のアメリカの農業機械をたずさえてソ連にわたった。アメリカの近代農法をソ連の農民に教えて、ソ連の集団農場を成功させることが目的だった。[16]

ソ連で過ごすうちに、すっかり革命家となったウェアは、九年後の一九三一年、アメリカに戻ることとなった。アメリカの農民を組織化して共産主義革命にそなえよ、とのコミンテルンからの指令が、ウェアに出されていた。ウェアは、コミンテルンからもらった工作資金二万五〇〇〇ドルを腰に巻き付けて、大恐慌下のアメリカに戻った。[17]

ウェアは農民を組織化するために、さまざまな活動を行った。またアメリカ政府に接近をはかり、農務省の顧問のような存在になることに成功した。そして、アメリカ政府内に共産党細胞を植えつける活動に力を入れ始めた。一九三三年にルーズベルトが政権をとると、ニューディール政策がはじまり、たくさんの部署がつくられ、大量の人材が政府に採用されるようになった。しかしセキュリティ審査のようなものはなかったので、怪しい人材でも、簡単に政府に入ることができた。これはウェアにとって好都合だった。当時、アメリカ政府では、公務員は、特定の政治組織に属してはいけないことになっていたから、アメリカ政府内に共産党細胞を植えつけるのは規定に違反していた。[18]

ウェアは、農務省に新しくできたＡＡＡ（農業調整局）という部署に目をつけた。ウェアは、マルクス主義の勉強会などの名目で、グループを組織した。そしてグループに集まったメンバーを、裏の共産党員にすることに全力をあげた。ウェアの当初の目的は、共産党地下工作員を、アメリカ政府内にできるだけ多く配置し、アメリカ政府が共産党に都合の良い政策をとるように誘導することであった。[19]

チェンバーズがウェアを紹介されたときには、すでにAAA内に共産党地下組織のグループができていた。このグループは、ウェア・グループと呼ばれ、七人の中核メンバーがいた。中核メンバーの何人かは、十数名からなる子細胞を率いていたという。チェンバーズの見積もりでは、一九三四〜三五年ごろ、ウェア・グループは、全体で七五人ぐらいの地下工作員を、アメリカ政府にもぐりこませていたという。中核メンバーのなかには、アルジャー・ヒスや、ヒスと同じくハーバード大学出身で国際法律協会のメンバーだったプレスマンやウィットが含まれていたという。[20]

共産党地下組織トップのピーターズの夢は、ニューディール政策でできたAAAのような新設組織だけでなく、国務省や海軍省のような伝統ある組織に、共産党細胞を植えつけることであった。また、労働省（労働問題を担当）や郵政省（通信を担当）なども重要であった。ピーターズが夢見たとおりに、共産党細胞は、アメリカの多くの省庁に広がっていき、ソ連のスパイ活動に利用されるようになるのである。もう一つ重要なのは、共産革命が起こりそうになったときの場合である。共産革命軍が立ち上がったとき、アメリカ政府内に政府を裏切って共産革命軍を応援する人物を大量に植えつけておけば、アメリカ政府は共産革命軍を鎮圧できなくなるはずだった。[21]

チェンバーズの任務は、ワシントン工作を続けるウェアと、共産党地下組織のトップであるピーターズのあいだに入って、連絡係をつとめたり、ウェアの仕事を手伝ったりすることであった。米国共産党にとって、アメリカ政府内に有名大卒のインテリを集めた地下組織をつくるのは、はじめての経験だった。ほとんどのメンバーが二〇代で、表の共産党員を経験せずに、いきなり地下工作員となったというのも問題であった。どうやってメンバーに、共産党への忠誠心を維持させるかが課題となった。メンバーには、給与の一〇％という高い党費を払わせて、共産党との一体感をもたせるような方策がとられた。[22]

■アジアのライバル・日本を対象としたスパイ工作

同じころ、チェンバーズに与えられたもう一つの任務は、日本工作の支援であった。当時のソ連にとって、スパイ活動の主要対象国とは、英仏独などのヨーロッパの列強、バルト海沿岸など国境を接する国、そしてアジアのライバル・日本であった。スパイ対象国として、アメリカは優先度の低い国であった。しかし、アメリカ政府を利用して日本やドイツの情報を得られることが分かると、ソ連はアメリカでのスパイ活動にも重点をおきはじめた。また、ロシア人が日本でスパイ活動をするのは至難のわざであったが、アメリカには、日本からの移民が来ているので、アメリカにいる日本人移民を共産党地下工作員にして、日本に潜入させることが考えられた。[23]

ところで日本は、一九三一年に満州事変を起こし、一九三二年に満州国を建国していた。ソ連は、日本が満州を足がかりにして、極東のソ連領土に攻め込むのではないかと不安にかられていた。日本がソ連侵略の計画を立てているのかどうかを突きとめなければならなかった。[24]

ソ連は次々に対策をうった。一九三三年には、有名なスパイのゾルゲを日本に送り込んだ。ゾルゲを親ナチスのドイツ人と考えた日本は、まさかソ連のスパイとは思わず、盲点をつかれた。ゾルゲは、日本でスパイ網を構築することに成功した。同じ年に、ゾルゲを助けるために、アメリカ在住の画家で、日系移民の宮城与徳《よとく》が日本に送られた。宮城は米国共産党日本人部に所属していたが、地下工作員に抜擢され、ゾルゲのスパイ網の重要なメンバーとなった。八年後に宮城は日本で逮捕され、獄中で死亡することになる。[25]

一九三四年、ソ連は、ゾルゲのスパイ網と並行して、もう一つのスパイ網を日本につくることにした。共産主義の戦略の一つに、地下組織並行運営の原則というものがあった。お互いにその存在を知らないような、地下組織をいくつもつくって活動させるのである。そうしていくつかの地下組織からきた情報を比較・分析すれば、正しい情報が得られるはずだった。地下組織のなかには、嘘の情報をつかまされたり、相手国の秘密警察に寝返ったりして、正しい情報を送らない場合があるが、地下組織を並行運営することで、これを防ぐことにしていた。また、お互いにどのような地下組織があるのか分からないようにしていたので、一つの地下組織が警察に摘発されると別の地下組織も一網打尽にされてしまうようなことを防ぐことができた。[26]

日本で並行スパイ網を構築するように命じられたのは、シャーマンという男だった。共産党地下組織はさっそく準備にかかった。シャーマンを、アメリカの会社から派遣された人物に仕立て上げて、アメリカの偽《にせ》パスポートを持たせることが必要であった。それから日本とアメリカとの連絡システムをつくることも重要だった。シャーマンも共産党にいくつか要求を出した。シャーマンは、英語と日本語が話せる共産党員の日系人アシスタントを要求した。また、日本がつくった満州国に出張しても怪しまれないような信用状や、中国大陸で中国共産党と連絡する手はずをつけるように求めた。[27]

チェンバーズは、シャーマンの日本スパイ網構築を準備するために走り回った。共産党地下組織にとってパスポートの偽造は簡単なことだった。共産党地下組織には、図書館で新聞の死亡記事を調査するチームがあった。そして、偽パスポートが必要な人物と、だいたい同じ年に生まれて死んだ子供を見つけるようにしていた。死んだ子供を見つけると、その子供の出生証明書を役所に請求した。役所は、出生証明書をすぐに出してくれた。出生証明書があれば、パスポートは簡単に取れた。アメリカのパスポートは、地下組織の人物に歓迎された。アメリカは移民の国であるので、どこかのほかの国に入国するとき、英語が下手なスパイでも、移民だと言えば怪しまれることがなかったからである。共産党地下組織は、月に一〇〇個の偽パスポートを量産して、コミンテルンやソ連課報部を助けていたという。[28]

次に、工作員を、アメリカの会社から日本に派遣されたように偽装することが必要であった。チェンバーズは、「アメリカ特集記者通信社」というでっちあげの記事配給会社を設立した。資金は共産党地下組織から出た。そして大手マスコミで働いている共産党シンパと交渉して、「ニューヨーク・ポスト」という有名な新聞に、特派員が記事を配給するという契約を結ぶことに成功した。「アメリカ特集記者通信社」は、実はソ連軍事課報GRUの東京支部の一つだったとチェンバーズはのちに述べている。[29]

日本とアメリカの連絡システムは日本郵船内につくられたが、これはチェンバーズの担当ではなかった。満州国に出張しても怪しまれないような信用状は、評論誌「アメリカン・マーキュリー」から推薦状をもらうことに成功した。中国共産党と連絡をつける方法については、たまたまアメリカにいたアグネス・スメドレーを紹介することにした。スメドレーは、ゾルゲのスパイ網構築に協力した女性で、中国共産党とコネをもっていた。しかし、スメドレーとシャーマンはお互いに意見があわず、これは失敗した。[30]

日系人のアシスタントについては、ピーターズが野田英夫という画家を見つけてきた。野田はアメリカ生まれで、日本で教育を受けたが、アメリカに戻って共産党員になっていた。野田はアメリカの美術展で賞をとり、有名な画家の助手をつとめるなど、将来が期待される新進気鋭の芸術家だった。チェンバーズは、旧知の美術評論家をとおして野田英夫に会い、その人物がすっかり気に入った。野田は、地下工作員になることを快く承諾した。[31]

こうしてシャーマンは、一九三四年秋、サンフランシスコ経由で日本へと旅立った。その年の終わりには、野田が日本へと旅立った。このころチェンバーズは、一万ドルの工作資金をベルトにつけて、サンフランシスコまで運ぶようにとの指令を受けた。この一万ドルは日本での工作資金に充てられるはずだった。[32]

そうして数ヶ月たった一九三五年のある日のことだった。チェンバーズは、ソ連の工作員から、日本でシャーマンの地下組織が、警察の摘発を受けたと告げられた。チェンバーズは証拠を隠滅するために、急いでアメリカ特集記者通信社を閉じてしまった。会社は一日で跡形もなくなってしまったという。ところが、シャーマンが日本で摘発されたという情報がガセネタであったことが分かり、チェンバーズはがくぜんとした。[33]

そのうちにシャーマンはアメリカに呼び戻された。結局、シャーマンの地下組織はうまくいかなかった。シャーマンは日本の警察力など、日本の事情を知らなすぎた。シャーマンの成果といえば、東京のＹＭＣＡでひらかれたハンドボール大会で優勝したことぐらいであった。シャーマンはアメリカから「ソ連送り」となってしまった。ソ連でシャーマンは機転を利かして命拾いし、運よくソ連から戻ることができたが、ソ連の共産党組織を人殺しの連中と呼ぶようになり、すっかりソ連嫌いになってしまった。[34]

野田もアメリカに戻ったが、地下工作員として活躍を続けた。しかしチェンバーズは、前途有望な画家を地下組織に引き入れたことを後悔した。一九三九年に、野田が脳の病気で死んだことを知ると、チェンバーズは、ソ連の工作員によって殺されたに違いないと考えた。[35]

■地下組織の有力な一員となっていたヒス

チェンバーズは地下工作を続けるうちに、ヒスとホワイトに接触するようになったと述べている。最初にアルジャー・ヒスについて、チェンバーズが証言したことを追ってみよう。ヒスは、ウェア・グループの中核メンバーの一人であり、リーダー格であったとチェンバーズは述べている。関係者の証言によると、ヒスは一九三三年ごろＡＡＡ（農業調整局）で、ウェア・グループすなわち共産党地下組織に入ったのだという。[36]

一九三四年夏に、チェンバーズは、ウェア・グループの有能な弁護士が、ＡＡＡからナイ委員会に出向しようとしているとの情報を得た。ナイ委員会は、第一次世界大戦前後の、軍需産業の活動を調査する委員会だった。共産党地下組織は、この委員会を利用して、アメリカの軍事情報を得られる可能性に注目した。その弁護士とはヒスであった。チェンバーズは、ヒスを共産党地下組織（ウェア・グループ）から引き離し、ヒスを中心とした新しい並行地下組織をつくるように命じられた。この当時、チェンバーズは知らなかったが、これは軍事諜報ＧＲＵのスパイ網だった。チェンバーズはヒスと接触するようになったが、性格の良いヒスがすっかり気に入った。ヒスは自分のアパートにチェンバーズを泊めるなど、面倒見が良く、気さくでやさしい人物だった。[37]

軍事情報を盗むためのヒスの地下組織は、一九三五年ごろに立ち上がった。ヒスはナイ委員会を通じて、調査のためと称し、国務省に機密書類を出すように要求した。国務省は、最初は応じていたが、機密を漏らすことに不安となり、だんだん協力しないようになっていった。[38]

こんなことに負けるヒスではなかった。一九三五年夏、ヒスは司法省に移ったが、そのころから、ヒスは自分の地下組織（ＧＲＵ）のメンバーを増やすことに全力を挙げた。アメリカ国務省には共産主義に同情的な二人の人物がいると、共産党地下組織ではうわさされていた。その二人とは、ノエル・フィールドとローレンス・ダガンであった。ヒスはまず、ノエル・フィールドを自分の地下組織に勧誘しようとして、積極的に近づき始めた。[39]

ところがある日、フィールドは、自分は別の地下組織から勧誘されているとヒスに告白した。ワシントンに別の地下組織があることを知らなかったヒスは驚いた。ヒスはさっそく、チェンバーズにそんなことがあり得るのかとたずねた。チェンバーズはあり得ると答えると、このことを自分の上司のピーターズに報告した。ピーターズは、それはヘーデ・マッシング（マッシング夫人）のグループだろうと答えたが、この件についてはそれ以上は何もしてはいけないと命じた。しかし、ヒスはフィールドに接触し続けた。実はマッシングのグループは秘密警察の諜報部（ＫＧＢ）に属していた。[40]

マッシング夫人は、オーストリア生まれで、芸術学校で演劇を学び、一時はウィーンで女優をしていたこともあった。三度結婚したが、最初の夫はのちにコミンテルンの大物となった人物であった。マッシングも共産主義の活動をするようになり、ソ連の諜報員から、共産主義に興味をもつ人物を、地下組織に引き入れる方法について訓練を受けた。候補者を見つけるとその人物の履歴、趣味、習慣、興味、癖、弱点などを探り出し、理想、金、名誉など、いったい何で釣るのがよいのかを上司と検討しながら、地下組織に引き入れるのである。マッシングのコードネームは、レッド・ヘッド（赤毛）であった。[41]

マッシングは、反ナチスの理想を説いてフィールドを勧誘し、長期間にわたって接触を続け、ほとんどうまくいきそうになっていた。ところが、フィールドが別の人物からも勧誘されていると聞き、フィールドを横取りされるのを嫌がった。そこで、その人物、すなわちヒスに会うことにした。[42]

一九三五年の冬または三六年のはじめごろに、マッシング夫人とヒスは、フィールドの家で会った。マッシングは、気まずい会談になるだろうと思っていたが、明るく会話のうまいヒスのおかげで気まずい思いをせずに済んだ。ヒスもマッシングが気に入った。結局、双方のボスに判断してもらうことになった。[43]

ソ連の諜報部門は怒った。マッシング（ＫＧＢ）が、別の並行地下組織（ＧＲＵ）に属するヒスに会ったのは、ルール違反であった。マッシングは上司から、今後は、ヒスと会うことはもちろん、ヒスのことはいっさい口に出してはいけないと、きつくしかられた。それでも諜報部門トップの判断で、フィールドはマッシング夫人のグループに入ることとなった。フィールドを取り逃したヒスは、もう一人の人物である、国務省のローレンス・ダガンを自分の地下組織に引き入れようとした。しかし、ダガンもすでにマッシングが手をつけていたことが判明した。こうしてヒスは、フィールドとダガンの勧誘に失敗した。しかし後にフィールドとダガンは、思わぬところでヒスと関係するようになる。この約一三年後、ヒスがスパイ疑惑で全米の注目を集めると、フィールドやダガンも同じように疑われた。結局、フィールドは共産圏に逃亡し、ダガンは自殺することになる。[44]

さてヒスは、ナイ委員会のあと、一九三五年夏に司法省入りし、一九三六年夏には国務省に移っている。実は、この職場の変更も、地下組織の指示に従ったものであったという。一九三五年に司法省入りの話が出ると、ヒスはそれをチェンバーズに報告した。チェンバーズは上司のピーターズに伝えた。ピーターズは、とりあえず緊急の用件はないが、その話を受けるようにとの指示を出したという。ヒスはその指示に従った。おそらく、米国政府内の多くの部署に地下工作員を配置する作戦の一環であったのだろう。[45]

一年後、国務省入りの話が出たときも、ヒスは、チェンバーズに報告した。ピーターズの判断は、国務省に移れということであった。ヒスは司法次官補佐の職について一年しか経っておらず乗り気ではなかった。また国務省に移ると給料も下がった。それでもヒスは地下組織の命令に従い、国務省に移ったのだという。[46]

■地下組織に政府の機密情報を流したホワイト

つぎにホワイトをみてみよう。財務省のホワイトは、共産党員ではなかったが、長年にわたって共産党と接触していた。地下組織トップのピーターズも、ワシントン工作リーダーのウェアも、ホワイトを共産党シンパとして知っていた。[47]

共産党地下組織は、財務省のホワイトから、アメリカ政府の機密情報を得たいと考えていた。ワシントン工作担当のウェアの友人、ロバート・コーは、ホワイトと非常に親しかった。そこでチェンバーズは、一九三五年ごろ、ロバート・コーを介してホワイトから情報を得るように命じられた。さっそくホワイトは、アメリカ政府の機密書類を地下組織に流した。チェンバーズの記憶では、それは日本の機密情報だったという。中国や満州で活動している日本の工作員（日本人・中国人）の氏名と住所のリストであった。[48]

チェンバーズは、機密書類を写真撮影し、ホワイトに書類を返すために、ロバート・コーと待ち合わせをした。ところが、ロバート・コーは待ち合わせの時間に一時間遅れてやってきた。チェンバーズは、地下組織の人間として危険性を感じ、ロバート・コーを使うことを嫌がった。こうしてホワイトと接触することは一時中断されたという。[49]

ところで、ロバート・コーの兄であるフランク・コーは、共産主義者で、カナダで経済学を教えていた。チェンバーズによると、地下組織トップのピーターズは、ホワイトの影響力を使って、フランク・コーを財務省に入れる計画を練っていった。そして実際に、フランク・コーは財務省入りを果たし、ホワイトの下《もと》で活躍した。のちにフランク・コーは共産中国に逃げ、中国で一生を終えるのである。[50]

さて、共産党地下組織は、なんとしてもホワイトを地下組織に組み入れたかった。そこでロバート・コーに代わる人物として、共産党員のシルバーマンを探してきた。シルバーマンは、ホワイトの昔からの友人であった。以前に紹介したように、出版されたホワイトの博士論文の謝辞には、シルバーマンの名前があったほどであった。[51]

しかし、シルバーマンはなかなか扱いにくい人物であった。共産党の党費は高すぎるとチェンバーズに文句を言った。また、ホワイトのハーバード時代のライバルで、ＦＲＢ（連邦準備制度理事会）にいたカリーのアドバイスを受けて株式相場に手を出したところ、カリーの予想は当たらず、金を損してしまったとブツブツ言っていた。チェンバーズは聞き役となって、そういった不平不満をいちいち聞いてあげた。すると、シルバーマンはチェンバーズを信用するようになり、ホワイトを紹介してくれたという。こうしてチェンバーズはホワイトと直接会うようになっていった。[52]

チェンバーズは、ヒスは好きであったが、ホワイトは嫌いであったという。ホワイトは共産党員ではなく、共産党シンパであった。このため共産党地下組織は、ホワイトに命令することができず、情報を渡してくれるように提案するか依頼するしかなかった。ホワイトも、自分が共産党員でない強みをよく知っていて、共産党から重要人物として大切にされることを楽しんでいた。チェンバーズはそういった態度がいちいち気に入らなかった。あるとき、チェンバーズが、たまたま数週間ホワイトと会えなかったことがあった。そして久しぶりにホワイトに会うと、ホワイトはあたかも自分が見捨てられてしまったかのように、哀れな様子であったとチェンバーズは書いている。[53]

■ブィコフ大佐と会うホワイトとヒス

共産党地下組織は、何も問題なく発展していったというわけではない。とくに一九三五年には、さまざまな問題が発生した。

まず、ワシントン工作を担当していたウェアであるが、八月に交通事故で死んでしまった。それから前述したように、AAA（農業調整局）でラジカル（過激左翼）追放が起こったが、実は、その多くが共産党地下組織ウェア・グループのメンバーであった。こうしてウェア・グループは大打撃を受けた。また、シャーマンの日本工作が失敗して、ソ連おくりになったのもこの年であった。[54]

アメリカの共産党地下組織はてこ入れが必要であった。モスクワでスターリンの大粛清《しゅくせい》がはじまったこともあり、ソ連は工作員の人事異動を行った。一九三六年秋、チェンバーズはピーターズから、ソ連から送り込まれた新しい上司を紹介してもらった。もちろん、この当時チェンバーズは、自分が誰と働いているのか、自分がどこの部署に所属しているのかよく分からなかった。しかし、のちにチェンバーズは、ソ連から抜け出してきたスパイに会い、自分の上司の正体を聞かされることになる。チェンバーズの上司とは、ソ連の軍事諜報部（ＧＲＵ）に属するブィコフ大佐だった。ブィコフ大佐はドイツ語が話せたので、チェンバーズはドイツ語でブィコフ大佐と会話した。チェンバーズの語学力は地下組織で役立った。[55]

あるとき、チェンバーズはニューヨークで、ブィコフ大佐と会っていた。ニューヨークでは、たくさんの人がショーウインドーをながめながら、ぶらぶら歩いていた。ブィコフ大佐はチェンバーズに、彼らはいったい何をしているのかと聞いた。チェンバーズは、ウインドー・ショッピングをドイツ語で説明しようとしたが、ブィコフ大佐は、そのような余裕のあるアメリカ社会を理解できなかった。「違う、やつらは秘密警察だ」とブィコフ大佐は勝手に理解した。インターネットどころかテレビも普及していない時代であった。ソ連からきたブィコフ大佐は、秘密警察が人々をつねに見張っているような社会しか想像できなかったのである。[56]

一九三六年十一月二十五日、共産主義者とソ連にとって衝撃的な事件が起きた。日独・反コミンテルン協定（日独防共協定）が結ばれたのである。日本とドイツが手を結んで、公然と国際共産主義運動に敵対することを発表したのである。実は、ソ連はこのころ日本の暗号を解読しており、反コミンテルン協定には、発表されていない秘密協定があることをつかんでいた。そして秘密協定で、ドイツと日本が、ソ連に対抗する軍事協定を結んだことをつきとめていた。ソ連は、東と西から、日本とドイツにはさみうち攻撃されるという悪夢にうなされた。日本とドイツの軍事機密を盗み出すのは、ソ連にとって、最優先課題となった。祖国ソ連の危機に、ブィコフ大佐は死に物狂いで、スパイ活動を活発化させた。[57]

一九三六年十二月、ブィコフ大佐は、アメリカ政府内にいて特に役立ちそうな四人にお金を渡し、もっとたくさんの情報を流すようにさせることを考えた。その四人とはホワイトとヒス、国務省のウェイドレイ、それからホワイトと親しい鉄道廃棄委員会のシルバーマンであった。チェンバーズは金銭をわたすことに反対した。ワシントンの地下工作員や共産党シンパは、共産主義の理想に感激して共産党やソ連に協力しているのであるから、お金を渡したりしたら、侮辱されたと感じるに違いないと思ったのである。しかし、ブィコフ大佐は言った。

「お前は分かっていない。お金を出す者が主人であり、お金をもらった者は何かを出さなければならないのだ」

チェンバーズは、とりあえず贈り物をわたすことで妥協した。一九三六年十二月、チェンバーズは、高価なブハラじゅうたんを四つ仕入れた。そしてホワイトとヒス、それからウェイドレイとシルバーマンに、ソ連人民からの感謝の気持ちという名目で贈り物を渡した。チェンバーズは、四人が侮辱されたと感じてスパイ活動をやめるのではないかと心配した。[58]

チェンバーズの予想ははずれた、ホワイトとシルバーマンは大喜びした。ウェイドレイも喜んだようだった。ヒスについては反応がよく分からなかったが、スパイ活動をやめるようなことはなかった。[59]

さらにブィコフ大佐は、アメリカ政府内のスパイたちと、直接会ってみたいとチェンバーズに述べた。チェンバーズの手配のもとに、ブィコフ大佐は、ホワイトやヒスと別々の機会を設けて会った。ブィコフ大佐は、労働者の祖国・ソ連が、日本とドイツから深刻な脅威を受けていると話し、スパイ活動に積極的に協力するように要請した。ホワイトもヒスも、さらなる協力を約束した。[60]

特にヒスは、機密情報を量産するようになった。これまでは、機密情報があると、ヒスは家に持ち帰っていた。すると一週間から一〇日に一度、チェンバーズがやってきて書類を受け取り、写真に撮ってから返していた。しかし至急回覧など、手元に長期間おいておけない情報もあった。そういった情報については、手書きのメモにまとめるかタイプライターで内容を打ち込んでおいて、チェンバーズが来たときに渡すことになった。タイプ打ちをするのは、主に妻のプリシラの仕事だったようである。[61]

チェンバーズは、性格のよいヒスと、すっかり家族ぐるみでつきあうようになった。一九三七年八月、日中戦争が始まった翌月、チェンバーズは、ホワイトに情報をもらいに行くことになった。このときホワイトは、ソ連の通貨政策の改善提案をまとめていた。世界一流の経済学者が、ソ連の通貨政策の改善案をまとめてくれるというので、ブィコフ大佐も喜んだという。ホワイトは夏期休暇中で、ハーバード時代のライバルで友人のカリーの別荘に滞在しながら、提案をまとめていた。その別荘までは車で数日かかってしまうので、チェンバーズは、どうやってホワイトのところに行こうかと考えていた。ヒス夫妻にこのことを話すと、ヒス夫妻はいっしょに車で行こうと申し出た。そこで、三人でドライブ旅行のような形で、ホワイトに会いに行った。とはいっても、ヒス夫妻をホワイトに会わせるわけにはいかないので、チェンバーズがホワイトに会っているとき、ヒス夫妻は車のなかに隠れていたという。[62]

前述したが、チェンバーズは、ヒスは好きであったがホワイトは嫌いであった。あるときチェンバーズは、ピーターズに「ホワイトは扱いにくい」と文句を言った。するとピーターズは「ホワイトは財務省にたくさんの共産党員や共産党シンパを配置してくれているのだ」とチェンバーズをなだめたという。実際に、財務省には、のちにスパイだと非難された人々が多く入っている。たとえば、一九三六年にグラッサーとアドラー、一九三九年頃にはフランク・コーとウルマンが財務省入りしている。彼らはホワイトのもとで、順調に出世し、政策に影響を与えるような地位についている。ちなみにヴェノナ文書などで彼らは、ルーブル（グラッサー）、サックス（アドラー）、ピーク（コー）、パイロット（ウルマン）などのコードネームで呼ばれていた。こののちに財務省入りした人物もあわせて、ホワイトは、最低でも九人のソ連協力者を、財務省に配置することに関与したと言われている。[63]

■スターリンの大粛清に動揺するスパイたち

地下工作を続けていくうちに、チェンバーズは、共産主義への疑問がわき起こるようになった。非合法活動を続けるなかで、チェンバーズの楽しみといえば、幼い自分の娘を見て時間を過ごすことだった。あるとき、チェンバーズはなにげなく娘の耳を見ていた。かわいらしいが複雑な耳の形を見ているうちに、チェンバーズの心にある考えが浮かんだ。「娘の耳は共産主義がいうような物質が集まったものではない。その背後には、娘の耳を創造した偉大なる存在がある」。チェンバーズは、すぐさまこの考えを打ち消した。共産主義は、神の存在を信じず（無神論）、すべては物質だと教えているからである（唯物論）。[64]

そのうちに、チェンバーズのところには、スターリンの大粛清のニュースが入ってきた。ソ連の指導者スターリンが、自分を批判する人物や、怪しい人物を見つけると、裏切り者、スパイ、人民の敵と呼んで裁判にかけ、次から次へとシベリア送りにしたり、処刑したりしているというのである。陰謀によって権力を握ったスターリンは、周囲の人物も同じように自分を陰謀にかけて殺そうとしていると不安になったのかもしれない。スターリンの大粛清で、一九三六年から一九三八年までのあいだに、数百万人が犠牲になったといわれている。[65]
チェンバーズは、スターリンの大粛清のニュースに心が動揺した。しかし上司のブィコフ大佐は冷たく、皮肉に満ちた反応を繰り返して、チェンバーズの心を傷つけた。
たとえば、共産主義の理論的指導者で、一時はスターリンと並ぶ権力をもっていたブハーリンが、一九三七年二月に逮捕された。ブハーリンの処刑がまだ発表されていないときに、ブィコフ大佐はチェンバーズにたずねた。

「ブハーリンはどこへ行った?」

チェンバーズは答えた。

「死にました」

「それは正しい」

ブィコフは答えた。[66]

また、米国共産党の初期からのメンバーで、チェンバーズとは旧知のジュリエットという女性がいた。しかしジュリエットは、だんだんソ連のやり方に疑問をもつようになり、ソ連を批判するようになっていった。そのジュリエットが一九三七年六月、突然消息不明となった。その後、ジュリエットは共産党員に誘拐されたという記事が新聞に掲載された。また、ジュリエットが消息不明となった時期に、ソ連の工作員がアメリカを訪問し、すぐにソ連に戻っていたことが分かった。ジュリエットはソ連の諜報部門に殺されたのだと、チェンバーズは考えた。[67]

ジュリエットの事件に心を痛めていたチェンバーズに、ブィコフ大佐はたずねた。

「ジュリエットはどこへ行った？」

チェンバーズは答えなかった。するとブィコフ大佐が、自ら答えた。

「風と共に去りぬ、だな」[68]

ソ連の粛清におどろいていたチェンバーズを、恐怖におとしいれる指令が届いた。一九三七年七月、チェンバーズ自身に、ソ連に来るようにとの指令が来たのである。ソ連送りになってアメリカに戻ってこない同志のことが、チェンバーズの頭をよぎった。ソ連に送られたら最後、取り調べと裁判、そして強制労働か死刑が待ち受けているのは目に見えていた。チェンバーズは、仕事が多忙なことを理由に、何とか延期を認めてもらって命拾いした。チェンバーズは、もう地下組織にかかわるのが嫌になった。[69]

一九三七年の秋までに、チェンバーズは、地下組織から抜け出す決意を固めた。チェンバーズはこれまで、地下組織を抜け出そうとして失敗した人々の例をよく知っていた。そういった人々は、暗殺されたり、ソ連に送られたりしていた。チェンバーズはあせらず、じっくり慎重に準備することにした。チェンバーズは必要となるものをまとめた。必要なものは、武器、隠れ家、自動車、身分証明、命綱《いのちづな》（証拠書類）などであった。[70]

いざというときに自分の身を守るため、武器が必要だった。とりあえずの武器として、チェンバーズは、長いナイフを買い入れた。また、共産党の追っ手から逃れるための隠れ家も、のちに見つけることができた。四方がよく見渡せ、家主が庭で犬を飼っているので何かあればすぐに分かりそうだった。[71]

逃亡用の自動車が必要だったが、チェンバーズが使っていた車は古く、調子が悪かった。チェンバーズは、地下組織に新しい自動車を購入させようとした。仕事で新しい車が必要だとの名目で、チェンバーズは上司のブィコフ大佐を説得しようとした。しかし、ブィコフ大佐がうんと言わなかったので、自動車を手に入れることはできなかった。しかし、あるときヒスに、「地下工作の仕事で車が必要だが、なかなか手に入れることができない」と話してみたところ、性格のよいヒスは、それなら自分がお金を貸そうと申し出た。そのことをブィコフ大佐に伝えたところ、そういうことならとブィコフ大佐も新車の購入を許可してくれた。[72]

それから身分証明が必要であるとチェンバーズは考えた。チェンバーズはずっと地下工作員をつとめていて、身分を証明するものが何もなかった。ボブとかカールという名の、得体の知れない人物になっていた。このような人物が何か言っても、誰も信用してくれないし、自分に何かあっても誰も何もしてくれないことが予想された。そこでチェンバーズは、政府の仕事につくことにした。一時的にでも政府の仕事をしていれば、チェンバーズという人物が実際に存在するとの証明になるはずであり、何かをうったえても、信用度が違うはずであった。[73]

さっそくチェンバーズは、カバー（偽装の職業）が必要になったから、政府の職を手に入れるようにと、地下組織の一員であるシルバーマンに命令を出した。するとシルバーマンはあっというまに、政府の職を手に入れてきてくれた。チェンバーズの職種は、ナショナル・リサーチ・プロジェクト

〈全国調査計画〉のもとで、資料整理を担当するという名目になっていた。その職場の上司は、全員が共産党員であったので、チェンバーズが出勤しなくても誰も文句を言わなかった。チェンバーズのもとには、毎月、給料が送られてきた。[74]

約一一年後、チェンバーズは議会の小委員会で、共産党地下組織にとって、政府の職を得ることがいかに簡単であったかについて証言した。大恐慌で多くの人々が失業し、わずかなお金に困っているときに、共産党地下組織の工作員は政府の職に簡単にありつき、何も仕事をせずに給料をもらっていると聞いて、議員たちは驚いた。[75]

さてチェンバーズには、命綱〈証拠書類〉も必要であった。アメリカ政府の機密書類を証拠に持っていれば、共産党地下組織がアメリカ政府の機密を盗んでいたことを証明することができる。そして、もし自分に危害が加えられそうになったら、「自分が殺されたら書類が公《おおやけ》に出るぞ」、などと言えば命が助かる可能性があった。チェンバーズはこれを命綱と呼んだ。チェンバーズは、ホワイトやヒスの手書きのメモなどをそっと集めておいた。[76]

一九三八年春、チェンバーズは家族をつれて逃走し、行方をくらました。[77]

もちろん、黙って見のがすような共産党地下組織ではなかった。あの手この手をつかって、チェンバーズの居所を探りあてようとした。

たとえば、共産党地下組織は、忠実な共産党員であるハッチンズ婦人を使って、チェンバーズを探そうとした。ハッチンズ婦人は、チェンバーズの妻のエスターと親しかった。ハッチンズ婦人は、エスターの兄弟のルーベン弁護士なら、チェンバーズ一家がどこに隠れているか知っているはずだと考えた。そこでハッチンズは、ルーベンの事務所を訪ねた。ところがルーベンは仕事で忙しく、会うことができなかった。ハッチンズは次のような伝言を残して帰った。[78]

「スティーブ（共産党地下組織トップのピーターズ）か私に電話するように、エスターか夫（チェンバーズ）に伝えてください。重要なメモがあります」

仕事から戻ってきたルーベン弁護士は、とりあえず教えられた電話番号に電話してみることにした。すると次のように言われたという。

「チェンバーズの居所を教えてくれるのなら、エスターと二人の子供には何の危害も与えないように取りはからいましょう」

共産党地下組織のことは何も知らない弁護士のルーベンは、人が殺されるような話をいきなり聞かされて、びっくりしてしまった。そして、ハッチンズと別の日に会ったが、ハッチンズの残したメモなどを証拠としてずっととっておいた。一〇年後、ＦＢＩから事情聴取を受けたときにも、ルーベンはメモなどをきちんと保管していたという。[79]

ところでハッチンズ婦人には、変わった任務があったという。それは、アメリカにやってきた日本人留学生と親しくなり、共産党に引き入れることだった。目的は、日本人留学生を使って、日本に共産党地下組織をつくることだったという。ところが、ハッチンズの任務はなかなか難しく、次のようにこぼしていたという。

「日本人留学生を信用しちゃだめ。彼らを警察のスパイだとあらかじめ考えていた方が安全よ」[80]

結局、共産党地下組織はチェンバーズの居所をつきとめることができなかった。ブィコフ大佐はソ連に呼び戻され、ピーターズは格下げとなった。ブィコフ大佐は、ソ連の軍事諜報部門（ＧＲＵ）に所属していたが、GRUは責任をとらされ、GRUの運営していたスパイ網の多くが、秘密警察の諜報部門（KGB）に取って代わられたという。[81]

■ホワイトが流出させていた大量の日本情報

このころ、ホワイトやヒスは、ソ連にどのような情報を流していたのであろうか。チェンバーズは逃走後、十年たって、隠しもっていた機密書類を、裁判所や上院の小委員会に提出した。チェンバーズが提出した機密書類には、ホワイトの手書き文書四枚、ヒスの手書き文書四枚、タイプされた六五枚の文書、マイクロフィルムなどが含まれていた。こうして、このころホワイトやヒスが流していた機密情報の一端が明らかになったのである。[82]

チェンバーズが集めた機密情報は、一九三八年の一月～四月ごろのものであるが、最初に、このころの時代背景を振り返っておくことにしよう。この前年の一九三七年七月、日中戦争がはじまっている。日中戦争が拡大するなかで、アメリカは国際協調による外交的圧力で、日本を孤立させ、中国侵略をやめさせようとした。しかし日本は、十一月に日独伊・反コミンテルン協定（日独伊防共協定）を結び、反共産主義でドイツやイタリアに接近して対抗したので、アメリカのもくろみは失敗した。一方ソ連は、日本とドイツとイタリアの三国が、公然と共産主義に敵対したので、ひどい恐怖におそわれた。

十二月になると、パネー号事件（パナイ号事件）が起こった。日中戦争のさなか、中国にいたアメリカの砲艦パネー号を、日本軍がとつぜん攻撃して沈没させてしまったのである。日米関係は一挙に緊張し、アメリカ海軍は、日本との即時開戦を主張するほどであった。しかし、日本側が謝罪して賠償金を支払うことを表明したことや、アメリカとイギリスの協調がうまくいかなかったこともあり、事件は解決に向かった。

ヨーロッパではナチス・ドイツが、オーストリアやチェコスロバキアを勢力圏に置こうと活発に動いていた。また、スペインで内戦が起こっていたが、一方の勢力（フランコ派）をドイツとイタリアが、もう一方の勢力（人民戦線派）をソ連が支援しており、ドイツ・イタリア対ソ連の代理戦争のような形となっていた。

このように、日本は中国と戦争し、アメリカとの関係が悪化していた。またソ連は、日本・ドイツ・イタリアの三国と、実質的に冷戦状態にあった。ソ連は日本やドイツの情報が、喉から手が出るほど欲しかった。

さて、チェンバーズが持ち逃げした機密書類のなかから、ホワイトやヒスに関するものを見てみよう。まず、ホワイトの手書きの四枚のメモである。ちなみに、このメモが世に出たのは、ホワイトの死亡後のことであった。しかし、筆跡鑑定の結果、このメモはホワイトのものであることが確認された。ホワイトがこのころ、ソ連にどのような情報を伝えようとしていたのだろうか。メモに記されていた機密情報を、簡単にまとめて紹介してみよう（［］内は筆者の補足である）。[83]

- ハンガリーの対米債務の解消に関し、国務省の動きや、裏で動いている人物について「ハンガリーは、共産主義に反対してナチス・ドイツに接近しており、のちに日独伊防共（反コミンテルン）協定や日独伊三国同盟に参加する」

・アメリカの海軍大佐が、イギリスに滞在し、日本への経済制裁などについて英米協調をはかる連絡役となった。［パネー号事件のときに、アメリカはイギリスと協調して日本に経済制裁しようと考えていたが、イギリスは嫌がっていた］
・日本は石油備蓄施設を増強している。厚いセメントの二層構造として、あいだに空気をいれ、空爆による被害を防ごうとしている。
・モーゲンソー財務長官は、スノーの『中国の赤い星』を読んで、たいへんな興味を示している。
・われわれ［財務省］は、日本が繊維製品のダンピング［不当に安い値段で輸出すること］をしている証拠をつかんだので、米国の輸入業者には一〇〇％の関税を課している。
・一ヶ月前［パネー号事件のときと考えられる］、ルーズベルト大統領は、モーゲンソー財務長官に、現在の法的規制の枠内で、秘密裏に日本製品に対し、できる限りの輸入障壁を設けるように求めた。
・日本がパネー号事件のようなことを繰り返した場合、財務省では、日本製品の輸入を禁止し、日本資産を凍結する準備ができた。これは大統領の希望により行われたが、財務省内だけの機密となっている。
・日本のドル残高は約五〇〇〇万ドルであまり減っていない。
・中国から五〇〇〇万オンス以上の銀を購入することで合意した。中国のドル残高は、ほとんど残っていない。
・日本は満州国の産業開発資金を借り入れるため、スイスの銀行に探りを入れたが、断られた。
・ドイツのオーストリア進出の動きについて。

・フランスの政治家と、在仏アメリカ大使の対談。ソ連とフランスの接近の可能性について。写し入手不可。[84]

このように、ホワイトの手書きメモは、日本情報が多い。とりわけ、日本をやっつけようとする情報が多い。パネー号事件で日本に反感をもったのであろうか、それとも、労働者の祖国・ソ連に敵対する日本を倒したいと考えていたのであろうか。ところで「財務省内だけの機密になっている」とか「写し入手不可」といったコメントは、ホワイトが意識して機密を流していた証拠だと考えられている。それから、中国共産党を誉めまくったプロパガンダ本である『中国の赤い星』をモーゲンソー財務長官に読ませたようであるが、アメリカの財務長官を共産党シンパにしようとしていたのであろうか。[85]

■ヒスは夫婦でソ連に情報を流していた

次にヒスが渡したとされる機密書類を見てみよう。ヒスの四枚の手書きメモや、六五枚のタイプ文書、そしてマイクロフィルムである。[86]

まず、ヒスの四枚の手書きメモの内容をいくつか挙げてみよう。

・フランスのアメリカ大使館からの情報（日中戦争に対する米国の対応。中国がフランスから最新鋭の戦闘機を三〇機購入したことについて。ソ連は日中戦争に深入りしないようだが、日本はソ連の極東領土に侵入する気配がある）

・イギリスからの情報（イギリスのアメリカ大使館付き海軍武官が、英国海軍司令官と会談。英国海軍の作戦について）
・中国からの情報（日本軍の動静。日本の公使が上海に到着し、イギリスの対中国消極策を誉めてアメリカをけん制）
・ロビンソン・ルーベンス事件（パスポート偽造事件から、米ソの外交問題に発展した事件について）[87]

チェンバーズは、このメモはヒスがソ連に渡そうとした機密情報だと主張したが、ヒスは死ぬまでこれを否定した。ヒスはこのとき、セイヤー国務次官補の補佐であったが、このメモはセイヤー次官補のために用意したメモであって、ソ連に渡したものではないとヒスは主張した。そしてチェンバーズが国務省に忍び込んで、ゴミ箱からメモを盗んだのであろうと述べた。しかし、メモはきれいに折りたたんであり、捨てられたものには見えないと指摘されている。また、メモには軍事情報やソ連情報ばかりが抜き書きしてあった。セイヤー次官補は互恵貿易の担当であったが、経済に関する情報は無視して、軍事情報ばかり抜き出してあるのはおかしいと指摘されている。また、ソ連関係のロビンソン・ルーベンス事件は、セイヤー次官補の担当と無関係だと指摘されている。[88]

それから六五枚のタイプ文書である。これには七一の政府文書の内容が記載されており、そのうちの六八がセイヤー次官補のオフィスを経由していたことが分かっている。これには以下のような情報が含まれていた。[89]

- 日中戦争（日中戦争における日本の経済状況。日本の上海大学占領、日本の海軍拡張に対する英国の懸念など）
- 日本の進出とアメリカの権益の侵害（満州の経済計画、満州重工業開発株式会社の情報など）
- ナチス・ドイツの中央ヨーロッパ進出（ナチス・ドイツのオーストリア併合とチェコスロバキア侵略の可能性）
- スペイン内戦（イタリアのスペイン内戦介入など）
- ソ連に対する列強の対応

このタイプ文書も、軍事情報やソ連に関する情報ばかり重点が置かれている。のちに裁判で、ヒスの無罪を主張する弁護団は、このタイプ文書がヒスと無関係であることを証明しようとして、タイプ文書を鑑定にかけた。現在のプリンターと違い、タイプライターには機械ごとの特徴があり、専門家がみれば、どのタイプライターで打たれたものかを、かなりの精度で特定することができた。するとヒスの弁護団にとって驚くべき鑑定結果が出た。このタイプ文書は、ヒス家のタイプライターで打たれたものであるとの鑑定結果が出たのである。それどころか、打ち方の特徴から、ほとんどがヒスの妻のプリシラが打ったものであるとの鑑定結果も出た。このタイプ文書にヒスが関係しているのは明らかとなった。もちろんヒスの弁護団はこの事実を隠してしまった。そして、プリシラが嘘をついていたこともあって、ヒスの弁護団は、少なくともプリシラはスパイ活動に関与していたのではないかと疑うようになったほどであった。[90]

つづいて、マイクロフィルムにおさめられた国務省の機密書類の写真である。このなかには、ヒスのサインがある機密書類が三つふくまれていた。三つとも日中戦争に関する機密情報であり、日本軍の装備や計画、中国共産党の戦略、中ソ関係などがおさめられていた。また、この機密書類には日付印が押されているが、その日に、ヒスの上司のセイヤー次官補は休みをとっていたことが分かった。補佐のヒスが勝手に機密書類を処理してしまったのではないかと推測する研究者もいる。[91]

このように、チェンバーズの証言通り、これらの書類がホワイトやヒスから出たものだとすると、ホワイトやヒスは、積極的にソ連のためにスパイ活動をしていたことになる。当時のソ連は、日本・ドイツ・イタリアと冷戦状態にあった。このため、ホワイトやヒスは、日本に関する情報を集めていたのであろう。特に地位の高かったホワイトは、日本が不利になるように、ある程度アメリカの経済政策を誘導することも可能であった。

■ホワイトとヒスに会って警告したチェンバーズ

共産党地下組織から逃亡したチェンバーズは、半年ほど身を隠していた。しかしスターリンの大粛清で共産主義に幻滅したチェンバーズの心の中には、共産党地下組織をあのままにしておいていいのか、との疑問がわき起こってきた。共産党は立派なことを言うが、その裏はテロリスト組織であり、誘拐、殺傷、暗殺は日常茶飯事である。なんとしても共産党地下組織をつぶしてしまわなければならない、そういったことをチェンバーズは考えるようになった。そこで、地下工作員に会いに行き、共産党への協力をやめるように警告しに行くことを考えた。そうすれば地下工作員たちは正体を暴露されるのを恐れて、協力を控えるはずである。チェンバーズ一人では、共産党地下組織をつぶすことなどできそうにもないが、少なくとも一時的に無力化することはできると考えた。[92]

一九三八年秋、チェンバーズはホワイトに会いに行った。地下組織の追手に待ち伏せされないよう、突然たずねていき、すぐに帰る予定だった。そこでチェンバーズは、昔だったら絶対にそんなことはしないのであるが、財務省のホワイトのオフィスに突然顔を出すことを考えた。ところが、財務省には警備員がいたので入りづらかった。そこで外から電話して呼び出すことにした。するとホワイトは喜んでやってきた。チェンバーズは、自分が地下組織から抜け出したことを、ホワイトはまだ知らないと確信した。共産党地下組織は、地下組織のメンバーが動揺することを恐れて、チェンバーズの逃亡は秘密にしていたらしかった。[93]

チェンバーズはホワイトに言った。

「私はもう共産党をやめた。私がここに来たのは、君に地下組織から手を引いてもらいたいからだ。もし地下組織をやめないのなら、私は君を告発する」

「ほ、ほんきで言っているんじゃないだろ」

ホワイトは満足な返答もできなくなるほど驚いた。チェンバーズはホワイトと別れたあと、衝撃を受けていたホワイトの様子を思い起こし、ホワイトは共産党地下組織との付き合いをやめるに違いないと考えた。[94]

実際に、ホワイトは共産党地下組織の人物と会うのを嫌がるようになり、休眠中の工作員となった。ホワイトがスパイ活動を再開するのは数年後のことである。[95]

冬になってチェンバーズは、今度はヒスのところに行くことにした。ヒスの家をたずねたところ、ヒスは不在で、妻のプリシラがいた。プリシラのよそよそしい感じから、チェンバーズは、ヒス夫妻は自分が共産党地下組織から抜け出したことを知っているに違いないと考えた。チェンバーズはヒスの帰りを待たせてもらうことにした。[96]

ヒスが帰ってくると、チェンバーズとヒス夫妻は激論をかわした。チェンバーズは、スターリンの大粛清などの事実をあげて、ヒスを共産党から抜け出させようとした。性格のやさしいヒスは、最後には目に涙を浮かべていたという。しかし、チェンバーズは、ヒスを共産党地下組織から抜け出させることに失敗したと感じた。実際にヒスは、地下組織の活動をずっと続けていたようである。チェンバーズによれば、ヒスは何よりも、共産党の同志と鉄の規律に忠実であった。それから妻のプリシラが、共産党に狂信的に忠実であったので、ヒスは抜け出すことができなかったのだろうと推測した。[97]

政府に密告された共産党地下組織の陰謀

チェンバーズは、そのうちにレバインというジャーナリストと交際するようになった。レバインはロシア出身であったが、共産主義が大嫌いであった。レバインに紹介されて、チェンバーズはクリヴィツキーと会うことになった。[98]

クリヴィツキーは、ソ連の諜報組織の大物で、ヨーロッパを担当していた。しかし、スターリンの大粛清で友人や知人が殺されていくのをみて、諜報組織から抜け出すことを決意した。そしてフランス政府にかくまってもらい、アメリカにやってきていたのである。[99]

クリヴィツキーとチェンバーズは意気投合した。双方とも、これからは、残念ながら共産主義の世の中になっていくだろうと予想した。しかし、クリヴィツキーは、世界最後の戦いは、「共産主義者」

対「元共産主義者」の戦いになると予想した。そして、共産主義の残虐性や非人間性を知った「元共産主義者」は、「共産主義者」が隠れてやっている悪事を世の中に知らせる義務があると、クリヴィツキーは説いた。[100]

この言葉はチェンバーズの胸に響いた。チェンバーズは、機会がきたら、共産主義の悪事を世に知らせなければならない、と決意した。[101]

その機会は意外に早くやってきた。一九三九年八月、ドイツとソ連が、ナチス・ソビエト条約（日本では独ソ不可侵条約と呼ばれているが、英語の歴史書ではいろいろな名前で呼ばれている）を結んだのである。

これまでドイツは、ソ連を敵対視しており、日本とイタリアと組んで反コミンテルン協定（日独伊防共協定）を結んでいた。その敵同士と見られていたドイツとソ連がとつぜん手を結んだので、世界は驚天動地の衝撃に襲われた。日本の首相が「欧州情勢は複雑怪奇」といって辞職してしまうほどであった。

反共ジャーナリストのレバインは、ロシア出身であったがユダヤ系であった。ユダヤ人を絶滅しようとするナチスと、共産主義のソ連が手を結んだので、レバインもショックを受けた。そこでさっそく、ホワイトハウスに連絡をとり、共産主義の謀略を暴露することにした。レバインに呼ばれたチェンバーズは、九月二日、ワシントンへとかけつけた。[102]

国務省でセキュリティを担当しているバーリ次官補が、レバインとチェンバーズに会ってくれることになった。チェンバーズは、バーリ次官補に、米国政府内で陰謀をたくらんでいる共産党地下組織のことを洗いざらい話した。ただしホワイトについては話さなかったという。ホワイトと最後に会ったときの様子から、ホワイトはもう地下組織から足を洗ったはずだと考えていたからである。[103]

バーリ次官補は、チェンバーズの話をメモに取った。バーリ次官補のメモのなかで、ヒスは次のように書かれている。[104]

アルジャー・ヒス
- セイヤー〔国務次官補〕の補佐。共産党員。一九三七
- 共産党地下組織のメンバー、活発なボルティモア出身者
- 妻、プリシラ・ヒス、社会主義者
- ニューディールの初期

ちなみにチェンバーズは、ヒスの弟のドナルド・ヒスについても話したようである。バーリ次官補のメモには次のように記載されている。

ドナルド・ヒス
（フィリピン顧問）
- プレスマン、ウィットと共に、共産党員
- 労働省、フランシス・パーキンズ〔労働長官〕の補佐
- 共産党が労働省に置きたい。〔ハリー・〕ブリッジズの裁判仲裁人として送りたい
- 兄によって連れてこられる

このほかに、国務省関係では、ヒスが勧誘したダガンやフィールド、じゅうたんを受け取ったウェイドドレイ、財務省ではコーやアドラー、大統領補佐官のカリー、共産党関係では地下組織トップのピーターズなどの名前が、バーリのメモには書かれている。[105]

■ソ連の陰謀に無関心なルーズベルト大統領

チェンバーズは、自分が告発した結果、何が起こるか楽しみに待っていた。しかし、いつまでたっても何も起こらなかった。[106]

バーリ次官補がルーズベルトにどのように報告したかは不明である。しかし、ジャーナリストのレバインの伝えるところによると、バーリ次官補がルーズベルト大統領に共産スパイの話を説明したところ、ルーズベルトは一笑に付したという。そしてバーリがなおも説明しようとすると、「あっちに行け」と言わんばかりの態度を示し、まったくとりあわなかったのだという。ルーズベルトのニューディール政策は批判も大きく、ニューディール政策に賛同する人々は言いがかりをつけられることも多かった。ルーズベルトは、またいつものデマだと考えたのかもしれない。[107]

ソ連や共産党を裏切った人物に対して、アメリカ政府はあまり積極的に関わろうとしなかったが、スターリンは復讐《ふくしゅう》に燃えていた。しばらくすると、トロツキー暗殺事件が起こった。トロツキーは、かつてはスターリンと並ぶ権力者であったが、メキシコに亡命してスターリンを批判していた。そのトロツキーが、ソ連の派遣した暗殺団の一人に襲われて、亡命先のメキシコで殺されてしまったのである。また、共産主義の悪事を世に知らせるようにとチェンバーズにすすめた元スパイのクリヴィッツキーであるが、ある日、ホテルの部屋で、変死体で発見された。警察の検死結果は自殺であったが、チェンバーズはソ連諜報部が殺したに違いないと考えた。身の危険を感じるようになったチェンバーズは、ふたたび沈黙を守るようになってしまった。[108]

チェンバーズが公《おおやけ》の場で、ホワイトやヒスが地下組織で活躍していたことを証言するようになるのは、バーリ次官補への告発後、九年たってからのことであった。

■ソ連のエージェントはアメリカ外交に影響を与えたのか

チェンバーズの証言をまとめると、以下のようになる。一九三五年頃にチェンバーズが担当するGRU（ソ連軍事諜報）のスパイ網が立ち上がり、翌年になるとブィコフ大佐が訪米した。その年の十一月に日独防共協定（反コミンテルン協定）が成立し、日独がソ連をはさみ撃ちする姿勢を見せると、ブィコフ大佐はスパイ網のてこ入れを図った。そして一九三七年頃からスパイ網が活発化して、ホワイトやヒスが、米国政府の機密情報を大量にソ連に流すようになった。ところが一九三八年春、スターリンの粛清に驚いたチェンバーズは、スパイ網を抜け出してしまった。それどころか、秋にホワイトに会い、冬にはヒスと会って、スパイ網から抜け出すように説得した。その後、一九三九年八月に独ソ不可侵条約（ナチス・ソビエト条約）が結ばれると、チェンバーズは、ナチスと共産主義が手を組んだことに驚き、危機感を抱いた。そしてバーリ国務次官補に会い、米国政府内の共産党地下組織の存在を暴露した。と、このようになる。

チェンバーズは、スターリンの大粛清を機に共産党を抜け出した人物なので、共産主義に批判的である。チェンバーズの証言は本当に正しかったのであろうか。もちろん、ホワイトやヒスはチェンバーズの証言を徹底的に否定した。どちらが正しいのか分からず、アメリカの世論は何十年も迷わされ続けた。しかし、冷戦崩壊後の現在、研究者のあいだでは、細かい間違いはあっても、チェンバーズの証言の方が正しかったという意見が圧倒的になっている。*

チェンバーズは、一般には知られていないヒスのような人物が、米国の歴史に大きな影響を与えたと述べている。そしてウェアがつくった共産党地下組織は、アメリカの対中国外交や対ヨーロッパ外交に悪い影響を与えたと主張している。[109]

一章で述べたように、ハル国務長官は、財務省のホワイトが率いる組織が外交政策を立案し、それに基づいてモーゲンソー財務長官が外交政策に口出ししてきたと言っている。ヒスものちに、ヤルタ会談などで重要な役割を果たしたとされている。ホワイトやヒスが、ＧＲＵ（ソ連軍事諜報）の工作員と接触し機密情報を流していただけでなく、アメリカの外交を左右していたのだとしたら、大問題である。

それでは、ソ連の諜報部門と米国共産党の地下組織は、いったいどのような謀略をたくらんでいたのであろうか。以下の章では、日米戦争へと向かって悪化していく日米関係の概要と、その背後で、ソ連と共産党地下組織がどのように動いていたのかを見ていくことにしよう。

＊以下に挙げるような、チェンバーズの証言を支える多くの証言や証拠がある。じゅうたんをもらった四人のうちの一人であるウェイドレイは、ソ連のためにスパイを働いていたことを認めた。スパイ・リクルーターであったマッシング夫人も、のちに共産党の地下組織から抜け出し、かつてヒスと、国務省のフィールドを取り合ったことを証言した。フィールドは共産圏に逃亡して逮捕されたことがあったが、冷戦崩壊後、研究者がハンガリー警察の調書をしらべたところ、自分はヒスからリクルートされたとフィールドが証言していた記録が見つかった。ＫＧＢのアーカイブ（資料庫）からも、マッシング夫人の証言を裏付ける資料が見つかっている。ヴェノナ文書やＫＧＢ資料にはヒスやホワイトとされる人物の記録が多く残されている。モスクワにあるコミンテルンのアーカイブ（資料庫）の米国共産党の資料からは、アメリカ国務省の機密書類が発見された。このことは、米国共産党地下組織がスパイ活動をしていたとのチェンバーズの証言を裏付けるものだと考えられている。これらについては、Haynes and Klehr, *Early Cold War Spies*; *Weinstein, Perjury*; Massing, *This Deception*; Weinstein and Vassiliev, *The Haunted Wood* などを参照。

第五章 日本に経済制裁せよ——日米通商航海条約の破棄

一九三三年にルーズベルト政権が誕生すると、国務長官にはハルが就任した。ハルの最大の夢は、自由貿易を世界中に広めて、世界平和を達成することであった。しかしハルの願いとは反対に、一九三九年、アメリカは日本に「日米通商航海条約」の破棄を通告する。これによって、日本への経済制裁への道が開けるのである。アメリカはなぜ、ハルの夢とは反対の政策をとりはじめたのであろうか。ここでは、日米通商航海条約が破棄されるまでの、ルーズベルト政権の外交政策を、アメリカの立場から簡単に見ていくことにしよう。

■戦争に巻き込まれるのを嫌がっていたアメリカ

おそらくルーズベルトが行った最初の大きな外交政策の一つは、ソ連承認であろう。一九一七年にロシア革命が起こって共産党政権が誕生したが、アメリカはソ連をずっと承認してこなかった。様々な理由があるが、例えば、アメリカが旧ロシア帝国に貸していた借金を新しい共産党政権が返すのを拒否したことや、暴力革命による破壊活動への嫌悪感、キリスト教国のアメリカでは無神論の共産主義を毛嫌いする人が多かった、などの理由が挙げられる。

しかしルーズベルトは、大恐慌の中で貿易市場を広げられる魅力や、アジアで拡張し続ける日本をけん制できるなどの効果を考えて、一九三三年にソ連を承認することとした。条件としては、かつての負債についての責任を認めることや、米国内で共産主義の宣伝活動をしないこと、ソ連内のアメリカ人の信仰の自由や人権を認めること、アメリカのシベリア出兵の非難を止めることなどであった。ところがソ連は負債を支払わず、米国内で共産主義の宣伝活動を行うなど、約束を守らなかった。それどころか、米ソ国交回復後に、たくさんの工作員を送り込み、当時セキュリティが甘かった米国社会に、共産主義者を利用した多くのスパイ網を構築してしまったと言われている。[1]

次に、日米関係をみてみよう。
一九三一年の満州事変以来、日米関係は冷え込んでいたが、日本の広田外相は、日米関係の改善をはかった。一九三三年に斎藤博駐米大使を新たに任命すると、翌年に、日米間に友好的に解決できない問題はないと、ハル国務長官に非公式で個人的なメッセージを送った。ハル長官もこれに応えて、同意するメッセージを広田外相に送った。ところがハルによると、日本はすぐに友好ムードをぶち壊してしまったという。このあとすぐに、日本の外務省の情報部長が、西洋列強は中国から手を引けとの談話（天羽《あもう》声明）を発表し、欧米を驚かせた。ハルは、日本の侵略政策の正体が暴露されたと、のちに議会で憤慨して証言している。[2]
また日米間では、石油をめぐる摩擦が起こっていた。アメリカやイギリス系の石油会社は、かねてより日本、中国、満州などに進出して石油を販売していた。しかし満州事変以降、日本が支配する満州国では、石油事業独占のため、英米の石油会社を追い出す動きが強まっていた。また日本国内においても、一九三四年に石油業法ができ、石油会社は六ヶ月分の備蓄をすることが義務となり、そのための施設等は自費でまかなうことが決められた。英米の石油会社はこれを、日本政府による外資系石油会社いじめだと受けとった。英米の石油会社は日本政府に抗議したが無駄であったので、本国の英米政府に働きかけるようになった。[3]

満州も含めて中国でビジネスをすること（門戸開放・機会均等）は、日本も調印したワシントン条約で認められているはずだった。アメリカ政府が、満州の件で日本に抗議したところ、満州は独立国なので日本は知らないとの回答が来た。満州国は日本が操っているというのは、欧米の常識であったから、人を馬鹿にした回答ととられた。一方、イギリス政府は、石油会社の抗議に応えて日本への石油禁輸を検討し始めた。そしてアメリカ政府が協力するなら、との条件付きで、日本に経済制裁で圧力をかけることを決めた。こうして、実際に石油が禁輸される一九四一年の七年前の一九三四年に、はやくもアメリカとイギリスが協調して、日本へ石油を禁輸する話が持ち上がった。しかし、経済制裁から戦争に巻き込まれるのを嫌がったアメリカは、この計画に協力せず、禁輸計画は幻に終わった。英米の石油会社は、のちに満州国から撤退させられることになる。[4]

このように、当時のアメリカは、外国の戦争に巻き込まれることを非常に嫌がっていた。反戦平和の風潮が強く、これにアメリカ伝統の孤立主義が結びつき、アメリカ世論は圧倒的な戦争反対であった。アメリカ議会は次々に中立法を制定して、戦争に巻き込まれないようにした。一九三五年には、戦争している国には軍需兵器などを売らないようにする法律ができた。一九三六年には、交戦国への借款が禁じられた。一九三七年には、交戦国に石油や鉄などを売る場合は、現金払いでその国の船で輸送すること（キャッシュ・アンド・キャリー）が決められた。例えばアメリカの船が戦争中の国から攻撃を受けた場合や、支払いの済んでいない石油や鉄が沈められた場合に、賠償を求めるようなことが起きて戦争に巻き込まれるのを避けるためであった。このようにして議会は、いかにして戦争に巻き込まれないかを考え、ルーズベルト政権に制限をかけた。ルーズベルトが戦争に介入するのはとても難しくなっていた。現在のアメリカは世界の警察として世界中に軍隊を派遣しているが、当時のアメリカは、「せんそう」の「せ」の字も嫌だったのである。[5]

高まる日独伊への反感と経済制裁を望む空気

アメリカは反戦平和を目指していたが、ヨーロッパは戦争へと向かって突き進んでいた。ドイツとイタリアは全体主義国となって領土拡大・侵略に乗り出し、共産主義国のソ連は世界中で共産革命を起こそうと暗躍していた。このような状況のもと、一九三五年にはイタリアがエチオピアを侵略した。そして一九三六年にはスペインで内戦が始まった。スペインでは、全体主義勢力と共産主義勢力が争い、どちらが勝つのかが注目されていた。ドイツ、イタリア、スペインにはさまれたフランスでは、社会党と共産党などの協力でブルム人民戦線内閣が生まれていた。しかし、一九三六年夏、フランスは金の流出が止まらず、経済危機におちいった。フランスは、国内においては不況克服ができず、国外の周辺国は全体主義への流れを強めていた。アメリカとイギリスは、民主主義国のフランス救済に乗り出した。秋には英米仏で通貨を安定させるための三国協定が結ばれた。アメリカではまだ孤立主義が強かったが、この三国協定で、世界は自由・民主主義の英米仏、全体主義で反共の日独伊、共産主義のソ連にグループ化される動きが見え始めた。ところでフランスは、短期の政権交代を繰り返し、毎年のように首相が代わって政情は安定しなかった。そしてのちにナチス・ドイツに占領されてしまうことになる。[6]

戦争が拡大するにつれて、アメリカやイギリスなどでは、全体主義国への反感が強まっていった。全体主義国のドイツやイタリアだけでなく、日本に対しても、批判的な研究、報道、出版物が増えていった。

日本に対する批判的な報道や研究は、アメリカ政府内にも影響を及ぼしたようである。一九三七年一月、再選を果たしたルーズベルトの就任式が行われた。就任式を待っているあいだ、ハル国務長官はイッキーズ内務長官に次のような話をした。日本経済は崩壊寸前で、そのうち行き詰まるだろう。日本は金銭的余裕がないから、これ以上、中国侵略はできないだろう。[7]

また就任式のあと、最初の閣議でモーゲンソー財務長官は、日本は最近、アメリカから購入した綿の代金を支払うことができないでいる、と報告した。日本では昨年クーデター事件（二・二六事件）が起こったが、ルーズベルト政権では、日本はそのうち政治的・経済的に自滅するのではないかと考えるようになっていた。[8]

ところが、一九三七年七月に日中戦争が始まると、予想に反して、日本は快進撃を続けた。アメリカでは日本への経済制裁の話が持ち上がってきた。ルーズベルトがいつ頃から日本への経済制裁を考え始めていたかについては、さまざまな意見があるが、実際には早くから経済制裁を考えていたようである。

国務次官のウェルズによると、ルーズベルトは日中戦争が始まるとすぐに、英国と協調して日本へ経済制裁することを考えていたという。ところがウェルズが、夏にワシントンを離れて数週間ぶりに戻ってみると、もうルーズベルトは経済制裁の考えを捨ててしまっていたという。その理由についてウェルズは、英国の非協力とハル国務長官の反対、経済制裁は戦争になるとの海軍の意見、議会と国民が孤立主義であったことなどを挙げているが、おそらく世論の影響が大きかったのではないかと述べている。閣僚のなかでも、国務長官のハルは経済制裁に反対しており、ガーナー副大統領にいたっては戦争に巻き込まれないようにするため、米国はすぐに中国から全面撤退すべきだとの意見だった。[9]

しかしルーズベルトはあきらめきれず、何とかしたいようであった。九月中旬には、日独伊を除いた世界各国に手紙を書き、禁輸によって侵略国を孤立させたらどうかとのアイデアを内務長官に話している。また九月下旬、日本が南京で、空爆を行っているとのニュースが連日報じられた。当時、一般市民を巻き込むような空爆は、とてつもなく悪いこととされており、日本への非難が高まった。ルーズベルトも怒った。九月二十八日、国際連盟は、日本の空爆を非難する決議を出した。アメリカの国務省も、日本の南京爆撃を非難した。イギリスはアメリカに、日本への経済制裁の相談をしてきた。[10]

資産凍結と石油禁輸のきっかけとなったパネー号事件

こうして、アメリカは当時、国際連盟に未加盟であったが、国際連盟と協調して日本に経済制裁や圧力をかける流れが生まれていた。ハル国務長官はルーズベルトに、アメリカ国民に向けて国際協調を訴える演説をするように進言した。そしてルーズベルトは、十月になると有名な「隔離演説」を行った。「隔離」というキャッチフレーズは、ルーズベルトがハルに相談せずに勝手に入れたものだという。これは日独伊、特に日本を念頭においたもので、条約を守らず戦争ばかりして一般市民を巻き込むような空爆をする国は、世界が協力して隔離してしまおうというものであった。隔離とは経済制裁を意味するものだと一般の人々は受け取った。ルーズベルトの周囲では、猛烈な反日ボイコットの市民運動が繰り広げられており、ルーズベルトは国民が受け入れてくれると感じていたのかもしれない。ところが、ルーズベルトの隔離演説は一般に不評だった。アメリカではまだまだ戦争反対の気運が強く、経済制裁はアメリカを戦争に巻き込むものだと平和団体は猛反対した。アメリカの大多数の国民の声は、日本への経済制裁に反対だった。ルーズベルトは国民の声を聞き間違えたようだった。ルーズベルトはこれにこりて、経済制裁のことは避けて通るようになった。そして、十一月に開かれる九カ国会議（ブリュッセル会議）に任せることとした。[11]

九カ国会議では、ワシントン条約を結んだ九カ国などが集まり、列強が協力して日本を非難し、圧力をかける予定であった。しかし、英米仏の足並みはそろわなかった。一方日本は、電撃的に日独伊三国防共協定（反コミンテルン協定）を結んで、イタリアの抱き込みに成功した。イタリアが日本を擁護したため、九カ国会議は失敗に終わった。日本の外交的勝利であった。[12]

日中戦争はどんどん拡大していった。そして十二月に入って、ルーズベルトが激怒する事件が起こった。パネー号事件（パナイ号事件）である。中国の揚子江を航行していた米国の砲艦パネー号を日本軍が攻撃して、撃沈してしまったのである。日米戦争になってもおかしくない事件であった。実際に、スワンソン海軍長官は、ルーズベルト大統領に日米開戦を進言している。[13]

ルーズベルトは若い頃に、海軍次官を七年間務めた経験があり、海軍に愛着があった。日米開戦は認めなかったものの、日本には激怒しており、財務省に日本からむりやり賠償させる方法を検討させた。モーゲンソー財務長官は、さっそく法務担当のオリファントにこの問題を任せた。らつ腕オリファントは第一次世界大戦のころにできた法律をうまく解釈して、あっという間に経済制裁の仕組みをまとめてしまった。米国内にある日本の資産を凍結し、貿易を許可制にしてしまうという方法である。一方、日本側はすぐに謝罪し、損害賠償することを申し出た。ルーズベルトは、英国が協調制裁に乗ってきそうにないので、日本の謝罪を受け入れることにした。オリファントの経済制裁の提案はお蔵入りしてしまった。[14]

しかし、パネー号事件のあと、財務省を中心として、米国政府は日本へ経済制裁を行う方法をさかんに研究しだしたと言われている。また、パネー号事件に激怒したスティムソン、ノックスといった人物がのちにルーズベルト政権の閣僚となって反日政策をとるようになる。そして、このオリファントの提案がもととなって、四年後に日本への石油禁輸が実現するのである。[15]

パネー号事件の数ヶ月後、一九三八年五月下旬、広東で日本が残虐な空爆を行っているとのニュースが世界をかけめぐった。アメリカでは、日本が空爆を行うために用いている航空機関連製品が、アメリカ製であることが問題視されるようになった。中立法では、交戦国に武器を輸出してはいけないはずだった。しかしルーズベルトは、日中戦争は戦争でなく地域紛争であるから、中立法は適用されないと解釈していた。もし中立法を適用すると、日本にも中国にも軍需品を輸出できなくなるが、中国はアメリカの軍需品への依存度が高いので、中国が不利にならないようにと配慮したためであった。日本側も、アメリカから軍需品が輸入できなくなると困るので、中国に宣戦布告していなかった。しかし、反戦ムードのアメリカで、一般国民はそのような説明に納得できなかった。そこで、ハル国務長官は、道徳的制裁を検討しはじめた。政府が公式に禁輸するのではなく、航空機の関連製品を扱う業界が、日本への輸出を自主規制するように誘導するのである。こうしてハルは、世論の声に応えた。日本は、航空機関連製品が輸入できなくなったので、別の工業大国、ドイツに接近する姿勢を強めていった。ドイツも、英ソをけん制するため、満州国を承認するなど日本への接近を強めていった。[16]

そのドイツはヨーロッパで領土拡張を続け、オーストリアを併合すると、次にチェコスロバキアの侵略を狙っていた。ヨーロッパで、戦争開始の危機が高まっていた。イギリスは事態収拾に乗り出し、フランスやイタリアとともに、九月にミュンヘンでドイツと会談を行った。ミュンヘン会談の結果、ドイツはこれ以上ヨーロッパで領土要求を行わないとの条件のもとに、チェコスロバキアのズデーテン地方を得ることで決着した。戦争を避けることに成功したので、英国首相チェンバレンは得意になった。アメリカのルーズベルト大統領は会談の成果に満足し、ウェルズ国務次官も世界の新秩序だと言って歓迎した。ヒトラーは、これ以上領土を拡張しないことを約束させられたので敗北感を抱いた。ソ連は、各国が協力してドイツに当たるべき（集団安全保障）と主張していたが、列強から無視されて孤立感を強めた。ソ連に同調する左翼マスコミは、侵略国に妥協（宥和政策）するなど、ミュンヘン協定を非難した。[17]

十一月になると、日本の近衛首相が「東亜新秩序」を発表した。アメリカは、これは日本が中国市場を独占し、アメリカを追い出そうとするものだと反発した。アメリカは長年にわたって、中国での機会均等・門戸開放を主張してきたので、大反対であった。ヨーロッパの新秩序に乗じて、アジアで日本が勝手な新秩序を主張するのは認められなかった。アメリカ政府内では、日本への経済制裁や中国支援が検討された。しかし、ハル国務長官は日本を刺激することを嫌がっており、なかなか話はまとまらなかった。ところが、十二月中旬になって、突然アメリカは、中国に二五〇〇万ドルの借款を与えることを決定した。戦争に巻き込まれるのを嫌がり、中立的な立場をとるアメリカが、公然と日本に敵対して中国支援を表明するようなことをしたので、イギリスも驚いた。そしてアメリカは、日本の東亜新秩序は承認しないと通告した。[18]

■反日世論の高まりから日米通商航海条約の破棄へ

翌年の一九三九年三月、ヒトラーはわずか数ヶ月でミュンヘン協定を破って、再び侵略を開始した。ミュンヘン会談は失敗の代名詞となった。アメリカではドイツへの非難が強まった。ドイツは再び英仏と対立し、イタリアや日本との軍事同盟を模索した。日本も、日中戦争の泥沼化とともに英米との対立が深まっていた。

アメリカでは反日世論が盛り上がり、戦争を続ける日本に軍需品を輸出するなという声が強まっていた。ハル国務長官は日本を刺激しない政策をとっていたが、国務省には抗議の手紙が殺到した。アメリカ議会の議員のもとには何十万人もの署名を集めた請願書が届いた。このような運動を行っていたのは、「日本の侵略に加担しないアメリカ委員会」（ACNPJA：The American Committee for Non-Participation in Japanese Aggression）と呼ばれる、強力な圧力団体であった。団体の中心は、中国滞在経験のある教会関係者、中国での医療奉仕・教育奉仕事業の関係者、中国専門家、外交関係者などであった。アメリカの世論が反日に傾き、日本への禁輪が実現したのは、この団体の活動による影響が大きかったと言われている。[19]

この団体は、一〇万人の送付リストを持っており、手紙やパンフレットを送付した。そして受け取った人に、日本への禁輪をうったえる手紙を書いて、大統領や国務省、議員や輸出業者などに送りつけるよう要請した。またマスコミにたくさん手紙を送ってアピールしたり、講演者を集めて全米各地で講演させたりして、日本への禁輪をうったえた。ジャッド博士の講演は有名で、議員たちは日本への禁輪をうったえる手紙が来る住所を見て、ジャッド博士がどこで講演したか足取りがわかるほどだったという。[20]

アメリカ議会は「日本の侵略に加担しないアメリカ委員会」の運動を取りあげるようになった。一九三九年四月～五月には関係者が、議会の外交委員会で日本軍の残虐さや中国支援の必要性について証言した。影響を受けたアメリカの議員たちは動き出した。一九三九年四月には、上院の大物議員ピットマンが、中国での門戸開放・機会均等を認めたワシントン条約（九カ国条約）に違反した国には、大統領が禁輪できるようにする決議案を提案した。もちろんこれは、日本への禁輪を実現するためのものだった。その他にも、多くの議員が、世論に応えて禁輸法案を提出した。[21]

自由貿易主義のハル国務長官は、何とか議会対策を行って乗り切ろうとしたが、ハルの努力を邪魔するような悪いニュースばかり入ってきた。日本は、中国の重慶で空爆を行い、ソ連と新たに戦闘を開始し（ノモンハン事件）、イギリスと対立して非道な検問を強化している（天津租界問題）、などと報道された。日本政府は、陸軍をコントロールできないようだった。[22]

七月十八日に、外交に発言力をもつバンデンバーグ議員が、日米通商航海条約を破棄して新条約を結ぶ決議案を提出した。二十六日午前、上院外交委員会はバンデンバーグ決議案を検討した、ハルは、議会で論戦が行われたり、公聴会が開かれたりすることを恐れていた。議会があまり外交に口を出すようになるのは避けたかったし、こういった議論が始まると、日本を刺激して日米関係が複雑化し、政府が足を引っ張られる恐れがあった。この日、国務省では極東専門家が一日中対策を話し合った。そして、その日の夕方、議会の先手をとって、日米通商航海条約を破棄することを決めた。こうすれば決議案をつぶして、議会を沈静化できるとハルは考えた。しばらくのあいだは禁輸をせず、貿易はそのままとして、日本の出方を見守りながら、時間が稼げるはずだった（実際に破棄されるのは、通告の半年後であった）。つまり、実際には何もせずに、議会や世論を満足させられる良い解決法のようであった。一方日本は、アメリカが突然に、日米貿易の基礎である日米通商航海条約を破棄すると通告してきたので驚き、動揺した。[23]

このあと、世界を仰天させた独ソ不可侵条約が結ばれた。まもなく、ドイツがポーランドを侵略し、英仏がドイツに宣戦布告して、第二次世界大戦が始まった。アメリカでは、ヨーロッパが最重要問題となって、極東問題どころではなくなった。

（一）ホワイトの動き

■中国経済に通じたホワイトと外交に干渉する財務省

これまで、ルーズベルトの大統領就任から日米通商航海条約が破棄されるまでの流れを見てきたが、ホワイトがこの時期、どのように動いていたのかを振り返ってみたい。チェンバーズによれば、ホワイトは一九三五年にいったんスパイ網に協力したが、安全上の理由から休眠状態となっていた。一九三六年にブィコフ大佐がアメリカに来てから復活し、一九三七年には活発にスパイ活動をしていた。その後、スパイ網を抜け出したチェンバーズが一九三八年秋に警告して脅したので、一九三九年に日米通商航海条約の破棄通告があった頃は、ホワイトはスパイ活動を止めていたはずであった。

財務省のホワイトは、前に述べたように、一九三五年には日本に理解を示していたようである。ところが、このあと中国経済を研究し始め、短い期間で中国経済の第一人者となった。一九三六年にはじめには、中国経済に関する報告書を提出している。そして、銀買いなどを通じて中国を経済支援すべきだとの意見の持ち主となる。あたかも親日派から親中派へ転向したかのようであった。ホワイトのソ連スパイ網への協力が何か関係しているのだろうか？　また、ホワイトは東アジアの政局分析をはじめている。東アジアでは、日本とソ連が勢力争いをしており、日本とソ連の対決は避けられないといった予想を述べたり、東アジアでは将来的にソ連が、中国に支配的影響力をふるうだろうといった予測をしたりしている。また一九三七年に日中戦争が始まると、ホワイトは、中国はソ連の代わりに日本と戦っていると分析している。[24]

先に述べたように、一九三六年夏になると、フランスは経済危機におちいった。当時のフランスは、左派のブルム人民戦線内閣が率いていた。ブルム内閣は、社会党と共産党などの協力ででき、週四〇時間労働制や年二週間の有給休暇制などを実現した内閣であった。フランスは、ヨーロッパで金ブロックを形成し、金本位制を続けていたが、金の流出が止まらなくなった。フランスを助けようと、ホワイトは、財務省の法務責任者オリファント、ヴァイナー特別顧問、ハーズ調査統計部長、ロッキード専門技術補佐官、テーラー次官補などの逸材に混じって精力的に働いた。この結果九月には、英米仏で、通貨安定基金などを用いて通貨を安定させる三国協定が結ばれた。そのかいあってか、ホワイトは十月に、財務省・調査統計部の副部長の一人に選ばれ、出世した。[25]

しかしフランス経済は好転せず、一九三七年に入ると、フランスは破産状態におちいった。ホワイトはフランスへの借款を提案するなど、ブルム人民戦線内閣を支援するために働いた。[26]

ここで、モーゲンソー率いる財務省は一風変わった政策を取り始める。フランスの通貨を安定させるために、ソ連の金を買わせ、さらにソ連を三国協定に加えて四国協定にしようとしたのである。制度が違うソ連を三国協定に入れることには、反対意見も強かった。四国協定はうまくいかず、そのうち六月に、ブルム人民戦線内閣は倒れてしまった。すぐにフランスは金本位制を離脱した。フランス通貨フランの大幅な切り下げによる国際的な通貨危機に際して、モーゲンソーは、フランス支援の声明文を発表することとした。声明文の草稿には通貨問題だけでなく、国際情勢に踏み込んだ部分もあったが、国務省は財務省が外交に口出しすることを嫌がった。結局この部分は削られたが、ホワイトは国際情勢にも触れるべきだとの意見の持ち主だった。[27]
チェンバーズによれば、この時期は、ホワイトはGRU（ソ連軍事諜報）のスパイ網に協力していたはずである。そうだとしたら、財務省のソ連引き込み政策に、GRUは何か影響を与えていたのであろうか？　ブルム人民戦線内閣は共産党の協力でできた内閣であるが、財務省が支援に熱心であったことと何か関係があったのであろうか。

ところで、財務省のモーゲンソー長官は、だんだん外交に口出しするようになっていき、ハル国務長官は嫌がっていた。一九三七年二月、ルーズベルトとモーゲンソーは次のような会話を交わした。

ルーズベルト　「ハルの哲学というのは、こういうものだ。彼の進める通商条約で世界の貿易を増やし、各国がだんだん軍縮したときに出る失業者を、吸収してしまおうというわけだ」

モーゲンソー　「ハルに反対というわけではありませんが、ハルの政策は完全に効果が出るまで五年はかかるでしょう。世界大戦が始まるまで、あと五ヶ月しかないかもしれないし、世界大戦が始まったら、二、三年は続いて、我々は戦争に巻き込まれてしまうでしょう」

ハルは自由貿易による世界平和を信じていた。しかし、ハルは互恵貿易プログラムに固執しすぎで、侵略国に厳しい政策をとっていないとの批判がだんだん強くなっていった。平和主義国家には自由貿易がよいが、侵略国家には隔離政策（封じ込め政策）が必要なようだった。ルーズベルトは、モーゲンソーが外交に口を出すのを黙認するようになっていった。[28]

一九三七年七月、日中戦争が始まった。一週間後、ホワイトはすぐに、アメリカが日本に対して綿を禁輸した場合の影響を調査して報告している（このとき、ホワイトは調査統計部の副部長であったので、ハーズ部長がモーゲンソー長官に提出した）。そして、アメリカ産の綿の禁輸は日本経済に影響を与えるが、日本はインドからも買えるので、深刻な影響を与えることはできない、とまとめている。[29]

このように、日中戦争後すぐに、財務省内で日本への経済制裁が検討されていたのは確かである。モーゲンソー長官は、日中戦争の状況分析を、調査統計部にやらせていた。そこで出た結論は、日中戦争でもし日本が勝利したら、ファシズム国家は侵略を始め、ドイツはチェコスロバキアを侵略し、日本はドイツとともにソ連をはさみ撃ちするだろうとの結論になっている。つまり日本を勝たせてはいけないということになる。この時期、ホワイトはソ連のスパイ網に協力していたはずであるが、財務省の調査には、共産主義者の祖国・ソ連を助けようとする意図が裏に隠れていたのだろうか。[30]

九月中旬、ホワイトは、極東での貿易制限が、米国の商業にどのような影響を与えるかを予想した報告書をまとめている。そして日本への経済制裁の方法として、中立法適用（日中戦争を戦争と認める）、非公式輸出入規制（民間の自主規制）、輸入禁止策などを考えている。そして、いずれにせよ、絹の輸入禁止は、日本に大打撃を与えることができると結論づけている。[31]

ところでこういった調査は、ホワイトが一人で行ったものではない。多くの場合、部下が調査してホワイトがまとめたものである。たとえば上記の九月中旬の報告内容を分析した調査官の一人は、ハロルド・グラッサーという人物であった。ここで簡単にグラッサーについて紹介してみよう。

■対日経済制裁に道をつける財務省内のソ連スパイたち

ホワイトが財務省の調査統計部・副部長に出世してすぐ、ハロルド・グラッサーとソロモン・アドラーという二人の人物が財務省に入っている。これには、ホワイトの影響力があったと言われている。グラッサーとアドラーの二人は、ホワイトの側近として財務省で出世していくが、のちにソ連のスパイだと非難されることになる。アドラーについては、スパイ疑惑が出たあと共産中国に逃げ、前出のコーと同じように、毛沢東の著作を英語に翻訳するなどして、中国で一生を終えることになる。[32]

グラッサーについては、チェンバーズが証言を残している。GRU（ソ連軍事諜報）のブィコフ大佐は、財務省のホワイトが、機密情報を全部きちんとソ連に流していないのではないかと疑っていた。そこで米国共産党地下組織は、財務省に入っていたグラッサーに、ホワイトを監視させることにした。一九三七年春、グラッサーは共産党地下組織からGRUに異動となった。その後、グラッサーの努力で、ホワイトはたくさんの機密情報を流すようになったという。[33]

こうしてみると、財務省に入り込んだGRUスパイ網のグラッサーやホワイトが、日本への経済制裁についての議論に積極的に関与していることが分かる。これらの調査分析結果はルーズベルトの隔離演説に影響を与えていたのであろうか。

この他にも、隔離演説の前後に、様々な調査分析が行われている。たとえば日本の経済的な戦争遂行能力を調べるために、日本がどのように戦争資金を得ているかを調べたり、日本が金をどのように売っているのかを調べたりしている。また日米貿易を調査し、日本に経済制裁を押しつけた場合、米国経済にどのような悪影響が出るかを調べている。ＯＡＳＩＡ資料（アメリカ国立公文書館）には「どうすれば、効果的に隔離できるか」との題名の草稿が残されており、最初のページにはＨＤＷ［ハリー・デクスター・ホワイト」と手書きで書かれている。これによると、隔離には四つの攻撃ポイントがあるという。それは日本資産凍結、輸入規制、輸出規制、その他の商業・金融取引だという。この時期は、ホワイトがソ連軍事諜報（ＧＲＵ）に協力していた時期だった。ただ、この頃の報告内容をみると、日本に経済制裁した場合の問題点もきちんと考慮されており、経済制裁を一方的にあおるような報告にはなっていない。このときホワイトは調査統計部の副部長であり、ハーズ部長に報告する必要があったので、できるだけ公正で客観的な報告書をつくらなければならなかったのかもしれない。[34]

■モーゲンソー財務長官に悪魔がとりついた

ところでこの時期、モーゲンソー財務長官が、外交に関連する分野でもっとも信頼していたのは、ホワイトではなく法務担当のオリファントであった。らつ腕オリファントは、財務省が望み通りの政策をとれるようにするために、法律の抜け道を探し出す天才であった。のちに国務長官となってソ連封じ込めで活躍する有名な政治家アチソンも、若い頃に法律解釈でオリファントに敗れ、初期のルーズベルト政権で辞任を余儀なくされたという。オリファントとはどのような人物であったのだろうか。[35]

オリファントの部下は次のような話を残している。モーゲンソー財務長官が、日曜日の夜七時過ぎに、突然オリファントに電話してきた。明日の午後二時からホワイトハウスで陸海軍に関係する法案の件で会議があるから準備してくれというのである。オリファントはニューヨークにいたにもかかわらず、スタッフと連絡をとって方向性をまとめた（ニューヨークからホワイトハウスまでは、東京と名古屋ぐらいの距離があった）。それどころか、夜のうちに陸海軍と連絡をつけて根回しまでしてしまった。翌朝までに報告書をスタッフにまとめさせると、会議にみずから出席し、縦横無尽の活躍をして会議をまとめてしまったという。[36]

また、あるときモーゲンソー長官とオリファントが、二人の議員と税金問題で議論した。議員たちがモーゲンソーに質問をすると、モーゲンソーは黙り込み、代わりにオリファントが答えた。するとモーゲンソーは、オリファントの言ったことをただ繰り返した。こんなことが何度も続いたという。[37]

ルーズベルト政権時代に、政界工作の達人として知られたコーコランは次のような話を残している。ホプキンズ［雇用促進局（WPA）長官］につきまとう悪魔は、法務担当のプレスマンで、モーゲンソー長官につきまとう悪魔は、法務担当のオリファントである。プレスマンはホプキンズ長官の野望を刺激してイッキーズ［公共事業局（PWA）長官］と争うようにけしかける。オリファントは、大きなことを吹き込んで、モーゲンソー長官の野望を刺激する。オリファントは進歩派ではないが、危険人物である。[38]

最初のホプキンズ長官というのはニューディールの大物政治家で、ルーズベルトの後継者とも目されていた人物である。残念ながら病弱のため、ルーズベルトの顧問のような立場で活躍することが多かった。ところが、このホプキンズは、KGBの工作員と接触しており、ソ連のスパイだったという説がある。または、知らないうちにソ連に有利な政策をとらされてしまう無意識の工作員だったのではないかと予想する人も多い。そのホプキンズにまとわりつく悪魔だとされるプレスマンは、チェンバーズによると、実は、共産党地下組織の一員であった。またプレスマンの補佐のアプトも共産党地下組織の一員であったという。ホプキンズの周囲は、共産党地下組織やソ連の工作員で固められていたのかもしれない。[39]

モーゲンソーにつきまとう悪魔だとされたオリファントはどうだったのだろうか。コーコランがオリファントは進歩派でないと言っているように、オリファントは共産党地下組織のメンバーではなかったようである。しかしオリファントの法務部門に属する人の中には、赤狩りの時代にソ連のスパイだとか共産党シンパだとして非難された人もいた。ホワイト出世後に財務省に入ったアドラーは、どういうわけか法務部門に入ってくる情報を、毎週きちんと共産党地下組織に流していたとのことである。またオリファントの法務部門には、日本に重大な影響を与える人物が何人もいた。たとえばフォーリーやペールやバーンスタインといった人物がいたが、のちに日本への石油禁輸で活躍した。また占領時代の日本にやって来て、ＧＨＱの日本国憲法制定の中心人物となったケーディスもいた。[40]

■米国内の日本資産を調査するホワイト

さて、これまで何度か出てきたように、十二月十二日、パネー号事件が起こった。ここで、財務省内部の動きを詳しく追ってみることにしよう。早くも翌日には、ホワイトは日本の外国為替について調べた報告書を、ハーズ部長経由でモーゲンソー長官に提出している。ホワイトは、日本は現在の外国為替資産が尽きるまで、もう一年は現在の規模で戦争を続けられると分析した。その翌日の十四日に、ルーズベルト大統領が日本への経済制裁の件でモーゲンソー長官と会議をしたとき、モーゲンソーはこのホワイトの調査結果を手にしていた。[41]

ルーズベルトは、日本にパネー号事件の賠償をさせるために、米国内の日本資産を差し押さえてしまいたかった。ルーズベルトが知りたかったのは、そのような法的権限が、大統領にあるかどうかだった。モーゲンソー長官はさっそく法務担当のオリファントに調査させた。オリファントは、第一次大戦のころにできた対敵国貿易法を使えば、大統領は差し押さえできるとの報告を翌日の十五日までにまとめてしまった。この説明を聞いたルーズベルトは喜び、どのように進めればよいのか詳しく検討するように指示した。一方で、ホワイトたちは、日本が米国内にどれだけ資産を持っているかを調べた。そして、十五日現在で、短期資金や長期証券、不動産など合わせて約一億五〇〇〇万ドル～二億五〇〇〇万ドル持っていると見積もった。ただし、日本は多くの資産を、数時間あれば英ポンド資産に替えることができ、差し押さえから逃れられる、と指摘した。[42]

十七日、財務省内で会議が開かれた。最初は日本資産を差し押さえて、パネー号の賠償をさせることが目的であったが、日本との貿易を止めて経済制裁してしまうことにまで、話が発展していった。オリファントは、為替取引をすべて許可制にして、許可を遅らせるか却下することで、貿易を止めてしまうことを提案した。ホワイトは、日本はイギリス経由でポンドを利用すれば貿易ができてしまうと指摘した。いずれにしてもイギリスの協力が必要なようだった。モーゲンソーは日本への石油禁輸の可能性を探るようにスタッフに命じると、閣議へと出かけた。[43]

閣議でルーズベルトは、日本への経済制裁に大いに乗り気になった。オリファントの報告書を手にしたルーズベルトは次のように言ったという。イタリアと日本は宣戦布告せずに戦う技を磨いている。我々も同じようにすべきだ。これを経済制裁とは呼ばない。隔離と呼ぶ。我々は戦争までいかない技術を磨くべきだ。日本やイタリアのようにずる賢くなれ。近代的な方法でやるんだ。さらにルーズベルトは、アメリカ・イギリス・フランス・オランダの四カ国の海軍で海上封鎖すれば、日本は一年で屈服するだろうと述べたという。ルーズベルトはよっぽど怒っていたのだろう。[44]

モーゲンソーは閣議が終わると、さっそくイギリスの大蔵大臣に電話をかけた。そして英米で協調して対日経済制裁する話を持ちかけた。ところがイギリスの大蔵大臣はそっけなかった。文書で欲しいとか、正規の外交ルートを通して話をして欲しいと言うだけだった。その夜、ルーズベルトも熱が冷めてしまったのか、米国海軍が英国海軍と協調できるまでは、急がないと言い始めた。こうして海軍のインガソル大佐を英国に送ることが決まった。翌日モーゲンソーは、経済制裁に関して、きちんと文書で英国に伝えた。[45]

英国やルーズベルトがやる気を見せなくても、財務省は準備を続けた。もしアメリカが日本資産を凍結しようとしているのがばれると、日本は資産を米ドルから英ポンドに替えて逃避させてしまうので、秘密が漏れないようオリファントは二人の部下を缶詰めにして経済制裁の詳細な案をつくらせた。規制案は十二月二十日に完成し、こうして二十一日までに財務省では、日本資産凍結の準備が完了した。あとは大統領の指令を待つばかりとなった。[46]

ところが、二十一日の午後、イギリスは、インガソル大佐の受け入れは歓迎するが、アメリカのような経済制裁をするにはイギリス議会の立法が必要だから無理だといって、共同での経済制裁を断ってきた。十二月二十三日、ルーズベルトは日本の謝罪を受け入れ、日本への経済制裁をあきらめた。[47]

■ホワイトがソ連に伝えようとした対日禁輸への動き

ここで、チェンバーズが隠し持っていたホワイトのメモを見てみよう。前章では要約を紹介したが、関連する部分をもう少し詳しく見てみよう。ホワイトは以下のような情報をソ連に伝えようとしていたようである。

- 一九三八・一一・一八、インガソル海軍大佐は、日本への貿易規制または為替規制の件で、イギリスが何か言ってくるようになるまで、ロンドンに滞在する予定。インガソル大佐は本国からの通信を伝える係であり、交渉はやらない。日本への経済制裁に、英国は現在興味を持っている。何か事件が起これば、英国は米国に協力するかもしれない。しかし、パネー号事件のようなひどく「悪い」事件が起こった場合、アメリカが単独行動する可能性が高い。
- 日本がパネー号事件を繰り返した場合、財務省は日本製品の輸入を禁止し、ドル資産を凍結する準備ができている。これは大統領の希望により行われた。これは財務省内だけの話となっている。
- インガソル大佐の英国訪問に関しては、以前以上のことは何も聞いてない。次の事件に備えて、イギリスに居続けるはず。何か起こったら、秘密の英米のつなぎ役となる予定。パネー号事件のとき、米国と協力して日本に対して為替規制をすることを、チェンバレン首相は断る。ナッチブル事件のような事件が起これば、英国も協力するかもしれない。[48]

このようにホワイトのメモには、一般には知られていない財務省内の情報が細かく書かれていることが分かる。このメモの原本はチェンバーズが隠し持っていたが、このような内容の情報がソ連に送られていたとすると、ソ連のスターリンは、米国政府内での禁輸の動きを知っていたことになる。日独伊防共協定（反コミンテルン協定）で、日本はソ連に敵対する姿勢をとっていた。このようなとき、スターリンだったらどうするであろうか。当然、一つの戦略として米国内の反日感情を煽るなどして、日米が対立するように導き、米国に対日経済制裁をさせるように努めるであろう。

また、ホワイトのメモには以下のようなことも記されていた。

・モーゲンソー財務長官は、『中国の赤い星』を読んで、たいへんな興味を示している。

エドガー・スノーの『中国の赤い星』は、中国共産党について書いた本である。スノーは、中国共産党の支配地区に潜入し、これまで知られていなかった中国共産党の実情を世界に紹介して大きな反響を呼んだ。この本では、中国共産党や毛沢東が非常に好意的に書かれていた。スノーは客観的な報告者と考えられていたので、西洋で、中国共産党や毛沢東のイメージは好転した。この本に影響を受けて、中国共産党を人類の理想の赤い星と考えた人は多い。しかし実際には、スノーはよく調査をせず、中国共産党から聞かされた話を、そのまま鵜《う》呑《の》みにしてしまったと言われている。中国共産党は、この本をプロパガンダ（宣伝工作）に使った。[49]

ホワイトは、財務省の図書室でこの本を買うように強く要請し、一九三八年一月三日にみずから借り出している。その後、ホワイトの部下のアドラーが借りている。先に述べたように、のちに共産中国に渡って一生を終えた人物である。この本を読んだのは、モーゲンソー財務長官だけではなかった。イッキーズ内務長官やルーズベルト大統領も読んでいる。ルーズベルトは著者のエドガー・スノーが気に入り、ホワイトハウスに何度も招いたという。[50]

■ついに財務省幹部に昇りつめたソ連スパイ

一九三八年、日中戦争では日本が快進撃を続けたが、ホワイトは、日本を倒し中国を支援するための調査・立案を進めた。日本の金の生産高と保有量を調べたり、中国に借款を与える報告書を提出したりしている。鋭い分析と創造的な提案のできるホワイトは、活躍が認められ、一九三八年三月に、通貨調査部（通貨政策調査部）の部長に就任した。そして四月には、財務省の幹部会議に出席が許されるようになった。財務省に入省して三年半、まさしくスピード出世であった。[51]

通貨調査部（Division of Monetary Research）の役割は以下のようになっていた。

- 金備蓄・銀購入法に基づき、通貨安定基金その他に関係した財務省の通貨政策の立案・実行に関して、調査・推奨事項を準備して財務長官を補佐する。
- 関税法に基づき、財務省と財務長官が果たすべき通関業務に関する経済的分析を行う。[52]

当時は世界各国の通貨切り下げ競争などが国際貿易に大きな影響を与えており、通貨の安定は重要事項とされていた。国際通貨問題の第一人者であったホワイトは、通貨安定基金などを扱う部署の長となった。部長となったホワイトは、より自由にモーゲンソーに接触し、政策を提案できるようになった。莫大な金額である通貨安定基金を扱うホワイトの部署は、対外的な影響力をもつことができるようになった。そして、この通貨調査部から、アメリカの外交政策の提案が飛び出してくるようになるのである。のちにホワイトは、国際通貨基金（ＩＭＦ）の仕組みをつくり、歴史に名を残すことになる。[53]

一方、ＧＲＵ（ソ連軍事諜報）にとっては、願ってもない状況であっただろう。スパイ網の一員が財務省の幹部に出世したのである。ところが、良いことは続かなかった。チェンバーズがスパイ網を抜け出してしまったのである。もしチェンバーズがＦＢＩに届け出ていたとしたら、下手をするとスパイ網の全員が逮捕されてしまうかもしれなかった。ソ連諜報部はホワイトにしばらく接触できなくなった。さらに秋になって、チェンバーズがホワイトに警告しに現れたので、ホワイトはソ連の諜報部の人物に接触することを嫌がるようになった。ホワイトはしばらくのあいだ、休眠中の工作員となった。一九三八年春以降しばらく、ホワイトはソ連の諜報部と接触しなかったようである。ホワイトは、ソ連や共産主義の活動から少し距離を置こうとしていたのかもしれない。一方で、ホワイトの通貨調査部には、アドラーが配属となり、しばらくしてグラッサーも調査統計部から異動してきた。グラッサーはのちに通貨調査部次長に出世する。部下が熱烈な共産主義者であれば、ホワイトもやはり影響を受けざるを得ないであろう。[54]

■経済での失点を外交で取り返そうとする財務長官

一九三八年夏、侵略攻勢を強めるナチス・ドイツと英仏のあいだで緊張が高まり、ミュンヘン危機が起こった。アメリカでも、ドイツへの対抗措置が検討され、財務省ではオリファントをはじめとしてさまざまな案が出た。ホワイトは関税を高くして、究極的にドイツに経済制裁することを提案した。しかし、国務省のハル長官はアメリカが何かすることに反対した。[55]

そのうちにミュンヘン協定が結ばれて、ドイツはまた領土を手にした。ハル長官が動こうとしなかったので、ナチス嫌いのモーゲンソー長官は怒った。モーゲンソーは、ドイツの代わりに日本に一泡吹かせたかった。日本は日中戦争で次々と勝利をおさめ、中国の主要都市を占領していた。一方で、日本の侵略はマスコミから非難されていた。モーゲンソーは中国を経済支援し、日本への関税を上げる方法を、オリファントやホワイトに調べさせた。そしてルーズベルトに日本に圧力をかけるように促した。しかし、ルーズベルトがハル国務長官に相談すると、ハルは中立法違反だと言って反対した。モーゲンソーがルーズベルトに文句を言うと、ルーズベルトは「(ハルの互恵貿易)通商条約はあまりにも遅すぎる。世界はもっと早く進んでいる。通商条約は遅すぎるんだ」と、ハル批判に応じるようになった。[56]

モーゲンソーはルーズベルトに、借款による中国支援をやらせたかった。そこで、ハルを批判する手紙をルーズベルトに送ることにしたが、下書きしたのはホワイトだった。ホワイトは、日独伊の侵略国をおさえこんで、中国などを支援せよと激しい手紙を書いた。またホワイトは、日本を最恵国待遇から外した場合の効果について、部下のグラッサーに報告書をまとめさせ、オリファントに提出するなどしている。[57]

このようにモーゲンソーが外交に熱心だったのは、財務省の経済政策がうまくいかなかったことにも起因している。大恐慌の対策をしてもアメリカの景気は回復せず、一九三八年の中間選挙では、野党の共和党が議席を増やした。ルーズベルトは新しい経済政策を模索していた。モーゲンソーは財政赤字に反対で、支出を増やしたら増税すべきとの均衡財政の意見の持ち主だった。しかしアメリカでは、赤字国債を発行してでも公共投資を続けて景気回復を目指すような、ケインズ派の経済学者が脚光を浴び始めていた。ルーズベルトは、ケインズ派の経済学者を何人もホワイトハウスに呼んで意見を聞いた。財務省の面子は丸つぶれであった。しかし、ホワイトらが立案する外交政策は、ルーズベルトも大いに興味をもっていた。モーゲンソーは、ますます外交に口をはさむようになっていった。[58]

■モーゲンソー財務長官の右腕となったホワイト

十一月に日本の近衛首相が「東亜新秩序」を発表した。このなかで、中国での機会均等を制限するということを明らかにしたが、簡単に言えば、アメリカを中国市場から追い出すということであった。財務省は日本への対抗措置をとるべきだと考えた。らつ腕オリファントが、中国産の桐油を担保に借款を与えて、中国を財政支援する案をつくった。[59]

モーゲンソー財務長官が、ルーズベルトに中国支援策を提案すると、ルーズベルトは、外交に関係するのでハル国務長官の承認が必要だと述べた。ハルは、日本を刺激するし、通商条約にも違反すると言って反対したので、計画は中止となった。[60]

しかし、こんなことで負けるモーゲンソーではなかった。ハルが南米で開かれる国際会議に出席するために外遊すると、モーゲンソーは動き始めた。国務省のウェルズ次官に話を通すと、ルーズベルトに二五〇〇万ドルの桐油借款を認めさせてしまったのである。「鬼の居ぬ間に洗濯」ならぬ、「ハルの居ぬ間に外交」であった。アメリカが公然と日本に敵対して中国支援を表明するようなことをしたので、イギリスも驚いた。[61]

外交に割り込むことができた財務省であったが、痛い損失があった。桐油借款を実現するために奔走した、らつ腕オリファントが心臓発作で倒れてしまったのである。オリファントは翌年の一九三九年に亡くなり、モーゲンソーは片腕を失ってしまった。オリファントのあとに、財務省の国際関係を扱う第一人者となったのがホワイトである。こうして、ホワイトは、モーゲンソー財務長官の懐《ふところ》刀《がたな》として、アメリカの外交政策に口をはさむようになった。[62]

ホワイトは、財務省の外交分野のトップとなってからさまざまな提案や分析報告をモーゲンソーに提出した。日本への経済制裁の世論が高まっていき、日米通商航海条約の破棄通告が実現したころを見てみると、一九三九年三月には中国への一億ドル借款を提案し、五月には次のような報告書を出している。日本は日中戦争を終わらせたいと考えており、体面が保てれば妥協しても良いと考えている。このため和平条件も中国側に有利となりつつあり、中国も和平に傾きつつある。このような時こそ、アメリカは中国への大規模な経済支援を検討すべきである。これにより中国は、日本との和平交渉で、強い立場に立つことができる。また和平成立後、アメリカは経済支援をもとに中国市場に食い込むことができる、などと述べている。[63]

四月にモーゲンソーが、侵略国に資源を渡さない方法の調査を命じると、ホワイトは冷静に分析している。日本やドイツがどのような資源を外国に依存しているのか、そして英米ソがどれだけの資源を持っているかを調査した。そして、資源を買い占めるか禁輸して、侵略国に資源を渡さない方法を提案している。[64]

ホワイトは、ときには会議で、日本に対して行動をとるよう、モーゲンソー長官を挑発するようなことまでしている。また六月から七月にかけて日本経済を分析し、日本は巨額の貿易赤字をかかえていて、日本の外国為替資産はどんどん減っており、一年で尽きるだろうと予測し、日本の経済状況はどんどんひどくなっていると報告している。[65]

ホワイトはこのように、スパイ網に協力していたときも、していないときも、一貫して中国を支援し、日本に経済制裁する方法を模索している。この理由としては、部下に共産主義者がいて、日本が反コミンテルン協定で共産主義に敵対していたことが挙げられる。また、上司のモーゲンソー長官がナチス・ドイツに強い反感を抱き、ドイツと日本とイタリアを嫌っていたことも大きいであろう。そのほかに中国に同情的で日本に批判的な反日団体・マスコミ・世論の影響を受けたことなどが挙げられる。

(二) ヒスの動き

■国務省内のスパイとして活躍するヒス

次に、この時期のヒスの動きを見てみよう。ヒスは一九三六年九月に国務省入りするが、一九三九年九月に異動となるまで、通商条約などを担当するセイヤー次官補のもとにいた。セイヤー次官補は互恵貿易の実現、すなわちハルの夢である自由貿易による世界平和を目指していた。どちらかといえば平和な部署に配属され、新入りだったヒスは、ホワイトが大活躍していたのに比べると、目立った活躍はしていない。ヒスは、セイヤーのスピーチ原稿づくりが忙しかったと述べている。のちにチェンバーズは、ヒスの妻がタイプしたとされる大量の国務省機密文書を暴露したが、ヒスはこのころ、もっぱら機密情報の入手に力を入れていたのかもしれない。[66]

さて、ヒスがソ連スパイ網で活躍していたとされる時期に、日本へのくず鉄輸出の禁止問題が起こっている。一九三七年三月、日本がくず鉄などを大量買い付けしたのが問題となり、アメリカ議会では日本へ輸出規制する法案が出された。ヒスの上司のセイヤー次官補は貿易を担当していたため、輸出規制の問題も扱わなければならなかった。五月にセイヤー次官補は、くず鉄は余っており過剰気味なので輸出規制は不当であると結論づけた。このとき、ヒスを通じて、日本がくず鉄を米国に依存していることや、対日輸出規制の賛成・反対をめぐるアメリカ政府の内部事情などの情報が、ソ連に流れていた可能性がある。[67]

翌年の一九三八年、チェンバーズは四月に地下組織を抜け出すと、十二月にヒスの家を訪問して地下組織から足を洗うよう忠告したと述べている。このため、安全上の問題からソ連GRU（軍事諜報）は、ヒスをスパイに用いるのを、この頃、止めていたことが予想される。GRUの記録は明らかになっていないが、もう一つの諜報組織であるKGB（秘密警察諜報）のアーカイブの記録では、この頃ヒスに関して次のような事件が起こったとされている。

数年前にヒスは、国務省のフィールドやダガンを自分のスパイ網に引き入れようとして、マッシングと取り合いになった。ところが一九三八年六月頃、今度はヒスが、別のスパイ網から目をつけられるという、変わった事件が起こった。国務省に入ったばかりのマイケル・ストレートは、実はKGBスパイ網の一員だった。ストレートは、業務の関係でヒスと接触し、ヒスが共産主義に共鳴する人物であると感じた。ストレートはさっそくKGBに、ヒスはとても進歩的（共産主義的）な考え方をする人物だと推薦し、ヒスとの接触を深めようとした。KGBは、対処に頭を痛めた。ヒスがGRU（軍事諜報）のスパイであることをストレートに感づかれてはならなかった。けれども、下手にヒスをあきらめるように言えば、ヒスがスパイであることがストレートに分かってしまうかもしれない。一方、逆にGRUのヒスが、KGBのストレートを勧誘してくる危険性もあった。実はその前に、財務省のアドラー（ホワイトの部下）が、ストレートを勧誘する事件が起こっていた。アドラーは米国共産党の地下組織に属していたが、ストレートが共産主義者だと感づき、地下組織入りを勧めたのである。KGBは、米国共産党経由で警告したばかりだった。[68]

また一九三八年七月、KGBの工作員アフメーロフは、次のような報告をしている。以前、自分がヒスをKGBのスパイ網に引き入れようとしていたとき、ピーターズ（共産党地下組織のトップ）が口を滑らせてヒスの秘密を漏らした。それによると、ヒスは米国共産党のメンバーであったが国務省に入り、GRU（ソ連軍事諜報）に移管されたとのことである。ところでグートツァイト（KGB合法拠点チーフ）の話によると、GRUは組織のトラブルがあったので、ヒスは現在、GRUから切れている可能性がある（組織のトラブルとは、四月にチェンバーズがスパイ網を離脱したことを指すと考えられている）。[69]

ところで、この年の十月に、米国政府内で商業政策会議が開かれた。国務省、財務省、商務省などから代表が集まって会議を行ったが、出席者には、国務省のヒスや、財務省のグラッサーが含まれていた。ヒスとグラッサーは、同じGRUスパイ網のメンバーであった。このとき、チェンバーズの逃亡事件の影響でGRUは、ヒスとグラッサーに接触していなかったことが予想されるが、会議に別々の部署の代表として二人のスパイが同席するのであるから、米国政府内に、ソ連のスパイ網は少しずつ根を下ろし始めていたことがうかがえる。[70]

■通商条約の専門家から極東問題の専門家になり変わる

日米通商航海条約の破棄について、ヒスの上司であるセイヤー次官補の動きを見てみよう。一九三八年十一月、日本の近衛首相が「東亜新秩序」を発表した。これは、アメリカが長年にわたって主張してきた中国の門戸開放・機会均等政策を否定するものだと、アメリカは反発した。米国政府内では、中国支援や日本への経済制裁の話が出たが、ハル国務長官は反対だった。しかし十一月下旬になってハルが南米に出かけると、先に述べたようにモーゲンソー財務長官が暗躍し、「ハルの居ぬ間に外交」と、ウェルズ国務次官に積極的に働きかけた。ウェルズはさっそく、セイヤー次官補に日本への経済制裁の可能性について調査させた。十二月、セイヤーは報告書をまとめ、経済制裁には反対するものの、まず日米通商航海条約の破棄通告をすることなどを推奨した。[71]

一九三九年になると、反日世論が強まり、上院外交委員会のピットマン委員長をはじめとして、議会は日本への経済制裁の法案を提出した。セイヤーは、日米通商航海条約を廃棄する決議が上院で通ってしまうことを心配した。セイヤーは、五月にハルに報告書を提出し、議会よりも先に、日米通商航海条約を破棄して、新しい条約締結の交渉を始めることを推奨した。[72]

七月になると、先に記したようにバンデンバーグ議員の決議案に対抗するため、ついにハルは日米通商航海条約の破棄通告をすることを決断した。日本の参事官を呼んで、通告したのはセイヤー次官補であった。日本側は突然の通告に驚愕した。[73]

ところで前に述べたように、議会の経済制裁の動きに大きな影響を与えたのは、「日本の侵略に加担しないアメリカ委員会」という反日団体であった。この団体は、最盛期には、一九人のフルタイム従業員と、五人のパートを雇って活動していたという。この団体は、アメリカ人の民間団体と思われていたが、もともと中国政府の資金援助を受けてできた団体であった。また、非公然の共産主義者も多く参加し、実質的な幹部の半分は共産主義者であったようである。[74]

日中戦争では、反日報道が繰り返され、アメリカのキリスト教徒が中国に教会・学校・病院を建てても日本の爆撃で破壊されてしまうので、日本に軍需物資を禁輸すべきだというような意見がマスコミで繰り返された。さらに、中国に経済・軍事支援して日中戦争を勝たせれば、アメリカは広大な中国市場を手にできるというような意見もマスコミで繰り返され、アメリカは多大な支援をした。それから、中国共産党は民主的だと誉めるような報道や出版物が相次いだ。

ここで話は、日米通商航海条約の破棄通告の一〇年後に飛ぶ。一九四九年、共産中国が誕生すると、アメリカのキリスト教徒が建てた教会・学校・病院はすべて共産党政府に接収され、キリスト教徒は弾圧・迫害された。中国にあったアメリカ資産はすべて没収されて、アメリカ人は中国から追放された。アメリカは驚き、中国政策で何を間違えたのかが活発に議論された。アメリカ議会も多大な時間をかけて調査した。そうしたなかで、中国情勢を報道した英米のジャーナリストや、中国に関する分析をした学者のなかに共産主義者が多くいて、中国共産党は民主的といった偽情報やプロパガンダを流していたことが分かった。当時はアメリカ人の多くが極東についてよく知らず、世論や政治家がだまされてしまったことが、中国政策を誤った理由の一つとして挙げられた。日中戦争当時の反日報道についても、どこまでが真実で、どこまでがプロパガンダであったかは不明である。[75]

さて、セイヤー次官補の部下であったヒスは、日米通商航海条約の破棄に何か関係していたのだろうか。ヒスは、多少年代が不正確であるが、自伝のなかで次のように述べている。

「一九三九年、米国の極東政策は、何よりも、日本が中国を完全に独占するのを避けることだった。中国は日本の残忍な侵略によって打撃を受けており、自分はまったく中国に同情的だったので、この仕事にとりかかれて幸せだった。日本をくい止めるための米国の試みとして、国務省の我々が財務省の人たちの助けを借りて考え出した、中国への財政支援などがあった。日本軍は中国の大部分を孤立させていたので、中国への支援は限られたものとなり、借款や財政の助言など、ささやかなものであった。しかしホーンベックを代表として、資源小国日本に経済制裁を押しつけるという強硬策が唱えられていた。それは、決定的な対立を避けるために、徐々に経済的な圧力を強めるという計画だった。しかし、厳しい規制によって、アメリカの決意を知らせることを目的としていた」[76]

「自分がまだセイヤーの部署に所属していたときに、私はホーンベックや極東専門家とともに、文書業務に取り組んでいた。その中には、法的に可能となり次第、つまり一九四一［三九？］年に日本との通商条約を破棄する、という通告をすることも含まれていた。ホーンベックのオフィスに立ち寄ったときに、ホーンベックと極東部の部員たちは、経済制裁の政策実現に熱中していた。これは商務省と財務省の連中と詳細をつめなければならないことを意味する。しかし通商条約に縛られているあいだは、国内の需要を満たすのにどうしても必要なものだけしか、輸出規制をかけることができなかった。一例として、ハイオクガソリンの輸出制限は実現できた。しかし一九四一［四〇?」年初め、通商条約が破棄され、これによって自由に禁輸を押しつけることが出来るようになった。こうして我々は、くず鉄、原油、戦略的に重要な一連の金属などを禁輸した」。[77]

と、このように述べている。また、別のヒスの伝記のなかでは、ヒスは日米通商航海条約の破棄に取り組むことができて喜びを感じたとある。ヒスが日米通商航海条約の破棄に、積極的に関わっていたのは確かである。ヒスはどの程度の影響を与えたのであろうか。[78]

セイヤー次官補の動きを見ると、ハル国務長官と密接に協力しながら、通商条約部長のホーキンズ、極東部長のハミルトン、政治顧問のホーンベックの意見をよく聞いて政策を決定していることがわかる。そしてホーンベックのような強硬派の意見を押さえていることも多いようである。これから考えると、ヒスの影響は限定的であったようである。

ヒスは果たして、自伝で述べているように中国に同情して、日米通商航海条約の破棄に喜んで取り組んだのであろうか。それとも、日独伊・反コミンテルン協定を結んで、共産主義に公然と敵対した日本を懲らしめようと考えたのであろうか。この時期、GRUスパイ網は、ヒスとの接触を一時停止していたと考えられており、そうだとすれば、ヒスは共産主義者として自主的に行動していたことになる。

ところで、一九三九年七月に日米通商航海条約の破棄通告が行われたが、次の月に、ヒスの上司のセイヤー次官補がフィリピンに異動となった。そして九月にはヒスも異動となり、極東政策担当のホーンベック顧問の補佐となっている。こうしてヒスは、国務省で極東政策を担当することとなった。

もともと農業問題の専門家であったヒスは、通商条約の専門家から、いつのまにか極東の外交問題の専門家となっていた。[79]

■親中・反日に動く米国政府の陰で暗躍するホワイトとヒス

日中戦争が始まって以来、アメリカでは中国を支援し、日本に経済制裁を与える動きが強まったが、アメリカの世論を動かし、議会を動かしたのは、マスコミの報道や圧力団体の活動であった。ハル国務長官は中立を保ち、日中戦争に関わらないことを目指していたが、財務省や国務省の一部は、親中・反日政策をとろうとしていた。こうしてついに中国への借款や、日米通商航海条約の破棄が実現した。

そのような米国政府内の背後では、財務省のホワイトと部下たち、国務省のヒスなどが暗躍し、ある程度の影響を与えていた。ホワイトとヒスはソ連の軍事諜報組織ＧＲＵの工作員ブィコフ大佐と会い、情報を流していた。ホワイトの部下たちは共産党地下組織に属していた。日独伊防共協定（反コミンテルン協定）を結んだ日本は、共産主義者の祖国・ソ連と冷戦状態にあったので、共産党員が反日政策をとろうとすることは容易に予想できるであろう。

第六章　第二次世界大戦が始まり揺れ動くアメリカ

前章で見たように日米通商航海条約の破棄によって、日本への経済制裁が可能となった。この章では、日本への経済制裁が強化されていくなかで、アメリカ政府内部でどのような動きがあったかを見ていきたい。

■世界が驚いた独ソ不可侵条約

一九三九年七月に日米通商航海条約の破棄が通告されたが、その後世界は激動の時代に入っていった。

八月、宿敵とみられていた全体主義のドイツと、共産主義のソ連が、ナチス・ソビエト条約（独ソ不可侵条約）を結んで手を組んだことは、世界を驚かした。さらに九月に入り、ドイツはポーランド侵略を開始した。これに対して、英仏はドイツに宣戦布告し、第二次世界大戦が始まった。ところが二週間ほどして、今度はソ連がポーランドを反対側から侵略しはじめ、ドイツとともにポーランドを分割してしまったので、「ドイツとソ連が手を組んで世界侵略に乗り出したのか？」と、世界中に衝撃を与えた。

この数年前に、日本はドイツと反コミンテルン協定（日独防共協定）を結んだこともあり、ドイツは、一緒になって共産主義（ソ連）と対決していく戦略的友好国のはずであった。ところがドイツは、日本を裏切ってソ連と手を結んでしまった。日本の首相は「欧州の天地は複雑怪奇」と言って辞職し、日本は外交方針を一から練り直さなければならなくなった。[1]

■ポンドが凋落しドルが世界の基軸通貨に

世界の経済状況も一変した。第二次大戦前は、いくらアメリカが経済大国になったといっても、やはりイギリスの経済力は大きかった。アメリカが日本に経済制裁したとしても、日本はイギリス経由でポンドを利用すれば、イギリス圏の国々などと貿易することができた。ところがイギリスはドイツと戦争状態に入り、だんだん戦時経済に移行していった。イギリスはドルが流出しないように、ドルとポンドの交換を制限するようになった。こうしてポンドは、通貨としての互換性が小さくなり、ドルだけが世界で通用する国際通貨となっていった。日本がポンドをもっていても、イギリス圏は戦争中で、日本の欲しい資源や軍需品はだんだん買えなくなっていった。軍需品を買うにはドルが必要だった。日本は円を、ポンドとリンクさせるのをやめ、ドルとリンクさせるようにした。こうして日本は、アメリカにドル資産を差し押さえられると、世界の国々と貿易ができなくなってしまうようになっていた。しかし日本国内でこのことをはっきり認識していた人は少なかったようである。第二次世界大戦の開始で、世界は大きく変わろうとしていた。[2]

■増加する禁輸品、ハル国務長官は日本を刺激したくなかったが

十一月終わり、ソ連はフィンランドを侵略し、当時、非人道的行為とされていた都市爆撃を行った。国際連盟はソ連を追放し、米国世論もソ連非難で沸き返った。十二月四日、アメリカ政府は閣議で、道徳的制裁として飛行機の製造に必要なモリブデンやアルミニウムを、ソ連に禁輸することとした。ところが財務省のモーゲンソー長官は、禁輸に日本とドイツも入れてしまおうと工作した。ハル国務長官は、日本を刺激することに反対だった。半年前に日米通商航海条約の破棄通告をしていて、もうすぐ条約が失効する時期に当たっていたからである。しかし結局ルーズベルトの判断で、十二月十五日、市民に空爆をする国にモリブデンとアルミニウムを輸出しないとの道徳的制裁が行われることとなった。日本が含まれるのは明らかだった。[3]

さらに十二月二十日、道徳的制裁として、航空機用ガソリンの製造技術についても、市民に空爆を行う国には輸出しないことが決められた。この少し前から、日本は軍民一体の交渉団をアメリカの石油会社に派遣して、航空機用ガソリンを精製する技術を導入しようとしていた。ユニバーサル・オイル・プロダクツ（UOP）社は、日本の会社と長期の技術導入契約を結び、日本に技術者を派遣して、石油精製設備の建設を監督させていた。しかし、ライバルの石油会社が米国陸軍に告げ口したため、日本の軍事力向上を嫌う米国陸海軍が強く反対するようになった。そして、国務省が道徳的禁輸を発表したので、UOP社は契約を中途で破棄し、技術者をアメリカに帰国させた。このことは、日米通商航海条約の失効とあわせて、日本側に大きな打撃を与えた。[4]

■ヨーロッパの戦乱が東南アジアの植民地に波及した

ドイツは、ポーランドを侵略したあと、英仏との和平を模索しておとなしくしていた。しかし英仏との和平はうまくいかず、一九四〇年の春になって大攻勢をかけはじめた。四月にデンマークとノルウェー、五月にオランダ、ベルギーに侵攻し、六月にはフランスを降伏させて大勝利をおさめた。こうして中立国とイギリスをのぞいたヨーロッパの大半を支配することに成功した。まだイギリスが残っていたが、ドイツに負けるのは時間の問題だと世界は予想した。

ヨーロッパのほとんどがドイツの支配下に入ることによって、東南アジアが不安定化しはじめた。現在のベトナム周辺は当時フランスの植民地であり、仏印（フランス領インドシナ）と呼ばれていた。現在のインドネシア周辺はオランダの植民地で、蘭印（オランダ領東インド）と呼ばれていた。東南アジアは資源の宝庫で、ゴムやスズを世界中に供給しており、蘭印では石油もとれた。本国のフランスとオランダがドイツに占領されてしまったことで、仏印と蘭印は空白地帯となった。さらにイギリスは英領マレーや英領ビルマを植民地としていたが、イギリスが敗北すれば、東南アジア全体がさらに不安定化することが予想された。この地域で強い軍事力をもつのは日本であり、この機会に日本が東南アジアを侵略し、特に石油の採れる蘭印の侵略に乗り出すのではないかとアメリカは恐れた。東南アジアにはアメリカの植民地フィリピンがあり、フィリピン防衛はアメリカにとって頭の痛い問題だった。[5]

■東南アジア情勢に対するアメリカの危惧

ナチス・ドイツのあまりの強さに世界中が驚き、アメリカもドイツの脅威を防ぐために、国防を充実させなければならなくなった。アメリカはゴムとスズのほとんどを、東南アジアから輸入していたが、東南アジアが空白地帯と化したので、ゴムとスズの安定供給がアメリカの課題となった。特に天然ゴムは腐ってしまうので大量貯蔵して備えることができず、頭痛の種とされていた。合成ゴムはまだ大量生産できていなかった。ゴムがなければタイヤはつくれなかった。ハル国務長官はロング次官補と「アメリカが日本に経済制裁しても、日本が蘭印を占領すれば、日本はゴムとスズの禁輸で対抗してくるぞ」と話し合った。[6]

その一方、アメリカ国内では、強力な民間圧力団体「日本の侵略に加担しないアメリカ委員会」が、日本への禁輸をうったえて活発な活動をしていた。このため、くず鉄や石油を日本に禁輸すべきだとの意見が根強かった。こういった内外の状況のもとに、七月二日、輸出管理法が成立した。これによって大統領は、スズやゴムのような国防上重要と思われる物資を購入・備蓄し、また石油やくず鉄のような重要物資を輸出制限や禁輸することができるようになった。こうして、大統領が命じればいつでも日本に石油禁輸できるようになった。[7]

■ハル国務長官とモーゲンソー財務長官の対立

この背後で、実は激しい権力争いがあった。財務省のモーゲンソー長官が、重要物資の禁輸の権限を握ってしまおうと考えていたのである。外交は国務省の縄張りであったが、財務省は外交の分野にだんだん口をはさむようになっていた。財務省のモーゲンソー長官は、ナチス・ドイツを苦々しく思っていた。しかし、国務省のハル長官は、ドイツを刺激するような政策はとらないようにしていた。モーゲンソー長官はナチスを倒すため、外交分野に割り込む機会をうかがっていた。ナチスに協力するファシズムの国として日本やイタリアも嫌いであった。[8]

モーゲンソー財務長官は、この輸出管理法を使って、日本へのくず鉄や石油の禁輸を実現してしまおうと考えていた。国務省のハル長官は、戦争になってしまうと言って、日本への禁輸に反対していた。国務省と財務省の板ばさみにあったルーズベルト大統領は迷っていたが、軍事に関係する問題なので、軍部からきたマックスウェル大佐を責任者にして、新しい部署である輸出管理局（ＥＣＡ）をつくり、大統領直属とした。実際の運用としては、国防諮問委員会（ＮＤＡＣ）が、陸海軍軍需品委員会（ＡＮＭＢ）と討議の上で、国防上重要な物資を推薦する。輸出管理局はこれにもとづき、国務省の規制部にはかったうえで、輸出制限や禁輸をするという、複雑で分かりにくい仕組みをつくった。このなかで、国務省の規制部が輸出の許可・不許可を決定する権限をもっていたので、実質的にいってハル国務長官の勝利であった。しかしこれ以降、戦略物資の輸出の仕組みは複雑化していき、関わる部署も増え、ハルの指揮下に入っていない外交経験のない人が、日本への経済制裁に勝手に口をはさむようになっていった。[9]

ドイツのヨーロッパ支配は大問題であったが、アメリカではもう一つ大きな問題があった。大統領選である。ルーズベルトは二期務めたので、普通ならば引退であった。ルーズベルトは後継者にホプキンズ商務長官を選びたかったが病弱だった。本命と言われていたのがハル国務長官で、ハルもその気だった。ハルに権威があった理由の一つに、次期大統領の有力候補だったということがある。ところが、第二次世界大戦の開始という重大事を理由にして、ルーズベルトは、アメリカ史上に例のない三期目を目指すことになった。ハルの影響力は弱まった。さらにルーズベルトは、戦争反対の野党（共和党）のなかでも強硬派として知られていたスティムソンとノックスを、非常事態だということで引き抜き、陸軍長官と海軍長官にしてしまった。二人とも日本への経済制裁を主張しており、ハルの立場はますます厳しくなった。[10]

■モーゲンソーの乱、ハルの外遊中に対日石油禁輸への暗躍

民主党が大会を開いて、大統領選や副大統領候補選びで忙しくしているとき、モーゲンソー財務長官は、日本への石油禁輸をめざして暗躍していた。七月十八日、英国大使館で食事会が開かれ、モーゲンソーはスティムソン陸軍長官らとともに参加した。スティムソンは英国大使を挑発するかのように、イギリスは最近、日本の圧力に負けてビルマ・ロードを閉じたなどと言いだした。英国大使は動揺して、アメリカがもし航空機用燃料を日本に禁輸するなら、イギリスは蘭印（オランダ領東インド）の油田を爆破して、日本が蘭印を侵略しても石油を手にできないようにすることができると応じた。日本に石油禁輸をしたくてたまらなかったモーゲンソー長官は、新しいアイデアを得て興奮した。都合の良いことにハル国務長官は、国際会議で外遊に出るところだった。「ハルの居ぬ間に外交」だったら今だった。[11]

さっそくモーゲンソーは、翌日の十九日、大統領に説明するための報告書をホワイトにつくらせた。こうして「英米が協調して石油を買い占めてしまい、石油を禁輸し、蘭印の油田とドイツの合成

石油工場を爆破し、日独に石油が渡らないようにする」という大計画ができあがった。ルーズベルトもこのアイデアに興味をもった。ハルがいないので、ウェルズ国務次官、そして陸軍長官、海軍長官と検討してみることになった。[12]

会議ではウェルズ国務次官が大反対した。日本に全面的石油禁輸などをしたら、日本はイギリスに宣戦布告する可能性があるといって反論した。もしイギリスが、ドイツと日本に挟み撃ちされて負けるようなことになったら、世界の大半が、日独伊とソ連の手に落ち、アメリカが孤立してしまうかもしれなかった。ウェルズとモーゲンソーは大激論になったが、結論は出ないまま、十九日（金）の会議は終わった。[13]

モーゲンソーは会議が終わると、さっそく暗躍し始めた。スティムソン陸軍長官やイッキーズ内務長官、国防諮問委員会（ＮＤＡＣ）などに根回しして、石油やくず鉄の「全面禁輸」に賛成だと、ルーズベルトに進言するように要請した。二十二日（月）、ルーズベルトはニューヨーク州ハイドパークの実家に帰っていたが、たくさんの連絡を受けた。[14]

一方ルーズベルトは、日本が航空機用燃料を大量注文しており、国防上問題だとの情報を受けていたので「限定的な禁輸」を決意し、国務次官のウェルズに、航空機用燃料などに限って禁輸する書類を用意するように命じていた。ウェルズは、航空機用ガソリンと潤滑油、ガソリン添加剤の四エチル鉛、それから第一級重溶解鉄に限って禁輸する書類をつくって、関連部署にまわした。[15]

国務省の「限定的な禁輸」案は財務省にもまわってきた。ところが、「全面禁輸」を目指すモーゲンソー財務長官は生ぬるいと思ったのか、国務省とは別に、勝手に禁輸の書類をつくって大統領に送った。この禁輸案は、石油やくず鉄を全面禁輸する大統領令であった。二十五日、ルーズベルトは財務省の禁輸案が届くと、国務省の許可を得たものだと勘違いして、大統領令に署名してしまった。ルーズベルトは国璽印などを押して正式なものにするため、書類を国務省に回した。[16]

書類を見て、ウェルズ国務次官はすぐに、これは財務省が勝手につくったものだと見破った。国務省の極東部員は怒った。石油の全面禁輸などしたら、日本を刺激してドイツに接近させ、英国に戦争を挑みかねなかった。しかも悪いことに、ルーズベルトは、署名した大統領令の内容をマスコミに話してしまっており、明日の新聞で報道される予定だった。それでもウェルズは逆襲した。夕方に大統領に電話して説得し、明日、禁輸する範囲を明確化した大統領令を出すと発表するようにして、逆襲に成功した。[17]

それを聞いて今度はモーゲンソー財務長官が怒った。イッキーズ内務長官やスティムソン陸軍長官に連絡して、ひっくり返そうと工作した。二十六日（金）、ワシントンに戻ったルーズベルトはさっそく会議を開いた。モーゲンソーとウェルズは激論になった。ルーズベルトはあきれて、別の部屋に行って勝手に二人で議論しろと言うほどだった。議論の結果、ウェルズが勝ち、財務省案は葬り去られて、国務省案が採用されることが決まった。禁輸は、航空機用燃料等だけになった。[18]

ところが、まだまだ騒ぎは続く。二十六日の新聞には、全面禁輸となるような報道が出てしまったが、すぐに、禁輸は航空機用燃料に限るとの発表をしたので、これでおさまるはずだった。しかし国務省案は、国防諮問委員会（ＮＤＡＣ）や財務省の訂正要求を受け入れた結果、航空機用燃料の定義があいまいになってしまっていた。この定義では、解釈によっては、ほとんどの石油製品が禁輸となるようにもとれた。市場は混乱し、輸出管理局（ＥＣＡ）と国務省規制部には問い合わせが殺到した。結局、八月六日に修正した定義を発表し、航空機用燃料とは、オクタン価八七以上の燃料をいうとのことで決着した。[19]

このように、財務省が勝手にアメリカ外交に口をはさみ、あやうく日本への石油の完全禁輸が実行されそうになっていた。これを本書では「モーゲンソーの乱」と呼ぶことにしたい。日本側は、航空機用燃料の禁輸に抗議したが、アメリカ側は国防のためと返答して受け付けなかった。[20]

モーゲンソーはその後も、ホワイトが立てた大計画「英米が提携して日独に石油禁輸し、蘭印の油田とドイツの工場を爆撃」を、あちこちに売り込んでいた。財務省の調査統計部では、アメリカから日本への石油の輸出状況の統計を、毎週大統領に提出するようになり、日本が規制の網をかいくぐって航空機用燃料を輸入しているとあちこちに言いつけた。財務省の統計に触発されて、米国政府内では、さまざまな部署が、石油禁輸に向けて動き出した。海軍諜報部や国防諮問委員会、輸出管理局、国務省規制部は、航空機用燃料の定義を変えて、輸出規制をもっと厳しくしようとした。アトリーの研究によると、このような問題が出るたびに、ハル国務長官がつぶしていったのだという。[21]

■国務省内からも表面化した対日輸出規制の動き

なかでも、ハルのお膝元である国務省の部署が、勝手に日本への輸出を厳しくしようとしたのは問題であった。国務省規制部のグリーン部長とヨスト次長は、日本への厳しい制裁を求めていた。特に、ヨスト次長は石油禁輸に積極的だった。九月になると規制部は、航空機用燃料の定義を、オクタン価八七以上から、七〇または七五以上に下げて、輸出規制を厳しくしようとした。国務省の極東部は、日本を刺激するのを恐れていた。このとき日本は、蘭印と石油輸出の交渉中であった。もしアメリカが石油禁輸すれば、それを理由に蘭印に強硬に当たり、ついには蘭印を侵略するかもしれなかった。極東部は、規制部はただ管理するだけの部署で、政策を立案する部署ではないといって、規制部を説得した。それでも規制部は、航空機用燃料だけでなく、工作機械も日本に禁輸してしまおうとした。うまくいきそうだったが、ハルが発見してやめさせた。これらの動きを本書では「規制部の乱」と呼ぼう。[22]

■日独伊三国同盟締結で、日本は明確に敵となった

日本が仏印に進出するという情報が、アメリカに入ってきていた。アメリカは、日本の東南アジア進出だけは防ぎたかったので、対策を検討した。それでも日本の動きは止まらず、九月二十二日に、日本が北部仏印に進駐する協定が発表となり、二十三日には日本軍が進駐を開始した。アメリカは対抗して、二十五日に中国への二五〇〇万ドル借款を発表し、日本と戦う中国への支援を明確化した。二十六日には、くず鉄を禁輸することを発表した。ところが、アメリカが驚かされる事態が起こった。二十七日に、ベルリンで日独伊三国同盟が締結されたのである。三国同盟では、どこか他の国が、日独伊のいずれかに戦争をしかけてきたら、日独伊はその国を攻撃してお互いに守りあうということになっていた。これは、ドイツを攻撃したいと思っているアメリカにとっては、ドイツを攻撃したら、日独伊がアメリカを攻撃すると脅されているようなものだった。アメリカはまさかこんなに早く、日本とドイツが提携するとは思っていなかったので意表を突かれた。松岡外相の考えでは、日独伊の力を背景に、日本が断固とした態度をとれば、アメリカは引き下がるはずであった。確かに、三国同盟の成立以降、アメリカはおとなしくなった。松岡外相の作戦は成功したのだろうか。[23]

実はこの頃、ルーズベルト大統領は、たいへんな時期をむかえていた。十一月の大統領選挙を控え

ていたのである。この時期のアメリカは、戦争反対・平和主義の風潮が強かった。相手の共和党陣営は、ルーズベルトは戦争屋だといって攻撃していた。この時期、外交関係が緊張するような政策はとれなかった。ルーズベルトは、

「皆さんのお子さんが外国の戦争に送られることはありません」

「外交政策の第一は、この国が戦争に巻き込まれないようにすることです」

などと国民に公約しなければ、選挙戦を戦えなかった。ルーズベルトは、モーゲンソーを呼ぶと、外交は自分とハルの仕事だと言って、石油禁輸に走るモーゲンソーを黙らせた。[24]

しかし、大統領選挙が終わり、ルーズベルトが三選されると、米国政府はふたたび動き始めた。三国同盟ではっきりしたのは、日本は敵だということだった。三国同盟を前に、アメリカの軍部が立てた作戦は、ヨーロッパ優先の作戦であった。まずナチス・ドイツを倒すことに全力をあげ、日本とは戦争にならないようにしておくというものであった。理由としては、米軍はヨーロッパとアジアで戦争（二正面戦争）を展開する余力がなかったことと、日本はドイツの勢いに乗って東南アジアを占領しようとしているのだから、ドイツを敗北させてしまえば日本は何もできないはずだとの読みだった。日本には、戦争にならない程度に圧力をかけておとなしくさせておけばよかった。戦争につながる石油禁輸のような強硬策は、日本にしてはならないというのが、ルーズベルト大統領、ハル国務長官、軍部の結論だった。[25]

米国政府が力を入れたのは、三国同盟に対抗するために、敵の敵を支援することだった。すなわち、ドイツの敵であるイギリスと、日本の敵である中国を支援して、ドイツと日本を抑えることだっ

た。しかしルーズベルトは、反戦・平和ムードの国民や議会から、がんじがらめに縛られていた。アメリカ議会は中立法を定めて、戦争している国に武器を売る場合は、現金払いでその国が自分で運ぶことなどの規定をつくり、アメリカが戦争に巻き込まれないように警戒していた。しかし武器を買っていたイギリスは、ドイツとの戦いで国力低下がはげしく、現金払いができなくなった。ルーズベルトは考えに考えた末、「隣の家が火事になったらホースを貸してあげるでしょう」などと言って、武器を「貸す」との名目で国民を説得しようとした。そして武器貸与法をつくって、イギリスを支援しようとした。[26]

これまで中国に関しては、強力な民間団体などが、道徳的な理由から中国支援をうったえていたが、アメリカ政府の大きな方針としては、日本と戦争になってまで中国を支援しようなどとは考えていなかった。中国にはアメリカの権益があったものの、戦争して守るほど大きくないというのが、ハル長官の認識だった。しかし三国同盟で、日本がアメリカを戦争で脅すようなことをしたので、日本と戦っている中国を支援することが、アメリカ政府のはっきりした政策になっていった。それまで日本は、重慶の蔣介石政府と戦っていたが、十一月終わりになって、支援する南京の汪兆銘《おうちょうめい》政府を承認した。これは、重慶の蔣介石政府をつぶし、日本のかいらい政府によって中国全土を支配する表れと見られた。蔣介石政府はピンチにおちいった。しかしすぐにルーズベルト政権は、蔣介石政府に一億ドルの借款を与える用意があると発表し、日本の中国支配をゆるさないことを鮮明にした。[27]

■中国、英国の共闘要請に迷走するルーズベルト

一方で、中国とイギリスは、それぞれ日本とドイツに勝つために、アメリカでの政界工作を活発化

させた。中国からは、富豪の息子である宋子文がやってきた。そして、米国政府内のモーゲンソー財務長官に近づいたり、ロビイストを雇ったりするなど、米国政府や議会に影響を与える方法を急速に学んでいった。中国側は、日本の空爆に対抗するため、アメリカに戦闘機を要求した。しかし、熟練パイロットや整備士は、そう簡単に養成できるものではなかった。そこで考え出されたのが、米軍のパイロットや整備士が、米軍を名目上辞職して、ボランティア（義勇兵）として中国軍に参加し、日本の空爆に対抗し、さらには日本本土を空襲する計画だった（フライング・タイガース作戦）。[28]

モーゲンソー財務長官やルーズベルト大統領は乗り気になったが、マーシャル参謀総長は、戦闘機の生産能力や日本の反撃の可能性などから反対した。このため日本本土までは届かない性能の劣る戦闘機を、数を減らして提供することとなった。この計画は数ヶ月後、カリー大統領補佐官が責任者になってから、もっと本格的に進み始めることになる。また、同じようなことはソ連もやっていた。ソ連は中国を支援しており、軍需品を提供していた。日本軍が中国を爆撃すると中国軍が応戦してきたが、ソ連製の戦闘機にソ連のパイロットが乗っていたことが少なくなかったと言われている。[29]

イギリスも、アメリカへの働きかけを活発化させた。ドイツの猛攻を受けていたイギリスは、アジアの植民地が日本の攻撃を受けないか心配だった。そこでイギリスは、アジアの拠点であるシンガポールを、アメリカに守ってもらおうと工作した。しかし米軍は、アジアではなく、ヨーロッパでナチス・ドイツを倒す方が先決だという考え方だった。ヨーロッパとアジアの二正面戦争になったら、ドイツを倒せず「二兎を追う者は一兎をも得ず」になるかもしれなかった。米軍は、イギリス植民地を守るためにアジアに駆り出されるなどまっぴらごめんだった。ところが、思わぬところからイギリスに強力な応援団が現れた。国務省のホーンベック顧問である。[30]

国務省のホーンベックは、かつて極東部長を務めたが、現在はハル長官の政治顧問になっていた。アルジャー・ヒスの上司でもあった。ホーンベックは、親中反日のタカ派として知られ、日本への厳しい制裁を求めていた。あまりにも反日政策ばかり主張するので、国務省の同僚（ロング次官補やモファット）から、ホーンベックは「日本と個人的に戦争している」だとか、「暴力的な性質の持ち主」で「日本を憎んでいる」などと批判されていた。また、駐日大使を務めたライシャワーは自伝の中で、次のように書いている。「ホーンベックはとげのある男で、日本に公然たる偏見を持ちながら、アメリカの対日中外交は自分だけに決める資格ありと自惚れていた」と書いている。[31]

そのホーンベックが、十二月に、シンガポールはアメリカにとって重要という報告書を出した。ホーンベックの意見は以下のようなものである。英国の海軍基地があるシンガポールは、英領マレー、英領インド、蘭印の防衛に重要な役割を果たしている。もし日本がシンガポールをとると、上記の地域も落ちる。そうすると、イギリスの経済や財政に悪い影響を与える。アメリカはゴムやスズなどが入手困難になり、米国経済に悪影響を与え、イギリス支援も困難になる。日本は、イギリスからの支援が途絶えた中国を破り、さらにインドを支配下におさめる。日本が中国・インド・東南アジアを支配すると、日本は自給自足がかなりできるようになり、アメリカは弱まる。日本の大東亜共栄圏建設は、アメリカ経済に大きな悪影響を与えるのである……といった主張をもとに、シンガポールは重要だと説いた。この報告書は大好評で、ルーズベルト大統領をはじめとして、米国政府の多くの高官が読んだ。三回にわたって改訂版が出されるほどだった。[32]

ところが、米国海軍はホーンベックの方針に反対だった。海軍は、シンガポールはイギリスが守るべきで、米国は支援すべきでないとの意見だった。ホーンベックのような文官が、軍事作戦に口を出すのを認めてはならないと考えていた。アトリーの研究によると、ルーズベルト大統領はこのころ、海軍の戦略と、英国とホーンベックの戦略との二つのあいだで板ばさみにあい、迷走しだしたのだという。[33]

翌年の一九四一年一月十六日、米国海軍は、アジアを含む太平洋では、シンガポール防衛のような積極策には出ないという戦略を立て、ルーズベルトに承認させた。ところがルーズベルトはどういうわけか、五日後の一月二十一日、日本駐在のグルー大使にシンガポール防衛は重要だとの手紙を出している。この前の月にグルー大使は、ホーンベックの報告書を読んだが、いくらシンガポールが重要だといっても、米軍はヨーロッパとアジアで二正面戦争を展開できる能力があるのか疑問に感じた。そこで、極東についての方針をたずねるため、ルーズベルト大統領に質問の手紙を書いたのだった。これに対し、ルーズベルト大統領は、世界全体の状況を見て政策を判断することが必要で、ドイツと戦うイギリスにとって、アジアは重要だといった内容の返事をよこした。これを読んでグルーは、アメリカは、アジアでもイギリスを守るべきであり、日本との二正面戦争を覚悟してでも、東南アジアで日本に妥協してはいけないのだと理解した。ルーズベルトの手紙はグルーに大きな影響を与え、グルーの対日政策は強硬なものとなっていった。このように、ルーズベルトは、あちこちに異なる答えをして、周囲を混乱させ始めたのだという。[34]

二月上旬、ドイツは、イギリス攻撃を再開した。それにあわせてドイツは、日本にシンガポール攻撃を要請しているとの情報が英米に入ってきた。もし日本とドイツが、イギリスを同時攻撃したら、イギリスの危機である。さっそくルーズベルトは会議を開いて対策を話し合った。この結果、やはり海軍が勝ち、シンガポールは防衛しないことになった。このため、二月八日、駐米のハリファックス英国大使がルーズベルトをたずねても、つれない返事をしている。英国大使は、シンガポールなどアジア地域での米軍の支援を求めたが、ルーズベルトは、アジア地域でイギリスを支援することはできないし、アジアで戦争になったらヨーロッパでイギリスを支援することができなくなる、と言って断っている。[35]

迷走するルーズベルトは、そのすぐ後に、少数の巡洋艦を日本近海に出没させて、日本をけん制せよとの指示を出した。海軍の作戦部は、そんな中途半端な作戦をしても無駄だと考えたので、すっかり困らされてしまった。一方、イギリスは、その後何度もアメリカにシンガポールを守るよう催促した。[36]

この時期（一月下旬〜三月下旬）、米軍と英軍を中心に幕僚会議が開かれ、太平洋地域の防衛について話し合われていた。二月十九日、米軍幹部は英軍幹部に、日本との戦争を米国議会が認めるかどうか疑問だと告げ、そしてはっきりと、東南アジアの資源よりもドイツの方が脅威だと言ってシンガポール防衛は断った。三月二十七日には、幕僚会議の結果として、ＡＢＣ―1幕僚合意がまとめられ、日本が戦争に入ったら防衛戦とし、アメリカ海軍は極東で攻勢に出ないことを決定した。ただし、日本の経済力を弱め、マレー防衛を支援するように行動することが定められた。[37]

アメリカ海軍は東南アジアでしばらく攻勢に出ないことを決めていたにもかかわらず、ルーズベルトは、東南アジアを守るべきかどうかで迷走した。これは、東南アジアは重要であるにもかかわらず、ヨーロッパとアジアの両方にまわすだけの海軍の戦力が足りないからだった。ヨーロッパに戦力を集中すると、アジアが危なくなり、アジアに力をいれるとヨーロッパに全力集中できなかった。ドイツが三国同盟に求めたのは、日本を利用してアメリカのドイツ攻撃を防ぐためであったが、その意味で、ドイツの戦略はうまくいったようだった。[38]

結局、アメリカの政策は、ドイツを倒すことが第一で、日本との戦争はできるだけ避けるということになった。しかし、日本が東南アジアに進出するのを黙って見ているようなこともせず、圧力をかけながら外交交渉することで落ち着いた。アメリカは日本に対して、禁輸する品目を増やして、圧力をかけていった。北部仏印進駐でくず鉄禁輸となったが、低品質のくず鉄は許されていた。それが、十二月末には完全禁輸となった。日本は、くず鉄の七〇％をアメリカに依存していたので、打撃は大きかった。さらに一月には、銅、青銅、亜鉛、ニッケルなどが禁輸となり、二月には、これにラジウムやウラニウムなどが加わるなど、禁輸品目はどんどん増えていった。[39]

またルーズベルトは、イギリスを経済的に支援するため、武器貸与法を成立させようとしていた。しかし、アメリカが戦争に巻き込まれるといって反対する人々や団体も多かった。野党の共和党、平和主義者、孤立主義者、憲法擁護派、反英主義者、親ナチ主義者などが反対した。最強の反対運動を繰りひろげたのは、米国共産党であった。それでもルーズベルトは三月十一日に武器貸与法を成立させた。[40]

アメリカはイギリスを助けるか否かで頭を痛めていた日本

ここで、日本側の状況を見てみよう。フランスとオランダがドイツに敗北し、東南アジアが不安定化したが、シンガポールにはまだイギリスが控えていた。イギリスはドイツと戦争中とはいえ、その海軍の強さは世界にひびきわたっており、日本も一目置いていた。日本が東南アジアに進出した場合、イギリスがどう出るかは重要な問題であった。日本の軍部の強硬派は、ドイツがイギリスを破って好機がめぐってくることを期待していた。

一九四〇年十二月になって、日本と三国同盟を結んだドイツが、イギリス船を襲って奪い取ったイギリスの機密資料の内容を日本に知らせてきた。それは八月ごろの資料であったが、イギリスはドイツとの戦争で手一杯であり、東南アジアでは日本に妥協して時間稼ぎするしかないと率直に書かれていた。日本側はこれを読んで、東南アジアにおけるイギリスの戦力弱体化を知った。また、日本が仏印かタイを攻撃しても、イギリスは日本と戦争できないとあったので、日本は、仏印とタイまでなら侵攻しても大丈夫だと判断するようになったと言われている。[41]

さっそく軍部の強硬派は、仏印とタイに軍事基地を設けたり、軍事同盟を結んだりする外交交渉を松岡外相にやらせようとした。もし仏印とタイが断ったら、武力行使してでも実現する予定であった。そして東南アジアに進出する準備を進め、イギリスが敗北するか弱体化するような事態が起これば、軍事行動を起こす予定であった（好機南進）。しかし、日本にとって問題となるのは、アメリカがどう出てくるかであった。[42]

これより以前から、日本の軍部内ではアメリカの出方をめぐって意見が分かれていた。イギリスを攻めても、アメリカは参戦してこないとする意見は「英米可分論」と呼ばれ、陸軍に多かった。イギリスを攻めると、アメリカが参戦してくるとの意見は「英米不可分論」と呼ばれ、海軍上層部に多かった。「英米可分」なら、東南アジア進出は可能であり、「英米不可分」なら、アメリカの国力を考えると東南アジア進出は困難であった。[43]

実はこのころ、アメリカ政府は、東南アジアでイギリスを守るべきかどうか、はっきり決めていなかった。先に述べたように、米軍幹部は守るべきでないと言い、ホーンベックら強硬派の文官は守るべきだと言っていた。ルーズベルトも意見が定まらず、あちこちに異なる回答をしていた。先に述べたように一九四一年一月二十一日、ルーズベルトはグルー大使に、東南アジアはイギリス防衛に重要との手紙を書いた。これを読んでグルー大使は、アメリカは東南アジアで、英国を助けて強硬策に出るのだと結論した。ちょうどこのころ、米国大使館のドゥーマン参事官が、米国への一時帰国から日本へ戻ってきていた。ドゥーマンは日本生まれで、日本語を流暢《りゅうちょう》に話し、日本の立場を良く理解していて、日本側から非常に信頼されていた。二月十四日、ドゥーマンは外務省の大橋次官と会談した。その際にドゥーマンは、大統領の手紙の影響を受けたグルー大使の指示により、強い態度に出た。日本がシンガポール（英国）を攻めたら、アメリカと戦争になるぞと厳しく警告した。この警告は大橋次官に打撃を与えたようである。このすぐ後に、オーストラリア公使が大橋次官に会いに来たが、大橋次官は動揺して上の空の様子だったという。[44]

このころから、日本の海軍は「英米絶対不可分論」に傾いていったといわれているが、ドゥーマンの発言の影響があったのかもしれない。また、海軍は米国の暗号をかなり解読していたと言われているが、ルーズベルトからグルー大使への手紙の内容もつかんでいたのかもしれない。海軍上層部の英米派は、米国との戦争になることを何度も警告した。海軍中堅の強硬派は好機南進を目指していたが、海軍全体としては、東南アジア進出に消極的になっていった。たとえば海軍は、一月十九日ごろから、東南アジア（仏印）への兵力配備を進めていた。これはタイ・仏印紛争の関係で、武力行使の可能性に備えていたのである。しかし「英米絶対不可分論」が強まっていくと、海軍は二月二十日ごろから行動を打ち切り、日本に兵力を戻していった。[45]

ところで松岡外相は、ヨーロッパを訪問し、ドイツのヒトラー、イタリアのムッソリーニ、ソ連のスターリンと歴史的な会談を果たした。そして松岡外相は、四月十三日に日ソ中立条約を結ぶことに成功した。この条約は、世界を驚かせた。松岡外相は、三国同盟と日ソ中立条約によって、日独伊ソの連携を世界に示し、圧力をかけながらアメリカと交渉する予定であった。

▩対枢軸強硬派のアチソンが国務次官補に

一九四一年二月、日本への石油禁輸で重大な役割を果たす、ディーン・アチソンが国務省入りしている。国務省にはハル長官をはじめとして穏健派が多かったが、枢軸国を倒せと主張するタカ派のアチソンは珍しい存在であった。そのようなアチソンに期待を寄せる人もいた。モーゲンソー財務長官はアチソンに、法務顧問のフォーリーと一緒に、武器貸与法を成立させるために働くよう勧めた。モーゲンソー長官は、国務省で信頼できるのはアチソンだけだと述べた。[46]

アチソンが国務省入りしたころ、タカ派の政治家や官僚に人気があったのは、経済戦争の分野であった。経済戦争には二つの手段があった。一つは、アメリカの味方のイギリスや中国に経済支援するというもので、もう一つは、アメリカの敵の日独伊を資産凍結して経済的に苦しめるというものであった。どちらも財務省が中心となってやろうとしていた。アチソンは、ドイツをやっつけてイギリスを助けるとの意見の持ち主だったので、ぴったりの仕事のようだった。[47]

さっそくアチソンは、経済戦争について学び始めた。このころ、アメリカに経済戦争を売り込んでいたのはイギリスだった。入省まもなくの二月六日、アチソンは輸出管理局のマックスウェルのもとに行き、最近イギリスから帰った米国武官の話を聞いた。イギリスはすでに経済戦争省をつくって対策を打っているとのことだった。三月になるとイギリスの経済戦争省は、ワシントンの英国大使館にノエル・ホールを公使として送り込んだ。ホール公使はアチソンほか米国政府の主要人物に接触して、経済戦争をするように勧めた。ホール公使らの活動はジェームズ・ボンドのスパイ小説よりも魅力的で、誰もが経済戦争をやりたくなったと、アチソンは自伝のなかで述べている。[48]

国務省でのアチソンの担当は当初はっきりしていなかったが、三月初めより、ロング次官補が法務担当、アチソン次官補は経済担当、バーリ次官補は財務担当、ショウ次官補は管理担当となった。アチソンは、通商条約部（ホーキンズ部長）などのほかに、規制部（グリーン部長・ヨスト次長）を監督することとなった。規制部は輸出規制を担当しており、敵国への禁輸などを行って経済戦争をするにはうってつけの部署であった。さらにアチソンは、味方の国に経済支援する武器貸与法の担当となった。武器貸与法は本来バーリ次官補の仕事であったが、財務省とともに働かなければならなかった。元財務次官の経験もあり、モーゲンソー財務長官とうまくやっていけるアチソンが適任ということになったようである。アチソンは着々と経済戦争を行う権限を握っていった。[49]

■輸出規制外だったガソリンを日本は大量購入していたが

この頃、日本が米国のガソリンを大量に購入していることが問題となっていた。昨年夏に航空機用燃料が輸出規制となったが、日本は輸出規制に引っかからないガソリンを大量に注文し始めていた。国務省で計算したところ、一九四〇年夏の輸出規制から一九四一年の三月までだけで、すでに輸出されたもの、許可済みでまだ輸出されていないもの、現在申請中のものを合わせると、これまでの年の平均輸出量の二～三倍の量を日本が注文していることが分かった。しかも日本は、低オクタン価のガソリンを大量購入して自国で精製し、航空機用燃料にしていると言われていた。輸出規制したら、輸出量が二〜三倍に増えてしまったというのでは、何のための輸出規制か分からない。日本への石油禁輸に慎重な国務省も、さすがに馬鹿馬鹿しく思ったようである。[50]

三月六日に、国務省規制部と輸出管理局は、新しい輸出規制の仕組みをつくるまで、ガソリンや潤滑油などの新規許可を出さないことで合意した。これは、規制部を監督することになったアチソンが進めたようである。四月になると、国務省内でどうすべきか話し合いが進み、四月九日に、国務省規制部のヨスト次長が推奨事項をまとめた。それによると、日本への石油輸出量は、戦争以前の年（通常年）の輸出量を基準とし、それ以上は許可しない。航空機用燃料については、より厳しい基準を設けて輸出規制する。ただし、日本が蘭印と石油輸入に関して交渉中なので、交渉に影響を与えないため、四月三十日まで実施しないなどとなっている。[51]

実際、四月八日から新規の石油輸出の許可は出なくなっており、一九四一年春から、実はアメリカは日本への実質的な石油禁輸に入っていたとも言われている。なぜ問題にならなかったかといえば、すでに発行済みの輸出許可がたくさん残っており、その分の輸出が許されていたからである。しかし、この事実上の石油禁輸は、明確に記録に残っていないので、その理由をいぶかっている研究者もいる。また、四月三十日以降、新しい輸出規制システムがいつまでたっても実施されなかったので、ハル国務長官がヨスト次長の計画に反対していたのではないかと推測する研究者もいる。また新しい輸出規制システムの導入を検討していた時期に日ソ中立条約が結ばれ、日本が北方の脅威（ソ連）を気にすることなく（石油を求めて東南アジアに）南進できるようになったので、日本を刺激するような政策をとることを、一時見合わせていたとも考えられている。[52]

■独ソ戦開始前までは日米交渉での妥協もありえた

ここで、アメリカ側の内情を見てみよう。米国政府高官の日記を見ると、やはり、四月十三日の日ソ中立条約はショックだったようである。日独伊ソの四カ国が手を組んで、イギリスを破り、アメリカを孤立させるようなことは、アメリカにとっての悪夢だった。たとえば、日本への厳しい禁輸を唱えていた強硬派のスティムソン陸軍長官は、五月中旬には、すっかり悲観主義におちいってしまった。スティムソンは、ヨーロッパの地中海情勢も、極東情勢も見通しは暗く、（アメリカの植民地の）フィリピンも守れないと嘆いている。スティムソンの頭痛の種は、米国の防衛産業の工場などで次から次へとストライキが起こって、軍需品の生産が軌道に乗らないことだった。ドイツが裏で操っているのではないようだが、とにかく非常に良く組織されており、対抗できず、お手上げ状態だった。[53]

国務次官補のロングも、六月上旬の日記に、すべてが思わしくなく、ストライキが生産妨害し、アメリカは戦争準備ができないと記している。また、日本はもうすぐ蘭印に石油を取りに行き、米国をゴムとスズで苦しめるだろうと予想している。[54]

このようなかで、スティムソン陸軍長官、モーゲンソー財務長官、イッキーズ内務長官は、ルーズベルト大統領に、強力なリーダーシップを発揮して、日独伊の枢軸国が思いのままにふるまうのをやめさせ、侵略の被害にあった国を救うように求めた。ルーズベルトは、船団護送などでイギリス支援を強化し、欧州戦争に介入してドイツを倒す道を模索するしかなかった。[55]

松岡外相の四国同盟によってアメリカを脅すという作戦は、うまくいったかのように見えた。この時期は、日本が強く、アメリカが弱い時期だった。ルーズベルト大統領は、ナチス・ドイツは非難するものの、日本を非難するのは避けた。二正面戦争を避けるため、日米交渉で多少妥協してでも、日本をドイツから引き離そうとした。しかし、六月二十二日には独ソ戦が始まり、日本が有利な時期は二ヶ月ほどで終わった。[56]

■枢軸国の資産凍結に反対するハルを説得するアチソン

アメリカは、日独伊ソの連合の前に何とか対抗策をとろうとしていたが、その一つとして、資産凍結による経済制裁が有力視されるようになった。ハル国務長官は枢軸国の資産凍結に反対していたが、アチソン次官補は、財務省と組んでハルが賛成するように働きかけた。こうしたなかでハルは、五月十五日に部分的に賛成するようになり、六月十二日には、ついにヨーロッパ全体の資産凍結をすることを認めた。こうして六月十四日、ドイツ・イタリア・ソ連や中立国などの資産が凍結されることとなった。枢軸国の資産凍結を一年前からうったえていたモーゲンソー財務長官は喜んだ。[57]

国務省と財務省を調整して資産凍結を実現した立役者は、アチソンであった。六月十二日、アチソンはハルの承認をとった外国資産管理（FFC：Foreign Funds Control）の提案書をもって、財務省のモーゲンソー長官のもとを訪れた。モーゲンソーは国務省の提案に、基本的に賛成した。[58]

モーゲンソー財務長官に会ったその日のうちに、アチソンはジャクソン司法長官のもとを訪れた。そして司法長官・次官・次官補と話し合って調整し、財務省に続いて司法省からも合意をとりつけた。この結果、国務省・財務省・司法省からなる三省委員会をつくり、定期的に会議を開き、政策調整することが決まった。この委員会は、Interdepartmental Foreign Funds Control Committee（外国資産管理のための省庁間委員会）と呼ばれるようになったが、本書では「三省FFC委員会」と呼ぶことにしよう。[59]

各省間の調整で活躍したアチソンは、三省ＦＦＣ委員会での国務省代表の地位を手にした。財務省の代表にはフォーリー法務顧問が、司法省の代表にはシェア次官補が選ばれた。三省ＦＦＣ委員会は、外国資産管理に関しての政策調整から、政策決定機関へと変貌していくことになる。アチソンは国務省に入って日が浅く、フォーリーもシェアも外交の専門家ではない。こうして外交の素人が、経済戦争のような重大な意思決定に関与していくようになるのである。[60]

■ハルをいじめた意地悪じいさん・イッキーズの乱

このころ、自分で自分のことを「意地悪じいさん」と呼ぶイッキーズ内務長官が、日本へ石油禁輸しようとして、反対するハル国務長官と争いを繰りひろげていた。イッキーズは六月に、国防用石油調整幹事に選ばれた。石油に関しては、油田探索・開発、石油精製、輸送、備蓄、流通、国内販売、輸出などさまざまな業務が必要となり、米国政府内のさまざまな部署が関わっていて効率が悪かった。第二次世界大戦が始まり、軍部と民間に安定して石油を供給する必要が出たので、石油に関連する責任を明確化し、イッキーズがさまざまな部署を調整することとなった。[61]

武器貸与法が三月に成立すると、イギリス支援のため、石油を運ぶタンカーを一部割り当てることが必要となった。このためイッキーズらは、アメリカ国内用の石油輸送タンカーが足りなくなり、夏に、東海岸で石油不足が起こると予測した。イッキーズは、六月八日の日記で、次のように説明している。アメリカ東海岸では石油の配給制を議論しているのに、日本に石油を輸出し続けており、マスコミは石油輸出に大反対である。石油不足の原因は、（イギリスにタンカーを振り向ける）輸送力の問題であって、石油が足りないわけではない。しかし一般市民は不満に思っている……。[62]「意地悪じいさん」イッキーズは、日本への石油禁輸のために行動を開始した。閣議では、日本に石油輸出するので国民が怒っていると言って、ハルをいじめた。ハルは、「批判は甘んじて受ける」としか言えなかった。ルーズベルトは、「ハルに三、四日考える時間をやってくれ」と助け船を出したが、ルーズベルト政権でのハルの威信は地に落ちた。イッキーズ内務長官だけでなく、モーゲンソー財務長官、スティムソン陸軍長官、ノックス海軍長官、ホプキンズ顧問、ウォーレス副大統領などが、ハルの外交政策に批判的だった。ハルは体調を崩してしまった。[63]

イッキーズは、輸出管理局のマックスウェルに、日本への石油輸出の正確な情報を出すように要請し、自分が情報を得るまで、日本への石油輸出許可を出さないようにと、ハルに圧力をかけた。さらに六月十六日（月）、イッキーズは、フィラデルフィアから大量の潤滑油が日本に輸出される予定という情報を得た。さっそく財務省に電話してやめさせるように助言した。また、輸出管理局のマックスウェルに、輸出許可がない限り東海岸からは石油輸出しないように指令を準備して、国務省経由で大統領に送るように要請した。国務省は、イッキーズが外交の分野にまで口出ししてきたので抗議した。十七日（火）、この話を聞いたルーズベルトは、イッキーズにハルの国務省と相談するよう伝えた。イッキーズはそれを拒否した。本来イッキーズは、国防用石油調整幹事として部署間を調整するのが役目であった。ルーズベルトは、調整幹事の調整役が必要だな、と冗談を言った。十九日（木）、ルーズベルトはイッキーズに手紙を出し、国務省と輸出管理局と相談するよう厳しく命じた。自分は正しいことをしていると信じていたイッキーズは、辞職覚悟で日本への禁輸に突き進むことにした。[64]

二十日（金）になってアチソンが、ハルのメッセージをもってやって来た。イッキーズは、アチソンが国務省を代表して、自分を批判しに来るものと思って身構えていた。ところがアチソンが持ってきたのは、輸出許可なしに石油を東海岸のアメリカの港から輸出しないとの指令案で、イッキーズが同意すれば大統領に提出するという。イッキーズは、自分の主張が受け入れられたと感じて大喜びした。[65]

この結果、アメリカの東海岸からは、日本に石油輸出しないことが決定された。イッキーズは、とりあえず一部でも自分の言い分が認められたので喜んだ。実際には、石油禁輸を封じた国務省の勝利であった。しかし、日本への石油禁輸を防ぎ続けたハル国務長官は病に倒れ、ついに六月二十三日から休養することになった。ハルは、結核と糖尿病にかかっていたと言われている。これまで、モーゲンソー財務長官、国務省規制部、イッキーズ内務長官などが次々に勝手な経済制裁に挑戦し、そのたびにハル（とルーズベルト）がつぶしてきた。しかしついに、そのハルも倒れてしまった。[66]

■独ソ戦の開始で米英は元気を取り戻した

六月二十二日、ドイツがソ連に攻め込み、独ソ戦が始まった。日独伊ソの四カ国が連合してアメリカに対抗するというアメリカの悪夢は消え去った。悲観論に陥っていたスティムソン陸軍長官もにわかに元気になった。スティムソンは、ドイツがソ連を一～三ヶ月で攻略すると見ていたが、そのあいだヨーロッパ戦線で、イギリスは息を吹き返すことができると考えた。このチャンスにアメリカは大西洋で攻勢に出るべきだと考えた。[67]

独ソ戦がはじまる一週間ほど前の十四日に、アメリカは、ドイツ・イタリアなどとともにソ連の資産を凍結したが、二十四日にソ連の資産凍結を解除することとなった。このことはドイツに攻められたソ連にとっては、不幸中の幸いであった。もし、ソ連の資産凍結が長引いていれば、米国内でのソ連の諜略活動は、資金源を断たれて大打撃を受けていたかもしれない。[68]

ソ連のウマンスキー大使も積極的に動いた。七月十八日にイッキーズ内務長官に会うと、石油が欲しいと要求した。イッキーズ内務長官は、問題ないと答えた。一ヶ月前、アメリカ国内が石油不足なのに日本に石油輸出するのは国民が許さないと大騒ぎし、辞職覚悟で日本への石油禁輸を目指したことは忘れてしまったかのようだった。[69]

アジアにおいては、日本がドイツと歩調を合わせてソ連を攻めるのか（北進）、それとも東南アジアの資源を狙いにいくのか（南進）が問題だった。北進か南進か、アメリカは日本の動きを、かたずをのんで見守っていた。

この頃、イッキーズは、まだ日本に石油禁輸しようと画策しており、ルーズベルトと手紙でやりあっていた。七月一日、ルーズベルトは、ヨーロッパとアジアの二ヶ所で同時に戦争するには海軍が足りないと言って、イッキーズを説得しようとした。すなわち、石油禁輸のようなことをして日本との戦争に巻き込まれたら、ヨーロッパに戦力集中できないということであった。[70]

第七章　陰の動きを加速するホワイトとヒス

これまで第二次大戦開始から独ソ戦開始までの対日経済制裁強化の流れを見てきたが、本章では、その背後でホワイトとヒスがどのように動いていたかを見てみることにしたい。

■力をつける日本とドイツを警戒したソ連とコミンテルン

その前に、ソ連とコミンテルン（国際共産主義運動の指導組織）の動きを簡単に見てみよう。当時、世界各国の共産党は、コミンテルンの資金でつくられたものが多く、コミンテルンの支配を受けているのが普通であった。スターリンの台頭以降、コミンテルンはソ連に支配されるようになっていたので、一九三〇年代には、世界中の共産主義運動の多くは、ソ連が支配するところとなっていた。[1]

米国共産党も、党の方針はコミンテルンからの指令をもとに決定していた。前にも書いたように、コミンテルンの指導のもとに共産党地下組織をつくり、米国政府に秘密共産党員を潜り込ませることなどをしていた。共産党に加わった人の動機はさまざまであった。革命の英雄になりたい人もあったであろうし、能力の割に社会で認められないことを不満に思った人、アメリカ社会にうまく調和できない移民などもいたであろう。しかし、共産主義社会になれば、差別や失業や戦争のない理想の社会になると信じた正義感の強い人が多かったのかもしれない。[2]

一九三〇年代、ソ連の東と西で、ソ連を敵対視する日本とドイツが急速に力をつけていた。ソ連の東側では、一九三一年に日本が満州事変を起こしてソ連国境を脅かし、日本の陸軍大臣などがソ連を倒せと叫んでいた。これに対して、一九三二〜三三年にかけて、コミンテルンは米国共産党に「ソ連防衛」と「中国赤化」を命じた。またソ連スパイのゾルゲが日本に送られた。一方、ソ連の西側では一九三三年に、共産主義を目の敵にするナチスが政権を取った。「第三帝国」や「東方生存圏」を唱えるナチスは、東ヨーロッパからソ連へと向かってきそうな勢いであった。ソ連にとって、ドイツと日本は国家の安全を脅かす大敵であった。一九三五年のコミンテルン大会では、共産主義者は「人民統一戦線」を組んでファシズムに対抗せよと決定された。すなわち、社会主義者やリベラル・労働者・農民をはじめとして、中産階級・知識人・各政党なども提携して、ドイツや日本に対抗せよということが、各国の共産党の方針となったのである。米国では、米国共産党がフロント（前線団体）をつくって、反日運動や反独運動を繰りひろげた。中国では、中国共産党と国民党が手を結んで、国共合作が成立し、協力して反日運動にあたることになった。フランスとスペインでは人民戦線内閣が生まれ、これをきっかけにスペインでは内戦が起こった。[3]

■日本とドイツを手玉に取ったソ連外交のしたたかさ

ドイツと日本は、コミンテルンに対抗することで結束した。一九三六年には日本とドイツが、一九三七年にはイタリアも加わって、反コミンテルン協定（日独伊防共協定）を結んだ。ソ連は西と東から、ドイツと日本に挟み撃ち攻撃されるのではないかという悪夢にうなされた。[4]

幸いにして、一九三七年に日中戦争が発生し、日本がすぐにソ連を全面攻撃する恐れは遠のいた。ホワイトは、日中戦争は日ソ戦争の代理戦争だと喝破している。日中戦争の原因ははっきりしていないが、中国共産党がしかけたとの説がある。また日中戦争の拡大については、中国共産党が裏でけしかけて日本と中国（国民党）が憎しみあい、戦争に深入りするようにさせたという意見も根強い。いずれにせよ、日中戦争の泥沼化でソ連が助かったことは確かである。[5]

一方のドイツは、ますます勢力を強めていた。ソ連としては、ドイツがソ連の方に向かってこないように、英仏と衝突して欲しかった。しかし一九三八年秋、英仏がドイツと妥協してミュンヘン協定が成立した。ミュンヘン協定のとき、ソ連は蚊帳の外に置かれてしまい孤立感を強めた。ドイツはといえば、ミュンヘン協定が成立したものの英仏の圧迫は強まるばかりだった。そこでドイツは、日本とイタリアと組んで英仏の包囲網を突破しようとした。ところが、当時の日本の平沼内閣では、ドイツとの同盟に賛成する陸軍と、反対する海軍が対立し、会議ばかりしていたので、ドイツは日本を見限った。[6]

このようななかで、ドイツは宿敵ソ連に接近した。一九三九年八月、世界を驚かせたナチス・ソビエト条約（独ソ不可侵条約）が結ばれた。敵同士と見られていたドイツとソ連が手を組んだので、日本をはじめとして世界中が驚いた。[7]

米国では共産党員や、共産主義に親しみをもっていた共産党シンパが困惑した。これまで共産党指導部から、ファシズムのドイツや日本を倒せと言われて闘ってきたのに、ファシズムのドイツと、共産主義のソ連が手を組んでしまったのである。一時は理想の国ともてはやされたソ連も、ナチスと手を組んだ侵略国として米国世論から厳しい目で見られた。この時期に、共産主義を捨てる人々が大勢出た。[8]

第二次世界大戦が拡大していくと、ナチス・ドイツは、ヨーロッパの大国を相手に戦いを挑んでいき、フランスを倒すなど躍進した。しかし、イギリスとの戦いで行き詰まり状態になった。そのうちにアメリカがイギリスを助けて、ドイツに戦いを挑みそうな状況となった。ソ連はと言えば、大国と戦争することなく、周辺のポーランドやフィンランド、バルト三国を攻めて侵略を進めていった。共産党員の動揺というマイナス面はあったものの、ドイツとの提携は、まさしくソ連外交・軍事戦略の勝利であった。

一九三六年と三七年の反コミンテルン協定（日独および日独伊防共協定）のころ、日独伊三国の主敵は、コミンテルン（共産主義インターナショナル）とソ連であった。しかし、日本は日中戦争で泥沼にはまり、ドイツは英国との戦いで泥沼にはまった。そして一九四〇年には、英米を対象とした日独伊三国同盟が結ばれたが、ソ連はたった三年で、日独伊の三国の主敵を、コミンテルンとソ連から、英米や中国に変えてしまうという手品のような成功をおさめたのである。[9]

しかし、だまされっぱなしになるヒトラーではなかった。一九四一年六月、独ソ不可侵条約を破って、ソ連に攻め込んだ。ソ連はドイツの攻撃で手痛い打撃を受けた。ソ連にとって幸運だったのは、二ヶ月前に日ソ中立条約を結んでおいたことだった。日ソ中立条約は、日本がドイツに呼応してソ連に攻め込むのを防ぐのに、一定の役割を果たした。[10]

こうして後から見てみると、一九三九年、日本がソ連に攻め込みそうになると（ノモンハン事件）、独ソ不可侵条約を結んでドイツを取り込み、一九四一年、ドイツがソ連を攻め込みそうになると、日ソ中立条約を結んで、日本を取り込んでいる。どこまで計算していたのかは不明だが、ソ連外交はしたたかであった。

（一）ホワイトの動き

■中国支援に力を注いでいたホワイト

ここで、第二次世界大戦開始から独ソ戦までのあいだ、ルーズベルト政権の経済制裁強化の背後で、ホワイトがどのような動きをしていたのか見てみることにしよう。

一九三八年秋、ソ連の諜報網を抜け出したチェンバーズが、ホワイトに会ってきつく警告したが、それ以降しばらく、ホワイトはソ連のスパイ網の人間と会うことを嫌がり、情報を渡さなくなったとされている。ホワイトがソ連のスパイ網にいつ復活したかについては、後ほど検討することとしたい。

ところでホワイトは、一九三八年に通貨調査部長となったこともあり、自分で報告書を起草するようなことは少なくなり、部下に任せるようになっていった。特に、グラッサー、コー、アドラー、ウルマンなどの部下が活躍していた。いずれも、オックスフォード大学、ハーバード大学、シカゴ大学や大学院などで学んだ秀才たちだった。多くの証言やヴェノナ文書、KGBアーカイブなどから、この四人は、共産党地下工作員あるいはソ連のスパイであったことが明らかになっており、その多くが太平洋戦争の開始前後から、ソ連のためのスパイ活動を活発化させていたとされている。[11]

ホワイトの出す報告書は、共産党地下工作員が起草者であったためか、コミンテルンやソ連の戦略に沿っているものが多い。ホワイト自身も、世界に共産主義を広めて理想の社会をつくりたいとの考えは捨てていなかったようである。

最初に、一九三九年夏のナチス・ソビエト条約（独ソ不可侵条約）から、一九四〇年春のドイツ躍進のころまでの期間をみていくこととしたい。

一九三九年八月にナチス・ソビエト条約（独ソ不可侵条約）が結ばれると、九月に第二次世界大戦が始まった。それまでアメリカの共産党員は、ソ連の敵であるファシズム、特にドイツと日本と闘うように指導されていた。ところが、ドイツがソ連と手を結んでしまったので、反日運動に力を入れるようになった。また世界大戦が始まり、アメリカがイギリス側について参戦した場合、独ソ不可侵条約の関係で、ソ連もドイツの仲間として、アメリカと敵対する恐れがあった。そこで米国共産党は、アメリカの参戦に反対する平和運動を繰りひろげるようになった。米国共産党の反戦平和運動の隠れた目的はソ連を守ることであった。[12]

ホワイトは、日中戦争で日本と戦っている中国支援に力を入れるようになった。財務省での中国支援を仕切り、一九三九年十一月、モーゲンソー財務長官に、通貨安定基金で保有する金を流用して中国に貸すことを勧めたり、中国産のスズを担保に三五〇〇万ドル借款を提案したりしている。当時、国務省は中国に肩入れして日本から反感を受けることを嫌がっており、中国への借款は翌年まで認められなかった。[13]

一九三九年十二月、モーゲンソー財務長官は、ソ連に侵略されたフィンランドを支援しようとしていた。ところが共産主義者や左翼の若者が、フィンランド支援に反対してソ連を応援するので驚いた。共産主義者は、ソ連は侵略したのではなくフィンランドの人民を解放したのだと信じていた。モーゲンソーは、ソ連の宣伝を信じる共産党員は事実をねじ曲げて嘘をついていると感じ、ホワイトに、共産党プロパガンダは驚きだと話した。このとき、ホワイトの胸中はとても複雑だったであろう。ホワイトは少し前まで、ソ連の諜報網に協力して、機密情報を流していたからである。モーゲンソー財務長官といえば、がんこな反ナチス主義者であった。この頃、モーゲンソー長官は、ナチスと組んだソ連も、平和の敵だと考えていた。[14]

一九四〇年に入って、財務省の会議でフィンランド支援の話がでると、ホワイトは中国支援の話に切り替えようとしている。そしてフィンランド支援のせいで、中国が金を借りられないと文句を言い出している。ソ連の批判につながるフィンランド支援は嫌だったのかもしれない。[15]

ところで、独ソ蜜月で、FBIの捜査に変化が現れた。これまで、ナチスの工作員が米国内で攪乱工作をしていないか目を光らせてきたFBIであったが、ナチスとソ連が手を組んだので、米国内の共産主義者がナチスに協力するのではないかと疑い、捜査を強化した。ホワイトのもとにもFBIがやってきて、部下のグラッサーについてあれこれ聞いていった。すると、一九四〇年六月、グラッサーは南米のエクアドルに出向になってしまったという。[16]

先に述べたように、グラッサーは財務省内にひそむ共産党地下工作員であったが、一九三七年頃、GRU（ソ連軍事諜報）に引き抜かれたのだという。日中戦争開始以来、グラッサーは日本への経済制裁についての調査をしていたが、海外に飛ばされてしまったので、そのあとは、ウルマンが日本への経済制裁を担当するようになった。ヴェノナ文書等によると、ウルマンはのちにKGB（ソ連秘密警察の諜報組織）のスパイ網で活躍するようになり、「パイロット」などのコードネームで呼ばれていた。ちなみに、グラッサーは帰国後、財務省に戻ったが、やはりKGBのスパイ網に所属するようになり、「ルーブル」のコードネームで呼ばれている。[17]

■ドイツの攻勢で対策に追われた財務省

一九四〇年春、ドイツが攻勢に出て、ヨーロッパのほとんどを手中におさめるような事態となり、財務省は忙しくなった。その原因の一つは外国資産の凍結であった。ナチス・ドイツに占領されたベルギー、オランダ、フランスなどは、米国内にドル資産を大量にもっていた。ナチス・ドイツがこういった国々の資産を不当に奪わないように、米国政府は、このような国の資産を凍結して、銀行からの引き出しなどをできないようにしてしまった。戦争が終わったら、資産凍結を解除して、持ち主に返す予定であった。これらの作業は、外国資産管理（ＦＦＣ）と呼ばれた。[18]

もう一つは戦略資源の確保である。ナチス・ドイツのヨーロッパ占領で、東南アジアをはじめとして、世界の列強国の勢力圏が揺らぎ始めた。こうして、特定地域の資源が入ってこなくなる可能性が生じた。資源をどうやって確保するかは、国家安全保障上の重要課題となった。資源確保が財務省の仕事かどうかはともかくとして、ホワイトは部下のウルマンなどに命じて、ゴムやスズだけでなく、コバルト、タンタル、ニオブのような金属や、物資の備蓄方法を調べさせた。ホワイト自身も中国からのタングステン購入の責任者として活躍した。[19]

■中ソを救い日本を倒すための三角貿易の提案

財務省内の共産主義者のあいだで、ソ連をドイツから引き離し、アメリカ側につけようとする動きがあった。パリ陥落の翌日の一九四〇年六月十五日、ホワイトは次のような草稿を書いている。アメリカは、日独ソの連合に直面している。しかし、ソ連は日独と違って、近い将来、領土を拡張する野望がない。ドイツこそが最大の敵である。ソ連は軍事侵略ではなく、プロパガンダ（宣伝工作）が主要な武器であるので、日独と別に扱わなければならない、などと述べている。ところが、このようなソ連びいきのホワイトの報告を裏切るかのように、その翌日からソ連は、ドイツとの秘密協定に基づいて、バルト三国の侵略に乗り出した。共産主義に期待を持つ人は、ソ連を理想の国と考えたかったようであるが、ソ連は「理想の実現のためならどんな悪いことをしても許される」非情な世界を生きていた。[20]

このころ、中国から宋子文がやってきた。そして、中国の通貨安定のための経済支援などを求めて、さかんにモーゲンソー財務長官などアメリカ政府の要人に接触し始めた。ホワイトは当初、通貨安定のための支援に慎重だったようである。現在の法律ではこれ以上の借款を与えることが難しいことを指摘し、また中国情勢を分析して、中国通貨を安定させるには相当の出費が必要と見積もっている。ルーズベルトは宋子文と会ったが、財務省の報告に従い、中国の経済支援を断った。それでもルーズベルトは、中国は日本と戦い続けるべきだと語ったという。日本が東南アジアを攻めないよう、日本を中国に釘付けにしておかなければならなかった。宋子文が、中国はソ連から支援を受けていることを話したことから、アメリカと中国とソ連で三角貿易をするアイデアが生まれた。[21]

七月十五日、ホワイトは米中ソによる三角貿易案をまとめてモーゲンソー長官に提出した。これによれば、アメリカはソ連から二億ドル相当のマンガン、クロム鉄鉱、水銀などを五年分先払いで購入する。ソ連は、この資金をもとに中国に借款を与えて、武器などを輸出するという提案であった。またソ連はアメリカの工業製品を輸入することもできるというものであった。武器購入資金のない中国と、孤立するソ連を救い、悪い日本をやっつける作戦だった。[22]

モーゲンソー長官は乗り気となって、さっそく国務省と連絡をとったが、国務省は反対だった。米国政府はソ連のバルト三国侵略に抗議して、三国の資産凍結を行ったが、そのことでソ連が怒っているというのが理由であった。このため、三角貿易の推進はいったん中止となった。[23]

■日本への石油禁輸を目指して続けられた努力

ここで、一九四〇年夏の「モーゲンソーの乱」のころのホワイトの動きを見てみよう。

モーゲンソー財務長官は、七月十八日、英国大使館の食事会で、蘭印の油田爆破のアイデアを得ると、さっそくホワイトに計画をつくらせた。ホワイトの報告書をもとにモーゲンソー長官は、日本に石油禁輸しようと「モーゲンソーの乱」を繰りひろげた。前にも述べたように、結局、ウェルズ国務次官の巻き返しにあって、「モーゲンソーの乱」は失敗に終わった。

それでも、ホワイトとその部下は、日本への石油禁輸をめざして調査を怠らなかった。八月三日、ホワイトはモーゲンソーに、「蘭印の石油精製所」の報告書を出し、蘭印で航空機用燃料がつくれる石油精製所の規模や今後の建設計画などについて報告した。それから蘭印の原油生産量は年間六二〇〇万バレルであり、日本の石油消費をまかなえることや、日本が蘭印に石油精製所をつくった場合にかかる期間などを見積もった。ところで日本への石油完全禁輸は実現されなかったものの、国務省案である限定された禁輸（航空機用燃料等の禁輸）は実現した。八月五日にホワイトは報告書を出し、この輸出規制が日本の軍事力に与える影響を検討している。このなかで、航空機用燃料を禁輸しても四エチル鉛があれば、通常のガソリンから航空機用燃料がつくれてしまうので、日本が蘭印から四エチル鉛を含む原油を輸入すれば、航空機用燃料の禁輸の効果が薄れるとの問題点を挙げている。航空機用の潤滑油についても、高品質の石油と混ぜて購入すれば、米国の輸出規制を逃れられ、日本で簡単な処理を施せば、航空機用の潤滑油に戻すことができると、抜け道があることを明らかにしている。あたかも、国務省の輸出規制は手ぬるいと批判しているかのようであった。[24]

さらに八月五日には、「日本の石油状況」についての報告書もつくっている。日本は一〇%以下しか石油を自給できず、昨年三〇〇〇万バレル以上を輸入した。その輸入分のうちの九三%を米国から、残りを蘭印から入手していることを明らかにしている。また満州での合成石油生産の情報や、米国の会社から技術導入してつくった航空機用燃料の精製施設について情報を集めている。日本の石油備蓄の状況についても検討している。[25]

こういった情報をもとにホワイトらは、モーゲンソーが考えた蘭印の油田爆破計画についてさらに詳しく検討し、八月五日に「侵略国への石油供給削減」の報告書を提出している。これによると、日独伊が占領・支配地域から得られる石油は、必要量の四分の一であり、不足分をルーマニア・アメリカ・中南米・蘭印から調達しなければならない。米英蘭（ＡＢＤ）は、ルーマニアと中南米の一部（メキシコ）を除けば、世界の石油供給を支配できる。結論としては、以下のようになる。米英は石油を禁輸し、同時に中南米の石油を買い占めて備蓄する。これには、毎月二五〇〇万～三五〇〇万ドルかかる。イギリスとオランダは、蘭印の油田を爆破するか、蘭印からの石油を禁輸する。イギリスは、ドイツの石油精製基地を爆破する。またソ連がルーマニアの油田を支配するように誘導する。すると、日本は弱くなって中国に和平を請う。日本の海軍は新たな作戦ができなくなる。ドイツは困窮して封鎖を破ろうとするが、成功するかどうかは分からない。いずれにせよ、アメリカにとっては毎月二五〇〇万〜三五〇〇万ドルの出費で、ローリスク・ハイリターンの結果が得られる。成功確率は非常に高い。このように非常に楽観的な報告書をつくっている。[26]

このような計画をもとに、モーゲンソーは日本への石油禁輸を推し進めようと活発に動いた。しかしルーズベルトは、日本を刺激して蘭印に攻め込ませるようなことはすべきでないとの意見に傾いていった。八月十六日にモーゲンソーは、ホワイトにつくらせた「日本の石油状況」の報告書をルーズベルトや陸海軍長官、内務長官に配布したが、ルーズベルトが石油禁輸に反対したので、モーゲンソーはいったん中断することにした。[27]

■国務省の外交政策を批判するホワイト

ソ連とコミンテルンは、一九三三年頃からアメリカ政府内に共産主義者を浸透させ、アメリカの政策に影響を与えようと努めていたが、一九四〇年になるとかなりその努力が実り始めていた。財務省においては、モーゲンソー長官が何かアイデアを出すと、すぐにホワイト部長が報告書にまとめてモーゲンソーを喜ばせていた。ホワイトの報告書の原案を作成していたのは、ウルマンやコー、アドラーなど、米国共産党地下組織の工作員が多かった。日本は共産主義・ソ連を第一の敵と考えて、国境紛争を起こしたり反コミンテルン協定を結んだりして、共産主義に敵対的な行動をとってきた。米国政府内の共産主義者も、日本を敵だと考え、米国政府に反日政策をとらせようとするのは自然な流れであった。日本にとってアメリカは、最大の貿易相手国であったが、ソ連は米国工作で、日本よりも一歩も二歩も進んでいた。[28]

ホワイトの部下のウルマンは七月に、日本がアメリカに対して貿易障壁をもうけているとの情報をホワイトに送っている。またウルマンらは、日本への石油・くず鉄・綿の輸出や、日本からの絹の輸入について調べたりしている。部下のアドラーも七月二十六日に、極東情勢に関して以下のような報告書を書いている。日本は日中戦争を決着させることができておらず、英米が多少なりとも中国を支援し、日本支援をやめれば、日本を敗北させることができる。また米国太平洋艦隊を、ドイツが暴れるヨーロッパ方面に移動させる必要はなく、真珠湾においておき日本をけん制すべきだなどとしている。そして中国が日本と妥協して戦争を終えるのは、米国の国益に反するなどと述べている。こういったことは、あまり財務省が考えるべきことではないようである。アドラーはのちに米国を捨てて共産中国に移り、毛沢東の著作を翻訳するなどして一生を終えるが、共産主義のために尽くしたアドラーを中国がかくまうのは当然のことだったのかもしれない。[29]

八月十三日、ホワイトは次のような、国務省批判の草稿を書いている。いまや防衛は最重要事項であり、一省庁に任せているべきではない。国務省は妥協主義者だらけであるから、強力で明快な外交政策をつくって、国務省に実行させるべきである。まず、イギリスを何が何でも支援すべきであるが、もしドイツがイギリスに勝ったら、我々には二つの道しか残されていない。一つは、征服者に服従することで、もう一つはソ連に合わせて行動して、米国の交渉力を強め安全を確保することである。アジアにおいては、中国を支援し、日本に厳しく当たり、原油やくず鉄を禁輸すべきである。そして、三角貿易により中国を軍事支援すべきである。[30]

外交は国務省の担当なので、このような財務省提案は、通常は実行されないはずだった。ところが、悪化していく国際状況は財務省に有利にはたらいた。一九四〇年九月、日本は北部仏印進駐を行い、三国同盟を結んだ。このころのホワイトの動きをみてみよう。

■外交に口を出す財務省と、有利な立場を確保するソ連

一九四〇年夏、日本が、北部仏印進駐するための交渉を進めているとの情報が入ってきた。日本の東南アジア進出はアメリカがもっとも嫌がるところであった。アメリカは何らかの対抗策をとらなければならなかった。財務省のモーゲンソーのもとでホワイトや部下が立案し、そのたびに国務省がつぶしてきた政策が復活し始めた。閣議では、くず鉄禁輸、三角貿易、石油禁輸などが話し合われるようになった。財務省の意気は上がった。

このうち、ハル国務長官が反対していたくず鉄禁輸については、モーゲンソーは、国防諮問委員会（NDAC）などと協力してルーズベルトに圧力をかけた。ルーズベルトは国防上必要だとの理由で日本に禁輸することに賛成したが、その場合、英国が巻き添えを食って、くず鉄を得られなくなるのは問題だと考えた。そこでモーゲンソーに、日本にだけ禁輸して英国やカナダには輸出できるような方法を検討させた。モーゲンソーは、さっそくホワイトらに方法を検討させた。こうして九月二十六日、ホワイトハウスは、十月中旬にくず鉄の輸出許可をいったん取り消し、それ以降は西半球（カナダや中南米）と英国のみに輸出許可が出されると発表した。このようにして一応、日本だけを狙い撃ちにしたくず鉄禁輸ではないと見せかけた。日本側は、日本を差別した禁輸だと抗議したが、米国政府は、日本だけを差別していることはなく、国防上の政策にすぎないと反論した。[31]

つぎに、米中ソによる三角貿易であるが、この裏には国務省と財務省のし烈な権力争いがあった。九月十九日の閣議でモーゲンソーは、ソ連を巻き込んだ三角貿易によって中国を軍事支援することを

強く主張した。ルーズベルトは、モーゲンソーの熱心さに負けたのか、ソ連と交渉してよいと認めてしまった。外交の分野に踏み込まれ、ショックを受けたのはハル国務長官であった。しかしその場では、外部に発表する前に相談して欲しいと、一言つけ加えるのが精いっぱいであった。翌日、モーゲンソーはソ連大使を呼び、ホワイトらとともに、さっそく交渉することにした。ところが、会議の前に、ハルがモーゲンソーに電話してきた。世界情勢をみて行動するべきで、あまり勝手に動かないようにと、やんわりとモーゲンソーに警告した。こんなことに負けるモーゲンソーではなかった。九月二十五日に、ソ連大使が本国からの回答を持ってくると、ホワイトらとともに再び会議を開いた。しかしソ連側の回答は玉虫色で、やる気があるのかどうか分からなかった。一方、ハルは苦悩していた。ハルはモーゲンソーの三角貿易を止めさせたかったができなかった。側近のロングに、五日間というものこの問題のせいで夜も眠れず、身体がもたないと打ち明けていた。この日、米国政府は中国への二五〇〇万ドルの借款を発表したが、ロングによるとハルは、モーゲンソーの三角貿易に打ち勝つために、ソ連を介さずに中国を直接支援しようとしたのだという。[32]

ここで注目されるのが、ソ連が外交上、非常に有利な立場を獲得していることである。日本とドイツは侵略国として強い非難を受けているが、同じように侵略を重ねてきたソ連は、アメリカの味方のように扱われているのである。アメリカだけでなく、英国もソ連を味方につけようとしていたし、日独伊の三国も、ソ連に四国同盟に入るようにソ連に誘いをかけていた。まさしくソ連外交の大勝利である。ソ連の作戦はといえば、どちらの側にも入らずできるだけ中立的な立場を守って、列強国が戦争で疲れ果てるのを待ち、そのあとに一挙に軍事侵略や共産革命を起こせばよかった。ソ連がこのような有利な立場に立てたのは、ソ連の外交・軍事戦略の成功だけではなく、各国の政府に多数の工作員を植えつけることに成功してきたことが大きいであろう。ソ連大使がアメリカの財務省と会議を開くと、かつてＧＲＵに協力していたホワイトが財務省の代表として出てくるのであるから、ソ連は笑いが止まらなかったであろう。[33]

■モーゲンソーとホワイトの強硬政策を抑えるハルとルーズベルト

つづいて石油禁輸問題である。この問題についても、ホワイトは、活発に活動した。九月六日に大統領宛「日本とドイツの石油状況」、十日に「航空機用燃料の輸出管理」、十一日に大統領宛「最近の石油情報」などの報告書を次々に作成している。二十七日には「米国海軍による日本の石油備蓄量見積り、および英国専門家の意見」を提出し、同時にこれまでの石油禁輸の動きに関してモーゲンソーに報告している。モーゲンソーはこういった報告書をもとに日本への石油禁輸を推し進めようとした。多くの場合、これらの報告書を起草していたのは、ホワイトの部下のウルマンであった。モーゲンソーはこれらの報告書をもとに石油禁輸をうったえたが、十九日や二十七日の閣議で、ハルははっきりと石油禁輸に反対した。[34]

また石油禁輸だけでなく、日本の外貨の稼ぎ頭である「絹」を輸入禁止にする話も出ていた。もちろん、ホワイトらにぬかりはなかった。二十三日の財務省内部の会議でモーゲンソーが絹の話を出すと、ホワイトは日本からの絹輸入を禁止する書類はもう準備できていると答えている。それまで、関税〇%だったのを五〇%に増やしてしまうという作戦だった。その後、二十七日の米国政府の閣議では、絹の禁輸が話し合われたが結論は出なかった。絹の禁輸については産業界にどのような影響が及ぶのかをルーズベルトは知りたがった。ホワイトはこの日、部下のウルマンに、日本製品の輸入関税を上げた場合にどのような影響が出るのかを調べるよう命じている。しかし結局、石油の輸出禁止と絹の輸入禁止は実現しなかった。大統領選を控えたルーズベルトは、野党から戦争屋と攻撃されており、これ以上、外交関係が緊張するような政策はとれなかったのである。[35]

■枢軸国のドル資産を凍結しようとする財務省

十月になって、財務省内で日本への禁輸を唱える人々を怒らせる事実が判明した。日本の秘密戦争資金の問題である。三年前の一九三七年に日中戦争が始まると、財務省をはじめとして経済専門家は、日本の経済力や戦争遂行能力を詳しく分析し、日本はドルなどの外貨準備高が少ないので、長期戦争は無理と見ていた。ところが、とっくに破産しているはずの日本は戦争を続け、どこに隠し持っていたのか、大量の金を売却し続けた。経済専門家は不思議がっていた。[36]

しかし、一九四〇年夏、ＦＲＢ（連邦準備制度）は、横浜正金銀行のニューヨーク支店の会計報告を見ているうちに、不審な点を発見した。そこで問い詰めたところ、横浜正金銀行は複雑な会計操作をして、日銀の資金をニューヨークに隠して持ち込んでいたことが判明した。[37]

十月九日、ＦＲＢは財務省に報告した。さっそく財務省では、ホワイトの右腕のコーなどが調査を始めた。その結果、日本はおそらく一億ドル以上の資産をニューヨークに隠し持っていたことが分かった。この資金があれば、まだ三年くらいは戦争を続けられそうだった。これまで財務省は、日本の貿易統計などをもとに日本の経済力を調べていたが、まさかニューヨークに大量のドル資産を隠し持って、運用しているとは予想もしていなかった。これはアメリカの国内法違反であった。ホワイトは刑事事件として扱うように主張したが、モーゲンソーは動かなかった。ちょうど大統領選の真最中であり、波風を立てたくなかったのである。日本は大統領選に救われた格好となったが、今後はドル資産が凍結される可能性が出た。ドル資産を凍結されたら、日本は英米圏から何もモノを買うことができなくなってしまい、戦争どころか、国が成り立たなくなってしまう恐れがあった。[38]

ホワイトの部下たちは、一九四一年の一月〜二月にかけて、資産凍結に向けて積極的に動いた。一九四一年一月十五日、ホワイトの部下のアドラーは「枢軸国のドル資産の凍結計画」として、雑誌の記事の抜粋をホワイトに送った。その記事では、枢軸国（日独伊）の資産凍結をすることが勧められていた。またホワイトの部下のテーラーは、日本の「金の保有高」と「外国為替準備高」を詳しく調べた。ちなみにソ連の通信を傍受したヴェノナ文書によると、アドラーのコードネームは「サックス」であった。テーラーはのちに、シルバーマスター・スパイ網の一員だと非難されることになるが、近年の研究では、テーラーのコードネームは「オデュッセウス」だったという。[39]

この時期、外国から米国政府への働きかけも活発化していた。中国の宋子文は、日本の資産凍結を求めていた。ドイツに苦しめられていたイギリスは、イギリス大使館経由でアメリカに経済戦争をするようにけしかけていた。モーゲンソー財務長官は、昨年六月よりドイツなどの資産凍結を主張していたが、ふたたび走り始めた。そして財務省が外交の分野に口出しすることを望まないハル国務長官とのあいだで、またしてもし烈な権力争いがはじまった。[40]

モーゲンソー長官は、まずヨーロッパを支配している独伊の資産凍結をしようと、ハル長官に話し合いを求め、一月三十日には、国務省と財務省の会議が実現した。国務省は、怪しい人物や企業等にしぼって資産凍結することを望んだが、財務省はそれでは実施が困難なので一国全体の資産凍結をすることを推奨した。ところがハル長官はやる気がなく、再度会議を開くことを約束して、会議を打ち切ってしまった。このころハル長官は、政府内で自分の影響力が小さくなったのを嘆いていた。[41]

二月十日、休暇から帰ったモーゲンソーは、ルーズベルト大統領と昼食をとったが、その際に、ハルが反対している資産凍結を熱心に売り込んだ。ルーズベルトはそれを聞くと、ハル長官宛に

「我々は資産凍結について、モーゲンソーに何と言うべきか？」

とメモを書くと、モーゲンソーに聞こえるように、声を出してその場で読み上げた。ルーズベルトは大統領の座に長くあり、対立する部下の操縦にはなれていた。[42]

ハルは、大統領からのメモを受け取ると、モーゲンソーへの逆襲に出た。資産凍結には、司法省（およびその管轄のＦＢＩ）の協力が必要であったが、国務省と司法省は、次官補クラスで話をつけて報告書をまとめてしまった。二月十四日は午後から閣議が開かれる予定であったが、その日の朝に、ハルは、大統領宛の報告書をモーゲンソーに送りつけてきた。このまま閣議で認めさせてしまう予定らしかった。モーゲンソーのスタッフは検討時間が無いと悔しがった。ホワイトは、国務省の外国資産管理の報告書はまったく良くないと文句を言った。国務省は、外国が米国内で資産を謀略活動に使っていないかどうか捜査して、企業や個人を個別に取り締まろうとしているらしかった。財務省は、個別取り締まりでは、資産があっというまに海外に逃げてしまうので、一国全体をまとめて資産凍結すべきだと主張していた。また捜査は、司法省（ＦＢＩ）にやらせようとしているらしかったが、ホワイトはＦＢＩに捜査させることに反対だった。[43]

ちなみにこの二日前の二月十二日、ホワイトの部下のコーは「外国口座の実勢調査または資本移動の統計値の向上」の報告書をホワイトに提出し、現在、外国関係の銀行口座の監視はＦＢＩがやって

いるが、これを財務省が代わりにやる（乗っ取る）べきだと勧めている。そしてデータは外国資産管理だけでなく、経済戦争にも使うことができ、外国資本がどのように動いているか分析できると述べている。[44]

■日本資産の凍結に乗気になったルーズベルト

ところで国務省は、財務省に送られてきていない別の提案をまとめているらしかった。それは、財務省の提案を否定するものだった。財務省の提案では、外国資産管理は、財務省が中心となった委員会をつくり、外交に関する分野だけ国務省は拒否権をもつとしたかった。しかし国務省は、国務省が議長で、輸出管理局が事務局となる委員会を設置しようとしているらしかった。[45]

さっそく、財務省は対抗措置に出た。モーゲンソーは司法長官に電話して、国務省案に反対するよう根回しした。面倒な責任を抱え込むことが嫌いな司法長官は、モーゲンソーに賛同した。さらにルーズベルトに、枢軸国（日独伊）がアメリカから南米に資金を逃避させており、すぐに一国全体の資産凍結をしないと、資産はどんどん逃げていってしまうとうったえることにした。[46]

モーゲンソーは大急ぎで、ルーズベルトへの報告書をつくらせた。イタリアが大量の資金を引き出したことや、日本の横浜正金銀行がブラジルに資金を移動させたことを報告にまとめた。また、日本の銀行がニューヨークの全口座を、ハイチ国立銀行に移す交渉をしている情報も報告して、資産凍結をすぐにやるようにうながした。モーゲンソーは独伊の資産凍結をやりたがっていたのであるが、ホワイトやその部下は、日本を加えるのを忘れなかった。一方ハルは、枢軸国の資産凍結に反対した。資産凍結したら日本やドイツは報復して自国内のアメリカ資産を凍結するであろうが、日本やドイツにはアメリカ資産が何倍もあるとハルは反論した。[47]

しかしホワイトらはあきらめなかった。二月二十五日、ホワイトは「日本の外国為替の状況」の報告書をモーゲンソーに提出した。そのなかでホワイトは、日本は米国の資産凍結に弱いので、日本の経済構造をただちに危機に陥らせるため、今すぐ日本資産を凍結せよ、と勧めた。この日本資産凍結は、五ヶ月後に実現することになる。ホワイトは、なぜこのような報告書を出したのであろうか。あとで述べるが、ホワイトはこのころに、ソ連ＫＧＢのスパイ網（シルバーマスター・グループ）に取り込まれていた可能性があるようである。[48]

この報告書が、ルーズベルトの耳に届いたかどうかは不明であるが、翌日の二月二十六日、ルーズベルトは資産凍結に乗り出した。このころルーズベルトは、日本を抑えたいものの軍備が足らず、東南アジア問題で揺れ動いていたときだった。ルーズベルトは、国務省・財務省・司法省からなる外国資産管理の三省委員会をつくることを提案した。財務省が中心となって方針を決定するが、国務省は拒否権をもつというものだった。しかし、国務省は財務省が外交の分野に口出しすることを警戒しており嫌がった。財務省も、英国への武器貸与法の準備が忙しく、この話は立ち消えとなってしまった。[49]

■日本の石油状況を調べ上げるホワイト

石油禁輸についても、ホワイトの周囲で共産主義者のメンバーは積極的に動いていた。ホワイトの部下のウルマンは、日本への石油輸出の状況を厳しく監視していた。一九四〇年十一月二十七日、ホワイトはモーゲンソーに、日本への潤滑油やガソリンの輸出が激増していると報告しているが、これはウルマンの報告に基づくものだった。ウルマンの「輸出規制―日本への輸出」の報告によると、七月二十六日の航空機用燃料の輸出規制以来、十一月二十五日までの四ヶ月間で、日本に一六〇万バレルのガソリンを輸出したが、すでに昨年（一九三九年）全体の輸出量である一二〇万バレルを超えてしまった。潤滑油に関しては最近一ヶ月で二四万バレルを輸出したが、これは昨年全体の半分の量に当たる。原油については、最近一ヶ月で一〇〇万バレルの原油が輸出されたが、その半分はオクタン価の高い石油を混合してある、などと報告している。また、十二月四日には、自動車用のハイオクガソリンが日本の航空機の燃料に転用できるとの石油会社の話について、ホワイトに報告している。[50]

一九四一年二月十七日、ウルマンは「日本の石油状況」についてホワイトに報告し、昨年の航空機用燃料の規制以来、日本が半年間に輸入した石油に関して分析している。ウルマンによれば、日本は半年間で米国から一三〇〇万バレル、蘭印から五〇〇万バレルの石油を輸入し、その他もあわせて二〇〇〇万バレル以上の石油を入手した。この期間の日本の石油使用量を一七五〇万バレルと想定すると、日本は約二八〇万バレルの石油を備蓄したことになると予想している。これは日本の一ヶ月分の使用量に当たり、合計で日本は一一～一二ヶ月分の備蓄量を現在保有していると分析している。さらに、航空機用燃料の禁輸以来、日本は規制値（オクタン価八七）未満のガソリン輸入を増やしていることを明らかにした。一九三九年の日本のガソリン輸入量は一二〇万バレルであったが、規制後は半年間で三四〇万バレルを輸入しており、このままのペースでいけば何倍にも増えそうな勢いであった。[51]

四月四日には、「日本の石油状況に関する海軍の報告」についてホワイトに報告している。このなかでウルマンは、海軍の報告を引用して、日本への航空機用燃料の規制は不徹底だとの財務省の分析は裏付けられたとしている。規制した結果、規制をかいくぐる形で、かえって日本の航空機用燃料の輸入は増えたと結論づけている。これを受けてホワイトは、モーゲンソーへのメモのなかで、国務省の規制を批判している。財務省や海軍などの指摘を受けたためか、国務省は日本へのガソリン輸出を新規に認可することを三月から四月にかけてやめてしまっている。[52]

こういったウルマンの報告は、財務省でやるべき仕事のようには感じられない人も多いであろう。輸出管理局や商務省などが調査し、国務省と陸海軍で政策を打ち立てて指示を出し、財務省はそれに従うというのが筋であるのかもしれない。しかし当時の財務省は、積極的にアメリカの外交政策を立案して実現しようとしていた。[53]

ところで七月一日夜、モーゲンソー長官に不思議な電話がかかってきた。ドイツ語なまりの男が、ホワイトの機密書類をもっているから、金が欲しいと密告電話をしてきたのである。翌日モーゲンソーは、ホワイトに電話をかけて機密書類のことを話した。しかしモーゲンソーは、ホワイトのことをまったく疑わず、おそらく盗まれたものだろうと結論して、それっきりになった。まさかホワイトが、一九三七年ごろソ連のＧＲＵに機密書類を流していたとは思いもしなかったようである。実はこの頃から、ホワイトがメンバーであったとされるシルバーマスター・スパイ網が、活発な活動を始めようとしていた。さてドイツ語なまりの男といえば、ソ連軍事諜報（ＧＲＵ）から寝返ったチェンバーズが思い浮かぶ。あるいはチェンバーズが、何らかの形でホワイトの復活を知り、モーゲンソー長官に警告の電話をかけたのかもしれない。[54]

（二）ヒスの動き

■スパイ疑惑にも揺るがなかった上司からのヒスへの信頼

続いて、第二次世界大戦開始から独ソ戦前後までの、ヒスの動きを見てみよう。

一九三九年九月、第二次世界大戦開始後、国務省でヒスはホーンベック顧問の部署に異動となった。ヒスはそれまでセイヤー次官補の部署で働いていたが、セイヤー次官補がフィリピンに転出となったのが異動の理由とされている。ヒスは、セイヤーの部署にいるときからホーンベックと働いていたというので、穏当な人事に見える。[55]

ところで、第四章で述べたようにチェンバーズの密告事件がこのころ起こっている。チェンバーズはバーリ次官補に、国務省内の共産党地下工作員として、ダガンやヒスの名前を挙げていた。これまで、バーリ次官補が何か対策をとったのかどうかは不明とされてきたが、最近の研究では、バーリ次官補がダガンを辞職させようとしていたことが分かっている。ダガンは辞職までいかず、閑職に追いやられた。これは、ダガンと親しいウェルズ次官が辞職に反対したからではないかと推測されている。チェンバーズは、バーリ次官補に自分の名前を告げなかったが、さすがにバーリ次官補も、ミスターXが密告したというだけでダガンを辞めさせるわけにはいかなかったのであろう。[56]

さてヒスについても、バーリ次官補が異動させた可能性がある。ホーンベックは極東が担当であり、ヨーロッパで戦争が始まったので、ヒスを閑職に異動しておいたのかもしれない。ホーンベックはハルの政治顧問であり、部下はヒスのただ一人であった。

ところでこの時期、ヒスはスパイ活動をしていたのかどうかが問題となる。チェンバーズがソ連のスパイ網から逃亡したのは、一九三八年の春であったが、その後、ソ連のスパイ網は冷却期間をおいたとされている。ヒスがソ連スパイ網にいつ復活したかは、別途検討することとしたい。[57]

ヒスがホーンベックの部署で働きはじめてしばらく経ったころ、ヒスをソ連のスパイだと告げる人物がいた。フランス駐在のアメリカ大使ウィリアム・ブリットである。

ブリット大使の証言によると以下のようになる。一九三九年秋、第二次世界大戦開始後に、フランス駐在のアメリカ大使としてフランス首相ダラディエと会談した。すると、フランス諜報部のつかんだ情報として、アメリカ国務省の二人の役人が、ソ連の工作員だとの話が出た。ヒスという名前の二人の兄弟だという。これを聞いて、ブリット大使は、思わず笑い出してしまったという。ヒスなどという人物がアメリカ国務省にいることは聞いたことはなかったし、だいたい、ヒスというのは名前ではなく、ヘビが出すシュッシュッという音を指す言葉だと思っていたという。フランス諜報部はもっと良い情報を得るべきだとブリット大使は考えた。[58]

一九四〇年二月、ブリット大使は米国に一時帰国した。このとき、旧知のホーンベックと、フランスの極東政策について会談していた。すると、重要な話の最中にもかかわらず、突然青年が入ってきて、ホーンベックと二言、三言会話を交わすと出ていった。不審に思ったブリット大使が、あれは誰かとホーンベックに質問すると、アルジャー・ヒスという名の補佐だという。びっくりしたブリット大使が聞くと、兄弟二人が国務省にいることが分かった。そこで、フランス首相の話をして、至急、身元調査をすべきだとホーンベックに勧めたという。[59]

ホーンベックの記憶は、少し違っている。ブリット大使はヒス兄弟をソ連の工作員だとは言わず、フェロー・トラベラー（共産党シンパ）だと言い、情報源はダラディエ首相ではなく、フランス外務省の高官だと言っていたという。また時期も多少違うと述べている。しかしいずれにせよ、ブリット大使がホーンベックに警告したことは事実であったようである。ヒスものちにＦＢＩの事情聴取で、あるとき、誰かがヒスは赤だと言っているとホーンベックに言われたと述べている。[60]

さて、困ったホーンベックは、ヒスに率直に聞いたという。共産主義や共産党について、左翼組織や人物との関わり合いについて、単刀直入に質問した。アルジャー・ヒスは、フェロー・トラベラーであるとは思わせないような回答をしたという。ホーンベックは性格の良いヒスを信じ続け、一九五〇年にヒスの有罪が確定したあとでも、ヒスが国務省文書を盗んだことを信じなかったという。[61]

課報部はどうやって、ヒスがソ連のスパイだとの情報を得たのだろうか。スターリンの大粛清のころ、ソ連を逃げ出した工作員は、フランスチェンバーズに共産主義者の悪事を暴露することを勧めたクリヴィツキーもそうであった。同じように亡命していたバーミンが、フランスのパリのホテルで、クリヴィツキーと話す機会があった。クリヴィツキーはのちに変死を遂げるが、バーミンはアメリカで長生きした。バーミンによると、アメリカではヒスやホワイトがソ連のスパイだとクリヴィツキーは話したという。フランス課報部はおそらく、亡命したクリヴィツキーかバーミンから情報を得たのだと予想されている。[62]

■「モーゲンソーの乱」の経緯を上司に報告したヒス

ホワイトが大勢の部下を使って、たくさんの活動をしていたのに比べて、ヒスはホーンベック顧問の補佐になったばかりで、活躍の範囲は限られていた。
アーカイブ資料を見た感じでは、最初のころは、ホーンベックに来た手紙の返信（受領通知）を書くような雑用を多くやっていたようである。ヒスはもともと極東の専門家でなく、慣れるまでに時間がかかったのかもしれない。また、ホーンベックは強い性格の持ち主であり、基本的に自分でやりたがったようである。このためヒスは、当初はホーンベックの指示のもとに、従順に動いていたようである。それでは、ヒスの行った仕事をいくつか見てみよう。
一九四〇年春、ヒトラーがヨーロッパで快進撃を開始すると、六月にヒスとホーンベックは、不安定になった東南アジアの植民地や中国などを対象にした報告書を書いている。東南アジアを含めた極東の資源は重要であり、また極東は、アメリカ商品の市場としても有望だとしている。これらの報告書はハル国務長官などに配られた。基本的にヒスは、ホーンベックの指示のもとに、これらの報告書を起草したと思われる。[63]
七月には「モーゲンソーの乱」が起こって、一時的に日本への石油禁輸が成立しそうになった。このとき、ホーンベックは長期外出中であったので、ヒスはこの経緯を調べて、ホーンベックに報告している。ヒスがハミルトン極東部長に聞いたところによると、国務省の書類が財務省に行き、財務省が書き直して、その書類のみが大統領のもとに届き、大統領が承認してしまったとのことである。しかしウェルズ国務次官が、新しい布告を出させて、全面禁輸ではなく輸出制限のみに変えさせ、結果的にオクタン価八七以上の航空機用燃料の禁輸に決まったことを報告している。ヒスは報道機関の動きも報告し、日本がスズとゴムの禁輸で報復する可能性がアメリカで報道されていることなどを報告している。ヒスは日本側の動きも探り、日本側が、これは反日派のスティムソン陸軍長官のせいだとか、中国の宋子文の暗躍のせいだと憶測していることも報告している。日本側は、まさか財務長官のモーゲンソーが暗躍しているとは思わなかったようである。[64]

■国務省トップにソ連との関係改善を求めようとする

九月になると日独伊三国同盟が結ばれ、十一月には大統領選でルーズベルトが三選された。ヒスが異動となって一年経ったこの頃から、ホーンベックの指示というよりも、ヒスが自分の発案で進めているように見える仕事が出てくる。あとで述べるが、この時期にヒスは軍事諜報GRUのスパイ網に復帰していた可能性が高い。

十一月一日の報告書によると、ヒスは、変わった仕事をしている。フィリピンに転勤となった元上司のセイヤーの求めに応じて、ヒスは二人の人物を補佐に推薦したが、そのうちの一人はノエル・フィールドであった。フィールドと言えば、チェンバーズやマッシング夫人の証言によると、ヒスがソ連のスパイ網に勧誘しようとして、マッシング夫人と取り合ったことのある人物である。しかしフィールドのフィリピン勤務推薦はうまくいかなかった。当時、共産主義者の問題を調べるダイズ委員会の調査にフィールドは引っかかっていたらしく、この件は取り消しとなっている。[65]

十一月七日にヒスは、ハル国務長官とウェルズ次官に宛てて、参考情報としてガンサー・スタインの極東に関する記事の要約を作成している。内容は以下のようになる。「日本と妥協できる」とか「英米の強硬策は日本を暴発させる」は幻想。日本はすでに英米の国益に反するように動くことを決心している。そして日本は脅しをかけて、英米が臆病になるようにしている。実は日本は、英米の禁輸が恐い。独伊では英米の穴埋めができない。英米の対日行動が遅れない限り、日本は仏印・蘭印の資源を手にできない。（英米は）中国を支援せよ。中国に借款せよ。ソ連と日本は領土問題があるので、表面的な提携しかできない。ソ連は、ドイツのソ連攻撃の脅威が近づいたときのみ日本と妥協する。その場合、ソ連は英米に接近してしまうので、ドイツはソ連を攻撃しない。ソ連が極東で英米に協力するかどうかは、ソ連と英米との関係による、となっている。[66]

簡単に言えば、日本をやっつけて中国を支援せよ、日ソ提携のうわさがあるが大したことはないから、アメリカはソ連と関係改善をはかれということになるであろう。いかにもソ連や共産党が喜びそうな内容である。ちなみに、ガンサー・スタインは、ゾルゲ・スパイ網（ＧＲＵ）の協力者として日本でもたびたび名前があがっているジャーナリストである。ヒスはなぜ、国務省トップのハル国務長官とウェルズ次官に、この記事を送ろうとしたのであろうか。

十一月二十二日、ヒスはホーンベックに、もっと輸出規制を厳しくすべき物品についてまとめている。例えば、航空機用燃料の規制をオクタン価八七以上から七〇以上にして、もっと規制を厳しくすべきで、これは新たに指令を出すことなく、マスコミに公表しないでやってしまうことができると述べている。また、ガソリンのオクタン価を向上させる四エチル鉛についての規制強化や、工作機械や鉄・鉄鋼の規制強化などをあげている。いずれも日本が嫌がるものばかりである。ヒスは、国務省規制部長グリーンがそうすべきだと考えていると自分は理解している、と断り書きをいれている。ヒスが日本への禁輸を強化しようとする動機は何であったのだろうか。[67]

■日本への強硬策を求める大統領の手紙の原稿を書いたヒス

先にも述べたが、一九四一年に入り、ルーズベルトが東南アジアを守るべきかどうかで迷走したことがあった。駐日大使のグルーには、日本との対立を覚悟してでも東南アジアを守るべきだといった手紙を出している。グルーはこの手紙に大きな影響を受けて、日本への態度を硬化させた。グルー大使やドゥーマン参事官は強硬態度をとり、日本がもしシンガポールを攻撃したら米国と戦争になると警告し、日本にも影響を与えた。戦争になるぞといって日本を脅したこの強硬意見は、のちにアメリカ議会の真珠湾聴聞会でも、行き過ぎではないかと問題になった。グルーは呼び出されて質問を受け、弁明に努めなければならなかった。この強硬意見のもととなった、ルーズベルトの手紙について少し詳しく見てみよう。[68]

グルー大使が、問い合わせの手紙を書いたのは前年の十二月十四日であった。ルーズベルトは手紙を読むと、一九四一年一月三日、ハル国務長官に返事の原稿を用意してくれと頼んだ。ハルは、ホーンベック顧問に仕事を振った。するとホーンベックは、部下のアルジャー・ヒスに大統領の手紙の原稿を任せたのである。ヒスは一月十六日に原稿を完成させた。ホーンベック顧問とハミルトン極東部長がチェックしたあと、一月二十一日、ヒスは、ホーンベック経由でハル国務長官に原稿を送付した。原稿はルーズベルトの手に渡り、ルーズベルトは直さずに、グルー大使に出した。この手紙は超極秘であり、国務省の通信記録部は、この手紙を公式な記録に入れておくべきか、判断に迷ったほどであった。このように、日本への強硬策を唱えたルーズベルトの手紙は、実は、ヒスが起草していたのである。[69]

ソ連が、日本とアメリカを戦争させたがっているというのは有名な話であった。ヒスは、日本とアメリカを対立させ、戦争するように誘導していたのであろうか。しかし、これがソ連の謀略だと考えるのは行き過ぎであろう。手紙は、ホーンベック顧問とハミルトン極東部長がチェックしているので、ヒスの独走というわけではない。またホーンベックは、東南アジアは重要との報告書を書いており、この前に類似の手紙も書いていたようである。ヒスは、ホーンベックの意向に沿って手紙を書いたとみるのが妥当であろう。[70]

とはいっても、チェンバーズによれば、ヒスはソ連の工作員であり、この時期はすでにソ連の諜報網に復帰していた可能性が高い。ソ連の工作員がアメリカ大統領の極秘の手紙を下書きするのであるから、ソ連は米国工作で、大きな成功をおさめていたと言ってもよいだろう。[71]

もしもこのルーズベルトの手紙が、強硬策ではなく妥協策を説くものであったら、どうなっていただろうか。東南アジアでイギリスを攻めてもアメリカは出てこないと見て、日本はシンガポールを攻めたかもしれない。実際、米軍はそのような意見であった。この時期、もし日本が東南アジアでイギリスを攻めたら、大英帝国は崩壊していたとも言われている。日本の攻撃でイギリスが動揺し、ドイツがイギリスに打ち勝つような事態が起こったら、どうなっていただろうか。ソ連はドイツを恐れて妥協政策をとり、日独伊ソの四カ国で米国を脅すとの松岡構想が成功したかもしれない。そして、ホーンベックが恐れたとおりに、日本は大東亜共栄圏を打ち立てて、アジアに勢力圏を築くことに成功していたかもしれない。もちろん、そうならずに、米国は経済制裁で対抗し、日本の通商路を太平洋艦隊によって破壊する作戦に出て、やはり日本は敗れていた可能性も大きいだろう。[72]

■日本への経済制裁を勧める報告書を次々に提出

ヒスはこのあと、日本に経済制裁すべきだとの報告書を次々に提出するようになる。三月四日には、イギリスの提案を分析しながら、石油などの重要物資を日本が輸入するのを防止する方法を検討している。三月二十二日には、中国の効果的支援方法と題して、中国に物資を輸送して支援するよりも、日本に経済制裁した方がよいと勧めている。中国や英国の意見を参照し、日本資産凍結と貿易規制をすべきだと述べている。また同じ日に、日本の外貨の稼ぎ頭である絹に関して、高い関税をかけることを提案している。日本からの絹輸入を完全禁止しても、米国経済には影響がなく、日本経済には大打撃だと述べている。そして日本経済を弱体化させるために絹の研究をすべきだと勧めている。[73]

ヒスが日本への経済制裁を望んでいるのは明らかである。しかしヒスの報告は、どちらかといえば、自分の意見を述べるというよりも、英国や中国、他部署の意見がこうであるから、こうすべきだといった報告が多いのが特徴である。他者の意見を用いて、自分の主張に説得力を持たせたかったのであろうか。それとも、何か隠したいことがあって、自分の意図を表に出したくなかったのであろうか。

四月四日には、石油会社のデータを利用して、米国と蘭印からの日本の石油輸入の傾向を分析している。分析した結果、日本はアメリカからガソリン輸入を急増させているが、蘭印からはあまり輸入していない。この理由の一つとして、日本はのちに蘭印を攻撃して占領するので蘭印にガソリンをためている可能性があると述べている。また蘭印からディーゼル油をたくさん輸入しているが、これは日本が潜水艦や襲撃船などに用いて枢軸国を支援するためである可能性があると述べている。これは少しむりやり反日的な結論に誘導しているようにも見える。[74]

ヒスが日本への経済制裁をうったえた三月〜四月ごろ、国務省は、日本へのガソリン輸出許可を新規に発行することを内密のうちにやめてしまっている。

■国務省規制部の次長もソ連スパイ網に勧誘されていた

さて、ガソリン輸出許可の中止にあたって、中心的な役割を果たしたのは、国務省規制部であった。資料からはグリーン部長とヨスト次長の名前がよく出てくるが、特にヨスト次長が政策をとりまとめている。ヒスは、ヨスト次長と仲が良かったとされている。のちにヨストは、赤狩りの時代に何度もヒスとの交際の件で尋問を受けている。実は、ソ連スパイ網を裏切ったチェンバーズはのちに、国務省内のスパイ候補のリストをＦＢＩに提出している。そのリストはかつてヒスが提案したもので、ソ連のスパイ網（ＧＲＵ）に引き入れられそうな人物を挙げたものだったという。そのなかには、ヨスト次長の名前も含まれていた。さてヒスは、ヨスト次長をスパイ網に引き入れることに成功したのだろうか。ここで少し、国務省規制部とヨスト次長について簡単に述べてみることにしよう。前に記したように、国務省規制部は、勝手な禁輸を推し進めようとした部署の一つである。[75]

ヨスト次長は、のちにアメリカの国連代表を務めた大物外交官である。ヨストがどのような人物であったのか、ヨストの履歴を追ってみよう。チャールズ・ヨストは、一九〇七年ニューヨークに生まれた。一九二八年にプリンストン大学を卒業すると、パリに留学した。その際、ヨーロッパ各地を旅行し、一九二九年にはソ連を訪問している。米国に帰国して外交官試験に合格し、一九三〇年に国務省入りした。ところがエジプトやポーランドに勤務したあと、国務省をやめてしまっている。本人によれば、外国特派員あるいは作家として身を立てようとしたのだという。ヨストは本の取材のためにヨーロッパをまわり、ドイツでは、ナチス政権下で地下運動を続ける共産党指導者に会ったという。ヨストが左翼運動に興味を持っていたのは事実のようである。[76]

その後ヨストは米国に戻り、ニューディールでできた雇用促進局（ＷＰＡ）などの組織を経て、国務省に復帰した。一九三五年に中立法が成立して、軍需品の輸出入の規制を強化するために、国務省に軍需品規制部ができた。プリンストン大学の教授であったジョセフ・グリーンが部長となったが、グリーンは大学の教え子であったヨストを、軍需品規制部の次長にした。ちなみに軍需品規制部長となったグリーンは、軍需産業を調査するナイ委員会との連絡役になっている。かつてナイ委員会で活躍していたのはアルジャー・ヒスであった。ヒスは、ナイ委員会を隠れ蓑にして、国務省の軍事機密情報を得ようとしていたのではないかと疑われている。チェンバーズによれば、このころヒスは、すでにソ連軍事諜報（ＧＲＵ）のスパイであった。そしてヒスはのちに国務省に移るが、チェンバーズにスパイ網（ＧＲＵ）のリクルート候補の一人としてヨストを挙げていたという。チェンバーズがスパイ網を離脱したのが一九三八年四月ごろであるから、ヒスがヨストを推薦したのは、おそらく一九三五〜三七年ごろのことだったと予想される。[77]

国務省の軍需品規制部は、一九三九年に国務省の規制部となった。ヨスト次長は、日本への禁輸が強化されていくと、禁輸がきちんと行われるよう熱心に監督したという。まさか石油と鉄の禁輸が日米戦争につながるとは、思いもしなかったと自伝に書いている。また、一九四一年春には、フィリピンに派遣されている。日本は、フィリピンから銅や鉄鉱などを、抜け道を使って輸入していたが、日本の抜け道をつぶす仕事をしたという。[78]

ここで、近年の研究をもとに、国務省規制部に関して、ソ連スパイ網の動きを探ってみよう。ヒス（ＧＲＵ）が、ダガン（国務省）をスパイ網に引き入れようとして、マッシング夫人（ＫＧＢ）と取り合いになったことは、前に記した。ダガンはKGBのスパイ網に入り、一時期、かなり活躍したらしい。ソ連は一九三七年春、日独防共協定によって日本とドイツに挟み撃ちされることを恐れていた。そこでアメリカの武器輸出の状況を知ろうと、情報を探っていた。武器輸出を管理していたのは、軍需品規制部であり、部長はグリーンであった。

スパイ網の一員となったダガン（KGB）は、グリーン部長に接触し、親しくなることに成功した。ダガンはこのころ、中南米部門の長となっていたので、中南米の軍需品の注文状況が記してあるフォルダーを入手することに成功した。またソ連は、大量の軍需品をアメリカに注文しており、認可されるかどうかが心配であった。ダガンはソ連の情報も入手することに成功したが、日独英伊の情報については、疑われる危険があるのでやめたという。このころダガンは、グリーン部長だけでなくヨスト次長とも親しくなった。そしてダガンも、ヨスト次長はどちらかといえば左寄りの考え方をする人物だと、スパイ網に推薦したという。これは一九三七年春ごろのことだったようである。[79]

ところで、マイケル・ストレートという富豪の息子がおり、ケンブリッジ大学留学中に共産スパイとなった。そして米国に帰国後、国務省に入省して、KGBのために働いていた。一九三八年五月ごろのKGBの報告によると、ストレートは、ヨスト次長とよく会うので、友好関係を築いてスパイ網に引き入れようとしたが失敗したという。ストレートは、ヨスト次長は口が重く、とても慎重だと報告している。[80]

先に述べたように、ストレート（KGB）は、ヒス（GRU）をソ連の工作員と知らずに、KGBのスパイ網に引き入れようとして、KGBをあわてさせている。またストレートが、財務省のアドラー（共産党地下組織）から、共産党地下組織に入るように勧誘されるということも起こった。ソ連は、スパイ網の並行運営の原則を貫き、誰がどこのスパイ網に属しているか分からないようにしていた。このため、スパイ網同士で人物の取り合いが起こって、混乱することがあった。[81]

一九三八年九月のKGBの別の報告では、国務省に浸透するために四人の候補に接触したいと述べている。四人はいずれも進歩的（左翼的）でソ連に好意的だとしている。その中の一人に、ヨスト次長が含まれている。このように、一九三八年秋までにヨスト次長は、ヒス（GRU）、ダガン（KGB）、ストレート（KGB）などから、スパイ網に勧誘すべき候補として挙げられていたようである。[82]

さて、日本への石油禁輸を推し進めたヨスト次長は、ソ連のスパイ網に引き入れられたのであろうか。これまでの情報を参照すると、一九三八年秋ごろまでは、GRUやKGBのスパイ網には入っていなかったようである。その後にGRUあるいはKGBが、スパイ網への引き入れに成功したかどうかは不明であるが、ヨスト次長が何らかの勧誘を受けたことは容易に推測できる。

ヨスト次長は、マイケル・ストレートへの協力を断ったように、協力を断りつづけたのかもしれないし、あるいはスパイ網に一時所属していたのかもしれない。いずれにせよ、ダガン（KGB）やヒス（GRU）など、ソ連のスパイに取り囲まれていたので、ソ連に都合のよい政策をとるような影響を受けていたことは容易に推測できる。日本への石油禁輸に反対するハル国務長官のお膝元の規制部が石油輸出規制の強化に走ったのは（規制部の乱）、このような原因があったのかもしれない。

■独ソ戦開始とともに活発に動き始めたヒス

さて、ヒスの動きに戻ろう。四月十三日に、日ソ中立条約が発表されると、厳しい対日経済制裁を求めるような報告書を出すことは少なくなっているようである。ヒスは、ソ連と日本が手を組んだと考えたのであろうか。一方、上司のホーンベックは相変わらず反日政策をうったえ続けていた。

ところが、六月二十二日に独ソ戦が開始されると、ヒスは対日政策に関するたくさんの報告書や提案書を出すようになる。六月二十四日にホーンベックが、独ソ戦と日本の状況に関する報告書を書くと、ヒスは報告書を称賛し、日本は独ソ戦の結果がはっきりするまで南進しないとコメントしている。またホーンベックの報告を、大統領補佐官のカリーに見せるべきだと勧めている。[83]

六月二十五日、ヒスは自分で報告書を書いている。独ソ戦が米国の中国支援に与える影響について、以下のように述べている。ソ連はドイツとの戦いに集中するので、日本の中国攻撃が強まる可能性があり、米国の中国支援が重要になる。ところで、急に物資援助を増やすのは困難である。そこで、日本の経済状況を悪化させて、中国を支援するのがよい。そのためには、石油輸出の規制を強化し、日本の資産を凍結することが望ましい。日本は独ソ戦で様子見するため、南進しない。これゆえ、米国の国益に反する行動をとる可能性は少なくなった。また、独ソ戦で日独貿易が減少し、米国の経済制裁はより効果的になったと述べている。六月二十七日に、上司のホーンベックは、この報告書はヒスが自発的に用意したものですとコメントして、ハル国務長官、ウェルズ次官、アチソン次官補に提出している。[84]

これからみても、この報告書はホーンベックの指示によるものではなく、ヒスが自発的に提案したものであることが分かる。また、おそらくヒスが国務省トップに送るように頼んだのであろう。ヒスがホーンベックの補佐になって以来、アーカイブの資料を見た限りでは、このような形式の提案書を出すことは少なかったようである。なぜ、ヒスは突然このような対日経済制裁の提案をしたのであろうか。独ソ戦で共産主義者の祖国・ソ連が危機におちいったが、日本がドイツと組んで、ソ連を挟み撃ちするのを防ごうとしたのであろうか。いずれにせよ、一ヶ月後にヒスの提案である日本への資産凍結と石油禁輸が実現するのである。

(三) 米国共産党の動き

■平和を求める団体が、戦争を主張する団体に早変わりした理由

ここで、独ソ戦前後の米国共産党の動きをみてみよう。

一九四一年六月二十一日、「アメリカ平和動員」という団体が、全国平和週間をとなえてホワイトハウスを取り巻いていた。アメリカ平和動員は、アメリカがドイツと戦争するのに反対し、ルーズベルトの英国支援策を強く批判していた。アメリカ平和動員は、徹底的な反戦平和運動をするつもりらしかった。ところが何か緊急の事態が起こったのか、その日の午後、とつぜんホワイトハウスを取り巻くのをやめ、参加者はどこかに消えてしまった。すぐに独ソ戦開始のニュースが入ってきた。するとの「アメリカ平和動員」は、「アメリカ人民動員」に名前を変えて、アメリカはドイツと戦え、と戦争を主張する団体にすっかり変わってしまったのである。全国平和週間は、あとかたもなく消え去った。アメリカ平和動員に何があったのであろうか。[85]

アメリカ平和動員は、実は米国共産党の前線団体(フロント)であった。前線団体というのは、一見共産党とは関係の無いような名前の民間団体をつくり、一般の目をくらまして支持を集めようとするものである。もちろん、活動は共産党が支配し、共産党の戦略に合わせて動くようにしてあった。[86]

一九三九年夏にナチス・ソビエト条約(独ソ不可侵条約)が結ばれ、ナチス・ドイツとソ連が手を

組んで侵略に乗り出した。ソ連は米国共産党に指令を出し、アメリカがドイツに戦争をしかけるのを防ごうとした。米独戦から、米ソ対立に巻き込まれるのを嫌がったのである。米国共産党はそのため、ヨーロッパの戦争に介入するなとアメリカで反戦平和運動をくりひろげた。ところが独ソ戦が始まって、ドイツはソ連の敵となり、ソ連は滅亡の危機におちいった。すると方針ががらりと変わって、アメリカはドイツを倒してソ連を助けるために参戦せよ、と平和ではなく戦争を主張するようになったのである。[87]

当時の共産党の平和主義に関する考え方（スターリン主義）は、ガンジーの非暴力・平和主義とはまったく違うものであった。どこかの国がソ連を攻めようとしていたら、その国で戦争反対の平和運動をする。どこかの国がソ連を侵略したら、ソ連を侵略した国を世界中が攻撃するように仕向けて、ソ連を守るのである。ソ連防衛のために立ち上がるのは労働階級の義務だとされていた。一方、資本主義国がお互いに戦争するのは大歓迎であった。資本主義国が戦争で弱体化すれば、共産主義革命を起こす絶好のチャンスとなるからである。[88]

■ドイツと戦争しないように軍需生産を妨害していた

一時期、アメリカの軍需産業の工場で、労働者がストライキやサボタージュを起こして、アメリカ政府高官を悩ませていたが、これには米国共産党が関与していた。

一九四〇年二月、米国共産党・政治局で会議が開かれた。ソ連からは、イギリス帝国主義を打ち砕けとの指令が来ていた。この意味は、アメリカにおいては、米国政府のイギリス支援策を妨害せよということだった。さっそくルーズベルトへの反対デモ運動をしかけることが決められた。こうして一九四〇年夏には前線団体「アメリカ平和動員」が設立された。また共産党・政治局は、アメリカの軍需工場でストライキを起こし、イギリスにアメリカ製の軍需品が渡らないようにすることを決めた。高賃金と労働時間短縮を名目に、労働者を扇動して、ソ連を守るためにストライキを起こさせることになった。これ以降、軍需工場でストライキが広がり、航空機製造工場は操業停止に追い込まれた。こうして一九四〇~四一年にかけてアメリカの軍需生産を妨害することに成功した。[89]

もちろんアメリカ政府は、共産党が扇動の訓練を受けたプロを、労働者として送り込んでいることに気づいていた。閣議では、労働者のなかに共産党員がいないかFBIを使って捜査させることが話し合われた。しかしFBIを監督するジャクソン司法長官は嫌がった。ルーズベルトは、軍需生産関係は、陸軍諜報部に調査させるべきだとの意見をだした。しかしパーキンズ労働長官は、労働者の視点から考えられる人が調査すべきと反対した。その後、一九四一年六月六日の閣議では、飛行機工場のストがおさまらなければ、陸軍みずから工場の操業に乗り出すことが決定された。ストの扇動者対策が話し合われ、特にロシアから来た外国人の扇動者をどうするかが問題となった。強制収容所をつくれとの意見まで出たという。ルーズベルトは、悪い扇動者はひとまとめにして船に乗せ、多少の食料をもたせてどこか外国の海岸に置いてきてしまえと、品の悪いジョークを飛ばしたという。[90]

ソ連と米国共産党は、アメリカがドイツと戦争しないように軍需生産を妨害していたのであった。ところが独ソ戦開始後は、ストライキはおさまっていき、軍需生産は軌道に乗るようになった。ソ連に攻め込んだドイツを倒すためには、アメリカの軍需生産が重要となったのである。アメリカは世界一の軍事大国に変身した。[91]

第八章　石油禁輸が実現したプロセス

これまで、アメリカ政府の多くの部署や人物が、日本への経済制裁や石油禁輸を行おうとしてきたのを見てきた。モーゲンソー財務長官、国務省規制部、イッキーズ内務長官などが挑戦したが、いずれもハル国務長官がつぶしてきたとされている。しかし、一九四一年夏に、ついに日本への石油禁輸が実現する。どのようにして石油禁輸が実現したのか、アメリカ政府の動きを追ってみよう。

■対日石油禁輸の原因は実ははっきりしていない

ところで、なぜアメリカが日本に石油禁輸をしたのかについてであるが、アメリカ側の歴史書を読むと、実は、その理由がはっきりしていないのである。アメリカの当時の戦略は、ヨーロッパ第一主義で、ナチス・ドイツ打倒のために戦力を集中することとなっていた。石油禁輸のようなことをして日本を刺激し、アジアで戦争が始まるようなことは避けるべきだとされていたのである。ではなぜ石油禁輸になってしまったのであろうか。初期にまとめられた代表的な歴史書では、以下のように述べられている。

ファイスの研究によると、七月二十五日に、アメリカ国内の日本資産凍結が発表されたが、石油輸出に関しては当初、米国政府ではっきりとした方針が決まっていなかった。そして七月三十一日に、一九三五〜三六年の輸出量を限度として、日本への石油輸出を許可することとなった。この時点では石油禁輸ではなく輸出規制であり、八月一日にホワイトハウスから、輸出規制の主要項目だけ発表された。ところが、石油輸出がしばらく許可されないうちに、英米の世論は石油の完全禁輸だと早合点した。このため、ここで米国政府が石油輸出を再開してしまうと、世論からは宥和政策（日独伊への妥協政策）をしたと見られる恐れが出てきた。ところで日本側も、英米の世論と同じように石油の完全禁輸だと考えて緊張を強めた。こうして、日米はお互いに強硬策をとるようになり、関係改善できなくなって、石油禁輸が実現してしまった。[1]

ランガーとグリースンの研究では、やはり七月末に日本への石油の輸出量が決められ、八月一日にホワイトハウスから、さまざまな物品を禁輸する発表があったが、大統領が意図していたのは、日本に警告して侵略をやめさせることであったという。もし日本が軟化して妥協すれば、禁輸を取り消す予定であった。ところが、アメリカのマスコミは日本への石油禁輸が実現したと考え、大歓迎した。こうして世論が先走りしてしまった。さらに、日本がソ連国境に兵を集めたり、タイに進出しようとしたりするなど、さらなる侵略を目指していることをアメリカはつかんだ。またルーズベルト大統領が提案した東南アジアの中立化提案を、日本政府が軽視したので、ついに石油禁輸が実現してしまったのだとしている。[2]

■機密資料の公開でわかってきた意外な事実

一九七〇年代以降になると、石油禁輸から三十年以上たち、機密指定されていた米国政府の資料が公開されるようになっていった。また国務省の極東政策を立案した中心人物の一人であるホーンベックが、資料を研究機関に寄贈して研究者が閲覧できるようになった。それにつれて研究も進み、石油禁輸がどのように実行されていったのか、おおよその過程が分かってきた。[3]

すると意外な事実が分かってきた。ルーズベルト大統領は石油禁輸をするつもりはなく、国務省のハル長官も、日本に石油禁輸をするつもりはなかったのである。米国政府首脳の決定は、日本には、日中戦争前の一九三五～三六年に輸出していた分量を割当て、石油輸出することであった。ところが、ルーズベルト大統領やハル長官が知らないうちに、何者かが石油の完全禁輸を勝手に実行してしまったのである。ハル長官らは後で気がついたがもう引き返すことができず、最後には仕方なく事後承諾してしまったというのが実情らしいのである。

それではなぜ、石油禁輸が起こってしまったのであろうか。

この分野において屈指の研究とされているのが、アンダーソンの研究である。石油禁輸は、石油会社の協力がなければできないのであるが、アンダーソンは、米国政府だけでなく、石油会社に関係する資料も用いて、石油禁輸までのやりとりを明らかにした。アンダーソンの説は以下のようになる。ルーズベルト大統領とウェルズ国務次官は、日本への石油輸出割当の仕組みをつくったあと、イギリスのチャーチルとの会談（大西洋会談）に出かけて、ワシントンを留守にした。このあいだに、指導者のいなくなった役人たちが暴走し、勝手に石油禁輸してしまったのだと述べている。[4]

また多くの研究者に影響を与えたアトリーの「アチソン犯人説」がある。アトリーは米国政府資料だけでなく英国政府資料もふんだんに用いて、石油禁輸までの過程を明らかにした。その結果、国務省で経済を担当していたアチソン次官補が、勝手に石油禁輸してしまったのだと述べている。その論拠として、たとえば国務省の極東部が「アチソンには勝手に石油輸出を差し止めする権限はない」と抗議した、というような資料を明らかにしている。またハル長官が、石油が禁輸されていることに気づいて、アチソンに説明を求めたところ、アチソンが財務省のせいだと説明したので、ハルはその場で、アチソンに財務省に電話させたというようなやりとりを明らかにしている。アチソンは、アメリカが強硬な態度を示せば日本は屈従すると信じていて、ひどい失敗をやらかしたのだと、アトリーは述べている。[5]

一方、財務省の役割が大きかったとする研究もある。バーンハートは、日本側資料もふんだんに用いて、日米開戦の原因について研究した。バーンハートは、米国政府内の動きについても詳しく研究し、財務省内に対日強硬派がおり、アチソンはそれに同調したに過ぎないのではないかとの見方をとっている。日本は、石油代金を支払うためにはドルで支払わなければならなかったが、日本が米国内に持つドル資産は、財務省によって凍結されており使えなかった。当初、ルーズベルト大統領やウェルズ次官は、日本資産の凍結を一部解除して、石油代金の支払いにあてることを許可する予定であった。ところが財務省は、資産凍結の解除を認めない方針を勝手につくり、日本が中南米に隠し持っているドル資金を使えと言いだした。そうこうしているうちに、石油の完全禁輸が実現してしまったというのである。[6]

別の研究では、マスコミの役割を原因の一つに挙げている。ワースの研究では、アチソンと財務省は確かに、勝手に石油禁輸へと動いたのであるが、マスコミと世論が、石油禁輸を強く支持していたと述べている。特に左翼系のマスコミが反日をあおる傾向が強く、石油禁輸しても日本はすぐに崩壊するので戦争にならないと主張していた。石油を禁輸しても戦争にならないというマスコミの意見は間違いであったにもかかわらず、アメリカの世論が石油禁輸を支持し、政府も石油禁輸を行ってしまった。しかし結局のところ、戦争になってしまい、石油禁輸はひどい政策ミスであったことが判明したと述べている。[7]

これまでの研究と違い、実はルーズベルト大統領は石油禁輸の事実を認識しており、ソ連を支援するために、わざと日本に石油を禁輸したとの説もある。ハインリクスは、アジア情勢とヨーロッパ情勢をリンクさせた研究を行った。当時はドイツとソ連の戦争が始まっており、果たしてドイツが短期間でソ連を破るのか、それともソ連が持ちこたえてドイツを長期戦に引きずり込むのかが一番の問題となっていた。このとき、ドイツと三国同盟を結んでいた日本が、ドイツと呼応してソ連に攻め込むかどうかが注目されていた。もしドイツと日本がソ連を挟み撃ちにしたら、ソ連はすぐに敗れてしまうことが予想されていた。ルーズベルトはヨーロッパ情勢を重視しており、ソ連を支援して、ドイツの勢いを止めたかった。そこでルーズベルトは、ソ連を支援するために、日本に石油禁輸をして弱体化させ、日本がソ連に攻め込まないようにしたのだ、とハインリクスは述べている。[8]

この他に、石油禁輸をめぐって日本大使館や領事館（井口参事官と西山財務官）が、アメリカの国務省と財務省とどのように交渉したのかを明らかにした三輪の研究や、ＯＡＳＩＡ資料を用いて、資産凍結や経済戦争など財務省の動きについて詳しく説明したミラーの研究などがある。ミラーもまた、資産凍結と石油禁輸は、国務次官補のアチソンが主導したとの見方をとっている。[9]

このように、組織の暴走、アチソンの独断、財務省の対日強硬派、マスコミの石油禁輸支持、ルーズベルトのソ連支援などが、石油禁輸の原因として挙げられている。

■ホワイトもヒスも石油禁輸の重要人物だった

ここで、米国政府内で実際に日本への石油禁輸に関わったとされる人物を紹介しておこう。国務省では、経済担当のアチソン次官補とその部下や関係者（ラインスタインやミラー、そしてルスリンガー等）、政治顧問のホーンベックと部下のヒス、規制部のグリーン部長やヨスト次長などが挙げられる。財務省では、法務顧問のフォーリーとその部下（バーンスタイン他）、通貨調査部のホワイト部長とその部下（コー、ウルマン、アドラー、タスカ、ガース他）、外国資産管理局のペール局長とその部下（フォックス、タウソン他）などが挙げられる。

一章で述べたように、一九九〇年代に入ってアメリカ側からヴェノナ文書やOASIA資料などが公開された。そして旧ソ連からはミトローヒン文書やワシリーエフ文書などKGB関係の新資料が明らかになった。そして石油禁輸を実行した人物の内の何人かが、ソ連諜報部と何らかの関係を持っていたことがわかってきた。本書では、そういった新しい資料を参考にして既存の資料を再検討し、石油禁輸がどのようにして起こったのかを説き明かしていきたい。本章では石油禁輸までのだいたいの流れを明らかにし、次の章で財務省内のソ連スパイの動き、その次の章で国務省内のソ連スパイの動きを追ってみたい。

■日本が北進しても南進しても経済制裁する

六月二十二日に独ソ戦が開始されると、アメリカは、日本が南進するのか北進するのか、熱い目を注いでいた。七月二日に日本で御前会議が開かれ、日本が今後の方針を決めたという情報が入ってきた。アメリカ政府は日本がどう動くのかを探った。アメリカには、いくつかの情報源があった。このころアメリカは、日本の外交通信の暗号解読に成功しており、解読された情報は、マジック情報と呼ばれていた（マジック情報には誤訳や悪意の意訳があったことがのちに問題とされた）。また中国やイギリスからの情報や、東京のグルー大使が集めた情報、マスコミの情報などが入ってきていた。[10]

この時期、ハル国務長官は病気療養中であったため、ウェルズ国務次官が対日政策の中心人物となっていた。ウェルズ次官のもとには正しい情報と誤った情報が殺到し、情報に振り回されるようになった。例えば、日本は北進するという情報が入ったかと思うと、日本は北進の前に南進することにしたとか、北進と南進を同時に行うことになったというような情報である。また、日本はドイツとイタリアと密接に協力しながら、アメリカを妨害するというような情報（誤情報あるいは偽情報）も入ってきていた。[11]

このようななかでウェルズ次官は硬化していった。七月十日にイギリスのハリファックス大使と会談すると、日本が南進しても北進しても経済制裁すると断言し、ルーズベルト大統領もこのことを認めていると述べた。しかしウェルズ次官は、具体的に何をやるのかはよく決めていなかったようである。[12]

■ハルは「戦争にならない程度の経済制裁」を命じた

七月中旬、たくさんの日本の外交電文（マジック情報）が解読されて、日本が南進（南部仏印進駐）しようとしていることが明らかになった。七月十四日、ウェルズ次官は、イギリスのハリファックス大使と会談した。このときイギリスは、日本が南部仏印進駐した場合に、日英通商航海条約の破棄やマレー半島の鉄鉱石を禁輸するなどの具体的な制裁案をもってきた。イギリスの狙いは、日本と戦争にならない程度によく計算された経済制裁をして、日本をコントロールすることであった。そこで、アメリカと共同で経済制裁する方向に話をもっていこうとしたようである。しかしウェルズ次官はすぐに経済制裁はできないと言って、アメリカからはホーンベック顧問、イギリスからはホール公使を出して、二人に非公開の予備会談をさせることになった。[13]

ホーンベック顧問とホール公使の会談はかみあわなかったようである。七月十六日に、ホール公使がアメリカの対日経済制裁の具体的内容を知りたいと質問すると、ホーンベックは準備ができていないと答え、延期を要請している。そして、十八日と二十一日に再び会談すると、ホーンベックはイギリスの態度はあいまいだとか、食料品の禁輸を押しつけるのに消極的だとか、イギリスに批判的な報告を残している。そのうちにイギリスとの交渉役は、ホーンベックからアチソン次官補に代えられてしまった。[14]

七月十七日には、病気療養中のハル長官が、療養先から国務省に電話をかけてきた。そのころ、日本では松岡外相を内閣から追い出すために、近衛内閣が総辞職を行っていた。ハルは、新しい内閣の方針を見極めるように指示した。そして日本が南進するようだったら、戦争にならない程度の経済制裁をするように指示した。戦争にならない程度の経済制裁とは何を指すのかよく分からなかった。[15]

ここで日本の動きをごく簡単に追ってみよう。独ソ戦の開始を受けて、日本では北進か南進かで意見が対立した。七月二日に御前会議が開かれ、今後の方針が定められた。ひと言で言ってしまえば、様子見、あるいは準備陣となるであろう。北進するか南進するかは今後の状況次第ということになった。北進については、独ソ戦でソ連が弱体化し、状況が有利になったら北進することとした。南進については、とりあえず南部仏印とタイにだけ進出して準備を整え、そのあとは情勢の変化を見極めることとなった。

ところで三国同盟を推進した松岡外相は、独ソ戦開始で面目を失っていた。ドイツは、日ソ関係の改善に協力するという約束のはずであった。日本ではドイツに裏切られたと感じる人も多く、松岡外相の責任を問う声もあった。しかし松岡外相はあくまでも三国同盟を重視する意見を主張し、アメリカとの関係改善に消極的だったため、近衛内閣の厄介者となりつつあった。

近衛首相は、松岡外相を内閣から追い出すことを考え、七月十六日に内閣総辞職し、十八日に新内閣を発足させた。新内閣では、アメリカとの関係改善をはかる予定だった。三国同盟派の松岡外相を追い出したので、アメリカは日本に対して友好的になるのではないかという期待感があった。まさか南部仏印進駐をして、アメリカから資産凍結や石油禁輸を受けるとは思っていなかったようである。

■南部仏印進駐への対抗措置が意味するもの

アメリカ政府は、内閣改造で日本が政策を変更するのかどうかを探っていた。ところがこのころ、マジック情報で、内閣を追い出されたはずの松岡外相の電文が少し遅れて解読され始めていた。松岡外相は三国同盟を重視し、英米を敵対視するような威勢のよい電文をたくさん送っていた。それを読むと、日本は独伊と組んで、英米と対決してでも南進していくというような印象を与えた。そして新内閣も政策変更せずに、着々と南部仏印進駐を進めているようだった。このような情報はウェルズ国務次官らに悪い影響を与えたようである。[16]

七月十八日（金）、ルーズベルト大統領は閣議を開いた。この閣議は、日本の針路に重大な影響を与えることとなる。ウェルズ国務次官は、日本が数日中に南部仏印進駐する予定だと報告した。ここで反日強硬派のモーゲンソー財務長官が、経済制裁しないのかと質問した。するとルーズベルトは、石油を禁輸したら日本は蘭印に進出し、戦争になると延々と説明して日本への石油禁輸に反対した。普段なら、ハル国務長官が相づちを打って終わるところであろうが、ハルはいなかった。代理のウェルズ次官は、国務省は日本資産を凍結する準備があると発言し、国務省が無策でないことを示そうとした。[17]

するとイッキーズ内務長官が、アメリカはガソリン不足で、東海岸でガソリンの節約を要請しなければならないが、国民の批判をかわすため、日本へのガソリン輸出規制を同時に発表したいと述べた。日本は例年よりもかなり多くのガソリンを輸入しているので、平年並みまで対日輸出を減らすことが提案され、ルーズベルトはウェルズに取りまとめを指示した。モーゲンソー財務長官はすかさず、ガソリンの品質の規制をもっと厳しくすることを提案した。そして、輸出できるガソリンをオクタン価八七未満から六七未満に変更して、品質を下げたらどうかと述べた。ルーズベルトがなぜそうしないのかと尋ねたので、モーゲンソーは国務省が反対するからと答えた。ハルがいれば理由を挙げて反対したかもしれないが、ウェルズ次官は、規制を厳しくするのは問題ないと答えた。[18]

こうして、モーゲンソーによれば、日本が南部仏印進駐したら、以下の経済制裁をすることが決定されたという。
（一）日本資産凍結（日本の抜け道を防ぐために中国資産も凍結）
（二）石油輸出量の制限
（三）オクタン価六七以上のガソリンは輸出禁止
モーゲンソーによると、もしモーゲンソーが経済制裁について質問しなければ、上記のどれも実現しなかったはずだったと述べている。もしモーゲンソーの言うことが本当だとすると、日本の予想通り、ルーズベルト大統領とウェルズ国務次官は、もっと弱い措置をとったか、あるいは、外交上の抗議だけで何もせずに終わったかもしれない。[19]

また、ルーズベルトとウェルズが、ある程度の専門知識を必要とする資産凍結について、どこまで理解していたかは不明である。当時、国務省経済顧問を務めていたファイスは、資産凍結をすると日本の貿易がすべて止まるのを、ルーズベルトが知っていたかどうかは疑問だったと述べている。国務省で経済を担当するアチソン次官補は、ウェルズ次官の提案はあいまいだったと回想している。資産凍結の提案は、運用次第で禁輸にすることもしないこともでき、何も決定しないで行動しているように見せかけるには最適で、その点が魅力的だったのだろうと述べている。しかし、明らかなことは、この時点でルーズベルトは、石油禁輸を求めていなかったことである。これがなぜ、石油禁輸になってしまったのであろうか。[20]

■日本が東南アジアで戦争をしない方がアメリカの国益になる

ルーズベルトは資産凍結の大統領令のとりまとめをウェルズに任せた。七月十九日（土）、ウェルズ次官は仕事を部下にふった。アチソンの回想によるとホーンベック顧問とアチソン次官補が準備を任されたという。[21]

ウェルズは以下の三つを、二十一日（月）までにとりまとめるよう指示したという。

（一）日中の資産凍結

（二）日本からの絹（その他重要輸入品）の輸入禁止（または制限）

（三）輸出許可されるガソリンのオクタン価と潤滑油の品質を下げる。また日本への年間の石油輸出総量を、輸出が極端に多くない年を基準に決定する

モーゲンソーが記録した閣議での決定事項と比較すると、絹の禁輸が新たに加わっている。ところで、土曜日に命じて月曜日に欲しいというのであるから、ウェルズが急いでいたことがわかる。日本が南進しないように、何らかの対抗措置をとることが必要だと考えていたのであろう。しかしウェルズが仕事を頼んだ部下たちは、ウェルズよりももっと厳しい対抗策を望んでいた。親中反日派のホーンベック顧問は、経済的圧力に加えて、中国支援の強化と、極東の米軍軍事力増強の三つを同時にやって日本に対抗することが重要だとウェルズに提案した。経済担当のアチソン次官補は、石油を一時的に全面禁輸することや、絹と石油をバーター取引することなどを述べた政策提案書をつけてきた。[22]

アチソンの回顧録によると、アチソンの小グループと財務省の友人たちが、資産凍結令をまとめたと言っている。国務省の記録によると、十九日（土）、アチソンは規制部長のグリーンに、日中戦争前（一九三五～三六年）の日本への石油輸出量を報告させた。そしてこの平均値を、石油輸出の基本

値とした。この日、財務省はアチソンと長い会議を開いたという。この結果、国務省と財務省の合意事項ができた。財務省の記録では以下のようになっている――日本資産は凍結し、この結果、自動的に貿易はすべて許可申請が必要となる。これは日本への厳しい処置であるが、必要とされている。そして日本の絹を輸入し、その分と等価のドルで、アメリカの石油や綿を与える管理制度が必要となる（バーター取引、物々交換のような仕組み）。アチソンが述べたところによると、国務省では石油製品（ガソリン）の輸出量を、現在の輸入ペースの年間四〇〇万バレルから、年間一〇〇万バレルに減らす計画だったということである。[23]

これらの合意事項をもとに、二十一日までに、資産凍結令の原案がつくられた。これは、以前の資産凍結令に日本と中国を加えたものであった。さらに政策提案書がつくられた。この提案書類のなかで提案されている仕組みは、まず石油を日本に全面禁輸する期間を短期間設ける。そのあいだにバーター取引の管理制度をつくり、その後に日本の絹などと引き換えに、アメリカの石油と綿を渡すというものであった。ところが、ルーズベルトやウェルズが望んでいたのは、石油輸出をいったん止めたり、バーター取引にしたりするようなことはせず、しばらくのあいだ石油は輸出し続けるというものであった。また、これまでは輸出規制の最終権限を国務省のハル長官が握るようにしていたが、アチソンらが提案した仕組みは、誰が最終権限をもつのかが不明であった。アチソンとホーンベックは、さっそくバーター取引などの政策提案内容をイギリスに通告して、イギリスはどのような政策をとるかを質問した。[24]

ウェルズ次官は、アチソンとホーンベックに凍結令を用意させる一方で、国務省極東部や陸軍の意見を聞いていたようである。またルーズベルト大統領は、海軍からの意見を聞いてバランスをとろうとした。日本への禁輸について意見を求められた海軍のスターク作戦部長は、アチソンが書類を提出したのと同じ日の二十一日（月）に、海軍の意見書を出した。そのなかで海軍は、禁輸は日本の南進を決意させ、アメリカが戦争に巻き込まれる恐れがあるので石油禁輸に反対であるとの意見を出した。海軍は太平洋での余計な戦争に巻き込まれて戦力を割かれるのを嫌がっていた。二十二日、スターク作戦部長はウェルズ国務次官に、日本への禁輸の件で大統領から相談するように指示されたので、会談したいと申し出ている。ルーズベルトは、ウェルズに海軍の反対を直接伝えさせようとしたのであろう。[25]

このようななかでアチソンは慎重にならざるを得なかった。二十三日、英国大使館からホール公使とバトラー公使がアチソンをたずねた。ホールとバトラーは、イギリスもアメリカに同調して対日資産凍結やバーター取引を行う準備をしていると報告してきた。さらに、イギリス連邦諸国や、オランダ政府、ベルギー（ベルギー領コンゴ）、自由フランス政府とも話を進めているという。アチソンは、まずいと思ったのか後退し、仏印の状況は不透明で、アメリカはすぐに資産凍結するわけでない。またすべての措置を同時にとるわけではないと、イギリスをおさえにかかっている。[26]

このころ、ルーズベルト大統領とウェルズ国務次官はどのように考えていたのであろうか。二十四日午後に閣議が開かれる予定であったが、財務省のモーゲンソー長官は休暇中で不在のため、ベル財務次官が出席の予定だった。ベル次官は資産凍結のことをよく知らなかったので、部下はベル次官が分かるように、資産凍結の経緯についてまとめたメモを提出した。メモの中では以下のように説明されている。まず、資産凍結をすると、ドルの資金移動が止まるだけではなく、日米間のすべての貿易が止まる。十九日（土）の国務省との会議では、国務省は日本に厳しい石油輸出規制をするとのことだったが、現在のところは、石油輸出に制限を設けないようである。問題は、資産凍結令のもとで、どうやって大量の石油輸出の認可を出すかである。ウェルズは公表せずに特別認可を出すことを望んでいるようである。もし公表すると、イッキーズがガソリン規制しているので、アメリカ世論から非難を受ける可能性がある。輸出の認可には、石油以外の貿易も含めて、一般認可を出す方法、特別認可を出す方法、バーター取引的な方法が考えられる。ルーズベルト大統領は、非常に柔軟な資産凍結の仕組みを望んでいるようである。財務省はどのような方法でもとれるが、日本からあるいはアメリカ世論からの非難・攻撃の対象にされてしまわないように注意すべきである。[27]

このように、十九日に国務省が財務省と会議したときは、国務省は日本に厳しい石油の輸出規制を押しつけようとしていたようである。ところが、二十四日の閣議前の時点では、ウェルズは、石油の輸出に制限をかけることはまったく考えていなかったようである。

七月二十四日、閣議が開かれる前の朝に、ルーズベルト大統領は、義勇参加委員会の代表と会談している。義勇参加委員会とは、国防に関するボランティアをする民間団体である。ルーズベルトは、次のような内容の話を述べた。

今、東海岸ではガソリン不足でイッキーズが節約を呼びかけている。ところが西海岸から日本にたくさんのガソリンが輸出されていると報じられている。あたかも日本の侵略を助けているかのようだ。なぜかと思う人がいるかもしれない。それは世界大戦が広まらないようにするためである。東南アジアにはスズとゴムがあり、アメリカもたくさん輸入している。また、オーストラリアの物資をイギリスが輸入するのを、我々は後押ししなければならない。東南アジアで戦争をさせないのは、アメリカの国益なのである。ところで、日本という国には石油がない。アメリカが石油を禁輸したら、日本は蘭印（オランダ領東インド）を襲って、一年前に戦争になっていただろう。世界大戦が始まってから二年のあいだ、日本に石油を輸出して、南太平洋で戦争を防ぐのはうまくいった。これはアメリカの国益、イギリスの防衛、航海の自由のためなのである。義勇参加委員会の諸君は、これを市民に知らせるのを徹底して欲しい。[28]

このように、ルーズベルト大統領も、二十四日の閣議前の時点では、日本に石油を禁輸することはまったく考えていなかったようである。

どのようにして日本の首に縄をかけるか

義勇参加委員会との会談があった二十四日の午後、閣議が開かれた。このときモーゲンソー財務長官の代理で閣議に出席したベル次官は、長官に報告するために詳細なメモを残している。それによると日本が南部仏印進駐するのをフランスが認めたのは、ドイツが圧力をかけたからだと、ルーズベルトが述べたという。[29]

また資産凍結の問題が議論された。そしてルーズベルト大統領が望んでいるのは、非常に柔軟なシステムであり、資産凍結令を出して石油を含むすべての貿易を許可制にし、政策の変更によって、いつでも簡単に許可を取り消しできるようなものであったという。ベル次官が、政策はどのように決定されるのか、財務省に特定の指示は与えられるのかと質問した。するとウェルズは、財務省に申請が来たら、三省FFC委員会が政策を決定するとのアイデアを出した。[30]

ベル次官はさらに、このような凍結令を出したら、日本は石油を得られなくなると思って極東で軍事行動に出ないか質問した。ルーズベルトは、そうは思わないと述べ、凍結令は出すが、石油の輸出申請が財務省に来たら、財務省は許可を出し続けると述べた。ただし、政策が変更されたら、いつでも突然に許可を取り消しできるようにすべきだと述べた。ウェルズもこれに合意し、絹については特別に考慮するかもしれないが、その他についてはこれと同様とすると述べた。[31]

さらにルーズベルトは、土曜日（二十六日）の朝に資産凍結令を発表するように指示した。そして週末をハイドパークの自宅（ニューヨーク州）で過ごすため、今晩（二十四日）出発するが、資産凍結令がそれまでに用意できない場合、飛行機でハイドパークに届けてくれと命じた。ルーズベルトはそのほかに、日本に許可するガソリンのオクタン価を六七未満に下げることが必要で、月曜日（二十八日）にでも行うべきだと述べた。ベル財務次官は、どこの部署が担当するのか分からなかったが、ウェルズ国務次官がやるのだろうと思っていた。すると、後でウェルズから電話がかかってきて、ルーズベルトは本音ではやりたくないのだが、単なる例として挙げただけだと教えられたという。ところで、アチソンらがつくったバーター取引等の政策提案書類は、脇に追いやられてしまった。石油輸出量を戦争前の水準に下げるという政策もなくなった。[32]

このように、この時点でルーズベルトが望んでいたのは、いつでも石油禁輸にできるぞと日本を脅して、言うことを聞かせるシステムであった。閣議に出席した対日強硬派のイッキーズ内務長官は、次のように日記に書いている。[33]

ルーズベルトは日本の首に縄をかけ、時々ぐいと引っ張るのが良いと思っているようだが、そんなことはせず一挙に締め付けてしまった方が良いと私は思う。資産凍結をして輸出を許可制にし、石油やガソリンを輸出し続けるのは、国民をだまし続けるようなものである。[34]

■日本政府に伝わらなかったルーズベルトの提案の意図

ルーズベルトはこのように、日本の首に縄をかけるような仕組みをつくるように命じると、閣議のあとの夕方、野村大使との会談に臨んだ。その席でルーズベルトは、この朝、義勇参加委員会と話した内容を紹介した。「これまでアメリカは、日本が蘭印（オランダ領東インド）に攻め込まないように、石油をたくさん輸出してきた。しかしアメリカの一般市民は、なぜ自国でガソリン供給を規制しながら、ヒトラーの世界征服計画に追随して力の政策を追求している日本に石油を輸出しているのか理解できない。もし日本が蘭印の油田をとりにいったら、オランダとイギリスは日本に戦争を挑むだろう。アメリカはイギリス支援政策をとっているので、深刻な事態が起こるであろう。これらのことを考慮して、これまで政府や国務省に厳しい批判があったが、私［大統領］は日本への石油輸出を許可してきたのである。」[35]

ところが日本は、南部仏印進駐をしようとしている。これはとてつもなく深刻な事態であり、アメリカは沈黙しているわけにはいかない。これまで、野村大使とハル長官は、日米交渉を続けてきたが、南部仏印進駐は、日米交渉での原則や提案事項にまったく反していることは明らかだ」[36]

これに対し、野村大使は日本政府の立場を説明することに努めた。するとルーズベルトは、まだウェルズ次官にも相談しておらず、もう遅いかもしれないが、と断った上で、仏印の中立化提案を切り出した。日本が仏印進駐をやめるなら、自分が中国、イギリス、オランダにかけあって、仏印を中立化し、日本が仏印の食糧や資源を自由に手に入れられるよう、最大限の努力をしようと提案した。野村大使は、すぐに本国に報告すると請け合った。[37]

要するにルーズベルトは、日本の出方次第でいつでも石油禁輸できる体制を整えた上で、石油禁輸をにおわせながら、南部仏印進駐をやめさせようとしたのである。南部仏印進駐をやめる代償として、仏印の資源が日本の手に入るように努力しようと、交渉の条件を出したのであった。

ところが、ルーズベルトの外交提案は日本政府にうまく伝わらなかった。アメリカ側は、ルーズベルト提案に対して、日本政府が何も言ってこないので、日本駐在のアメリカ大使グルーが新任の豊田外務大臣に、大統領提案は届いているのかと聞きに行ったほどであった。豊田外相は知らないと言って驚き、野村大使と豊田外相のあいだでは、報告を送った、送っていないで騒ぎになった。野村大使は報告を送っていたが、分かりにくく、大統領の意図は伝わらなかった。そのあいだに日本は、南部仏印進駐を開始してしまった。しかし、当時の日本の国内状況を考えると、南部仏印進駐を途中でやめて引き返すということは困難であって、連絡の不手際で伝わらなかったと言い訳した方が良かったのかもしれない。[38]

▩日本資産凍結により強まるＡＢＣＤ包囲網

ルーズベルト・野村会談の翌日（二十五日）、資産凍結令を出すために、ウェルズ国務次官の部屋にアチソン次官補や財務省のベル次官、フォーリー法務顧問、バーンスタインが集まり、会議が行われた。この場で、日本資産凍結を実施していく上で指針となる政策が決定された。国務省と財務省の合意事項は、以下のようになる。

・石油の輸出については、特別認可で実施される。石油輸出政策はアメリカ国民に公表しないが、当面のあいだ、石油輸出は自動的に認可される。
・日本からの絹の輸入は、特別認可を申請させる。財務省は申請を保留し何もしない。絹は税関で保留とする。資産凍結令以前に、アメリカ側が支払い済みのものは考慮する。
・その他の日本からの輸入品については、日本に外貨をもたらすものは却下する。少額なら許可しても良い。戦略的に重要なものは輸入の認可を与える（陸軍省は、日本の絹は軍事的に不要と、国務省に通告してきている）。
・日本への輸出については、石油に特別認可が出される限り、綿なども特別認可を出して輸出する。輸出管理局のもとで輸出許可が出たら、財務省は日本資産を一部凍結解除して、輸出代金の支払いに充ててよい。[39]

このように、この時点では、石油輸出の許可がおりたら、財務省は自動的に日本資産の凍結を一部解除することとなっていた。凍結が解除された日本資産は、石油購入代金の支払いに充ててよいことになっていた。また、一般認可ではなく特別認可としたので、日本は、石油輸出の申請を一件一件出さなければならなくなった。アメリカ政府は、申請を却下することで、すぐに石油禁輸を実現できるようになった。[40]

石油輸出を許可する権限は、輸出管理局（ＥＣＡ）が持っていたが、国務省の判断をあおぐことになっていたので、実際の決定権は国務省が握ることになった。[41]

ウェルズは当初、凍結解除申請が来たら、財務省は、三省FFC委員会の判断をあおぐというような案を考えていたようだが、財務省は自動的に許可を出し続けることになったので、三省FFC委員会はいったい何をするのか、あいまいとなった。アチソンも自伝のなかで、三省FFC委員会はどのように政策を実行するのか、よく知らされていなかったと述べている。[42]

財務省にどのように指示を与えるかというのは微妙な問題であった。ところが現在、これまでハル国務長官とモーゲンソー財務長官は資産凍結の主導権をめぐって争ってきた。ウェルズ国務次官とベル財務次官が代理を務めていたので、国務省と財務省の連携はうまくいっていたが、二人の長官が戻ってきたらどうなるかはわからなかった。そこでウェルズ次官は、三省FFC委員会が政策を決定するとの意見を出したのかもしれない。ルーズベルト大統領は、経済戦争を担当する経済防衛委員会（EDB）を新設して、ウォーレス副大統領に権力を持たして調整させることを考えていた。

二十五日（金）、市場が閉じたあとに、日本資産を凍結することが発表された。夕方にアチソンらが記者会見したが、アチソンは、これは禁輸ではないと述べた。[43]

翌日の二十六日（土）、公式に大統領令八八三二号が布告された。こうしてアメリカ国内の日本資産はすべて凍結されてしまった。これで日本は、米国内の銀行に貯えたドル資産を自由に引き出したり、米ドルで何か決済したりすることができなくなった。何をするにも、申請して認可を受けなければならなくなった。認可が得られない限り、日本は何も輸入できず、輸出もできなくなった。第二次世界大戦の影響で、英ポンドや仏フランは国際通貨としての地位を失い、米ドルが基軸通貨となっていた。米ドルが使えなければ、世界の多くの場所で貿易が困難になっていた。すべてはアメリカが認可してくれるかどうかにかかっていた。日本は追いつめられた。[44]

この日、ルーズベルトは、イギリスに滞在していた側近への手紙の中で、次のように述べている。「日本政府は混乱して、何も将来の計画を立てられないと聞いた。私は野村に、英蘭中日米でインドシナをスイスのように中立化しようと提案したと、彼（チャーチル首相）に伝えてくれ。日本は米や肥料などを得られるが、代わりにインドシナから完全撤退しなければならない。まだ返答はもらっていない」。

アメリカが日本資産を凍結すると、イギリスとオランダも追従して日本に経済制裁を行い、ＡＢＣＤ包囲網が強化されていった。[45]

二十六日には、日本資産凍結後はじめての三省ＦＦＣ委員会が開かれている。この委員会の国務省代表はアチソン次官補、財務省代表はフォーリー法務顧問、司法省代表はシェイ次官補であった。この日の会議では、ヨーロッパが議題の中心であったが、日本についても触れられている。日本企業からの綿の輸入に関する申請は保留し、日本資産凍結と貿易についてさらに検討することで合意している。[46]

■石油輸出政策に口を出す三省ＦＦＣ委員会

二十九日（火）、日本の資産凍結以来、二回目の三省ＦＦＣ委員会が開かれた。ここでアチソンは注目すべき発言をしている。資産凍結の解除許可制度を利用して日本に圧力をかけることをウェルズ次官に提案したというのである。ウェルズの計画では石油の輸出許可が出たら、財務省は自動的に資産凍結解除を認めて支払いに充てるはずであった。ところがアチソンは、この資産凍結解除を許可したりしなかったりして、日本への石油輸出量を少なくするようにコントロールすべきだと提案したというのである。三省FFC委員会の役割はあいまいになっていたが、三省FFC委員会が資産凍結解除の権限を握り、政策を決定して実行しようと動きはじめた。[47]

またアチソンは次のような発言をした。アチソンがウェルズと話したところ、来週または再来週まで、日本の申請に対しては、三省FFC委員会は何もしないのが（take no action）最も良いと考えているとウェルズは言ったという。これを理由に、三省FFC委員会は約二週間、日本資産の凍結解除を保留するようになってしまうのである。ウェルズのもともとの意図は、輸出管理局が輸出許可を出したら、三省FFC委員会は資産凍結解除を認め、財務省はそれに基づいて自動的に資産凍結解除するというものであった。なぜウェルズは保留するように言ったのであろうか。[48]

いくつかの理由が考えられる。一つは日本の動きである。二十四日のルーズベルトの中立化提案を日本政府は受け取っていないとの情報が、駐日大使のグルーから入ってきた。そこでウェルズ次官は、二十八日に野村大使と会談して、極めて重要な大統領提案の件は、どうなっているのか問いただした。すると野村は、二十四日に速報を送り、二十七日に詳報を送ったと述べた。しかし、このようなことをしているあいだに、日本軍は二十八日、南部仏印に上陸を開始してしまった。仏印進駐をやめさせようとしたルーズベルト提案を、無視しているかのようであった。ウェルズは野村に、時間がなによりも重要で、三日も遅れるなど論外だと文句を言った。[49]

そして、日本がさらなる南進を計画しているとの情報が、アメリカに入ってきていた。日本は、ルーズベルトの中立化提案には答えず、南部仏印への上陸を開始して、今度はタイを狙っているというのである。病気療養中のハル長官もこれには怒り、ウェルズに電話して何か対策をとるように命じた。ウェルズはこれらを考慮して、しばらく日本資産の凍結解除をすべきでないと考えたのかもしれない。[50]

もう一つの理由は、このときルーズベルト大統領とイギリス首相のチャーチルは会談を予定しており（大西洋会談）、ウェルズも随行する予定であった。そこで一〜二週間、アメリカとイギリスの話がまとまるまで、三省FFC委員会には、何もさせないのが良いとウェルズは考えたのかもしれない。[51]

■資産凍結のもとでの日米貿易の方針

二十九日の三省FFC委員会には、国務省からアチソンのほかに、アチソンの部下のミラーと経済顧問補佐のルスリンガーが出席していた。委員会のあとに、アチソンは二人に日米貿易に関して意見を述べ、具体的な政策をまとめるように命じた。[52]

三十日に、ルスリンガーはミラーと共に報告書をまとめると、アチソンに提出した。これによると、日米貿易を以下のように三期に分けて考えるという。

最初の二週間は、日米貿易は何も認可せず、日本には何も通告しない。これによって資産凍結管理の厳しさを知らせ、またこの間にアメリカの友好国との協調を進める。

次に二ヶ月間、試験期間を設けて、限定的な貿易を行う。政策は公表しない。日本の絹の輸入に特別認可を与える。これと同じくらいの額の輸出を認め、特別認可を与える。石油製品は制限付きで輸出するが、高品質ガソリンや潤滑油は許可しない。その他の石油製品は、一九三五〜三六年度の水準まで輸出を認める。余剰分があれば綿などの輸出を許可する。
最後の期間は、日本と協定を結び、バーター貿易のような方法をとる。日本からの輸入分の金額の特別口座をつくり、その範囲内でアメリカからの輸出品を日本は購入できる。そのほかに、米英加蘭で対日経済制裁の協調をすることが望ましいと述べている。[53]

このように、アチソンが少し前に提出した政策提案書の、輸出入禁止期間やバーター貿易の提案が復活している。またアメリカ国立公文書館に残されたルスリンガーの書類には、日本への輸出品や輸入品についてのメモがついている。これによると、機械装置、車両、工作機械、木材パルプ、天然ゴムとゴム製品、米国内で需要がひっ迫している化学製品を、完全禁輸することを推奨している。輸入に関しては、国防で必要とならない限り、絹は輸入しない。そして、日本の金の購入をやめるなどとなっている。[54]

翌日の三十一日、ウェルズは大統領に、日本の資産凍結に関する方針を提出し、許可を取っている。ウェルズの提案を見ると、アチソンがルスリンガーらにまとめさせた報告書を参考にしているようである。ウェルズの大統領への提案は以下のようになっている。

日本資産凍結令が出たため、日本への輸出申請や輸入に関する問い合わせが来ている。しばらくのあいだ、三省ＦＦＣ委員会は何もせず、申請を保留する。三省ＦＦＣ委員会と、輸出管理関連部署に、大統領が望む政策を提示しておくことが望ましい。

一、日本への輸出

三省FFC委員会が、以下の輸出申請を却下することを推奨する。それは、木材パルプ、金属と金属製品、機械と車両、天然ゴムとゴム製品である。化学関連製品についてはさらに検討する。上記については、輸出管理局も同様の禁止措置をとることが推奨される。

二、日本からの輸入

軍の当局者は、絹は不要と言っており、日本の絹の輸入に関しては認可しない。状況が変化したらすぐに政策を変更できるように準備しておく。日本からの金の購入も中止する。絹以外に日本からの輸入で大きな金額の申請があることは疑わしい。もしあれば米国で必要な分だけ許可し、その収益で、許可されている輸出品目を日本は購入することができる。

三、石油製品

国防需要に基づき、輸出管理当局者が行動を起こすことが推奨される。適切な指令を出し、既存の輸出申請は取り消す。石油製品については、指定された品質以下のものが、一九三五〜三六年の輸出量まで許可される。三省FFC委員会は、石油輸出に関する申請を保留し続ける。そして輸出管理局の政策に従って許可を出す。[55]

このように、ウェルズの提案を見ると、かなりアチソンの提案書の内容が取り入れられている。石油以外の貿易についてはバーター取引にするようなことや、日本との貿易に関する資産凍結解除申請を、三省FFC委員会がしばらく保留することなどが取り入れられた。石油の輸出量を一九三五〜三六年の輸出量までに制限することも復活した。

しかし、石油輸出に関する方針は、三省FFC委員会が輸出管理局に従うことがはっきりと定められた。三省FFC委員会は資産凍結の解除申請が来ても何もせずに保留し続けるが、輸出管理局が石油輸出を許可したら、三省FFC委員会は自動的に解除申請を認めることになっていた。凍結解除されたドル資金を用いて、日本は石油を輸入することが認められていたのである。この時点では石油禁輸ではなく、輸出規制であった。

三十一日、ウェルズは報告書をルーズベルトに提出するとともに、夕方には野村大使と会談した。そして日本がタイに進出しようとしているとの情報があったことを警告し、大統領の仏印中立化提案にタイも含めることを要望した。[56]

■ついに実現してしまった石油禁輸

八月一日、ウェルズの提案に基づきホワイトハウスから報道発表があった。それによると、航空機用燃料やその原料となる物資は禁輸となった。石油については、戦争前の量にまで輸出が制限されることになった。国務省もホワイトハウス発表に基づき、報道発表を行った。それによると、これまでに発行された石油輸出の認可はいったんすべて取り消しとする。石油輸出の認可を受けていた者は再申請することができ、本日のホワイトハウス発表の政策に基づいて迅速に再審査される。これまで認可待ちだった石油輸出申請は、申請者にいったん返却される。これまで出されていた一般認可は取り消され、今後は、大統領声明に明らかにされた指針に基づいて、石油輸出申請は一件ずつ個別に審査されて認可が与えられる。[57]

報道発表の原文では非常に分かりにくく説明されていたが、よく読めば、石油は輸出されそうな感じである。歴史書の中には、アメリカはこの時点で石油を禁輸する意図はなかったとするものも多い。ところがアメリカの多くのマスコミや世論は、完全禁輸が実現したと予想し、歓迎したようである。そして実際に、既存の石油輸出認可は取り消され、これ以降石油が日本に輸出されることはなかった。こうして日本への石油禁輸が、ついに実現してしまったのである。[58]

■強固なＡＢＣＤ包囲網に驚く日本

ここで、日本の動きを簡単に追ってみたい。[59]

七月二十六日に、アメリカが資産凍結を行うと、イギリスもすぐに追随した。日本が驚いたのは、二十八日にオランダ（蘭印）も日本への経済制裁に参加し、日蘭石油協定を停止して特別認可制に入ることを発表したことであった。日本はこれまで蘭印と、石油など重要物資の輸入拡大の外交交渉をしてきたが失敗していた。本国オランダがドイツに占領されている蘭印は、重要物資が日本経由でドイツに渡ることを嫌がっていて、日本に強硬な姿勢を見せていた。日本が南部仏印進駐を進めた目的の一つは、蘭印にいつでも攻め込めるような態勢を作って軍事的な圧力をかけ、蘭印に言うことを聞かせるためであった。ところが南部仏印進駐をしたところ、蘭印はアメリカとイギリスに追随して、日本への石油禁輸を強化してきたのである。

アメリカは二十六日の資産凍結で、日本資産だけでなく中国資産も凍結した。日本は中国の多くの地域を占領しており、日本が中国を隠れみのにしてアメリカの資産凍結をかいくぐることがないようにするためだった。アメリカは、中国資産の凍結は中国政府の要請によるものだと発表していた。

このように、日本が南部仏印進駐したところ、アメリカ・イギリス・オランダ・中国が共同して日本に経済制裁で対抗してきたのであった。日本が嫌がるABCD包囲網が強まってきたようであった。南部仏印進駐をきっかけに、日本を取り巻く状況は悪化していった。

日本側はアメリカの禁輸を予想していたのであろうか。七月二十五日の大本営陸軍部戦争指導班『機密戦争日誌』には、「当班（戦争指導班）仏印進駐に止まる限り禁輸無しと確信す」と書かれている。二十六日に資産凍結を受けたときには、「当班全面禁輸とは見ず、米はせざるべしと判断す。何時かは来るべし。その時機は今明年早々にはあらずと判断す。海軍小野田中佐（軍令部で陸軍との連絡役）も同意見」と記されていた。ところが、のちにその欄外に次のように書き足している。「本件第二十班（戦争指導班）の判断は誤算なり。参謀本部また然り、陸軍省もまた然りなり」軍部は完全に計算を誤ったのであろうか。実はそうでもなかったようなのである。[60]

■アメリカ政府は石油禁輸をする意図はなかった

さて八月一日以降、日本は石油を得られなくなったが、なぜアメリカは石油を禁輸したのであろうか。実はこの時点で、アメリカ政府は日本に石油を禁輸する意図はなかったようなのである。当時の関係者の証言をいくつか見てみよう。

イッキーズ内務長官は日記に次のように記している。

「金曜日（八月一日）の朝、アチソンが勝ち誇って電話をしてきた。大統領は今、日本への石油輸出を著しく制限する指令にサインしたところだという。ハイオクガソリンはすべて禁止され、ハイオクガソリンを製造可能な（高質）原油も同様に禁止されたと、とても喜びながら話した……低質の原油だけがメキシコ湾から輸出される。低質のガソリンも新しい規制のもとに輸出されるかもしれないが、最近の二五％に制限される。それどころか、もう我々は日本の絹を輸入しない……しかし石油は完全禁輸して欲しかった。

蘭印も石油を日本に輸出するのを止めた。アメリカ、イギリス、オランダ、中国、ソ連が協力して日本に体当たりすれば、恐らく我々は、日本を数ヶ月で崩壊させることができるだろう。

日本は窮地に陥ったという意見が大勢を占めている。ドイツがヨーロッパでソ連に勝つまで、日本はシベリアに攻め込むことはできないだろう……」[61]

二日、ウェルズ次官はハル国務長官と電話会談をした。ハルは次のような趣旨の発言をしたという。

日本を止めるのは力のみである。問題は、欧州戦争が終結するまで、どれだけ長く（日本に侵略させずに）事態を引き延ばせるかである。日本は仏印進駐する際に、米国がどこまでも経済制裁を進めると予想していたはずである。もっとやってもよかった。日本は仏印進駐の代償として、完全な石油禁輸にあってもよかったと、私は思う。[62]

スティムソン陸軍長官は次のような趣旨のことを日記に記している。

八月五日、国務省のファイスと極めて興味深い話をした。日本はたくさんの物資を禁輸され、ついに手足を縛られた。唯一の例外は石油である。[63]

このように、八月一日のホワイトハウス発表の時点では、石油の完全禁輸は考えられていなかったことが分かる。なぜ、石油が完全禁輸されてしまったのだろうか？　実はこのすぐあとに、石油輸出の仕組みを考えたルーズベルト大統領とウェルズ次官は、イギリスとの会談（大西洋会談）のために二週間ほどワシントンを留守にしている。八月三日、ルーズベルトはワシントンを発ち、ウェルズ次官も四日にルーズベルトのあとを追った。[64]

ルーズベルトとウェルズが大西洋会談に出かけているあいだに、何が起こったのであろうか。

■ルーズベルトの不在と三省ＦＦＣ委員会の暴走

ここで、ルーズベルトとウェルズがつくった仕組みをふり返ってみよう。日本側が石油を購入したい場合、最初に石油輸出業者が申請を出す。すると国務省の判断のもとに、輸出管理局が石油輸出を許可する。日本の購入者は、石油の代金を支払うために、資産凍結解除の申請を出す。すると三省ＦＦＣ委員会の許可のもとに、財務省が資産凍結解除を許可するという複雑な仕組みができようとしていた。さらにルーズベルトは、七月三十日に、経済防衛委員会（ＥＤＢ）を立ち上げ、ウォーレス副大統領を責任者にして、資産凍結や貿易規制を担当させようとしていた。まだ立ち上がったばかりで実際の活動はこれからであったが、本来であれば、最終的にＥＤＢを通さなければならないはずであった。こうして国務省、輸出管理局、三省ＦＦＣ委員会、財務省、ＥＤＢなど様々な組織がからむ複雑なシステムができていた。ルーズベルトは、様々な組織や仕組みをつくって、対立する部下や組織を操縦することがあった。何か組織間でトラブルが起こると、ルーズベルトが裁定することで解決されていた。こうしてルーズベルトは、強大な権力を維持し続けた。しかしルーズベルトがいなくなったとき、組織は暴走を始め、誰にも止められなくなったのである。[65]

ルーズベルトがいなくなったすぐ後、八月五日に三省FFC委員会が開かれた。委員会では、日米貿易についてのアメリカの政策はどうあるべきかを議論し始めた。アチソンは日本へのアスファルトの輸出を再検討すべきだと発言した。アスファルトは飛行機の滑走路に使われる恐れがあるからだという。三省FFC委員会は、資産凍結解除するかどうかを議論する部署であって、日米貿易の個別品目について輸出規制するかどうかを決めるのは、輸出管理局の仕事であったはずである。それから、日本が南米で戦略物資を購入し、アメリカ国内の凍結資産で支払うために、凍結解除の申請をしているケースが取りあげられた。委員会は、凍結解除を拒否することで合意した。そのほかに日本がカナダ産の小麦を購入し、代金を支払うためにアメリカで資産凍結の解除申請をしていることが取りあげられた。するとアチソンは、その件についてカナダの公使館員と話し合い、カナダは輸出を拒否する予定だと述べた。そして委員会は、日本への綿の輸出量は、三省FFC委員会で決定すべきだと言い始めた。三省FFC委員会は、経済戦争の政策決定部署となったかのようであった。[66]

さらに委員会は、石油や綿を日本に輸出する許可が出た場合、日本がどのように支払うべきかについてまで議論している。ルーズベルトの許可をとったウェルズの指示は、輸出管理局が許可を出したら、財務省は自動的に資産凍結を一部解除して支払いに充てるべきだというものだった。ところが委員会は、日本が持っている米国内の現金か、南米のドル資産を使わせることを検討すると言いだした。日本資産は凍結されたが、凍結を逃れて日本が米国内に隠し持っている現金や、資産凍結前に急いで南米に送金して凍結を逃れたドルを使わせることを主張し始めたのである。委員会は勝手な政策をつくり始めていた。[67]

八月七日にも三省ＦＦＣ委員会が開かれた。財務省は、前回議題となった、日本が石油や綿を購入する際に、米国内か南米に持っている自由ドルを使わせることなどを報告書にまとめていると発表した。[68]

この日、財務省は国務省に、日本への輸出に関して報告書を提出している。三省ＦＦＣ委員会でこれまでに決まったことを書類にして確認しておくためであろう。それによると、財務省の外国資産管理局（三省ＦＦＣ委員会と区別するために財務省ＦＦＣと略す）は、石油以外の輸出管理品目を却下する。輸出管理品目かどうかにかかわらず、木材パルプ、金属、機械、車両、ゴム、化学製品等については、財務省ＦＦＣは却下する。石油に関しては、輸出管理局の許可がない限り、財務省ＦＦＣは却下する。綿について財務省は報告書をまとめているが、方針が決まるまで財務省ＦＦＣは何もしない。[69]

ここまでは、だいたいルーズベルトとウェルズの指示に従っているようにみえる。ところが財務省は、三省ＦＦＣ委員会でも話し合われた以下のことを報告書に書いている。

財務省は、日本が凍結を逃れて保持しているドル資産の合計額等について、報告書をまとめている。そのような資産がありながら、資産凍結を解除して、日本が輸出代金を支払うことを認めてよいかどうかを財務省で検討している。[70]

このように財務省は、ルーズベルトとウェルズの指示とは異なる方針を検討し始め、国務省に通知した。この場合、国務省のウェルズ次官がチェックして、財務省に方針通りにするように注意すべきであった。しかしウェルズは、ルーズベルトと共に、大西洋会談に出かけていた。代わりにこのとき、病気療養中だったハル国務長官がワシントンに戻ってきていたはずだった。ハルは何をしていたのだろうか。

■ハル長官と極東部の受領印がない重要書類が意味するもの

この財務省が提出した書類の原本は、アメリカ国立公文書館に保存されている。その書類を見ると八月七日付のアチソンの受領印があり、その他には文書を保管する通信記録部の受領印があるが、その日付は九ヶ月後の一九四二年五月十三日となっている。ハル長官のサインや極東部の受領印は見当たらない。アチソンはこの書類を、石油禁輸に反対するハルや極東部に見せずにファイルしてしまったのだろうか。もちろん、アチソンが口頭でハルや極東部に説明したとか、アチソンの部下が処理をし忘れたという可能性はある。[71]

しかし財務省の記録を見ると、先に述べたように、八月九日（土）、財務省FFCのペール局長のところにアチソンが電話をかけてきて、こう言ったそうである。「(国務省) 極東部は、石油を輸出しろととてもうるさい。そして、私（アチソン）には石油輸出を差し止めする権限はないと主張している」。そのあとアチソンはペール局長に、綿に関する報告書と、日本が逃避させた資産額および利用可能額の報告書を月曜日までに欲しいといったそうである。アチソンは、勝手な方針を言ってくる財務省と、石油輸出を求めるハル長官や極東部との間で板ばさみになっていたのかもしれない。[72]

日本は自由ドルを持っているから、それで払わせるというのは、一見合理的に見える。しかし実際には、日本が隠し持っていてどこかに逃避させたドルを使わせたいというのが財務省の本音であろう。そして日本がそのドルを使おうとしたら、出どころを調査して、違法性を理由に没収してしまいたかったのであろう。さらに裏の目的は、日本が隠し持っている戦争資金を枯渇させ、日本を窒息させるということであり、日本にはとても呑めないものであった。米国政府内の、金融政策に詳しくない高官が、この方針の背後にある意図を見抜けたかどうかは疑問である。[73]

アチソンは、ハル長官や極東部を、どうやって説得したのであろうか。アチソンは約三〇年後、回顧録で次のように述べている。

「三省FFC委員会は、日本の輸出申請を打ち砕くために、以下の三つの方策をとった。（一）指針を出さずに、申請は一件一件個別に行われ、そのたびに審査される。（二）米国または中南米に秘密資金があるとみなされた場合には、資産凍結解除しない。（三）輸出は代わりの輸入物をもって支払われる。驚いたことに、これらの方針は米国政府内で、全員一致の賛成を見た」[74]

金融政策に詳しくないハル長官や極東部は、この「秘密資金があるとみなされた場合には、資産凍結解除しない」という説明にだまされてしまったのではないだろうか。この秘密資金は、日本が石油輸出の支払いに簡単に使用できるものと思ったのであろう。この説明でみなが納得したので、アチソンは「驚いた」のかもしれない。

■ルーズベルトの意図に反する政策が実現

さて、八月一日に石油の輸出許可はいったん取り消され、再申請することが求められた。日本側から多くの石油輸出申請が出され、輸出管理局には、二一一万ドル分の原油・ディーゼル油・潤滑油の輸出申請が来ていた。輸出管理局は国務省に従うことになっていたが、八月十一日、国務省は一八万ドル分を許可し、七三万ドル分を高品質として却下し、残りの一二〇万ドル分は未決定とした。こうして日本に石油輸出許可が出た。書類にはアチソンとハルのサインがあり、この時点でハル長官は、石油は輸出されているものと思っていたことが予想されている。[75]

日本側は、石油輸出が許可されたので、さっそく財務省に、資産凍結解除申請を出した。ところが、財務省は隠し持っている自由ドルを使うことを要求し、資産凍結解除を認めなかった。こうして、ルーズベルトとウェルズの意図に反する政策が実現していくのである。このとき、ルーズベルトとウェルズは、大西洋会談で不在だった。[76]

翌日の十二日、三省FFC委員会が開かれた。アチソンは以下のように報告した。輸出管理局は三件の石油輸出申請を許可した。アチソンは、日本大使館の井口参事官に、支払いは日本政府が米国内に保持する現金で支払うように通告した。井口は検討すると述べた。アチソンの報告に対して、三省FFC委員会は、日本大使館が何か言ってくるまで、資産凍結解除に関する行動は何も取らないことに決定した。さらにアチソンは、蘭印政庁も石油輸出に関して強硬策をとっており、米国に同調する用意があると報告した。[77]

ここで日本大使館の動きを見てみよう。本来であれば、海軍出身で外交に詳しくない野村大使を補佐するのは若杉公使の役目であった。ところが若杉公使は、松岡外相と野村大使の対立の影響を受け、日本に一時帰国させられていた。このため、資産凍結の解除に関しては、日本大使館（ワシントン）の井口参事官が主に国務省と交渉し、ニューヨーク領事館の西山財務官が主に財務省と交渉することになった。井口参事官は外交官で、西山財務官は大蔵省出身である。八月九日、井口参事官はアチソンのもとを訪れ、資産凍結解除を求めた。アチソンは井口に、資産凍結令の前に日本は現金を引き出したので財務省は怒っている、現金をもとに戻さないと資産凍結解除を許可しないかもしれないと脅した。すると井口は、元に戻すのは可能だと言ったので、今度はアチソンが驚いた。わざわざ凍結されるために自由ドルを戻すのはいくら何でもお人好しすぎると思ったのであろう。アメリカ側も、国務省のハル長官や極東部など、金融に関係する資産凍結の詳細がわかっていない場合が多かったようであるが、日本側も野村大使や外交官にはよくわかっていなかったようである。[78]

八月十五日、西山財務官は、財務省のフォックスやタウソンらを訪問して、石油の支払い方法を尋ねた。するとタウソンは、アチソン次官補とペール局長が、井口参事官に逃避資産を使うように述べたと聞いている、と回答した。大蔵省出身の西山財務官は、これはまずいと思ったのか、資産凍結令前のドル資産引き出しは既成事実であり、逃避したドル資産で払うのは困難と述べた。そして、この問題を井口参事官と話し合い、後で財務省と協議したいと言ってその場を離れた。逃避した資産を戻せば凍結されてしまうし、下手をすれば違法な点を見つけられ、没収・処罰されてしまうかもしれなかった。[79]

同じ日、井口参事官はアチソンを訪ねた。アチソンが石油代金の支払いには、逃避したドル資産を使えと言ったところ、井口は、石油を購入したのは三井と三菱で、ドル資産を持っているのは海軍だから不可能だと答えた。そして上海で中国通貨をドルに替えるか、蘭印にある日本の自由ドルを用いたいと提案した。アチソンは米国内のドル現金か、南米に逃避させたドル資産を使う方がよいと述べた。井口は検討すると述べた。井口は、日米通商に関する自分の提案をハル国務長官に話したかとアチソンに聞いた。するとアチソンは、ハル長官は忙しいので話す機会はなかったと回答した。[80]

このように、外交に詳しくない野村大使のもと、急に資産凍結解除の担当になった井口参事官と西山財務官の足並みがそろわないうちに、二人の見解の違いを国務省と財務省から突かれてしまっている。一方、回顧録の中でアチソンは、井口は疲れを知らないと誉めている。また、財務省の記録には西山は悪役として現れるが、逆に言えば手強い交渉相手であったのだろう。二人とも懸命に努力したものの、突然の事態で、態勢が整わなかったようである。本来であれば、野村大使の補佐役の若杉公使が陣頭指揮をとるべきであっただろうが、松岡外相から一時帰国を命じられていた。このあとすぐに松岡外相は更迭されてしまうが、若杉公使の一時帰国は撤回されず、日本に帰ってしまった。松岡外相の後任の豊田外相は、野村大使と同じく海軍出身で外交に詳しくなかった。アチソンも国務省に入って半年しか過ぎていなかったが、野村大使も就任して半年しか過ぎていなかった。松岡外相と対立した野村大使は、国家に損害を与えたくないと帰国願（辞職願）を出したが受け入れられなかった。その後、外交の専門家の来栖《くるす》大使のような人物を送って欲しいと要請したが、来たのは三ヶ月後で、石油禁輸が決まった後だった。[81]

■大統領が許可しても日本が石油を買えないようになっていた

ハル国務長官は、いつ頃、石油が禁輸されている事実を知ったのであろうか。アチソン犯人説をとる研究者は、九月四日に野村大使に聞かされ、五日にアチソンに報告させて知ったとしている。しかし、実際にはもう少し早かったようである。[82]

記録を丹念に見ていくと、以下のような記録がある。八月二十三日に、ハルは野村大使と会談した。ハルはだいたい以下のように記録している。

「野村大使は、資産凍結令のもとで米国は石油輸出を止めたと予想している。資産凍結解除には許可がいるが、石油の購入に関する認可が出ていないという。これに対して、私［ハル］は、この件を十分チェックしておらず、米国政府の他の部署も関わっていると答えた。そして私は逆に、英国と日本はこの件に関してどうしているのかと野村に質問した。野村は知らないと答え、私も知らないと答えた。私はこの件に関して、すぐに米国の状況を調査すると回答した」。[83]

その後、ハルは状況を国務省の部下から聞いたようである。本来ならアチソンに聞くところであるが、アチソンは翌日の二十四日から二週間の休暇に入っているので、アチソンに聞けなかった可能性が高い。そして部下から、米国内か南米にある自由ドルの話などを聞いたのであろう。[84]

八月二十七日朝、ハルは野村と会談している。野村はアメリカがソ連に石油輸出したことに抗議した。日本はアメリカから石油を輸入できないので、石油の代わりに石炭を使っている。このようなときにアメリカの石油を積んだタンカーがソ連へと向かっている。日本の民衆は怒っている、と述べた。ハルが、どうして欲しいのかと質問すると、野村は、日本の望みは毎月二隻のタンカーに石油を積んで日本に輸入することだと述べた。するとハルは、日本は支払いのための自由ドルを、米国内か南米に持っていないのかと質問した。野村大使が調査すると答えると、ハルは結果を知らせて欲しいと述べた。[85]

ハルはこの日、野村大使と二回目の会談を持っている。ハルは、アメリカからソ連への石油輸出問題で日本が騒ぐのが理解できないと述べた。これまでたくさんの石油を買ったので感謝すべきである。日本に石油を輸出したので、ハルは非難を受けている。野村はこれに対し、日本のタクシーはガソリン禁輸で操業停止に追い込まれた。日本の民衆は、アメリカが日本に石油輸出せず、ソ連に輸出するのに納得がいかない。そして野村は、日本政府に割当分の石油を買うように電信を送ったと述べた。[86]

翌日の二十八日、野村はルーズベルト大統領とハル長官と会談した。ルーズベルトはこの席で、日本が望むなら、割当量以下ならいくらでも石油を買うことができる、と述べた。このように、八月二十八日の時点では、支払い方法ははっきりしないものの、ルーズベルト大統領とハル長官は、日本への石油輸出を許可することを、はっきり言明している。[87]

ルーズベルト大統領も、ハル長官も、野村大使も、日本の自由ドル（隠し資金）が簡単に使えるものではないことをわかっていなかったようである。一方、西山財務官や日本の大蔵省は、南米に逃避させた資金の問題がよくわかっていたようである。南米に逃避させたドルは、凍結されるのを防ぐため、すでに南米各国の通貨に切り替えられてしまっていた。財務省の強硬姿勢の前に、日本側は、南米資金で払えないと言ったり、払えると言ったりして態度が一貫せず、財務省が石油代金支払いを遅らせる口実をつくらせてしまった。のちに日本の大蔵省は、最終手段として南米資金使用を認めるが、これが日本の南米資金状態の調査のきっかけになったり、送金しても石油輸出が許可されなかったりしないように注意せよと言っている。日本の大蔵省は、米国財務省の意図を正確に読み取っているようである。[88]

ちなみにソ連への石油輸出を辞職覚悟で強行したのはイッキーズ内務長官であった。ハルと国務省は、イッキーズ長官の動きに激怒し、ルーズベルト大統領も不快感をもった。イッキーズは、東海岸でガソリン不足なのに日本に石油を輸出したら、アメリカ国民が怒ると言って日本への石油禁輸を主張したが、ソ連には輸出してもよいようであった。[89]

■とりあえず様子を見ることにしたハル国務長官

経済制裁については、これまで国務省と財務省がし烈な権力争いをしてきたが、ルーズベルトはウォーレス副大統領を委員長とした経済防衛委員会（ＥＤＢ）をつくり、政府内の省庁をまとめていこうと考えていた。九月三日、ＥＤＢの会議が開かれ、国務省はこれまでもっていた権限を次々に奪われた。ハルはあとで、大統領にこの問題を検討するようにとメモを送るしかなかった。ちなみにハル国務長官の代理としてこの会議に参加していたのは、ロング次官補であった。ところが休暇中のはずのアチソンが勝手に現れて、ロングは不快感を覚えたと述べている。ロングは穏健派であったが、強硬派の部下の差し金でアチソンが呼ばれたと考えた。[90]

翌日の四日午前中に、日本大使館の井口参事官が、国務省規制部のヨスト次長を訪問した。井口は中南米からドルを移動した場合、日本は石油を購入できるのかどうかを質問した。ヨストは上司に相談すると答えた。午後には西山財務官が、財務省のタウソンらを訪ねた。そして、南米資産で石油を購入したいがまだ問題が残っているので、財務省は今のところ何もしないで欲しいと述べたという。[91]

翌日（五日）の朝、ハル国務長官は、アチソン次官補、ホーンベック顧問、ヨスト次長と会議を開いた。ハル長官は、休暇から戻ったアチソンに財務省に電話をかけるように言ったという。アチソン犯人説をとる研究者は、石油が輸出されない現状にハルが気づき、この日アチソンに説明を求めた。するとアチソンが財務省のせいにしたので、ハルはすぐにアチソンに電話させたのだと予想している。記録を読むと、確かにそのような感じもする。この会議の議事録はアチソンが記録しているが、それによると次のようになる。[92]

ハル国務長官の指示により、私（アチソン）は、財務省ＦＦＣのタウソンに電話した。石油購入のため日本が用意する非凍結資金に関して、タウソンが西山と会談した内容について質問する。タウソンによると、日本は南米から米国に資金を移動しようとしており、計画が進むまで財務省は何もしないで欲しいと西山は述べたという。タウソンは、財務省が何かすると西山が考えているようだが、何のことか分からないと述べた。

私（アチソン）はタウソンに次のように言った。ハル国務長官が我々に望んでいるのは、井口と西山をタウソンに紹介して、南米の資金を米国に移動する許可を与えることの適否について議論を続けられるようにしたいということである。タウソンは喜んで議論を続けたいと述べ、事態は複雑なのでしばらく何も決定されないだろうと述べた。[93]

ところで、財務省のタウソンは同じ件について次のような議事録を残している。

国務省のアチソンが、九月五日の午前十一時半に電話をかけてきた。四日の西山と私（タウソン）の会談内容を知りたいとのことである。アチソンによると、ハル国務長官は井口に、南米からの資金が今すぐ利用可能なら、石油購入は許されるべきだと語ったという。しかし将来にわたって許されるかどうかは保証できないとも語ったという（私はアチソンに、自分も西山に同様のことを言ったと告げた）。アチソンによると、国務省の希望は、状況がはっきりするまで、数週間は何もしない遅延作戦をとりたいということである。また国務省は、南米の資金使用について質問を受けたら、基本的に財務省が決定すると答えたい。ちなみに財務省は決定をなす前に、そのような資金の素性を明確に報告することを求めている。[94]
これを読むと、ハル国務長官は可能ならすぐにでも石油輸出をさせたいと考えているようであるが、一方で何も決定せず、しばらく様子見をしたいと考えているようにも見える。ハルは何を考えていたのであろうか。
九月十一日に、三省ＦＦＣ委員会が開かれている。このときアチソンは次のような発言をしている。
（石油代金の支払いについての）問題は、最近ハルが取りあげた。ハルは三省ＦＦＣ委員会がこの件を検討し続けるように望んでいる。ハルは、新しい制限を設けるようなことを望んでいない。また現在の措置を緩めることも望んでいない。[95]
ハルは、どうやら何もせずに様子見することにしたようである。
また、三省ＦＦＣ委員会では、次のような議題が出た。日本は蘭印（オランダ領東インド）の石油をドルで購入するため、資産凍結解除を申請しているが、どうするべきか。これに対しアチソンは、次のような内容の発言をしている。
もしアメリカが資産凍結解除を許可したら、アメリカは日本へ石油を輸出する方針だと、蘭印の当局者は受け取るであろう。資産凍結解除をするのは望ましくない。[96]
これを見ると、アチソンが三省ＦＦＣ委員会を牛耳って、アメリカとオランダの協調による対日石油禁輸の強化を目指しているようである。三省ＦＦＣ委員会は、資産凍結解除を許可するかどうかを判断する部署であったが、いつの間にか外交政策の決定組織になってしまったようである。

ハルはなぜ黙っていたのであろう。なぜ資産凍結を解除させて、石油を輸出させなかったのであろうか。研究者は国際情勢を理由に挙げている。もし一ヶ月以上石油を禁輸してきて輸出を再開したら、アメリカはまだ戦争準備ができておらず、日本に妥協したと見られるであろう。アメリカの軍事支援が期待できないとなると、ドイツと戦っているイギリスや、日本と戦っている中国に悪い影響を与える恐れがあった。また日本は、アメリカの求める仏印からの即時撤退を実現する気がなく、石油の輸出を再開したら日本の軍国主義者に、米国は屈服したとの悪いイメージを抱かせる恐れがあった。そして石油輸出を再開しても、アメリカ国民や国際社会を納得させるような利益が得られるようには思えなかった。[97]

また、近衛・ルーズベルト会談の準備として、ハル長官と野村大使の事前折衝が始まっていたことが大きいであろう。九月六日に野村大使はハル長官に、日本政府の新提案を渡した。日本側は譲歩したつもりであったが、アメリカ側は日本が条件を悪化させたと受け取った。日米首脳会談前の事前折衝中に、日本がより厳しい提案をしてきたのに石油輸出を再開したら、交渉が下手で日本に妥協したと思われてしまうだろう。[98]

また、資産凍結の解除は財務省の権限事項であり、ハルの権力が及ばなかったということも大きいであろう。財務省のモーゲンソー長官はことあるごとにハルを出し抜こうとしており、ハルの言うことを聞かなかった。日本への石油禁輸は、長年のモーゲンソー長官の目標であった。モーゲンソーに言うことを聞かせるには、ルーズベルト大統領から命令させなければならなかった。ところがルーズベルトはハル長官ではなくウェルズ次官をかわいがり、またＥＤＢをつくって国務省の権限を奪うようなことをしていた。さらにルーズベルトの母親が九月七日に死去し、ルーズベルトは六日から十日まで実家のハイドパークに帰っていた。その後、十九日から二十一日、二十七日から二十九日にも実家に戻り、ホワイトハウスを離れることが多くなっていた。ハルはルーズベルトの指導力を使って、自分の政策を実現することが難しくなっていたようである。[99]

それから、当時はグリーア号事件をきっかけに、アメリカが参戦を目指すような動きがあったので、多忙であったのだろう。さらに、反日圧力団体が活発に活動し、マスコミが日本に妥協するなど反日報道していたのも大きかったであろう。またハルは、政敵から不決断のハルと呼ばれることがあったが、この頃は病気の影響もあってか決断力が鈍っていたようである。側近のロング次官補も、九月六日の日記に、ハルは優柔不断と書いている。ルーズベルト政権で、ハルの敵はますます増えてきていた。イッキーズ内務長官は辞職覚悟でハルに反抗し、モーゲンソー財務長官もハルの敵だった。ウォーレス副大統領、スティムソン陸軍長官、ノックス海軍長官も対日強硬派で、ハルを批判していた。ハルは批判を恐れて、行動力が鈍っていたことが考えられる。[100]

■アチソンがハルに石油禁輸の決断を迫る

アメリカは石油を輸出するのかしないのか、困ったのはイギリスとオランダであった。アメリカの方針が分からなければ方針を決定できなかった。イギリスとオランダの外交官は懸命にアメリカの対日外交方針を探ろうとした。この頃まで、実はＡＢＣＤ包囲網の中心となるアメリカの外交方針は不明だったのである。こうした中、九月二十二日、アチソンは報告書を出して、ハルに決断を促した。アチソンの報告をまとめると以下のようになる。

米国の政策は、輸出管理と財務管理の二重管理になっているので、あいまいで徹底していない。米国の政策のあいまい性と、輸出・財務管理の複雑性から、イギリスとオランダはアメリカの意図が分からず不安である。内密でよいからアメリカの政策をはっきりさせて欲しいと望んでいる。イギリスとオランダは米国と協調するが、米国より先を行くつもりはない。何年もの努力の後に、ついに対日共同経済制裁の体制が実現された。弱さを意味する不決断は、我々の共同戦線に危険である。

以下の推奨政策は公式発表する必要がない。いずれにしても、現在の輸出状況を変更する必要はない。現在、輸出はほとんど行われていない。

石油については、米英蘭の三国が輸出していない。しかし保留中の申請が米蘭にあり、明確化が必要。（一）アメリカでは現在約一八万ドル分の輸出許可が出ているが、財務省の凍結解除許可は出ていない。アメリカの提案は、米国内にある現金か、南米に隠しているドル残高を使えということであったが、日本はできないと言ってきた。日本は金の輸送か、上海などで得たドルで払うと言ってきた。金を日本から輸入しないというのは大統領が認めた政策である。日本の提案をのむ義務はない。（二）アメリカの石油会社は、蘭印から日本への石油輸出を申請したが、オランダは支払い許可が米国から出ていないと拒否している。もしアメリカが、資産凍結解除の許可を出せば、オランダはアメリカが石油輸出を許可しているものと解釈してしまう。アメリカが石油代金の支払い問題に明確な答えを与えないので、オランダは不安に感じている。

推奨事項は（一）日本が提案している支払い方法は許可できないと伝える。（二）英蘭に、日本に石油は輸出しないと伝える。

（中略）。

何か政策の変化があったときには、行動に出る前に、英蘭に知らせる。結論。我々の政策を英蘭に明確に示し、迅速で断固とした行動をとらない限り、対日共同行動は危険にさらされる。そして、私の意見では、もしこれが失敗したら、しばらくのあいだ復活させることは難しいと思われる。[101]

このように、アメリカは石油を日本に輸出しないという方針を、英蘭にはっきり知らせるべきだと迫ったのである。何も現状を変える必要はなく、石油禁輸を英蘭に知らせて、必要なら変更すれば良いと説得した。ハルの性格を考えると、最高の説得法であったかもしれない。

ハルは、側近の部下に意見を聞いた。強硬派のホーンベック顧問は、アチソン提案に賛成した。慎重派のハミルトン極東部長は、消極的賛成といった感じであった。ハルはついに日本への石油禁輸を認めた。[102]

アチソンはついに、ハル長官から石油禁輸の許可をとることに成功したのだった。

■ABCD包囲網が完成して石油禁輸が実現する

九月二十六日、アチソンはオランダ公使に電話をかけ、次のように告げた。

資産凍結以来、日本に石油は輸出されていない。日本には少額の石油輸出許可が出されているが、日本は米国に隠している資金を差し出して支払うことを拒否した。その他の支払い方法は米国にとって許可できるものでないことが分かった。同じ態度をとり続けるのが米国の方針である。言い換えれば、資産凍結を通じて、日本への石油輸出は止まり、同じ結果が続くことをオランダ政府は期待して良い。何か方針に変化がある場合は、オランダ政府に前もって知らせる。ハル長官の希望としては、この情報は可能な限り少数のオランダ政府当局者のみの情報として、特定の政策が米国政府の責任に帰するような出版物は絶対に避けて欲しいとのことである。[103]

九月二十七日には、英国大使館のホール公使がアチソンを訪ね、米国の石油輸出の方針を尋ねた。アチソンは、次のように答えた。

資産凍結以来、石油は日本に輸出されていない。少量の三つの許可が出されたが、日本は米国内に隠し持っている現金での支払いを拒否した。その他の支払い方法は満足がいかないので、この状況を続ける。逆に言えば、資産凍結管理により、石油を禁輸する。何か変更があれば、事前に通知する。このことは英国政府内での極秘事項として欲しい。[104]

こうして、ついにアメリカ・イギリス・オランダの協調による対日石油禁輸が実現した。七月二十六日に資産凍結令が出されてから、アメリカは二ヶ月も政策を決定していなかったのである。というよりは、当初は石油輸出の方針であったが、途中で三省FFC委員会（アチソンと財務省）が勝手に資産凍結の解除を拒否して、石油輸出が行われず、ついに石油禁輸になってしまったのである。

アチソンは、英国側に次のように語ったという。

三省FFC委員会は、輸出割当量を決定しなくても、資産凍結令を用いて全面禁輸を押し付ける方法を、偶然発見した。日本は、アメリカの資産凍結令に忠実でなかったので禁輸を受けたのは自業自得である。[105]

■多くの研究者の石油禁輸に対する評価

石油禁輸に関しては、多くの研究者が、石油禁輸はアメリカの政策ミスで、日本を戦争に追い込んだと評価している。アンダーソンは、アメリカが石油を禁輸したら日本は蘭印を襲うという専門家の予想通りに、日本は蘭印を侵略したと述べている。つまりアメリカの石油禁輸で日本は戦争を決断したのである。ワースは、アメリカの禁輸で日本は北進をやめ、南進を決断したと述べている。アトリーは、日本を戦争に追い込んだのはアチソンのひどいミスと述べている。このとき、陸海軍、ハル、ルーズベルトは日本との戦争を望んでいなかった。アチソンらの強硬派は、日本に強く当たれば戦争を防げると誤って考えていたのである。[106]

第九章　財務省の権威の陰で暗躍するホワイト

アチソンと三省ＦＦＣ委員会が勝手に政策を変更したことで、日本への石油禁輸がついに実現した。三省ＦＦＣ委員会には財務省も参加しており、フォーリー法務顧問が財務省代表であった。しかし資料を丹念に調べると、財務省の政策を背後で仕切っていたのは、通貨調査部のホワイト部長とその部下たちであったようである。これまで述べたように、通貨調査部には共産主義に賛同する人も多く、共産党地下組織やソ連のスパイ網に属する人物も含まれていたとされている。ところで当時、米国共産党員にとって最大の関心事は、共産主義者の母国・ソ連を守ることであった。ドイツの猛攻を受けて退却を繰り返すソ連を、日本が北進して挟み撃ちしたら、ソ連が崩壊する可能性があった。北進しないように日本の動きを止めるか、または日本を南進させることが必要であった。ホワイトと部下たちは、どのように動いたのであろうか。ここで財務省の動きを追ってみよう。

■資産凍結や解除を行う外国資産管理（ＦＦＣ）の歴史

資産凍結や解除を行う外国資産管理（ＦＦＣ：Foreign Funds Control）は財務省の管轄であった。

最初に財務省における外国資産管理の歴史を簡単に振り返ってみたい。

外国資産管理の発端となったのは、一九三七年十二月のパネー号事件（米国砲艦パネー号を日本軍が攻撃して撃沈した事件）であったといわれている。財務省の法務顧問オリファントは、日本資産を凍結し、外国為替取引・銀行業務を禁止するための規制案を書いた。オリファントは十二月二十日に規制案を書き上げたが、日本側が謝罪したため、草案は法務顧問の金庫で眠ることとなった。[1]

その後一九三八年九月のミュンヘン危機の問題などから、国務省はドイツへの経済制裁を検討し始めた。国務省は財務省に協力を要請したが、オリファントに代わって新しく法務顧問となったフォーリーが財務省案を提示して国務省と交渉した。財務省案は、資産凍結管理を利用してすべての取引を報告させるなど経済戦争的な要素が強かった。[2]

ミュンヘン危機は一応解決したが、一九三九年三月にドイツのチェコスロバキア侵略が起こった。財務省は再び外国資産管理を進言した。しかし司法省は合法性に疑問を呈し、国務省は別の案を提示したので、なかなかまとまらなかった。[3]

外国資産管理（ＦＦＣ）が始まったのは、ドイツのヨーロッパ侵略が始まってからだった。一九四〇年春、ドイツは怒濤の進撃を始めて、デンマーク、ノルウェー、オランダ、ベルギー、ルクセンブルク、フランスを次々と打ち破っていった。こういった国々は、アメリカ国内に貯金や債券など、たくさんの資産を持っていた。これらの国々の資産を、ナチス・ドイツが引き出して自分のものにしてしまうことが考えられた。そこでアメリカは、こういった国々の資産を凍結して、真の所有者が明らかになるまで資産の移動ができないようにした。このように初期の外国資産管理は、友好国がアメリカ国内にもつ資産を保護することが目的であった。[4]

一九四〇年四月、大統領令8389号により、財務省FFCが立ち上がったときは、一握りの人員がいただけで、会議テーブル一つあれば全員座れるくらいの人数だったという。財務省FFCは、あらかじめ考慮されてつくられた部署ではなく、政策は決まっていなかった。当時、資産凍結の目的は不透明で、最終目的や究極の目標はなく、何か問題が起こるたびに政策が決まっていく感じだったという。しかし、フランスのような大国の資産凍結管理を行うために、人員は急激に増えていった。[5]

財務省FFCは当初、財務長官室に所属する委員会のような組織として始まった。しかし、すぐに業務が多忙となり人員も増えたため、フォーリー法務顧問の管轄のもとに独立組織となった。そして財務省FFCは、ピーク時には二〇〇〇名のスタッフを抱える大部署となった。財務省FFC（外国資産管理局）の局長を務めたのは、ジョン・ペール財務長官補佐であった。[6]

一九四一年六月から七月にかけて、財務省FFCの仕事は大きく変わったという。それまでは、戦争で侵略された国の米国内資産を守るという、防御的な善意の外国資産管理であり、送金や決済の管理が中心だった。ところがこれ以降、侵略国に打撃を与えるという積極的な経済戦争のための外国資産管理に変わり、貿易の規制が重要事項となったという。こうして、ドイツ、イタリア、日本などの資産が凍結されていった。そして、財務省FFCの背後で、ホワイトの通貨調査部が、怪しい動きを見せていた。[7]

■FFCの乗っ取りを図るホワイトの通貨調査部

実は前年（一九四〇年）の秋から、ホワイト部長や部下のコーは、通貨調査部がFFC（外国資産管理）の統計分析などを行って、FFCの政策を決定することにしたかったようである。そして資料を見ると、これらの活動の中心人物がコーであったとわかる。コーは、共産党地下組織が、ホワイトの力を使って財務省に送り込んだ人物だと言われている。このような背景を頭に入れて資料を見ていくと、ホワイトのもとに集まった共産党地下組織あるいはシルバーマスター・スパイグループのメンバーが、財務省ＦＦＣ（外国資産管理局）の乗っ取りを謀ったようにも見える。この点について少し詳しく追ってみよう。[8]

このような動きは一九四一年四月頃から本格的に始まり、五月十日のホワイト部長のスタッフ会議で、通貨調査部の中に新組織をつくることが決定された。新組織の目的はペール局長の財務省ＦＦＣ（外国資産管理局）に役立つような調査分析をすることであった。新組織は、ＦＦＣ統計課（Foreign Funds Control Statistical Group）とＦＦＣ分析課（Foreign Funds Control Analytical Group）の二つがあったようである。通貨調査部のホールは、立ち上げに二～六週間かかると見積もっている。またホールによると、新しい組織は、凍結地域の貿易の調査を行うべきであるが、この種の調査は国務省、陸軍諜報部、海軍諜報部、輸出管理局（ＥＣＡ）、生産管理局（ＯＰＭ）、内外商務局なども行っているので、最初にどの部署がどのような情報を持っているか突き止めるようにすべきだとしている。次に非公式の部署間委員会をつくって情報交換を行い、調査の重複を避けるべきだとしている。こういった貿易の統計調査は、忙しいペール局長の財務省ＦＦＣ（外国資産管理局）にはできないから、ホワイトの通貨調査部の人員が統計調査を行って、データをまとめて提示すべきだとしている。[9]

五月十四日、通貨調査部のカマークは、コーに報告書を提出している。それによると、通貨調査部のＦＦＣ分析課のメンバーが、財務省ＦＦＣの係長に聞き取り調査に出かけたとある。目的は、財務省ＦＦＣでどのような調査・分析が求められているかを、通貨調査部が把握するためであったようである。ちなみにカマークはこのとき二六歳、コーは三三歳（あるいは三四歳）であった。カマークはハーバード大学出身の優秀な経済学者で、ＦＲＢ（連邦準備制度理事会）から財務省に移ってきて、日本がどれだけのドル資産を持つかなどを調査していた。のちには世界銀行などで活躍することになる。ところで「ワシリーエフ文書」によると、カマークも共産党地下組織などに関係していた可能性があるが、真偽のほどは不明である。[10]

またカマークは、ストップフォード資料を分析する担当を決めている。第二次世界大戦の開始によってイギリスは戦時体制に入り、通信検閲を始めて情報収集していた。そして一九四〇年夏からアメリカに検閲した情報を提供しており、これがストップフォード資料と呼ばれていたようである。これは機密情報なので、一部の幹部しか閲覧が許されなかった。しかし一九四一年五月、ホワイトの通貨調査部にＦＦＣ分析課ができたので、ここで情報を詳細に分析することになった。こうして検閲された商用通信の情報を分析して、枢軸国がどのように米国内で取引を行っているかが分かるようになったという。例えば、企業通信、企業送金、外国銀行、信託・相続財産、証券、ダイヤモンド、絵画、小切手、個人送金、戦略物資、輸送、通商、外国為替のように情報を分類して、分析調査を行った。こうして枢軸国と関係する企業や人物を洗い出し、ブラックリスト作りに役立てていた。日本の動きもかなり突き止められていたようである。ストップフォード資料の分析結果は、コーに送られるようになっていた。こうして英国の通信検閲の分析結果は、コーを通じて、ソ連のスパイ網に流れていた可能性が高い。[11]

■勝手にアメリカの経済戦争の方針をつくるホワイトたち

独ソ戦が開始され、ソ連が危機に陥った頃から、新設のＦＦＣ分析課はたくさんの分析結果や政策提案を出すようになった。資産凍結によって貿易を止め、禁輸できることを理解していたホワイトの部署は、ＦＦＣ分析課に輸出入などの貿易政策を立てさせた。しかし疑問を呈する部下もいた。七月四日にホールは、ホワイトに報告書を出し、輸出に関する政策を立案するのは、論理的・法的に言って、財務省のＦＦＣ関連部署ではなく、輸出管理局（ＥＣＡ）の仕事ではないかと述べている。そして財務省ＦＦＣのすべきことは、米国内にある侵略された国の資産を守り、また侵略国が米国内資産を用いてプロパガンダ、スパイ、サボタージュ活動や、その他の軍事活動をすることを防ぐことではないかと述べている。まったくの正論のようである。それならなぜ、通貨調査部のＦＦＣ分析課は、輸出入政策に口を出し始めたのであろうか。[12]

ホールの疑問にもかかわらず、ＦＦＣ分析課のタスカは、七月十二日に「ＦＦＣと輸入政策」、七月二十二日に「ＦＦＣと輸出政策」の報告書をまとめて、ホワイトに提出した。これによると、現在のアメリカの貿易管理の要点は、輸入最大・輸出最小であるべきだという。これは戦略物資などを、できるだけアメリカが入手して、敵国から奪うという思想である。ただしアメリカが敵国から物資を輸入しても、支払いのドル資産は凍結してしまって、敵国が自由に使用できないようにすることが重要だとしている。そしてアメリカが何かを輸入して支払うべき代金は、ドルではなく同価値の（重要性の低い）輸出品で支払うのが望ましいと述べている。これは、アチソンがこだわったバーター取引の思想に似ている。それから凍結指令以前に蓄積していた凍結ドル資産は、今後の輸出に使わせてはならないと述べている。これはアチソンらの三省ＦＦＣ委員会が、日本の資産凍結解除を拒否し、凍結を逃れた自由ドルを使わせようとした考え方に近い。三省ＦＦＣ委員会は、実はホワイトのＦＦＣ

分析課が立てた方針に従って動いていたようである。[13]

■日本資産凍結の最大の狙いはソ連の支援だったのか

さて、第八章で述べたように日本の南部仏印進駐に対抗するために、七月十八日の閣議で日本資産凍結を行うことになり、ウェルズ次官は、アチソンとホーンベックに資産凍結令を準備させた。十九日には、国務省と財務省の合意ができて、石油を輸出する方針を立てている。実はこのとき、十六日（水）から二十一日（月）まで、ホワイトは外出中で、十九日の国務省と財務省の合意の時に不在であった。さらにモーゲンソー財務長官も二十三日（水）から一週間の休暇に入った。ホワイトやモーゲンソー長官がいないときは、財務省は国務省の方針におとなしく従っていたようである。しかし八月以降、国務省のウェルズ次官とルーズベルト大統領が不在となり、対日強硬派のホワイトとモーゲンソー長官がそろうと、財務省は勝手に資産凍結解除を拒否する方向へと突き進むのである。[14]

資産凍結令が出る数日前、ホワイトが二十二日に戻ってくると、部下のアドラー（シルバーマスター・グループ）とフリードマンは「日本と中国の米国内資産を凍結すべきか」という報告書をホワイトに提出している。ここでその内容を少し詳しく見てみよう。[15]

最初に、日本資産を凍結した場合の利点として以下の四つの点を挙げている。

一つ目は、日本と枢軸国（ドイツ、イタリア等）の活動を抑えられることだという。その理由として、イギリスの通信検閲情報（ストップフォード資料）を分析した結果、日本は、アメリカの国益に有害な活動をしていることが判明したという。例えば、日本は米国内でのプロパガンダに七〇〇万ドルを割り当てた。横浜正金銀行ニューヨーク支店は、イタリア（先に資産凍結を受けた）のために便宜を図っている。同支店の貸金庫には大量の現金があり、日本大使館のスタッフが利用できる。日本の資産凍結を行えば、このような日本の活動を妨害することができる。また、同支店は（資産逃避のため）ブラジル銀行に二〇〇万ドル預ける手続きをした。現在、日本が米国内に所有する利用可能な短期資産は八一〇〇万ドルと予想される。一九四一年初めには一億一〇〇〇万ドルであったが、日本は資産凍結を恐れて、ブラジルなどに資産逃避を進めている。資産凍結が遅れれば遅れるほど、日本資産は逃げてしまうので、早く凍結した方がたくさんの日本資産を凍結できる。

二つ目の利点は、資産凍結により、日本の極東での侵略を抑止することができる点で、これに、石油禁輸などの警告をつけると効果的だという。

三つ目の利点は、中国を支援し日本を弱体化できることだという。日本資産の凍結は、中国のモラルを高め、日本の立場を弱くする。円ブロック通貨を弱くして、中国通貨を強くできると述べている。

四つ目の利点は、ソ連支援だという。日本資産凍結によって、ソ連が極東の軍事力をヨーロッパに移動させることができるかもしれない、と述べている。

次に日本資産凍結の問題点として、主に以下の三つを挙げている。

一つ目の問題点として、資産凍結が日本の侵略を刺激する可能性を挙げている。しかし、これまで米国が対日強硬策をとっても日本が侵略を強化することはなかったから大丈夫だと楽観的な予想を述べている。

二つ目の問題点として、日本が報復して日本国内の米国資産を凍結することを挙げている。しかし、日本は既に規制を強化しているので報復されても状況は変わらないと述べて日本資産凍結を正当化している。
三つ目の問題点として、日本が中国で報復することを挙げている。中国内の外国資産と中国資産を狙い、国際決済の妨害、差し押さえなどをすることを挙げている。しかし長期的な国益で見るべきだなどと述べて、やはり日本資産凍結の方に結論を持っていこうとしているようである。
また、日本の抜け穴を防ぐために中国の資産凍結を行い、資産凍結を利用して中国を支援する方法を述べている。[16]
上記のような感じで分析を進めているが、報告書を書いたアドラー（とフリードマン）の狙いは何だったのであろうか。アドラーは一年前の七月にも米国の極東政策に関する報告書を書き、中国を支援して日本を敗北させるように勧めている。ちなみにアドラーは、前に述べたように国務省のマイケル・ストレートを共産党地下組織に勧誘している。フリードマンも赤狩りの時代に議会から追及されている。当時の共産党員は、ソ連は共産主義者の祖国であり、ソ連の防衛は共産主義者の義務と教えられていた。[17]
こういった点を考慮に入れると、アドラーの最大の狙いは、控え目に書かれているが、四つ目の利点のソ連支援であったかもしれない。当時、ソ連はドイツの猛攻を受けて退却に次ぐ退却を繰り返していた。もし、日本がドイツに呼応してソ連を攻めれば、ソ連は挟み撃ちにされて滅亡する恐れがあった。ソ連は日本を警戒して、極東に兵力を置いておかなければならず、兵力をドイツ戦に集中できなかった。そこで、日本の資産を凍結することによって日本の動きを止め、ソ連を支援するのがアドラーの本当の狙いであったのかもしれない。

■アメリカ政府の方針決定を牛耳りだしたホワイト

前に述べたように、七月二十五日に日本資産凍結の報道発表があり、二十六日に資産凍結令が出て、日本資産は凍結された。このときの米国政府内の取り決めでは、石油は日本に輸出されることとなっており、石油の輸出許可が出たら、財務省は自動的に資産凍結の解除を行うはずだった。これがどうして石油禁輸に変わってしまったのか、財務省の動きを見てみよう。ちなみに、このときモーゲンソー長官は休暇中であり、ホワイトも二十六日には外出中となっている。

七月二十八日、ホワイトが動き出して、フォーリー法務顧問（三省ＦＦＣ委員会の財務省代表）に、メモを出している。それによるとドイツ支配地域にあるアメリカ資産の売却について、指針起草委員会ができた。メンバーは国務省のルスリンガーとミラー、司法省のローゼンウォルド、財務省のガース（ホワイトの部署）である。指針起草委員会は以下の指針をまとめたので、三省ＦＦＣ委員会の代表（フォーリー、アチソン、シェイ）の承認を求める。承認されたら、他の部署に回し、その後に各省（財務・国務・司法）の長官に提出する。これを見ると、ホワイトが、三省ＦＦＣ委員会を使って、アメリカ政府の方針決定を牛耳り始めたようにも見える。指針起草委員会には二人の国務省のメンバーが入っており、一応、三省の意見が取り入れられているようであるが、この後に紹介するルスリンガーのアチソンへの報告を見ると、いろいろな場面で財務省が仕切ることが多かったようである。[18]

同じ二十八日に、ホワイトの部下のウルマンが、スタンダード・ヴァキューム石油会社（スタンヴァック）の代表と、ホワイトの執務室で会談している。ウルマンはシルバーマスター・スパイ網で副官のような役割をしていたとされる人物である。会談では、対日石油禁輸が話し合われた。ウルマンは石油会社の話として、以下のような報告を残している。[19]

・スタンヴァック石油会社の見積もりでは日本の石油備蓄量は三五〇〇万バレルで一年分である（財務省調査では三四五〇万バレルである）。

・日本が蘭印を攻めても、四時間で油田を破壊できる。そうしたら日本は何も得られない。

・蘭印政庁は、日本に妥協したくないようであるが、英米が石油を輸出するなら、それに従うようである。

・スタンヴァック社は、競争会社もそうするなら日本への石油販売を止めてもよい。

・日本の三井の代表が、スタンヴァック社にやって来て、アメリカから石油が得られるなら、日本政府の蘭印侵略をやめさせられるかもしれないと言った。

翌日の七月二十九日、ウルマンはホワイトに「日本の石油状況」の報告書を書いている。それによると、米国と蘭印が石油禁輸したら、日本は一年分の備蓄に頼るしかないとしている。そして、日本は昨年、アメリカから二三五〇万バレル、蘭印から一〇〇〇万バレルなど、三七五〇万バレルの石油を入手した。昨年一年間の使用量は三五〇〇万バレルであり、昨年の備蓄量は三二〇〇万バレルであったから、現在の備蓄量は三四五〇万バレルだと推定している。そして、ガソリン、潤滑油、原油、軽油、燃料油などについて詳しく分析している。通貨政策を担当する財務省の通貨調査部が、なぜこのような調査をするのか不思議に思う人もいるであろう。ちなみにこの報告書の写しは国務省のアチソン次官補に送られている。[20]

記録を見ると、ホワイトもこの日、後述の三省ＦＦＣ委員会の前に、ウルマンとともにスタンヴァック社と会談したようである。[21]

■財務省が牛耳る三省ＦＦＣ委員会

七月二十九日、日本資産凍結後二回目の三省ＦＦＣ委員会が開かれた。アチソン犯人説をとる研究者によれば、アチソンが三省ＦＦＣ委員会を牛耳っていたとのことであるが、最初のころは財務省が牛耳っていたようである。このときの出席者を見ると、財務省一〇人、国務省三人、司法省三人と財務省が圧倒している。国務省はアチソン次官補と部下のミラーそして経済顧問室のルスリンガーであるが、財務省はフォーリー法務顧問、ガストン次官補、ペールＦＦＣ局長、ホワイト通貨調査部長などそうそうたるメンバーがそろっている。特にペールの財務省ＦＦＣ（外国資産管理局）はこの頃、六五〇人以上の部下を抱える大部署であった。また財務省からはホワイトの部下のウルマンが出席している。[22]

議事録を見ると、議長は財務省のフォーリーとなっており、当初、三省ＦＦＣ委員会は財務省主体であったことがうかがえる。またアチソンが、この席で委員会の決定事項の記録が欲しいと申し出て、この場で国務省のアチソンと司法省のシェイに、議事録を配布することが決定されている。ということは、これまで国務省と司法省には議事録が渡っていなかったことになる。[23]

実はこの一週間前の七月二十二日、国務省のルスリンガーはアチソンに提案を行っている。現在のところ、ルスリンガーとミラーが、国務省と財務省の連絡係をしているが、うまくいっていないので、財務省に国務省の役人を常駐させるべきだとしている。そして財務省ＦＦＣ（外国資産管理局）の会議にも参加して、三省ＦＦＣ委員会で決定がなされる前に、国務省に報告させるべきとしている。どうやら国務省は、財務省の方針決定を押しつけられている模様である。また、財務省のペール局長と部下が外国政府代表と会議をするときに、国務省スタッフを同席させるべきで、そのためにも常駐スタッフが必要と述べている。外国政府との会談は基本的に国務省の役割であるが、FFCを通じて、財務省が外国政府と勝手に会談することを抑えたいようである。そして三省FFC委員会でペール局長が口頭で要約を読み上げるだけでは不十分で、詳細な情報を得るべきだと述べている。こういったことから、アチソンは議事録を要請したのであろう。[24]

二十九日の会議の中で、ホワイトは石油会社（スタンヴァック社）からの質問を取りあげている。明日、蘭印（オランダ領東インド）に日本の船が到着するが、石油輸出に関して日本にどのように回答するかが問題だという。もし（米系の）石油会社に蘭印から石油輸出しないように要請するなら、英蘭系の石油会社との協調が必要である。また、蘭印からの石油輸出には、二つの申請・許可が必要で、一つは蘭印政庁の輸出許可であり、もう一つは支払いのための、アメリカ政府によるドル資産の凍結解除許可である。

このようにホワイトは、オランダ（蘭印）からの石油輸出も、アメリカが資産凍結解除を拒否すれば、石油を禁輸できる点をきちんと把握していたようである。

ここでアチソンが次のように発言したという。資産凍結の解除許可を利用して日本に圧力をかけることをウェルズ次官に提案した。資産凍結の解除許可を利用して、既存の輸出許可を取り消さずに、日本に輸出する石油の量と質を制限することが可能である。例えば、日本の石油割当量を（日中戦争前の）一九三五〜三六年の水準に落とすことなどができる。

すると財務省のB・バーンスタインが発言し、日本が石油を戦争に使わない、平和時の分量にまで輸出を減らす計画が必要だと提案した。そして政策が最終決定されたら、技術面の詳細をつめることで合意したという。ここでも、勝手に石油輸出量を減らす政策が合意されていることが分かる（戦争前の分量にまで石油輸出を減らすことは、七月三十一日にウェルズが認めている）。[25]

ここで怪しいのはアチソンの動きであるが、この部分の議事録が差し替えになっているのは注意を要する。この部分の差し替え前の議事録は残っていないが、この議事録はもっと違ったものであったかもしれない。というのも十月の会議の議事録で、差し替え前と差し替え後が残っているものがあるが、最初はホワイトだけの発言となっていたのが、差し替え後には、ホワイトとアチソンの発言となっているのである。もしかすると、財務省（ホワイト）は、アチソンに強硬意見の責任をなすりつけようとしていたのかもしれない。[26]

また前章で述べたように、アチソンはこの会議で、ウェルズが「来週または再来週まで」日本の申請に対しては、三省FFC委員会は「何もしない」のが最も良いと考えていると言ったと発言している。するとその後、バーンスタインが遅延計画という言葉を言い出している。日本への輸出に必要な資産凍結の解除を、遅らせてもよいというのが、三省FFC委員会の合意事項となったようである。そして「遅らせてもよい」という言葉だけが一人歩きして、資産凍結は解除されなくなるのである。[27]

■報告書を量産するホワイトの通貨調査部

ホワイトの通貨調査部（FFC分析課）は、アメリカの輸出入政策に関する報告書を量産するようになった。ホワイトの部署の報告書をもとに、三省FFC委員会が資産凍結を解除するかどうかを決め、アメリカの輸出入政策（経済戦争政策）を決めてしまおうというものであった。

七月三十一日、通貨調査部のFFC分析課は、絹問題が米国経済に与える影響を調査している。そして日本の絹を輸入しなくても、二年間は在庫やくず絹、代替品でまかなえるとしている。八月一日、通貨調査部のE・M・バーンスタインは、日本の短期資金は七二〇〇万ドルで、五一〇〇万ドルが預金だとホワイトに報告している。また八月一日、ホワイトの部下でFFC分析課のシャピロは、財務省FFC副局長のフォックスと会談して、ホワイトに報告している。フォックス副局長によると、日本は八月一日にドル債務の利子として、七〇万ドル支払わなければならないという。これらの支払いは資産凍結解除による支払いが許可されると思うが、南米のドル資産を使って払わせた方が良いとフォックスは述べたという。八月二日には、ホワイトの部下のフリードマンが、法務顧問の要請により、日本や日本占領地域で日本がアメリカにどのような商業上の差別や障壁を設けているかを調査して、ホワイトに報告している。日本への経済制裁を正当化する根拠としたかったのであろう。[28]

ところで、ホワイトの通貨調査部が資産凍結解除の方針を決めることを、他の部署はどう思っていたのであろう。本来、外国資産管理（FFC）は、ペールが局長を務める財務省FFC（外国資産管理局）が担当であった。ところが、ホワイトの通貨調査部がFFC分析課をつくるなどして、通貨調査部が方針を決めて、財務省FFCに実行させるというような体制を勝手に押しつけてしまったのである。言わば、組織の乗っ取りのような感じである。財務省FFCはどう思っていたのであろうか。実は嫌がっていたようなのである。

八月一日に、通貨調査部FFC分析課のシャピロが、財務省FFC副局長のフォックスと会談している。このときシャピロは、FFC分析課が調査に乗り出すことに、フォックスが賛成するのかどうか、財務省FFCの様子をうかがっているようである。逆に言うと、今まで好意的でなかったことがあったようにも感じられる。また後に、FFC分析課のガースは、ホワイトに文句をぶちまけている。ガースは、ある小委員会に属していたが、三省FFC委員会の決定を知らされていなかったので、国務省のルスリンガーと十分に話し合うことができなかった。そこで体制批判をしたようである。それによると、FFC分析課は情報を何も知らされておらず、外国資産管理に十分貢献できていない。そしてペール局長の財務省FFCは、通貨調査部と独立に、独自の経済スタッフを置こうとしていると文句を言っている。おそらくペール局長は最初のうち、通貨調査部のホワイトに支配されるのを嫌がっていたことが推測される。[29]

しかし、このようなことで負けるホワイトではなかった。八月一日、ホワイトはペール局長にメモを渡している。どうやら輸入政策に関する議論があり、ペールが納得していなかったようである。そこでホワイトは「自分はFFC分析課が七月十二日につくった『FFCと輸入政策』に賛同しており、リストに掲載された企業から自由ドルで購入することは止めるべきだ」と述べている。そして例外があれば、三省FFC委員会が決定すべきだと述べている。これを読むと、ホワイトの方針に従うようにペール局長に圧力をかけているようにも見える。また、ホワイトはモーゲンソー財務長官も味方につけたようである。八月五日にホワイトは、通貨調査部長のまま、財務長官補佐となっており、同じく財務長官補佐だったペール局長と肩を並べている。[30]

■財務省の勝手な方針にアチソンは困っていた

前章で述べたように、八月五日に三省FFC委員会が開かれた。出席者は、財務省がフォーリー法務顧問、ガストン次官補、ペール局長、ホワイト部長など八人である。国務省はアチソン次官補とルスリンガーとミラーの三人である。司法省はシェイ次官補ほか三名である。出席者の数では、財務省が圧倒している。この会議で、以下の点について政策決定するために、報告書をつくることが決まった。

（一）輸出許可が不要な品目で、資産凍結のもとで許可される品目は何かについて
（二）日本に輸出許可が出た石油または綿の購入に、日本が米国内に持つ現金か、南米の自由ドルを使うことを要求するかどうかについて
（三）外国資産管理で許可すべき、日本への綿の輸出量について

これらの報告書をつくるのは、もちろんホワイトの通貨調査部FFC分析課であった。[31]

ルーズベルトやウェルズの方針は、石油輸出許可が出たら、自動的に資産凍結を解除して支払いを許可することになっていたから（二）の方針は、ルーズベルトやウェルズの方針と異なっている。（三）の方針を立てるのは、本来、輸出管理局（ECA）と国務省であると思われるが、権限を横取りしようと考えたのであろうか。しかし、ルーズベルトもウェルズもワシントンを留守にしていた。

八月六日、財務省FFC（外国資産管理局）のシュミットから、通貨調査部のE・M・バーンスタインに、日本への綿輸出量を決定するための調査要請が出された。七日にはやはりシュミットから通貨調査部のガースに、日本が保有する自由ドルの調査要請が出された。同じ日に通貨調査部のE・M・バーンスタインからFFC分析課のタスカに、FFCの対日輸入政策の調査要請が出されている。このように次々と調査依頼が通貨調査部に出て、この調査結果をもとに三省FFC委員会が方針を定め、アメリカの経済制裁の政策を決定する流れができ始めていた。ルーズベルトは本来、これを経済防衛委員会（EDB）にやらせたかったはずである。[32]

八月七日に三省ＦＦＣ委員会が開かれると、三つの報告書が財務省で準備中だと報告された。㈠日本の石油と綿の購入に、米国または南米に持つ現金（自由ドル）を使わせることについて、㈡日本への綿輸出の問題点、㈢輸出管理されていない物資の日本への輸出について。[33]この日、財務省は国務省に、日本への輸出に関して以下のような報告書を提出している。

財務省は、日本が凍結を逃れて保持しているドル資産の合計額等について、報告書をまとめている。そのような資産がありながら、資産凍結を解除して輸出代金を払うことを認めるべきかどうかを財務省で検討している。

このようにルーズベルトやウェルズが立てた方針とは違う、新しい方針を検討していることを、国務省に認めさせようとしている。ところが、前章で述べたように、アチソンはハル国務長官や極東部に、この財務省報告を回さなかった可能性があるのである。[34]

アチソンはこの会議で次のように発言している。日本はしばらくのあいだ、日米貿易から商船を引き揚げると通知してきた。日本の商船が利用できるようになるまで、石油と綿の購入に自由ドルを使わせることは真の問題とはならないであろう。アチソンは財務省が突然、自由ドルを使わせるような勝手な方針を立ててきたので、対処に困っていたのかもしれない。[35]

八月九日（土）、財務省ＦＦＣのペール局長は、国務省のアチソン次官補との会談記録を残している。先にも述べたように、アチソンは、国務省極東部から、アチソンには石油輸出を止める権限はなく、早く石油を輸出するようにうるさく言われていた。このためアチソンはペールに、綿に関する報告書と、日本が逃避した資産額および利用可能額の報告書を月曜日までに欲しいと述べている。日本の逃避資産の報告書を利用して、資産凍結解除の必要はないと、極東部を説得するつもりだったのだろう。[36]

アチソンは財務省FFCのペール局長に申し込んでいるが、実際の説明材料とするための調査報告は、ホワイトの通貨調査部がつくっていた。いまや、ホワイトとそのホワイトの部下たちが、アメリカの禁輸政策を決定しようとしていた。そしてホワイトの通貨調査部には、シルバーマスター・スパイグループのメンバーと言われるコーやウルマンをはじめ、何人かのソ連スパイや共産党地下工作員が潜り込んでいたのである。[37]

同じ八月九日、日本の陸軍参謀本部は、(外部には極秘であったが)年内の対ソ戦を断念している。アメリカの石油禁輸によって、日本はソ連に攻め込むのをやめたのである。ソ連はドイツと日本に挟み撃ちされるという最悪の事態を免れた。アメリカ政府内に潜り込んだソ連スパイや共産主義者が、日本の北進をやめさせることに成功したのであろうか。[38]

■日本を徹底的に痛めつけようとするホワイトの方針

ホワイトが管轄するFFC分析課は、次々に報告書を作成した。八月七日には「日本の綿輸入と綿製品輸出に関する基礎データ」の報告書がオリバーからホワイトに提出された。八月十日には「日本への綿輸出に関する米国の方針」が、やはりオリバーからホワイトに提出された。十一日(月)には、待望の「凍結されていない日本の外国為替資産」の報告書が、ガースからホワイトに提出された。これによると日本は、最低一四〇〇万ドルの凍結されていない外国為替資産を持っているという。内訳は一〇〇万ドルの現金、中南米に六〇〇万ドル、中国元で六〇〇万ドル、その他一〇〇万ドルだという。また最近半年間に、アメリカ国内の日本の流動資産は合計で約七五〇〇万ドル減っているが、これが日本の自由な為替資産となっている可能性があると述べている。この他に、日本は自国におそらく八〇〇〇万ドル分の金を保有していると述べている。この報告書が出ると、さっそくホワイトはペール局長に送付している。[39]

十一日には、FFC分析課のタスカがホワイトに「輸入等を用いる日本への輸出の支払い方法」の報告書をまとめている。ホワイトはこの報告書もペール局長に送っている。この報告書を少し詳しく見てみよう。[40]

最初にアメリカが日本に何かを輸出することが決まった場合、日本から何か輸入させて支払わせるのが望ましいとしている。バーター貿易の推奨であるが、タスカは一ヶ月前にも、FFCの輸入方針でこの考え方を述べている。この考え方は、アチソンや三省FFC委員会に大きな影響を与え、基本方針となったようである。日本から輸入されるべき商品は、深刻に不足している物資、軍事的に重要な物資、重要な民生品のように優先度をつけて決定すべきとしている。[41]

また、石油のような重要度の高いものを輸出する場合、代金の支払いは、重要度の高いものを日本から輸入し、金額を一対一にすべきと述べている。そして石油代金の支払いは、現在米国内で凍結されているドル資産から払わせるべきではない、と新しい方針を打ち立てている。また、他の支払い方法として中南米にある日本資産から払わせるのは短所と長所があるとした。日本が中南米との貿易で得た収益を、アメリカの石油代金に充てるのは反対としている。なぜなら、日本と中南米が貿易することをアメリカ政府が暗黙の裡に認めることになるからだという。[42]

ホワイトの通貨調査部は、いまや日本と中南米の貿易にも口を出そうとしていた。こうして、日本への石油輸出については、資産凍結の解除をすべきでないとの分析報告が出て、三省FFC委員会の方針となった。この方針は、ルーズベルト大統領とウェルズ次官が立てた方針とまったく異なる方針であった。

この他にもFFC分析課は、「絹製品不足が雇用に及ぼす影響」「南米で石油生産・精製・販売に関わる企業」「日本の米国からのクエン酸の輸入」「日本の米国からの材木輸入」「アメリカの毛皮貿易の日本にとっての重要性」などの報告書を量産している。ホワイトの部署は、資産凍結に関する方針決定の範囲を超えて、禁輸など経済戦争の方針を立てる部署になったようである。[43]

先に述べたように、アチソンは九日（土）に、月曜日（十一日）までに日本の逃避した資産額が知りたいとペール局長に述べていたから、ガース（およびタスカ）の報告書を利用して、極東部などを説得したのであろう。日本は資産凍結されていない自由なドルを持っているから、資産凍結解除する必要はないというのは、説得力がある説明に見える。ところが、財務省が狙っていたのは、日本の隠し資産を枯渇させてしまい、日本を徹底的に痛めつけて手も足も出ないようにする方針であった。

前述の通り、第二次世界大戦でイギリスはポンドの規制を強化した。日本は大量の資金をロンドンからニューヨークに移す必要が生じた。目をつけられないように、横浜正金銀行は日銀の資金をきちんと報告せずにアメリカに持ち込み、外国資金であることを隠して米国財務省債券などを購入していた。こういったことから、罰金刑や懲役刑になる可能性があった。財務省は、日本が持ち込んだ資金の一部は、凍結を逃れてアメリカ国内に隠されていると疑っていた。さらに横浜正金銀行等は南米にドル資金を送金したが、不審な点が多いことを財務省はつかんでいた。このため日本が自由ドルを使おうとすると、出どころを調査されて関係者が処罰されたり、押収されたりする恐れがあった。日本にとって、自由ドルは石油購入のために簡単に使えるものではなかった。

しかし、国務省の役人は外交には詳しくても、資産凍結などの金融には詳しくないため、財務省の説明とアチソンに丸め込まれてしまったようである。[44]

八月十二日、通貨調査部のウルマンとカマークは、経済戦争に関する報告書をホワイトに提出している。この報告書の中では、多くの項目が挙げられているが、金融力の行使のところで、FFC（外国資産管理）が言及されている。これによると、「敵国」が米国内のドル資産を用いて、アメリカや第三国の商品や物資を購入するのを防ぎ、また「敵国」が、米国内や第三国で、プロパガンダや破壊活動をするのを防ぐとなっている。それから「敵国」が第三国に保有しているドル資産を使用するのを防ぐとしており、例として、「日本がブラジルに保管したドル資産で、コロンビアのプラチナを購入するのを許すべきか？」との問題を挙げている。先に述べたようにウルマンは、シルバーマスター・スパイ網の副官的な役割をしていたとされている。「敵国」とはアメリカにとっての敵だったのだろうか、それともソ連にとっての敵だったのだろうか。[45]

同じ十二日に三省FFC委員会が開かれた。アチソンは、石油輸出の状況について、次のように報告した。日本への石油輸出許可申請が出て、輸出管理局は三つを許可した。支払いについては、日本大使館の井口参事官に、日本政府が米国内に持つ現金で支払うように通告した。井口参事官は、検討して連絡すると答えた。

これを受けて、三省FFC委員会は、日本大使館から何か言ってくるまで、資産凍結解除に関する行動は何もとらないことに決定した。こうして、石油輸出許可が出たら財務省は自動的に資産凍結を解除するという、ルーズベルトとウェルズの方針は葬り去られた。

このようにホワイトらは八月中旬までに、日本への石油輸出に対して、日本資産の凍結解除をしないとの方針を三省FFC委員会に押しつけることに成功した。ホワイトは、八月十六日から三十日まで外出となっているが、ホワイトがいない間、日本の井口参事官や西山財務官が石油の輸出を求めて懸命に交渉しても、財務省が資産凍結を解除することはなかった。[46]

■ホワイトとソ連大使館の接触が意味すること

九月以降は、三省FFC委員会でアチソンが主導権をとるようになっていったようである。財務省の動きでホワイトに関係するものをいくつか挙げてみよう。

九月六日には、FFC分析課のシャピロがホワイトに、FFC（外国資産管理）を経済国防に用いる方法を述べている。それによると、（一）敵国がドル資産を、米国等でプロパガンダや破壊活動に使うことを防ぐ（二）敵国がドル資産を用いて戦争を続けたり経済力を強化したりするのを防ぐ（三）敵国が侵略した国で略奪した資産を使用するのを防ぐ……などとなっている。[47]

九月十日、ホワイトはモーゲンソー長官に、七月二十八日（日本資産凍結令後）以来の日中ソへの輸出状況を報告している。それによると中国には八〇〇万ドルの輸出がなされたが、日本支配地域でない中国支配地域へは九〇万ドル分しかいっておらず、とても少ないとコメントしている。日本への輸出については、資産凍結令以降、実質的にゼロだと報告している。ソ連への輸出については、一四〇〇万ドルの輸出がなされたが、工業機械が多く航空機とガソリンが少ない。ソ連への輸出は通常よりも多いが、戦争努力のための需要を考えると、とても少ないとコメントしている。輸出内訳を見ると、ソ連には三〇〇万ドル分のガソリンが輸出されていることが分かる。東海岸がガソリン不足で日本へのガソリン輸出には強い反対があったが、ソ連へのガソリン輸出はまだ足りなかったようである。[48]

九月十一日、ルーズベルト大統領、ハル国務長官、ホプキンズ顧問は、ソ連大使のウマンスキーと会談している。ウマンスキー大使はアメリカに武器貸与法の適用を求めた。これに対してルーズベルトとハルは慎重な態度を示した。すると、ウマンスキー大使は、金融復興公社や財務省の通貨安定基金などについて言及した。特に財務省の二〇億ドルの通貨安定基金から借りたいと言いだした。通貨安定基金を管理しているのは、財務省・通貨調査部のホワイト部長であった。[49]

九月二十九日、三省FFC委員会で財務省代表を務めるフォーリー法務顧問は、アメリカ法律協会向けに演説を行った。「経済国防の兵器としての資産凍結」と題した演説で、以下のような内容を話した。ヒトラーのヨーロッパ侵略で一九四〇年四月に資産凍結が始まった。最初は防御的な資産凍結であったが、一九四一年六月、資産凍結の範囲は、全ヨーロッパ大陸に拡大し、枢軸国に対抗する攻撃的な資産凍結になった。七月に日本の南部仏印進駐が起こると、日本の侵略をやめさせるために資産凍結を行った。資産凍結は日本の侵略に対する米国の強力な対抗策である。資産凍結をしないと枢軸国は、ドル資産をプロパガンダ、生産妨害活動、破壊活動に使う。米ドルは、世界最強の国際為替手段であり、枢軸国が行う米国資産差し押さえの報復はたいしたことがない。資産凍結は、輸出入の管理にも用いることができ、日本の貿易をすべて止めることに成功した。英蘭と協力し、日本経済に大打撃を与えた。資産凍結管理の政策は、三省ＦＦＣ委員会が行っている。[50]

といったような内容である。ちなみにホワイトの予定表を見ると、この三日前の二十六日、フォーリーの執務室で、フォーリーの演説についての打ち合わせとなっている。どうやらフォーリーの演説もホワイトかその部下がお膳立てしたようである。ちょうどこの頃に、アチソンがハルを説得して、英米蘭協調による、日本への石油完全禁輸が確定している。[51]

十月一日には、三省ＦＦＣ委員会が開かれた。この中でＢ・バーンスタインは、財務省の小グループで、日本にもっと経済的圧力をかける方法についての報告書を作成中と述べている。十月七日、財務省のフリードマンはホワイトに報告書を書いている。それによると、日本にさらに政治的・経済的圧力をかける提案について会議を開いたらしい。参加者はフォックス、フリードマン、ケール、ルスリンガー、オリバーだった。ケールが提案書を書いたようであるが、国務省のルスリンガーが、国務省は現在のところ政策変更を求めていないと述べて反対したようである。[52]

また秋頃から、ホワイトはソ連大使館のグロムイコと頻繁に接触している。分かっているだけでも、九月と十月に一回ずつ、十一月に三回、十二月に五回会っている。ときには部下のウルマンを連れて行くことがあった。この頃には、ホワイトはウルマンとともに、シルバーマスター・スパイ網の一員となっていたとされている。シルバーマスター・スパイ網は、ＫＧＢの情報源であった。ソ連のグロムイコがアメリカ財務省を訪問すると、ホワイトやウルマンが出てくるのであるから、ソ連の大成功であろう。ソ連は二〇年前からアメリカに共産主義を広め、スパイ網をつくってきたが、その努力はむだではなかったようである。[53]

■不毛でしかなかった日本と財務省の交渉

日本側は財務省と不毛な交渉を続けていた。財務省ＦＦＣのペール局長は、この二年後に、当時の様子を回想しているが、要約すると以下のようになる。[54]

「アメリカ政府は当時、日米貿易をすべて禁止するかどうか決めていなかった。政府内で深刻な意見対立があった。日本資産を凍結した理由の一つは、財務省が政府に、日本との貿易を続けるかどうか完全に自由に決定できるようにするためであった。

最初の重要なできごとは報道機関の反応であった。なぜなら、報道機関は資産凍結の動きを禁輸と解釈したからである。報道機関の動きは国務省が望んだ政策をはるかに超えてしまった。次に重要なできごとは、世論がこの解釈を認めようとしたことである。財務省は資産凍結令のもとで、どの貿易を許可するか（資産凍結を解除するか）を決定する責任を負わされた。

石油の輸出の取り扱いは、これがいかに実行されたかを示す一例である。この頃、国務省は大統領に対日方針を提出し、大統領はそれを認めた。その中で、石油は過去の一時期程度まで輸出が認められることになっていた。輸出許可は、輸出管理局が発行することになっていた。財務省は、日本への石油輸出を却下してはならないが、遅らせることはできると言われていた。

日本との話し合いは、毎週または一〇日おきに行われた。我々（財務省）は最初に、日本はどうやって支払うのか尋ねた。日本側は情報をもって数日後に戻ってきた。我々は日本側に、横浜正金銀行から引き出した現金のことを知らせない限り、我々は何もすることができないと伝えた。そして凍結資産から支払いに充てることは許されないと述べた。日本側は南米から送金すると述べたが、我々はそれがどういう性質のものかよくわからないので、そのような資産を用いることはできないと述べた。

日本側は金の輸送を提案した。我々は金を購入することに同意したが、売り上げは凍結口座に入るので、石油代金の支払いに充てることはできないと述べた。日本側は、上海からドル現金を輸送することを提案したが、そのような資産は中国から略奪したものが含まれると考えた。最後に日本はあきらめて、タンカーは帰った」。

このほかにも財務省は、資産凍結がどのように石油禁輸に役立ったか、また日本側と財務省の交渉がどのようなものであったかについて、いくつかの報告書を残している。これらの報告書などをもとに交渉の様子をかいつまんで紹介してみよう。[55]

七月三十日、日本は最初に資産凍結の解除を求めた。何度も交渉したが、八月十二日に三省FFC委員会は解除しないことに決定した。

八月十五日、日本は、上海か蘭印に持つ資産からの支払いを提案したが拒否され、南米の自由ドル資産等を使うように勧められた。

八月十九日、日本側は、資産凍結令以前に南米貿易で得たドル収益で支払うことを提案したが、財務省は却下した。

八月二十二日、日本は南米にもつ自由資産を用いて支払うことを提案した。しかし、財務省は検討中として決定を遅らせた。そのうちに日本側は南米資金を嫌がり、新しい提案をした。

九月二十日、日本は国内に保有する金、あるいは日本か中国に保有するドル紙幣から支払うことを提案した。すると財務省は、新たに検討を始めると回答した（日本側は、南米資金案を引っ込めたため、アメリカ側にさらなる遅延の口実を与えたと残念がった）。[56]

十月十日、しびれを切らした日本側は、南米の横浜正金銀行からブラジル銀行経由で支払いたいと提案した。しかし財務省は、日本側の提案が変わったので、南米資産による支払いの検討を再開すると答えて、いつまでも日本に回答しなかった。[57]

財務省と交渉に当たったのは、西山財務官であった。財務省の報告では西山は悪者とされており、十月下旬には声を荒げて財務省を脅したという。その後、日本はアメリカの弁護士を使って、十一月二十一日と二十五日、財務省と交渉をさせた。[58]

しかし、残念ながらすべては遅すぎた。十二月七日、日本はハワイの真珠湾を攻撃した。

第十章　石油会社とオランダを操るヒス

ここで、オランダと石油会社の動きを見てみよう。日本はアメリカのほかにオランダ領東インド（蘭印）から石油を得ることができたが、アメリカはオランダに石油禁輸を働きかけている。国務省で石油禁輸の中心人物となったのはアチソン次官補であるが、実際にオランダや石油会社との交渉を担当するようになっていくのは、ソ連のGRUスパイ網に属していたとされるアルジャー・ヒスであった。ここで、オランダと石油会社をめぐるアチソンとヒスの動きを見ていくことにしたい。

■ヒス兄弟とホワイトに取り囲まれるアチソン

アチソンが国務次官補となって、外交の表舞台に登場したのは、石油禁輸のわずか半年前、一九四一年二月のことだった。アチソンが監督することとなったのは、通商条約部や規制部などであったが、すでにこれらの部署は、共産党地下組織やソ連スパイ網の影響を受けていた。

前に述べたように、一九三九年、チェンバーズは独ソ不可侵条約が結ばれたことに驚き、アメリカ政府内に共産党地下組織が存在することを暴露した。このときチェンバーズは、通商条約部には少なくとも二人の工作員がいたことを明らかにしている。そのうちの一人はウェイドレイで、ソ連GRUのブィコフ大佐がじゅうたんを贈った人物である（他にじゅうたんを受け取ったのは、ヒス、ホワイト、シルバーマンであった）。[1]

通商条約部は、ハルの夢である自由貿易を実現するための部署であった。ところが、ラインスタイン（アチソンの部下で通商条約部出身）によると、一九三四年に通商条約法ができてから、国務省のセキュリティは甘くなったとのことである。国務省は、この法律によって公務員人事委員会を通さずに、互恵貿易のための（経済や法律に強い）人物を採用できるようになったという。この法律を用いて、通商条約部の名のもとに規制部のヨスト次長も雇われたとラインスタインは述べている。[2]

このように、この法律がセキュリティ・ホールとなり、アチソンが監督することになった部署には、ソ連のスパイや共産党地下工作員がすでに潜入していたことが予想される。

さて、国務省入りしたアチソンにつけられた首席補佐はドナルド・ヒスであった。ドナルド・ヒスは、本書の中心人物アルジャー・ヒスの弟である。チェンバーズによれば、ドナルド・ヒスもまた共産党地下組織のメンバーであったという。国務次官補に抜擢されて初めて外交を経験するアチソンであったが、つけられた首席補佐が共産党地下組織のメンバーではアチソンも可哀想である。[3]

兄のアルジャー・ヒスも、アチソンとは別の部署にいたが、急速に強硬派のアチソンに近づいていったようである。ヒスが接近しやすかった理由として次のような理由が挙げられる。アチソン次官補の前任はグレーディ次官補で、その前任はセイヤー次官補であった。アルジャー・ヒスはセイヤー次官補の補佐として国務省入りしたので、アチソンの部署は、ヒスにとっては古巣のようなものであったのかもしれない。また弟のドナルド・ヒスが、アチソンの首席補佐であったことも大きいだろう。

ところでアチソンは、英国への武器貸与法に関して、国務省の実務レベルの代表者となった。一方、財務省の代表として出てきたのがホワイトであったという。アチソンはホワイトについて次のように回想している。

ホワイトは快活で楽しい性格の持ち主であったが、議論のときに無礼な態度に出るので、自分（アチソン）はよく激怒させられた。

こうして国務省に入ったばかりのアチソン次官補は、ヒス兄弟やホワイトなど、共産党地下組織やソ連諜報網の人物に取り巻かれていき、影響を受けるようになっていったようである。[4]

■日本への石油輸出問題で重大な立場に置かれたオランダ

ここで、日本への石油輸出で重大な立場に置かれるようになった、オランダと蘭印の動きを簡単に述べてみたい。本国オランダは、前年の春にナチス・ドイツに占領されており、オランダの要人はイギリスに逃れて、オランダ亡命政府をつくっていた。蘭印（オランダ領東インド）はオランダの植民地であったが、ヨーロッパから遠く離れた東南アジアにあったため、ナチスの侵略を受けなかった。蘭印には陸海軍もあり、なんとか現状維持を保っていたが、本国の応援を受けられないので、非常に不安定な状態におかれていた。ここで、当時オランダで外交等にあたった主要人物を挙げてみたい。[5]

オランダ亡命政府（イギリス）
　外務大臣ファン・クレフェンス、植民地大臣ウェルター
蘭印政庁（オランダ領東インド）（東南アジア）
　蘭印総督ファン・スタルケンボルフ
オランダ公使館（アメリカ）
　公使ラウドン、参事官ファン・ブーツェラーア

オランダ亡命政府と蘭印政庁は、ナチス・ドイツに対抗するイギリス、アメリカ、そしてオーストラリアに頼りたかった。しかし、この地域で強い軍事力をもつのは日本であった。日本はナチス・ドイツの同盟国であった。蘭印では石油が産出されており、自国内で少ししか石油が産出されないという弱味を持つ日本が、蘭印に興味を持っているのは明らかであった。もし日本が、アメリカから石油を禁輸されれば、日本が蘭印を侵略する恐れがあった。オランダとしては、日本を過度に刺激することは避けたかった。[6]

ところが独ソ開戦後、七月中旬になって、日本が南部仏印に進駐し、アメリカが対抗措置として資産凍結や経済制裁を検討しているとの情報が入ってきた。[7]

オランダ側は驚いた。七月二十四日、蘭印総督ファン・スタルケンボルフは、オランダ亡命政府に次のような意見を出した。南部仏印進駐は日本の蘭印侵略を容易にするので、対抗策として禁輸などをすべきであるが、石油禁輸を行うのは危険である。もし日本が蘭印を攻撃した場合のアメリカの態度は不明確である。英米蘭が共同宣言をして日本に警告すべきである。二十五日、オランダ亡命政府

のファン・クレフェンス外務大臣は、アメリカに駐在していたラウドン公使に、次のように伝えた。日本への石油禁輸拡大はオランダに深刻な影響を与える。オランダは禁輸拡大の事前協議に加わりたい。[8]

しかし、アメリカは七月二十六日、イギリスやオランダと十分な事前協議をすることなく、資産凍結を実行した。翌二十七日、アメリカ駐在のオランダ参事官ファン・ブーツェラーアは、アメリカが完全禁輸をするのかどうか確かめようとアチソンに尋ねたが、アチソンもはっきり答えられなかった。それでもオランダは、急いでアメリカに追従した。スタルケンボルフ蘭印総督は、七月二十八日、アメリカにならって対日経済制裁を行ったと亡命政府に報告した。[9]

ワシントンでは、オランダのラウドン公使が、二十九日にアメリカのウェルズ国務次官と会談した。ラウドン公使は、資産凍結を行う前にオランダ政府に知らせて欲しいと述べた。ウェルズ次官は、イギリス政府から情報が届いていると思ったが、そうでなければ遺憾であると述べた。今後は状況を改善したいと答えた。また、アメリカの政策は柔軟でいつでも変更可能であると通知した。また、蘭印で操業するアメリカの（スタンヴァック系）石油会社については、蘭印政庁の指示に従わせると述べた。ラウドン公使が、厳しい経済制裁をして蘭印が日本から攻撃されたら、英米は軍事的な準備ができているのかと質問すると、ウェルズは言葉を濁した。[10]

七月二十八日、英蘭会談が行われた。オランダのクレフェンス外相は蘭印を守るため、イギリスに軍事協定案を承認するよう要求した。またアメリカとイギリスが対日経済制裁をどのように話し合っているのかを質問した。するとイギリス外相は、アメリカは直前になって知らせてくるので、事前協議はしていないと述べてオランダを驚かせた。[11]

八月一日、英蘭会談が行われた。イギリスのイーデン外相は、軍事協定案に対するイギリス政府の回答として、次のように伝えた。

「もしも蘭印が侵略されたら、英国はできるだけのことをするが、どのような行動・軍事的手段が現実的で、共通の目標を達成するのによいか、英国は独自に判断する権利を留保する。英国のオランダ支援の規模は、米国の態度による」[12]

これは、オランダの期待を裏切るものだった。オランダが望んでいたのは、英国と軍事協定を結んで、日本の蘭印攻撃をけん制することであった。しかし英国は、蘭印が攻撃されても、軍事力を発動するかどうか分からず、支援の規模は米国の態度次第というものだった。悪くとれば、米国の支援が無ければ、英国は蘭印を見捨てると言っているようなものだった。イギリスは、ナチス・ドイツとの戦いで手一杯であり、米国の強い支援がなければ、蘭印を守る余力はなかったのである。[13]

しかし、世間の見方は違った。日本に攻撃されたら勝てる見込みのない蘭印が、厳しい対日経済制裁を行ったのは、裏でアメリカやイギリスから協力を取り付けたからだと見られていた。しかし実際は、オランダはイギリスから軍事協定を断られ、アメリカとの事前協議も実現せず、見捨てられたような状況になっていた。[14]

この時期は、ABCD包囲網とは名ばかりで、アメリカ、イギリス、オランダのコミュニケーションはうまくいっていなかったようである。イギリスとオランダは、アメリカがどう出るのかが分からず困っていた。

■石油会社を対日禁輸に巻きこもうとするヒス

さて、ここで石油会社の動きを簡単に見てみよう。オランダはアメリカに追随して石油を禁輸するようになったが、アンダーソンの研究によると、オランダの石油禁輸と密接に関わっていたのが、石油会社の存在だという。蘭印に油田を持っていたのは、アメリカ系のスタンヴァック石油会社と、イギリス・オランダ系のロイヤル・ダッチ・シェル石油会社であった。[15]

先に述べたように、一九四一年夏に、アメリカ東海岸でのガソリン不足が深刻化した。そしてアメリカから大量にガソリンを購入していた日本が、世論やマスコミの批判の対象となった。戦争を続ける日本にガソリンを輸出するから、アメリカがガソリン不足になるのだという短絡的な意見も生まれた。日本に石油を輸出する石油会社は、反日団体やマスコミの批判の矢面に立たされた。[16]

七月二十六日（土）にアメリカが日本資産凍結を行うと、すぐにスタンヴァック社は米国政府の指針を求めて、財務省や国務省を訪問した。

第九章でも述べたように、七月二十八日（月）にスタンヴァック社が財務省を訪問すると、財務省から出てきたのはウルマンであった。ウルマンは、ＫＧＢ系列のシルバーマスター・スパイ網で副官のような役割をしていたとされている。翌日の二十九日には、ホワイトも加わって、スタンヴァック社と会談したようである。[17]

スタンヴァック社は七月二十九日に、今度は財務省ＦＦＣ（外国資産管理局）を訪問した。そして三十日には、国務省を訪問している。ところが国務省から出て来たのは、ＧＲＵ系列のヒスであった。果たしてスタンヴァック社は米国政府内のソ連スパイに、日本への石油禁輸へと誘導されるようなことがあったのだろうか。[18]

七月三十日にスタンヴァック社が国務省を訪問すると、出て来たのはヒスであった（ヒスの上司のホーンベック顧問も会談の終わりの方で参加した）。議題は、蘭印から日本への石油輸出に関してであった。ヒスが議事録をとったが、ヒスによると、スタンヴァック社は次のように述べたという。[19]

蘭印政庁は最近、日本への石油輸出を許可制とした。このためスタンヴァック社は、日本への石油輸出の許可申請を、蘭印当局に出すべきかどうか、国務省の考えを知りたい。それから日本が石油代金をドルで支払う際に、資産凍結の解除を受けられるように、財務省に話を通してくれるのかについても知りたい。日本への石油輸出に関しては、世論（反日団体と反日マスコミ）の批判が厳しいので、米国政府のお墨付きがなければ、スタンヴァック社は販売したくない。このようにヒスは記録している。

ここでホーンベックが遅れて会議に参加し、数日間、蘭印からの石油輸出を見合わせるよう勧めたが、スタンヴァック社は、八月四日までに回答が欲しいと述べた。これを受けてホーンベックは、八月二日にウェルズ次官とアチソン次官補に、次のような報告書を書いた。

われわれはスタンヴァック石油会社に、以下について、米国政府の方針を知らせることが必要である。

（一）米国政府は、石油会社が蘭印政庁に、日本への石油輸出申請するのを望むのか、望まないのか

（二）石油輸出した場合、米国政府は、支払いのために米国内の日本資産凍結を解除するのか

ホーンベックの意見は、（二）は個人的にイエスであり、（一）は石油会社の判断に任せるというものだった。[20]

八月四日にアチソンが動いた。蘭印から日本への石油輸出に関して、石油会社（米系のスタンヴァックと英蘭系のシェル）に方針を与えるために、アチソンはイギリス、オランダと会談した。参加者は、アメリカがアチソン次官補とヒス、オランダがラウドン公使とファン・ブーツェラーア参事官、イギリスがノエル・ホール公使であった。[21]

第一に、スタンヴァック社が蘭印当局に、日本への石油輸出の申請をすべきかどうかである。蘭印から日本への石油輸出契約はいくつかあった。前年秋に日本が代表団を送って（日蘭会商で）契約した「バタビア契約」と、割当量を毎年日本に販売する取り決めの「通常割当契約」などである。アチソンは、バタビア契約については、スタンヴァック社が蘭印当局に申請するのではなく、購入者（日本企業）に申請させればよい、また通常割当契約についてはしばらく何もせずに静観するのがよい、という方針を述べた。[22]

第二に、石油代金の支払いに充てる日本資産の凍結解除についての問題である。これについては、オランダ政府が日本に石油輸出を許可するならアメリカ政府は凍結解除し、許可しないのなら凍結解除しないと述べて、オランダ政府の決定をアメリカ政府は完全に支持することを表明した。こうして、スタンヴァック社から出た質問に回答を与えた。[23]

このようにしてアメリカ政府は、オランダ側を安心させた（この日までウェルズ次官がワシントンにいたが、ウェルズ次官がいなくなった翌日から、三省ＦＦＣ委員会では、日本の資産凍結解除を認めない方針が話し合われ、アチソンも賛成していくのである）。

またアチソンは、日本とアメリカの貿易については一週間ほど何もせず、その後で再検討する予定を伝えた。また、国務省規制部で実施しているアメリカから日本への石油輸出規制の極秘資料をイギリスとオランダに提示した。[24]

ここで分かるのは、この時点での方針は、一時的にアメリカは日本との貿易を止め、そのあとに石油輸出を再開する考えであったということである。一週間というのは、七月下旬のウェルズ次官の、「来週か再来週まで三省ＦＦＣ委員会は何もしないのが良い」という発言を受けてのものと思われる。石油輸出規制のリストとは、航空機用燃料を除き、一九三五〜三六年の水準で石油輸出を認めた七月三十一日のウェルズ次官の方針を指すと考えられる。

また、アメリカのこの方針（日本の会社が蘭印当局に輸出申請し、アメリカ政府は蘭印政庁の政策にあわせて資産凍結解除の方針を決定する）は、会議の前にスタンヴァック石油会社にも伝えられていた。スタンヴァック社はシェル石油会社にも伝えると述べたという。

英米蘭会談の翌日の八月五日に、ヒスはスタンヴァック石油会社と会談している。その時に、スタンヴァック社は、米国の対日石油輸出政策よりも寛大な方針をとらないようにしたいと述べたという。そして米国政府の政策と齟齬《そご》をきたさぬように、米国政府の詳細な日本への石油輸出政策を知らせて欲しいと望んだ。そこでヒスは、昨日アチソンが英蘭に見せた対日石油輸出の極秘資料（一九三五〜三六年の水準で輸出）を、石油会社（スタンヴァック社とシェル社）にも見せることを提案した。ヒスは、もしオランダ（蘭印政庁）が寛大な政策をとった場合でも、石油会社はアメリカの基準よりも寛大な輸出政策はとりたくないようだと述べている。このヒスが出した報告・提案は、強硬派のホーンベックとアチソンに回覧されているが、極東部には回覧されていない。[25]

ヒスは、極秘資料をスタンヴァック社に見せる許可を得る前に、一九三五〜三六年水準の話をスタンヴァック社にある程度教えていたようである。八月五日に会談した際に、一九三五〜三六年の日本の石油輸入量は、備蓄の法律ができた関係で、大きな値になっていると述べている。八月六日、ヒスはわざわざこの情報を、ホーンベックとアチソンと規制部に宛てて報告しているが、日本の石油輸入量をもっと減らすべきだと言いたかったようである。[26]

ヒスは、石油会社を通じて、日本への石油輸出を厳しくする方向に持っていこうとしているようである。国務省の方針は、蘭印から日本への石油輸出は、オランダ（蘭印政庁）の決定に任せるというものだった。ヒスはどう考えていたのであろうか。

ヒスは回顧録で次のように言っている。

「一九四一年［四十年?］初め、通商条約が失効となり、我々は自由に全面禁輸を押しつけることが可能となり、くず鉄、原油、そして戦略物資をと次々に実行していった。我々は［禁輸で］影響を受ける企業関係者の損害を最小限に抑えるため、対談の場を設けたが、彼らは概して我々の計画に協力的なことが分かった。特に私［ヒス］は、スタンヴァック社との協議で積極的な役割を果たし、オランダ領東インドから日本に、スタンヴァック社が原油や精製油を輸出しないようにさせた」[27]

このようにヒスは、石油会社が蘭印から日本に石油を輸出しないようにさせたと述べている。これは、石油輸出はオランダ（蘭印政庁）の自由に任せるとする国務省の方針と違っている。ヒスは最初から石油会社を操って、日本への石油禁輸に導こうとしていたのだろうか。

■蘭印は侵攻回避のため日本に石油輸出しておきたかった

八月十一日、ヒスはスタンヴァック社との電話会談で、シェル社についての情報を得た。シェル社は日本国内で資産が凍結されていた。シェル社は、この問題が解決し、蘭印から輸出許可が出た場合に石油輸出を再開する、と日本支社に通知する予定であるとのことだった。また別の話として、蘭印総督が出した、（オランダ通貨である）ギルダー払いで石油輸出を認めるようにという案を、シェル社が検討中であることも知った。ヒスは、石油会社はギルダー払いを嫌がっているようだと報告している。[28]

翌日の十二日にもヒスとスタンヴァック社は電話会談を行った。ギルダー払いの問題は、スタンヴァック社にも来ていた。蘭印政庁の提案は次のようなものであった。石油会社はドルで売り上げを計上するが、日本の購入者は、相当額をギルダーで払えばよい。日本のギルダー残高は十分大きいので問題ない。蘭印の為替管理が、ドルに替えて石油会社に支払う、といった内容であった。この件についてのスタンヴァック社の意見は、ドルで受け取れるので問題ないが、これまでの協約をあまり変えたくないと述べたとヒスは報告している。またスタンヴァック社は、蘭印からの輸出について、国務省の方針を至急知りたいとのことだった。ヒスはこの報告を、アチソンとホーンベックだけでなく、極東部長のハミルトンにも送っている。[29]

これを受けて八月十四日、ハミルトン、アチソン、ホーンベック、ヨスト、ヒスが集まって会議を開き、蘭印からの石油輸出に関する国務省の方針が以下のように決定され、この結果をもとに、ヒスは石油会社に回答した。

（一）石油代金について財務省が資産凍結解除することをスタンヴァック社に保証して欲しいという件について。

（回答）蘭印政庁の決定（日本はギルダー払いで蘭印政庁がドルに替える）により問題は起こらない。

（二）一九四〇年十一月のバタビア契約に基づく石油輸出（の申請）について。

（回答）日本の購買者が輸出許可申請しているので、スタンヴァック社は申請しないというやり方を変更する必要はない。

（三）（バタビア契約と別の）通常割当契約による石油輸出について。

（回答）スタンヴァック社は輸出許可申請しないように、と国務省が依頼したことを撤回する。以前にヒスが述べた、蘭印政庁が米国に相談することに関してと、通常割当契約に米国の禁輸製品リストが適用されるとの点についても撤回する。[30]

どうやらハミルトン極東部長が、国務省内の強硬派を押さえて、日本への石油輸出は蘭印政府に任せ、適当な量の石油を輸出して日本をおとなしくさせておくという国務省の方針を徹底させたようである。また、ヒスが勝手に石油会社を石油輸出制限の方向に誘導しようとしていたのを撤回させたようである。

この報告を書いたのはヒスであったが、納得がいかなかったのか、（一）の部分に勝手に以下のようなコメントを入れている――蘭印からの石油輸入に関して（日本がギルダー払いにすると）、日本はドル資産を使い果たさなくてよいことになる。蘭印政庁は日本からの輸入に関して、米国ほど厳しい輸入制限を課さないかもしれないので、日本は貿易で得た収入を、石油購入の代金に充てることができてしまう。またアメリカ政府は、蘭印政庁からスズ、ゴムなど大量の戦略物資を買い付けるので、蘭印にはばく大なドル残高ができ、これは蘭印から日本へ石油を輸出する金融取引に一部使われることになる。[31]

ヒスのこのコメントは、角括弧の中に入れられているが、これを読むと、ヒスは財務省強硬派の日本のドル資産を枯渇させる作戦に賛成しているかのようである。ヒスはこの作戦をどこで聞いたのだろうか。

ところで、国務省は重要外交文書を抜粋した『*Foreign Relations of the United States*（*FRUS*）』と呼ばれる資料を刊行している。出版された外交文書には、ヒスのこの報告も採用されているが、「角括弧は原文のまま」とわざわざ注釈が入れられている。外交文書の編集者は、国務省の決定に反対するようなヒスのコメントに、何か違和感を覚えたのかもしれない。[32]

■勝手に日本に対する石油割当量を大幅に削減する

八月十五日、蘭印（バタビア）に駐在するアメリカ総領事から国務省へ電信が届いた。それによると、イギリス・オランダ会談が行われ、オランダはイギリスに対して蘭印を軍事的に守るように求めたが、イギリスは蘭印を守ると明言せず、アメリカがもっと支援してくれることが必要だと述べた。その後、アメリカが確実に軍事的な保障をすることはないということが話し合われた。この情報が蘭印に送られてきて、蘭印政庁の高官は悲観主義におちいり、アメリカに対する悪感情が起こっているという報告であった。[33]

これに反応したのが、ヒスの上司のホーンベックであった。この報告に対して、アチソンとともに何をすべきかと、ヒスに問いかけている。ヒスは、八月十六日にホーンベックに次のように回答している。（一）昨夜、アチソンは、アメリカが日本に割り当てている石油製品の量はオランダにとって多すぎるので、蘭印政庁はひどいショックを受けた。そしてアメリカは何もしようとしていないのだと考えた。アチソンは、我々が考えていたのとは逆の結果になったと述べた。（二）八月四日（アチソンが英蘭を呼んで会談したとき）、我々がオランダに渡した数値がオランダのウェルター植民地大臣に届き、ウェルター大臣が敗北主義を信じるようになり、蘭印の高官の憂うつを強めたのであろう。[34]

これだけを読むと、アメリカの対日石油輸出の割当量（一九三五～三六年の水準）が多すぎるというのは、アチソンの意見であるかのようである。しかし実際には、これまで述べてきたように、八月一日にアチソンはイッキーズに、日本の石油割当量を（一九三五～三六年の水準に）減らしたと勝ち誇って電話してきているので、この割当量に満足していたはずである。ところが八月五日にヒスとスタンヴァック社が会談したところ、一九三五～三六年の水準は多すぎるという話になり、八月六日にヒスは、アチソン、ホーンベック、規制部にこのことを報告している。ということは、ヒスが一九三五～三六年の水準は多すぎると報告して、アチソンが同調したということになるであろう。

そして八月十六日に、規制部のヨスト次長が新しい割当量の数値を提案している。ヨスト次長は、日本の戦争前の平和な時代は一九二〇～二九年だと述べている。これまで一九三五～三六年を基準として、今年（一九四一年）後半には五二二万バレルの原油が割り当てられていたが、新しい基準を適用して四七万バレルに減らすべきだと述べている。五二二万バレルを四七万バレルに減らすというのであるから、全面禁輸に近い数値と言えるだろう。[35]

このヨスト次長の表は、アメリカ駐在のオランダ公使に渡されたようである。翌日の八月十七日、蘭印のスタンヴァック系列の石油会社（NKPM）は、米国のスタンヴァック社に以下のような電信を送っている。蘭印政庁はアメリカ駐在のオランダ公使から詳細な石油製品のリストを受け取った。この表がアメリカの対日輸出の基礎をなすと思われる。蘭印政庁は、将来どの石油製品が許可されるかを選定中。［アメリカの新基準に蘭印をあてはめると］原油は許可されないようである。上記情報は、非公式に入手したが信頼できる情報源から入手した。進展あれば連絡する。[36]

実は、アメリカ国務省は、蘭印と米国の石油会社の通信を代行していた。蘭印の石油会社（NKPM）から米国のスタンヴァック社に送られたこの電信も、蘭印（バタビア）に駐在するアメリカ総領事から国務長官に宛てて送られている。おそらくアメリカ政府の暗号通信の方がより安全であることや、石油会社との情報共有が目的であろう。そして、実際に石油会社の通信を担当していたのは、アルジャー・ヒスであったようである。

八月十八日、ヒスはこの石油会社の電信の件でアチソンに電話したが、秘書が電話を受け付けてアチソンにメッセージを残している。それによると、ヒスは「この電信を、蘭印政庁の態度を確認するまで石油会社に渡さない」ことを提案したようである。そしてアチソンの意見を聞きたいと述べている。これに対し、八月二十一日にアチソンの秘書と補佐（ドナルド・ヒス）から、アルジャー・ヒス宛てのメッセージが返ってきている。これには「アチソンはヒスの提案に賛成だと述べた。『決定がなされるまで保留せよ』」と書かれている。[37]

ところがヒスは、アチソンに電話をかけた日（十八日）の夜に、この電文をスタンヴァック社に送ってしまったようである。しかもアチソンの許可をとったと言っている。これは二十一日のアチソンのメッセージと矛盾する。なぜアチソンは二十一日に「保留せよ」とのメッセージを送ったのであろうか。理由としては、（一）ヒスはアチソン許可のもとに電文を送ったと言っているが、アチソンは許可したと思っていなかった、（二）アチソンは許可したが、ヒスはアチソンの思惑を越えて行動した、（三）蘭印と石油会社が日本への石油輸出量激減ですぐに動いてしまったのでストップをかけようとした、（四）記録に残っていない電話でのやりとりが何か他にあった、などが考えられる。これについては、あとでもう少し詳しく検討してみたい。

さて、ヒスが残した記録を追ってみよう。ヒスは、十八日にスタンヴァック社と電話会談を行い、議事録を残している。ヒスによると、アチソンの指示のもとにヨスト次長が、石油輸出を大幅に削減する資料をスタンヴァック社に（この日かその前に）送ったとのことである。ヨストの資料をスタンヴァック社の専門家が研究した結果、蘭印から日本への原油やガソリンの輸出は許可されなくなり、天然のディーゼル油である特別タラカン油だけが許可されるだろうとスタンヴァック社は予想した。

ここでヒスは、これまで渡さないでいた、蘭印NKPM社から米国スタンヴァック社への電信内容を口頭で説明した。スタンヴァック社のウォールデンは、NKPM社の専門家とスタンヴァック社の専門家は、原油は許可されないという同じ結論に達したと述べた。[38]

このヒスの十八日の議事録は、ホーンベックのところにも回覧されてくる予定であったが、ヒスは十九日に手書きのコメントをつけて、この議事録を二重にホーンベックに送っている。ヒスは手書きのコメントの中で、誤解がないようなので、アチソン許可のもとに十八日夜に電信の内容をスタンヴァック社に送付した、と述べている。[39]

このようにしてヒスは、日本への石油輸出を大幅に削減する方針を蘭印政庁と石油会社に伝えて、蘭印政庁が石油輸出を大幅に削減するように誘導した。そして、たとえ蘭印政庁が日本に多めに石油輸出しようとしても、石油会社が厳しく自主規制するように誘導することに成功したようである。[40]

■ヒスとホワイト一派から突き上げられるアチソン

ここでアチソンの動きを見てみよう。蘭印から日本への石油輸出量を勝手に大幅削減した八月十六日、アチソンは、大西洋会談から帰ってきたウェルズ次官に報告書を出している。日本は米国内や南米にドル資産を大量に持っているから、日本資産の凍結を解除する必要はないということや、原油やディーゼル油の輸出を厳しく削減することを提案している。そしてこの報告に添付されているのは、ヨストがつくった日本への石油輸出割当を大幅に削減する資料であった。[41]

この報告は、国務省から出版された外交文書集に掲載されており、八月十六日にアチソン次官補からウェルズ次官に提出された報告ということになっている。これを見ると、石油割当量を大幅削減する話が出た八月十六日に、アチソンはウェルズ次官に、これまでの経過とともに石油輸出を削減する計画を報告し、許可を得ようとしていたようである。しかし、アメリカ国立公文書館でこの報告の原本を見ると不可思議な点が見られるのである。[42]

最初に不可思議なのは、この書類がウェルズ次官宛で、ハル国務長官宛でないことである。そしてこの書類は、石油禁輸に反対しているハル長官や極東部には回っていないようなのである。また、この書類をよく見ると、ウェルズの判やサインはなく、ウェルズがいつ見たかの日付も入っていない。ただウェルズ国務次官を示す「U」「Mr. Welles」とタイプされた宛先の上に、赤ペンでチェックがしてあるだけである。アチソンがウェルズ次官に口頭で説明し、自分でチェックを入れた可能性も考えられる。おそらく、ウェルズ次官は、自分ではなくルーズベルト大統領かハル長官の許可をもらうように指示したと推察される。しかしハルはこの日、ルーズベルト大統領が野村大使に渡す予定だった最後通牒の文面をやわらげて、警告文にするのに忙しかったはずである。[43]

次に不可思議な点は、この書類の添付資料である。この書類は、1/3がアチソンの報告で、2/3がヨストの報告である。ところが筆者が資料請求したところ、3/3に当たる資料は見当たらなかった。国務省から出版された外交文書集にも、ヨストの報告についての言及があるが、3/3に当たる資料への言及がない。アチソンの報告を読めば、この資料が財務省関係の書類で、日本はドル資産を持っているから資産凍結を解除する必要はないという資料であることがだいたい予想できる。そして現在では、一九九〇年代後半にホワイトの資料(OASIA資料)が整理されたことから、三省FFC委員会の議事録などと合わせれば、この書類はおそらくガースの書類、あるいはこれにタスカの書類を加えたものであることが推測できる。[44]

八月十一日　ガースからホワイトへ　凍結を免れた日本の為替資産
八月十一日　タスカからホワイトへ　日本への輸出の支払い方法と輸入の活用[45]

これらは、ソ連のスパイ疑惑がかけられたホワイトの部署からのものである。ソ連によるアメリカの外交政策介入の疑惑があるので、この3／3に当たる資料は、まだ機密指定解除となっていないのかもしれない。

さらに不可思議な点は、この書類が国務省の通信記録部にファイルされたのが、約七年後の一九四八年五月十二日である点である。ちなみにウェルズは一九四三年に辞任し、アチソンも一九四七年にいったん国務省を去っている。一九四八年はアメリカで共産スパイの疑惑がマスコミを大きくにぎわせた年だった。[46]

またソ連のスパイ疑惑の件で、一九四七〜四八年にかけて大陪審が開かれていた。ホワイトも一九四八年三月に喚問されている。このころＦＢＩは電話を盗聴するなどしてホワイトの身辺を探っていたようである。この書類は一九四八年五月にファイルされているが、あるいは国務省もこのころに、ホワイト一派について内部調査を行っていたのかもしれない。*

ちなみに一九四六年にも国務省は内部調査を行い、ヒスが自分の職務と関係ない軍事情報などを請求していたことを突きとめている。この内部調査の結果は機密指定されていたが、四七年後の一九九三年に、機密指定解除となり公開された。[47]

一九四一年八月十六日のアチソン報告書の背景を予想すると、財務省のホワイト一派は日本資産の凍結解除をしない勝手な方針を主張し、国務省のヒスは蘭印から日本への石油輸出量を大幅に削減するように主張してきた。アチソンは、何とかとりまとめようとして、同情的だったウェルズ次官に報告したのであろう。おそらくウェルズ次官は報告を読んだ後、自分ではなくハル長官を通すように告げたのであろう。

アメリカ国立公文書館には、八月二十三日付けの、誰が書いたのかはっきりしない、アチソンとの会談記録が残っている。しかし、周辺情報を集めてこの記録を読むと、これはアチソンが夏期休暇に入る前に、休暇中の指示事項を、首席補佐のドナルド・ヒスに話したものであると予想できる。[48]

この書類には、日本への原油の割当量を、五二五万バレルから十分の一以下の四七万バレルまで減らすという、十六日のウェルズ宛の報告書と同じ数値が書かれている。そして「この提案は国務長官にまだ提示していない」と記されているので、やはりアチソンは、ウェルズ次官には報告したものの、八月二十三日(土)、休暇に入る前の時点では、ハル長官にまだ報告していないことがわかる。[49]

■オランダの希望と異なる政策を押し付ける

これまでの流れを推測すると以下のようになる。八月十四日に国務省会議が開かれ、ハミルトン、アチソン、ホーンベック、ヒス、ヨストが参加した。ここでハミルトン極東部長が強硬派を抑えて決めたのは、オランダの希望通りに、ギルダー払いで日本に石油を輸出させるという方針であった。アメリカはオランダに軍事支援の確約はできないので、禁輸をオランダに強要しないという方針であった。

ところが十六日には、強硬派のヒス、アチソン、ホーンベック、ヨストが、勝手に日本への石油輸出量を大幅削減する資料を作成して、オランダ公使に渡し、蘭印から日本に石油輸出する方針をひっくり返してしまっている。そして十八日には石油会社にも手を回して、石油会社が自主規制するように誘導している。オランダが望んでいたのは、石油禁輸をするなら軍事的な裏づけが必要で、軍事的な裏づけが得られないのなら、日本を刺激しないように石油を輸出したいというものであった。ところが、強硬派のヒス、アチソン、ホーンベック、ヨストがやったのは、軍事的な裏づけもなく、勝手に石油輸出量を削減して、オランダに押しつけるというものであり、オランダの希望とはほど遠いものであった。

強硬派とソ連の関係を見てみよう。アチソンの首席補佐はドナルド・ヒスであった。ドナルド・ヒスは、アルジャー・ヒスの弟であり、これまで述べたように、共産党地下組織、あるいはソ連軍事諜報のスパイ網に属していたとされている。次にホーンベック顧問の補佐は一人であったが、それが兄のアルジャー・ヒスであった。また規制部の部長はグリーンであったが、ヨスト次長にこの件は任せていたようである。すでに述べたように、ヨスト次長は、ソ連諜報部のスパイ勧誘リストに載せられていた。実際にヨスト次長がソ連諜報部に勧誘されたかどうかは不明であるが、勧誘リストに載せられたということは、ソ連や共産主義に友好的な考え方をする人物であったと予想される。このように、蘭印からの石油禁輸に動いた強硬派（アチソン次官補やホーンベック顧問やグリーン部長）の補佐や次長が、ソ連のスパイあるいはソ連シンパと疑われる人物であったことがわかる。石油禁輸はオランダの希望ではなかった。果たして、ソ連の希望のために強硬派は動かされてしまったのだろうか？

八月二十一日に、ヒスはスタンヴァック社と電話会談して報告書を残している。スタンヴァック社（米国系）はシェル石油会社（英蘭系）の情報を知らせてきたが、シェル社は日本で凍結された残高が精算されて現金（外貨）で支払いされなければ、石油輸出を再開しないとのことである。この方針はイギリス大使館のホール公使が認めており、すでにアチソンに知らせてアチソンも賛成しているとスタンヴァック社は聞いたので、シェル社と同じ方針をとりたいと言ってきた。このように、ヒスは報告している。[50]

ヒスがアチソンに確認したところ、アチソンはこの方針を英国の方針として聞いたが、米国の承認を求めているものとは認識していないと述べたという。そしてアチソンは、シェル社の方針は企業の営業方針であって、政府が反対すべきものでなく、スタンヴァック社はシェル社に従ってよいと述べたという。またシェル社は、条件が整えば石油輸出を再開できるとしたが、この部分をアチソンは覚えていないと述べたと、わざわざ報告書に書いている。[51]

この報告書を見ると、たとえ蘭印がディーゼル油輸出を認めたとしても、支払いの問題が解決するまで石油会社が日本に輸出しないように誘導しているようである。そして、極東部が反対できないように、イギリス政府、ホール公使、シェル社、アチソンなどの名前を出しているようにも見える。[52]

この報告書はアチソンにも回覧されたが、アチソンはまだハルから許可を取っていないのに、ヒスが自分の名前を使って蘭印から日本への石油禁輸を進めていることに気づいたのかもしれない。そこでアチソンは二十一日に、決定されるまで保留せよとヒスに命じたのかもしれない。二十三日、夏期休暇に入る前のアチソンは、石油輸出量を激減させる件については、まだハル長官の許可を取っていないと述べている。[53]

ハル長官は何をしていたのであろうか。ルーズベルト大統領が大西洋会談から帰ってきて、日本に厳しい警告を出すことになった。この警告は十七日に野村大使に渡されるが、ハル長官は、この警告の文面を考えるので忙しかったようである。

このあとの八月二十三日、ハル国務長官が野村大使と会談して石油が輸出されていないことに気づいたが、翌日から責任者のアチソンは夏期休暇に入ってしまった。二十七日に、ハル長官と野村大使はまた会談し、ハルが日本は石油代金支払いのための自由ドルを、米国内か南米に持っていないのかと質問すると、野村大使は調査すると答えている。この日本の持つ自由ドルは押収される可能性のあるもので、日本が使用したくないものだという認識が、ハル長官と野村大使にはないようである。翌日の二十八日は、ルーズベルト大統領もハル長官と野村大使の会談に参加して、割当量以下なら日本はいくらでも石油を買うことができると説明して、野村大使を安心させている。おそらくルーズベルト大統領も、ヒスやアチソンが勝手に割当量を大幅削減しようとしていることを知らなかったのであろう。このようにルーズベルト大統領もハル長官も、輸出割当量や資産凍結解除がどうなっているのか詳細を知らず、会談相手の野村大使も詳細をあまりよく理解していなかったようである。[54]

■国務省の重要な交渉も操るようになったヒス

八月二十八日、ヒスはスタンヴァック社と電話会談を行った。スタンヴァック社は通常割当（契約）と呼ばれる日本での石油販売で、六ヶ月後に代金を受けとる商慣習となっていた。そして二月の販売代金五五万七〇〇〇ドルが、横浜正金銀行経由でニューヨークに振り込まれる予定になっていた。この代金はすぐに凍結されることが予想されたが、資産凍結解除の申請方法が知りたいというのがスタンヴァック社の質問であった。そしてこの代金を受け取ることができなければ、通常割当の石油販売はやめる予定であった。[55]

アチソンが休暇中であるため、ヒスはアチソンの部下や、極東部の部員と話し合った。極東部の部員は、支払いに自由ドルを使うなら問題ないだろうとの意見だったが、極東部も日本の自由ドルの問題をあまりよくわかっていなかったようである。さらにヒスは財務省の外国資産管理局のフォックスに電話をして意見を聞いている。アチソンが休暇中だったので決定は先送りされたが、このころから、蘭印からの石油輸出の問題では、ヒスが表に出て、他部署に働きかけ、中心人物のようになっていく。[56]

翌日の八月二十八日、ヒスは国務省を代表して、三省FFC委員会に出席している。この日はホワイトもアチソンも休暇中であったが、アチソンの代理として弟のドナルド・ヒスも出席している。[57]ヒスはこの場で、蘭印から日本への石油輸出に関して、スタンヴァック石油会社と話し合っていることを報告している。そして、日本で凍結されている石油代金の残高が支払われないかぎり、もう日本には石油輸出しないつもりだというスタンヴァック社の方針を報告した。そして日本側から八月分の五五万七〇〇〇ドルが送金される予定であるが、これが自由ドルから支払われるのであれば国務省は反対しないようだとスタンヴァック社は聞かされた、と少し他人事のように話している。ヒスは財務省に反対してもらって、石油禁輸に持ち込みたかったのかもしれない。[58]

すると財務省のB・バーンスタインが、自由ドルの定義がまったく明らかでないと指摘した。そして、現在日本が南米にもつ自由ドルも将来凍結されるかもしれないと、財務省の本音をのぞかせている。強硬派のバーンスタインは、日本への石油禁輸を目指すヒスを援護射撃したのかもしれない。結果的にスタンヴァック社は、送金確認後に資産凍結の解除申請をし、そのときにまた三省ＦＦＣ委員会で検討することとなった。[59]

三省ＦＦＣ委員会に国務省代表で出席したヒスは、積極的に活動し始める。翌日の二十九日、日本への石油輸入量についての参考情報を、極東部、規制部（ヨスト次長）、アチソン、ホーンベックに宛てて回覧している。そして、一九三五～三六年の日本の石油輸入量は特別に高いと指摘している。このことについてヒスは、八月六日に極東部以外に回覧を出しているので、ヨストとアチソンとホーンベックはすでに知っているはずである。このため、この回覧は主に、蚊帳の外に置かれていた極東部向けということになるであろう。すでにヒスらは、勝手に輸出割当量を減らした資料をオランダ側に渡してしまっている。日本への石油割当量を減らすために極東部を説得する材料としようとしていたのかもしれない。[60]

翌日の三十日には、ロング国務次官補に参考資料を送っている。それによると、日本国内や日本占領地域で、どれだけアメリカの権益が侵害されているかの状況を、ヒスが要請して極東部にまとめてもらったものだという。ハル国務長官は忙しく、ウェルズ次官は不在なので、この報告を思い切ってロング次官補に送ってみたと述べている。[61]

ロング次官補は穏健派で、対日強硬派とは一線を画していた。そのころ、ルーズベルト大統領は経済戦争を行うＥＤＢ（経済防衛委員会）という組織をつくり、ウォーレス副大統領に経済戦争を任せようとしていた。ハル長官は自分の代理としてロング次官補をＥＤＢに出席させており、二十七日に出席したばかりだった。あるいはヒスは、穏健派のロング次官補が対日妥協しないように、アメリカ権益の侵害の報告を送っておきたかったのかもしれない。[62]

同じ八月三十日、ヒスはオランダ公使館のファン・ブーツェラーア参事官と会談している。アチソンの指示により、オランダ公使館は、対日輸出政策に関する専門的・実際的問題についてヒスに質問して良いことになったのだと述べている。ブーツェラーア参事官は、アメリカが日本に輸出する場合の支払い方法について質問した。アチソンから聞いたところでは、日本が手元に持つ自由ドルや南米資産から支払うことを勧めているようであるが、オランダ政府は、この政策がよく理解できない。また、日本は蘭印から石油輸出を申請しているが、オランダ政府は、支払い方法についてのアメリカの方針が知りたい。[63]

これに対してヒスは、アメリカの政策に変化がないことや、日本の資産凍結解除による支払いを認めていないことを説明した。このほかに日本から蘭印への輸出などが議題となった。[64]

このようにヒスは、石油会社だけでなく、オランダ公使館とも交渉できるようになっていった。石油会社については、もともと極東部やホーンベック顧問が担当していたが、いつのまにかヒスが担当になってしまったようである。オランダ公使館との交渉についても、ハル長官やウェルズ次官、アチソン次官補などが担当していたが、ヒスがアチソンの代理でオランダとの交渉にも乗り出せるようになったようである。

■蘭印からの石油輸出を止めることに成功

九月二日、ヒスはスタンヴァック石油会社と会談している。スタンヴァック社によると、すでに二ユーヨークに送金された五五万七〇〇〇ドル分の資産凍結解除申請を財務省に出したとのことであった。先に述べたようにこれは六ヶ月後払いの通常割当（契約）による石油代金であった。スタンヴァック社は総計すると、回収していない通常割当の石油代金が約二〇〇万ドル分あるとのことだった。[65]

ヒスはスタンヴァック社に、「アメリカが日本に資産凍結解除でなく（米国内か南米の）自由ドルでの支払いを命じたら、スタンヴァック社はそれに従うのか」と質問した。しかしスタンヴァック社は、蘭印からの石油輸出に関しては、日本がギルダー払いして蘭印政庁がドルに替える取り決めとなったので、これは当てはまらないと述べた。蘭印政庁は、日本から必需品を輸入して石油を輸出したいとのことだった。[66]

スタンヴァック社はのちに財務省と会談し、ヒスに電話をしてきた。それによると財務省は上記の点について何も態度を表明できないとのことであった。スタンヴァック社は、アメリカ政府の方針を確認するため、ギルダー払いでディーゼル油（タラカン油）を日本に輸出する申請をしてみるとのことだった。[67]

ヒスはこの議事録を添付して、翌日の九月三日に、上司のホーンベックと極東部に宛てて次のような質問をしている。

一、スタンヴァック社は総計二〇〇万ドルの支払いを日本の凍結資産から受けるべきか？（これは日本への債権請求者の公平な扱いという財務省の立場に重要な問題を提起する）

二、もし上記支払いを受けられないとしたら、スタンヴァック社が「凍結資産が精算されなければ通常割当契約（もっと重要なバタビア契約と区別される）の石油輸出は再開しない」との条件を撤回することに国務省は反対すべきか？（ビジネス上の判断に関して反対する理由はないようである。これはもっと重要なバタビア契約での輸出量に関係しない）

［わかりにくいが、通常割当の石油輸出が凍結解除されない場合に、スタンヴァック社が凍結解除の条件を撤回して石油輸出する方針にしたら、国務省は反対すべきか、という質問である］

三、米国から日本への石油輸出を自由ドル支払いするようにわれわれは主張しているが、蘭印から日本への石油輸出を蘭印政庁がギルダー払いで許可して、スタンヴァック社がオランダのドル資産で支払いを受けるのは、国務省の方針に反することになるか？

そしてヒスは最後に、この質問への回答は、アチソンが九月八日に（休暇から）戻ったときの参考になると述べている。八月十四日の会議では、通常割当やギルダー払いで日本が石油を輸入するのは問題ないことになっていた。ヒスは、これに反対するコメントを議事録に書いていたが、あらためてこれを問題にしたいようである。[68]

九月四日、ホーンベックは、この問題をよく知らないと断った上で、アチソンに宛てて次のように回答している。一についてては受けるべきである。そうすると二の問題は起こらない。三については、反しない。[69]

九月六日、極東部のジョーンズが次のように回答している。一については、債権請求者の公平な扱いという点から問題があるようだ。二については、スタンヴァック社が条件撤回するのに、国務省は何も反対はないと述べるのが適当なようだ。三については、反しない。[70]

両者の回答を見ると、蘭印から日本への石油輸出に好意的であるように見える。

ところで、この一連の動きを見ると、ヒスはアチソンの補佐になったかのような印象を与える。そして、ホーンベック顧問や極東部の意見を参考に、日本への石油輸出を決める権利者がアチソンとなったかのようである。

ちなみにアチソンは九月八日まで休暇の予定であったが、休暇を繰り上げて、九月三日に、EDB会議に参加している。ヒスが問題提起した、通常割当の資産凍結解除や、ギルダー払いでの石油輸入についての問題もアチソンに伝わったようである。[71]

九月八日、三省FFC委員会が開かれると、アチソンやホワイトが出席した。そこで、スタンヴァック社が五五万七〇〇〇ドル分の資産凍結解除申請をしていることと、蘭印からの石油輸出に日本がギルダーで支払い、蘭印当局者がドルに替えてスタンヴァック社に払うという提案が出ていることが取り上げられた。これらについては次回の会議で議論することが決定された。[72]

九月十一日、再び三省FFC委員会が開かれて、アチソンやホワイトが出席した。この会議の出席者名にホワイトの名前がないが、議事録にはホワイトの発言が出てくるので、一時間ほど遅れて出席したようである。会議では、スタンヴァック社からの申請（資産凍結解除とギルダー払いの件）を許可するかどうかが話し合われた。議事録を見ると、この問題を仕切ったのはアチソンのようである。[73]

アチソンによると、ハル長官は、日本への石油輸出を厳しくすることも緩めることも望んでおらず、三省FFC委員会がこの問題を検討し続けることを望んでいるという。石油輸出許可を認めるような動きをすると、誤ったメッセージをオランダに与えてしまうので、許可を出さないことをアチソンは推奨した。この結果、三省FFC委員会は、資産凍結解除やギルダー払いの件について、申請を保留し続けることに決定した。こうしてアチソンと三省FFC委員会は、アメリカだけでなく、オランダ（蘭印）からも、事実上日本への石油輸出を止めてしまうことに成功した。アチソンの背後で暗躍していたのは、アルジャー・ヒスであった。[74]

■日本からの圧力とアメリカの方針の間で苦悩したオランダ

ここで、オランダと蘭印の動きを見てみよう。ナチス・ドイツがヨーロッパ大陸を占領すると、ヨーロッパの国の多くは、イギリスに亡命政府をつくっていた。イギリス駐在のアメリカのビドル公使は、こういった亡命政府のいくつかを担当していた。七月二十五日、ビドル公使は、オランダ亡命政府のファン・クレフェンス外務大臣と会談した。するとクレフェンス外務大臣は次のように語ったという。[75]

「日本の南部仏印進駐は驚きではない。それどころか、ソ連が［ドイツに］大敗したら、日本は北進すると予想される。実際、日本は今、損害を受けずに押し通せると考えられるなら、どこでも侵略できるというムードである。しかし、どこかの方角に行くと火傷するぞと信じるようになれば、その方向には侵略しないであろう」。

ビドル公使は続けて次のように報告している。オランダのクレフェンス外務大臣は、米国政府が重要物資の対日禁輸をしないように望んでいる。重要物資を禁輸すると日本は蘭印等を侵略する。しかし、もし米国政府が厳しい制裁をするつもりなら、蘭印等への日本の圧力が高まるので、明確な行動計画について至急議論したい。[76]

ビドル公使からの電信は、八月一日に国務省が受領して回覧し、四日に欧州部、七日に極東部、十二日にホーンベック顧問、二十二日にハル国務長官の受領印があり、二十七日に通信記録部がファイルしている。極東部のコービルは七日に、この報告を以下のように要約し、回覧にメモをつけて、極東部長のハミルトン、副部長のバランタイン、政治顧問のホーンベックに注意を促している。「オランダ外相は、日本を南進させるような重要物資の禁輸をアメリカ政府がしないで欲しいと望んでいる。もしするのであれば、明確な行動計画について至急議論したい」。[77]

ところが十六日、さらにこの上に、ヒスがホーンベックにあててメモをつけている。ヒスは、ビドル公使の報告の次の部分にしるしをつけ、この部分に注目するようにとメモしている。「しかし、どこかの方角に行くと火傷するぞと信じるようになれば、その方向には侵略しないであろう」。こうしてこの報告書の重要点は、極東部コービルの「重要物資の禁輸をしない」から、ヒスの「侵略を防ぐために日本に火傷させる（禁輸する）」に変えられてしまった。ハル国務長官は、ヒスのメモの上に受領印を押している。ヒスは、ホーンベック顧問が極東部の意見に影響されるのが嫌だったのかもしれない。あるいはヒスは、「ソ連が［ドイツに］大敗したら、日本は［ソ連に］北進すると予想される」の部分に興奮してしまったのかもしれない。[78]

ところで、この電信は、国務省が出版した外交文書集に掲載されている。その資料の中で、ヒスのメモについても言及されており、「この部分に注目するように」ホーンベックは頼まれたと、わざわざ注に入れてある（極東部コービルのメモは無視されている）。外交文書の編集者も、ビドル公使が本来言いたかったことと違うことにメモをつけるヒスの動きに、何か怪しさを感じたのかもしれない。[79]

これからわかるのは、オランダ政府の望みは、アメリカ政府が日本に厳しい禁輸をしないで欲しいということであった。そしてもし禁輸するなら、共同行動が必要であるので、事前に詳しく計画を協議していきたいということであった。

ヒスが「日本に火傷させる」というメモをつけた八月十六日、先に述べたように、ヒスやヨストは、アメリカから日本への石油輸出を激減させるような資料をオランダ側に渡している。オランダのラウドン公使は八月十八日に、アメリカ政府は蘭印政庁も同じ禁輸をすることを望んでいると思われると報告している。すると、八月十九日に蘭印が日本に強硬な態度をとった。蘭印政庁経済局のファン・ホーフストラーテンは、日本の総領事に、蘭印寄港中の日本のタンカー三隻のうち二隻は拒否し、一隻は検討中だと伝えた。そして以下が実現しないかぎり、蘭印は日本に石油輸出しないと言い渡した。(一)日本は蘭印侵略の意図がないと公式に伝える。(二)南部仏印から撤退する。[80]

この三隻のタンカーは、二隻が原油で一隻がディーゼル油(タラカン油)を運ぶ予定であった。アメリカの厳しい石油割当量を見たスタンヴァック社は、八月十八日に、原油は許可されずタラカン油だけ許可されるだろうと予想しているが、そのとおりに蘭印は、アメリカの厳しい石油割当量を基準として強硬策をとったようである。アチソンは二十三日に、この厳しい石油割当量は、ハル長官の許可をとっていないと述べているので、ヒスやアチソンは、ハル長官が知らないあいだに、蘭印から日本への石油輸出を勝手に大幅削減することに成功したことになる。[81]

しかし石油輸出を要望する日本の圧力は高まるばかりであった。蘭印総督はディーゼル油(タラカン油)を輸出することを考えた。これはアメリカが伝えてきた厳しい石油輸出規制の条件を考慮しても輸出できるはずだった。オランダ亡命政府はイギリス政府と相談した。アメリカは石油の輸出許可を出しながら、資産凍結解除を許可せずに石油輸出を止めており、イギリスもアメリカの政策はよくわからないとのことだった。そこでオランダのクレフェンス外務大臣は、八月二十八日、アメリカ駐在のラウドン公使に、アメリカの石油輸出政策について国務省から詳しく聞くように命じた。[82]

ラウドン公使はアメリカの政策をいろいろ調査したようであるが、アチソンは休暇中であった。先に述べたように、八月三十日にはブーツェラーア参事官がヒスと会談している。そしてラウドン公使は、クレフェンス外務大臣にこのように報告している。アメリカは凍結資産からの石油代金支払いを認めていない。自由ドルによる支払いを認めているが、日本は自由ドルで支払いたくないので、石油輸出許可は見せかけのものである。[83]

このようなアメリカのやり方に反対したのが、蘭印総督であった。九月四日、蘭印総督は次のように反対意見を述べた。アメリカは石油の輸出枠を設定しながら、自由ドルでの支払いを要求して、石油輸出を不可能にしたいようだが、この方法は不誠実で複雑であり、蘭印には適用できない。日本には明確ではっきりした方針を提示した方がうまくいく。日本からは繊維品を輸入して、蘭印からも害のないものを輸出したい。英米に明確な政策を立てて欲しいというのが蘭印の希望である。[84]

九月五日、オランダのブーツェラーア参事官は、アチソンと別件で会談をしていたが、蘭印総督の見解を取り上げた。アメリカの政策は、ある割当量のもとに日本への石油輸出許可を出すが、実際には、財務省が資産凍結解除許可を出さず、日本は自由ドルを使いたくないので、石油を購入できない。蘭印ではこの方法は適用できず、蘭印総督の要望は、石油輸出許可を出さないことをはっきり宣言するか、制限付きで実際に石油を輸出して欲しいというものであった。これに対してアチソンは、ハル長官、ホーンベック顧問、ハミルトン極東部長に伝えると述べ、今は良い時期でないのでハル長官はあと数週間、この状況を続けると思われると述べた。[85]

九月七日にはオランダのラウドン公使がアチソンと会談した。そしてアチソンは、ハル長官は現在の輸出政策を厳しくすることも緩めることも望んでいないと知らせた。そして英米と協調して行動することをオランダに勧めた。[86]

九月九日、オランダはイギリスと会談した。オランダ側は、石油を輸出するのかしないのか、はっきりさせた方がよいと主張した。イギリス側は、アメリカは実は南米の自由ドルでの支払いも認めていないことを指摘し、アメリカの資産凍結令が出る前に日本が南米に逃した八〇〇万ドルを凍結口座に戻して凍結させなければ、自由ドルでの支払いは許さないというアメリカ財務省の本音を明らかにした。アメリカの石油輸出政策については、イギリス政府も、ワシントンに派遣した特使を通じて間接的にしか影響を与えられないので、オランダ政府がアメリカ政府と密接に協議することを勧めた。[87]

ちなみにイギリスは当初、アメリカをコントロールして、戦争にならない程度の、よく計算された対日共同経済制裁を行うことを目指していた。ところがアメリカをコントロールするのは困難だとわかり、イギリス戦時内閣は、アメリカの政策に追従する以外に選択肢はないと判断したという。アメリカでは、中堅官僚がトップの許可を得ず、勝手に経済制裁しようとしていたので、イギリスとしてもコントロールできなかったのであろう。そして、中堅官僚の隠された目的は、ソ連防衛であったのかもしれない。スターリン主義のもとでは、ソ連防衛は共産党員の義務であった。[88]

先に述べたように、九月十一日に三省ＦＦＣ委員会が開かれ、日本がギルダー払いでディーゼル油を購入し、蘭印当局がドルに替えるという支払い方法については、許可を保留することを決めている。事実上の却下であった。このためオランダ政府は、蘭印から日本へのディーゼル油（タラカン油）の輸出も拒否してしまった。蘭印総督は、そのほかの石油製品を輸出することを提案した。オランダ政府内で検討した結果、日本に攻撃される可能性のある蘭印の困難な立場を、アメリカ政府に伝えることにした。[89]

九月十三日、オランダのクレフェンス外務大臣は、ラウドン公使に、以下のような電信を送った。石油輸出を完全に止めると戦争を誘発する可能性がある。石油輸出許可を出して外貨による支払いを拒否するというアメリカのやり方は、蘭印では適用できないと明確に国務省に伝えて欲しい。石油輸出見通しを明らかにしないと日本から不誠実だと非難される。アメリカが相次いで決める石油割当量は、支払い（外国為替）で拒否されるので幻想に過ぎない。アメリカと同じ政策をとることができるようにするため、アメリカの意図を明確にする必要がある。またオランダとの協議なしに変更しないようにして欲しい。イギリス政府も具体的な計画を知らされていない。蘭印からタラカン油を日本に輸出することを拒否したのも、アメリカと協調するためである。国務省に、オランダと蘭印の困難な立場を説明するために全力を尽くすように。[90]

九月十五日、ブーツェラーア参事官は国務省を訪問した。出てきたのはヒスであった。

■アチソンに政策の明確化を迫るヒス

ブーツェラーア参事官はさっそくオランダ政府からの質問をぶつけた。アメリカ政府は日本への石油輸出申請を許可しながら、支払いのための資産凍結解除申請を拒否しているのはなぜか。オランダ政府は同様の措置はとれない。日本に誤解を与える。日本は輸出が許可されたのに支払い制限のために輸出されなければ、不必要にいらだつ。91

この質問はもっともなものである。アメリカ政府はもともと日本に石油を輸出する予定であった。ところがルーズベルト大統領とウェルズ国務次官が大西洋会談に出かけている間に、財務省のホワイトらが、日本資産の凍結解除を拒否し、自由ドルを使わせるという勝手な方針を押しつけて石油輸出を止めたのだった。

ヒスは次のように回答した。石油輸出許可は三つしか出ていない。その後、日本大使館と支払い方法について会談したが、この問題が解決されない限り、輸出許可はこれから出ないであろう。オランダ政府が、すべての問題が解決されない限り輸出許可を出さないようにすれば、アメリカ政府と同じ政策をとっていることになる。

ブーツェラーア参事官は次のように述べた。アメリカ政府とオランダ政府がお互いに政策を理解することなく輸出が止まっていることが問題である。オランダ政府は三隻のタンカーを断った。一隻はディーゼル油（タラカン油）であるが、これはアメリカ政府が検討中の厳しい石油割当量にも適合している。しかしアメリカ政府が、同様の石油製品を支払いの問題で許可していないので拒否した。

ブーツェラーア参事官はまた個人的な意見として、アメリカが石油を全面禁輸するのであれば、オランダもそうするが、決定する前に事前協議が必要だと述べた。

ヒスは、このことをアチソンと国務省の関係者に伝えると述べたが、ブーツェラーア参事官は、オランダ政府は明確な方針を一刻も早く知りたいと望んでいるので、蘭印が必要とする日本からの輸入品などを調査したあとでアチソンを訪問したいと述べた。

ヒスは、この議事録の中に、角括弧に入れて、日本駐在のグルー大使の極秘情報を挿入している。

その情報とは、日本が蘭印を攻撃しないと公表し、南部仏印から撤退しないかぎり日本に石油を輸出しないという強硬意見を、蘭印が日本総領事に伝えたという情報であった。ヒスはこの情報が気に入ったのか、五日後の報告書にも入れている。ヒスが何度も取り上げたこの情報については、あとで検討してみたい。[92]

九月十七日、ブーツェラーア参事官は、クレフェンス外務大臣に状況をこう報告している。アメリカの「不誠実な」政策が判明。日本は石油輸出許可申請を出し、そのうちの三つは許可されて、支払いが必要となった。日本は二〇〇〇万ドルの現金がアメリカにあるが、使用したくない。南米の自由ドルについては、アメリカが使用を認めない。日本との貿易は事実上停止している。しかし、蘭印が日本から、繊維製品のような必需品を輸入することは理解している模様。[93]

翌日の九月十八日、ヒスはアメリカ商務省の課長に電話して、アメリカが日本の代わりに、蘭印に繊維製品を供給する可能性について話し合った。日本が蘭印と貿易することをやめさせたかったのであろう。[94]

同じ九月十八日、ヒスは再びオランダのブーツェラーア参事官と会談した。ブーツェラーア参事官は、オランダ政府は石油輸出政策について近日中に決定しなければならないので、アメリカの対日貿易政策の明確な情報を入手するように強く要望されていると述べた。オランダ政府は、アメリカ政府と同様の輸出政策をとりたいが、情報不足でアメリカよりも緩い政策をとってしまうのは遺憾であると述べたと、ヒスは記している。ヒスは、自分はこれまで述べた以上に詳しい情報を知らせる立場にないが、アチソンに政策の明確化をすることの重要性を再度伝えると回答した。[95]

ここでブーツェラーア参事官は、蘭印総督の報告書を読み上げた。この報告書は、八月四日に（オランダのラウドン公使から）ウェルズ次官に提示され、八月八日にホーンベック顧問、九日にハル長官と議論されたものであるという。蘭印総督の提案は、（一）日本資産は一つの口座に集められ凍結される、（二）日本の軍事力を強化するような輸出は極力避けるが、石油の完全禁輸は好ましくない、（三）英米蘭の事前合意が必要となる。協調行動の確証がない弱い経済封鎖は危険で効果がない。共同で経済制裁する場合は、経済制裁の緩和・解除する条件を日本に明らかにしておくことが必要というものだった。

ヒスは、この蘭印総督の情報はアチソンに役立つと感謝している。ヒスはこの情報を知らなかったので驚いたようである。通信記録部にわざわざ問い合わせ、手書きのメモを欄外に残している。それによると、ウェルズとホーンベックとハルは、オランダ側と会ったことになっているが、議事録のようなものは残っていないことがわかったという。ヒスはなぜ、この蘭印総督の報告を問題視したのであろうか。[96]

この九月十八日の報告は「極秘」となっており、翌日の十九日にアチソンが受領印を押し、十月二十日に極東部、十月二十三日にホーンベックが受領印を押している。極東部が一ヶ月止めていたのはなぜであろうか。[97]

ところで、この二日前の九月十六日、オランダのブーツェラーア参事官は、国務省のアサートン欧州局長代理とダン政治顧問（欧州担当）を訪問している。オランダはヨーロッパに属するので、国務省のヨーロッパ関係者からも情報を得ようとしたようである。[98]

ブーツェラーア参事官は、日米会談について何か情報がないかを尋ねた。そしてオランダ政府は、合意が成立して、太平洋の平和が維持されることを希望していると述べた。オランダ政府は、石油など重要施策を実行しているので、蘭印に影響を及ぼすような経済政策についてできるだけ早く知らせて欲しいと述べた。アサートン局長代理とダン顧問は、極東についてはハミルトン極東部長かホーンベック顧問と話すように勧め、何か情報を得たら知らせることを約束した。[99]

ブーツェラーア参事官は、国務省のいろいろな部署から情報を得ようとしていたことがわかる。興味深いのは、ダン政治顧問が議事録をとると、太平洋の平和の維持のような話が出てくることであろう。ところがヒスが議事録をとると、オランダはアメリカに追従して石油を禁輸したいというような話になってしまうのである。

九月十九日、ブーツェラーア参事官は、蘭印総督に、アメリカとの会談で得た情報をこのように報告している。アメリカの対日経済政策が今後数ヶ月どうなるかは予測不能。原則として現状を変更したくない模様。石油に関しては、日本が使用可能な現金を用意すれば、理論的には石油を購入することが可能であり、この場合にはじめて石油割当量が意味を持つ。アメリカの世論やマスコミは、完全な禁輸と固く信じている。[100]

九月二十日、オランダのブーツェラーア参事官は、ヒスに電話をかけてきた。九月十五日に、アメリカが石油を全面禁輸するならば、蘭印政庁も禁輸するであろうという個人的な見解が、蘭印政庁によって確認された。ブーツェラーア参事官は、国務省に提案するようにとの指示は受けていないが、ヒスたちが知りたいだろうと思って知らせてきたのだという。[101]

ここで、ヒスは気になっていた八月四日の蘭印総督の報告書について質問した。ブーツェラーア参事官が調べたところ、ラウドン公使が八月四日、八日、九日にウェルズ次官、ホーンベック顧問、ハル長官と会った際に、この報告書を配布せず、口頭で説明したとのことだった。この報告書は総督の個人的意見を示したものであり、オランダ政府の公式意見を表明したものではないと説明した。ヒスはなぜ、この蘭印総督の報告書を気にしていたのであろうか。

この九月二十日の会談報告には、同じ二十日にアチソンの受領印があり、十月二十日に極東部、十月二十一日にホーンベックが受領印を押している。蘭印総督の報告書が含まれる九月十八日の報告と同じく、極東部が一ヶ月止めていたのはなぜであろうか。[102]

さてヒスは、オランダのブーツェラーア参事官と九月十五、十七日、十八日に会談してそのたびに、オランダ側はアメリカの石油輸出政策の明確化を望んでいるので、アチソンに知らせると報告している。ヒスはアチソンに、早くアメリカの石油輸出政策を明確化してオランダに知らせるべきだと催促したことが予想される。また九月二十日には、アメリカが石油を全面禁輸するなら、蘭印も禁輸するとの報告をアチソンに出している。そしてついにアチソンが動いたようである。

■ヒスは、蘭印の強硬姿勢だけを強調した報告書を書く

九月二十日、ヒスは「蘭印の対日貿易と支払方法の規制」という題名で報告書を書いている。この報告書を見ると回覧を前提にして書かれたものでないことがわかる。実際にこの報告書は九月二十二

日のアチソン報告の添付資料となっており、アチソンの二十二日の受領印だけが押されている。このことから予想されるのは、アチソンがハルを説得するために、ヒスに蘭印の現状をまとめるように指示したのではないかということである。ヒスの報告書を簡単に見てみよう。[103]

（一）現在の状況。
貿易停止と資産凍結が実行されている。
（二）蘭印が決定した政策。
蘭印政庁は、アメリカの詳細な政策を通知されていないので、詳細な政策を最終決定していない。アメリカよりも寛大な政策はとらない。
（三）蘭印総督が提案した政策。
八月四日に蘭印総督は詳細な政策提案をする。これは、八月上旬にウェルズ次官、ハル長官、ホーンベック顧問に通知されるが、国務省には記録がない。蘭印から日本の軍事力を強める輸出はしない。石油は一九三五～三六年の水準で輸出。（これは蘭印総督の個人的な意見であるが、蘭印政庁が採用する準備のある政策である。）
（四）石油に関するさらなる具体的提案。
九月十五日にオランダ公使館員は、アメリカが石油禁輸するなら蘭印も禁輸すると非公式に表明。九月二十日に、この方針を蘭印政庁から確認。九月十五日にオランダ公使館員は、全面禁輸しないのなら、一九三五～三六年を基準に設定した輸出割当量をさらに減らす用意があると表明。

（五）石油に関する蘭印の特別声明。
（日本駐在のグルー大使からの情報によると）七月二十八日〔八月十九日の間違い〕、蘭印政庁のファン・ホーフストラーテンが、日本の総領事に、以下が実現しないかぎり、蘭印は日本に石油輸出しないと言い渡した。日本は蘭印侵略の意図がないと公式に伝えること。南部仏印から撤退すること。

（六）政治的保証についての蘭印政庁の要望、および蘭印政庁がとる政策の予想。
蘭印政庁は、日本への輸出規制の決定の前に議論と合意があるべきと考える。蘭印政庁はアメリカと同様の政策をとる意図を明らかにしているが、オランダ公使館はアメリカの明確な政策を探っている状態である。蘭印政庁は軍事的・産業的に価値のあるものは厳しく輸出規制することが賢明であると考えているようである。アメリカが明確な政策を提案しないかぎり、蘭印政庁のさらに明確な政策を入手することはできないであろう。[104]

ここでわかるのは、（三）でヒスはまたしても、八月上旬に蘭印総督の政策提案が、国務省幹部に知らされたのに記録がないことを取り上げていることである。上司のハル長官、ウェルズ次官、ホーンベック顧問が議事録をとらなかったのを責めているかのようである。

それから（五）で、ヒスは日本駐在のグルー大使からの極秘情報を再び取り上げている。これは、条件が満たされないかぎり蘭印は日本に石油輸出しないという情報で、ヒスは蘭印が強硬姿勢をとっていることを、この報告で示したかったようである。しかし、この情報の経緯を整理すると以下のようになる。

八月十六日、ヒスとアチソンとホーンベックとヨストが、ハル長官や極東部に知らせずに日本への石油割当量を激減させる資料をつくる。そして、アメリカ駐在のオランダ公使に渡して、蘭印がアメリカの基準に従うように誘導する。

←

八月十九日、蘭印政庁経済局のファン・ホーフストラーテンが、対日態度を硬化させる。アメリカ基準に合わせて、日本の三隻のタンカーのうち、原油を積む予定の二隻のタンカーは拒否し、ディーゼル油を積む予定の一隻だけを検討中とする。そして、日本が蘭印を侵略しないと公表し、南部仏印から撤退しないかぎり、蘭印は日本に石油を輸出しないと、日本総領事に言い渡す。

←

この情報が、日本駐在のグルー大使に伝わる。八月二十三日、日本駐在のオランダ公使パブストは天羽外務次官と会談した。パブスト公使は会談内容を極秘で日本駐在のグルー大使に伝えた。それには、条件が整わないかぎり蘭印は日本に石油輸出しないという、前記の八月十九日の情報も含まれていた。八月二十六日、グルー大使は、この極秘情報を国務省に報告する。

←

九月十五日と二十日、ヒスは、グルー大使からの情報として、蘭印が日本に石油輸出しないという強硬姿勢をとっていることを報告する。九月二十日の報告では、蘭印が強硬意見を伝えた日を、八月十九日でなく、七月二十八日と間違える。

このように、ヒスは、グルー大使からの情報として、蘭印は日本への石油輸出で強硬な態度をとっていると伝えているが、蘭印政庁に強硬な態度をとらせたのは、ハル長官や極東部に知らせずに石油割当量を激減させた、ヒスやアチソンらであった。さらにヒスが日付を八月十九日ではなく七月二十八日に間違えたのは故意かどうかわからないが、これでは、蘭印政庁は以前から（日本の南部仏印進駐のころから）強硬な態度をとっていたという印象を与えてしまうであろう。[105]

さて、このヒスの報告から受ける印象は、蘭印は日本に対して以前から強硬姿勢を示しており、石油禁輸にも積極的だというものであろう。実際のところ、蘭印が考えていたのは、石油禁輸をするなら英米蘭による協調行動や軍事的裏づけが必要で、それが得られないのであれば、石油を日本に輸出して、おとなしくさせておきたいというのが本音であった。

これから予想されるのは、おそらく国務省の極東部は、蘭印は日本に石油を輸出したがっていると して、石油禁輸に反対してきたのではないかということである。蘭印は日本にギルダー払いを許すくらいだから、石油を輸出したいのだと極東部は考えていたのであろう。ところがヒスは、蘭印はもともと石油禁輸に積極的で日本に強硬姿勢を示していたという印象を与えて、極東部と国務省上層部を説得したかったのであろう。そのために、八月上旬の蘭印総督の政策（非公式提案）が、ハル長官、ウェルズ次官、ホーンベック顧問に示されたのに記録がないと、上司を責めるかのように何度も取り上げ、そしてさらに、石油禁輸に積極的であるかのようなグルー大使の情報を繰り返したことが考えられる。極東部は、このようなヒスの情報に違和感を覚えて、回覧を一ヶ月放置していたのではないだろうか。

もちろん、別の予想も立てられる。ヒスは、アチソンと自分が蘭印の担当であると思っていたのに、蘭印総督提案の情報が回ってこなかったので問題視したのかもしれない。また、ヒスはソ連のスパイ網に所属していたとされているので、ソ連に渡すべき重要情報が入ってこなかったので、情報が入ってくるようにアピールしたという可能性もあるだろう。

さてアチソンは、部下のラインスタインにイギリスの情報をまとめさせると、ヒスの蘭印の報告と共に、九月二十二日に、ハル長官に報告書を提出した。第八章で述べたように、アチソンはハルに決断を迫り、日本への石油禁輸を認めさせた。こうしてついに上司の許可をとって、きちんとけじめをつけたのであった。そして九月二十六日にはオランダに、二十七日にはイギリスに、アメリカの石油禁輸を伝えた。このようにして、アチソンは英米蘭による石油禁輸を強行してしまったのだった。

まだこれを知らなかった蘭印総督は、九月二十六日、アメリカ駐在のオランダ公使に、電信を送った。それによると、先に輸出許可を出しておいて、そのあとに支払い方法で輸出を拒否するような（アメリカの）やり方には、蘭印総督は反対すると述べている。そして日本のギルダー残高や、日本との貿易の原則などについて知らせている。[106]

しかしすべては遅すぎた。ヒスは報告書で、アメリカが石油禁輸するなら蘭印も禁輸するとか、蘭印は日本が南部仏印から撤退しないかぎり石油を輸出しないと言ったなどの強硬姿勢を示す情報のみを国務省に伝え、石油禁輸はすでに決定されていた。

翌日の九月二十七日、アメリカ駐在のオランダのブーツェラーア参事官は、オランダのクレフェンス外務大臣に、次のような報告を送った。アメリカの方針は日本への石油の完全禁輸であると、アチソン次官補から聞かされた。この方針は、オランダに事前協議することなく変更しない。これは極秘である。[107]

このように、アチソンがＡＢＣＤ包囲網による石油禁輸を強行してしまった背景には、ヒスの動きがあったことがわかる。九月のこの時期はまだソ連の戦況は悪く、イギリス陸軍省と外務省は、日本は南進ではなく北進してソ連を叩く可能性が大きいと考えていた。ヒスは、共産主義者の祖国・ソ連を日本の魔の手から救おうとしたのであろうか。[108]

石油禁輸の目的はソ連防衛だったのか

当時のルーズベルト政権の政策は、ナチス・ドイツを第一の敵として、アメリカの軍備が整うまでは、日本に最低限の石油を輸出して、おとなしくさせておくというものであった。蘭印政庁の望む政策は、もし石油禁輸をするならば、英米蘭の政策協調、特に軍事的な裏づけが必要というものであった。もし、それが得られないのであれば、石油を含めてしばらく日本と貿易したいというものであった。

ところが、英米蘭が石油を完全禁輸してしまい、日米戦争が起こってしまった。アメリカはドイツとの二正面作戦を余儀なくされ、戦争は長引き、余計な戦費と犠牲者が出た。オランダは、石油を禁輸したら日本が蘭印を攻撃すると予測していたが、その通りに日本に蘭印を攻撃された。なぜアメリカやオランダは、石油を輸出する政策がとれなかったのであろうか。

アメリカからの石油禁輸については、ホワイト一派の暗躍があった。第九章で見たように、国務省が輸出許可を出しても、財務省が資産凍結解除を拒否して、アメリカから日本への石油輸出を止めてしまったのである。

オランダからの石油禁輸については、ヒスの暗躍があった。ヒスは石油会社と交渉すると、たとえ蘭印が石油輸出を許可しても、石油会社は米国基準並みに自主規制するように誘導した。ヒスはホーンベックの部下であったが、アチソンに接近し、アチソンの部下であるかのようにふるまった。そして、アチソンらとともに勝手に石油割当量を激減させるような資料をオランダに送り、これに従うように迫った。蘭印はこれを受けて原油輸出をやめ、ディーゼル油を輸出しようとした。しかしヒスは、これも支払いの問題が解決するまで、輸出しないようにと石油会社と話し合った。さらに、蘭印は実は石油禁輸に積極的だというような報告書をつくってアチソンに提出した。アチソンはヒスの報告書などを用いてハルや極東部を説得してしまった。実際のところ蘭印は、アメリカのように輸出割当量を決めながら支払い方法で禁輸するようなやり方に反対し、日本と貿易したいと考えていたのである。しかしヒスは、アチソンとホーンベックとヨストの協力のもと、オランダから日本への石油禁輸を実現してしまったのである。

八章で見てきたように、石油禁輸がなぜ起こったかについては、組織の暴走、アチソンの独断、財務省の対日強硬派、マスコミの石油禁輸支持†、ルーズベルトのソ連支援など、いろいろな原因が挙げられてきた。これを「ソ連と共産主義者」というキーワードで見ると、すべての原因が一つの糸でつながれていることがわかる。さまざまな原因が挙げられていたが、おおもとの原因はみな同じ「ソ連防衛」であったのかもしれない。

＊一九四五年に、ソ連スパイ網の密使を務めた、ベントリーという女性が寝返って、ＦＢＩにソ連スパイ網のこ

とを暴露した。ところが、当時のアメリカはイギリスと諜報情報を交換しており、ソ連は、イギリスに侵入させていたスパイから、数日以内にベントリーの裏切りを知った。そしてすぐに、アメリカ政府内のソ連協力者に、証拠を隠滅して捜査の手が伸びたら疑いを否定するように指令した。ＦＢＩは、ベントリーの証言は多くの点から信ぴょう性が高いと考えていたが、証拠不十分のため捜査は難航した。こうして、一九四七年六月〜一九四八年十二月まで、大陪審が開かれることになり、約一〇〇名の証人が呼ばれた。ベントリーは「ブロンド・スパイ・クイーン」（金髪スパイ女王）と呼ばれてマスコミをにぎわせた（ベントリーの髪の毛は茶色だった）。（Haynes, Klehr and Vassiliev, *Spies*, pp.518-521; Weinstein and Vassiliev, *The Haunted Wood*, pp.103-9; Vassiliev, *White #2*, pp.30-4; Sibley, 125-9; Haynes and Klehr, *Early Cold War Spies*, pp.69-73; Romerstein and Evans, *Stalin's secret agents*, pp.233-246; Craig, pp.206-211; Steil, p.318）

†本書で詳しく扱わなかったが、反日マスコミの影響も大きかった。反日マスコミは、日本に石油を禁輸すれば日本はひざまずくとか、もし戦争になっても日本はすぐに負けるといった報道を繰り返して、アメリカ国民や政治家に間違った情報を伝えた。一九六〇年代に研究者のマーチンはこのような反日報道を詳しく調査して、反日マスコミがいかに戦争を煽ったかを調査した。例えば、ストーン、ビッソン、ストレート、ジェーンウェーのようなジャーナリストが禁輸や戦争を煽っていたことを明らかにしている（Martin, pp.1243-1318）。こういったジャーナリストはアメリカの一般的なリベラル派あるいは左翼ジャーナリストと見られていた。これを現代のヴェノナ文書やＫＧＢ資料などの新資料を参照するとどのようになるのであろうか。

ストーンのコードネームは「パンケーキ」で一時期ＫＧＢと関係を持っていた。ビッソンのコードネームは「アーサー」でＧＲＵに情報を流していたことがわかっている。ストレートは一時期ＫＧＢのスパイを務めていた。ジェーンウェーはイギリス留学中に英国共産党に入党したことがわかっている。このような、反日マスコミとソ連諜報網あるいは共産党地下組織との関係は、今後の研究課題であろう（Haynes, Klehr and Vassiliev, *Spies*, pp.146-152, 245-252; Haynes and Klehr, *VENONA*, pp.177-8, 247-9; Romerstein and Breindel, *The Venona Secrets*, pp.169, 432-8; Michael Janeway, *The Fall of the House of Roosevelt* (New York: Columbia University Press 2004), pp.122-142)。

第十一章　ハル・ノートの裏にもホワイトがいた

日本は、石油禁輸によって一挙に追い詰められた。日本の石油備蓄量は一年数ヶ月分しかなく、石油がなくなれば国家は動きが止まってしまうのであった。平時であれば、対策について落ち着いて話し合う余裕があったかもしれないが、日本は戦争中であった。戦争中に石油がなくなるということは敗北を意味していた。ここでは、石油禁輸のあとの日米交渉がハル・ノートで決裂し、真珠湾攻撃へと向かうまでの流れと、その背後にソ連のスパイの影響があったのかどうかを見ていくことにしたい。[1]

■ハル国務長官のプライドが近衛・ルーズベルト会談を妨害した

一九四一年八月一日以降、アメリカから日本に石油が輸出されなくなったが、さっそく動いたのは近衛文麿首相だった。近衛首相は、ルーズベルト大統領とトップ会談を行うことで事態を打開しようと考えた。八月四日に陸海軍に説明すると、六日に昭和天皇に報告した。豊田貞次郎外相は野村吉三郎大使に、日米首脳会談を申し入れるように訓電を送った。[2]

ルーズベルトは大西洋会談でしばらく不在であったが、八月十七日に野村大使とルーズベルト大統領の会談が実現した。ルーズベルトは会談に乗り気で、ハワイではなくアラスカで会うのはどうかなどと発言した。野村大使は日本に、ルーズベルトは首脳会談に好意的と報告した。[3]

近衛首相はすっかり乗り気になった。会談に同行する政府・陸海軍関係者の人選も決まった。近衛首相はルーズベルト大統領にメッセージを送った。八月二十八日に野村大使が近衛メッセージを渡すと、ルーズベルトは立派なものだと誉め、三日くらい会談したいと述べた。近衛首相は、八月二十九～三十一日に、箱根の富士屋ホテルに側近を集めて、日米交渉案（近衛私案）をまとめさせた。[4]

近衛首相はルーズベルト大統領に、大局的見地から会談することが大切で、細かい問題はあとで事務当局が調整すればよいと呼びかけた。これに反対したのがハル国務長官であった。ハル長官は近衛首相をまったく信用しておらず、日本はあいまいな協定を結び、拡大解釈して侵略を進めるのではないかと疑った。そして、首脳会談前に事前協議を行って、詳細を詰めることが必要だと主張した。ハルの反対の理由はそれだけではなかったようである。ルーズベルト政権でハルの存在感は小さくなっていた。ルーズベルトは側近のホプキンズを英国やソ連に派遣し、大西洋会談にはホプキンズやウェルズ国務次官を出席させた。アメリカではハルが引退してウェルズが長官になるという噂が流れるほどだった。ルーズベルトがさらに日米首脳会談を開いて外交決着をしてしまったら、ハル国務長官の面目はまるつぶれであった。こうして、日米首脳会談の前に事前折衝をすることが決まった。[5]

日本国内においては、近衛首相を取り巻く環境は厳しくなっていった。近衛メッセージがアメリカで新聞報道されてしまい、日本にも伝わって、三国同盟推進派や対米開戦派などの強硬派が日米妥協に反対し始めた。このようななかで九月三日に連絡会議が開かれて、対米交渉で陸海軍が妥協できる限度が話し合われた。その結果、日本は仏印の軍事基地から中国以外の隣接地域（東南アジア）に武力進出しないこと、日中戦争解決後に、日中で取り決める以外の軍隊は中国から撤退することなどの条件が定められた。外務省は、これらを「対米提案」にまとめると、九月四日にグルー大使に通告するとともに、野村大使に打電した。近衛首相が側近を集めてまとめた「近衛私案」は使用されないことになった。[6]

九月六日には御前会議が開かれて、「帝国国策遂行要領」が定められ、陸海軍は近衛外交に以下のように制限をつけた。陸海軍は十月下旬をめどに戦争準備を完成させる。並行して、外交交渉により日本の要求を貫徹する。しかし、十月上旬までに外交決着のめどがつかなければ対米開戦を決意する、というものであった。[7]

野村大使は、九月六日に外務省から送られてきた「対米提案」をハル長官に渡したが、これは不評であった。アメリカ側は、これまでのハル・野村会談や、八月二十八日の近衛メッセージ（付属のステートメント）のときよりも条件が悪くなったと文句を言った。野村大使は、国務省のハルやバランタインと会談を繰り返して条件を煮詰めようとしたが溝は埋まらなかった。ついにハル長官は、ルーズベルトに次のように推奨した。[8]

日米首脳会談を成功させるには、基本原則の合意が必要である。日本は態度を硬化させた（条件を狭めた）にもかかわらず、ジュノー（アラスカ）での会談を求めている。基本原則について再び交渉を始められるよう、大統領との首脳会談を申し出たときの条件に戻るように促すべきである。[9]

九月二十八日、ルーズベルトはこれに次のように答えた。「貴君の鉛筆書きのメモに賛成である。

日米首脳会談を日本側が求めてきたときの寛大な姿勢（アメリカに有利な条件）を説明し、現在の狭量な態度（アメリカに不利な条件）を指摘して、もとの姿勢に戻れないか熱心に聞くこと。基本原則で合意するための議論を新たに始め、大統領は日米首脳会談に前向きだと伝えること」。[10]

十月二日、ハルは野村に会って、日米首脳会談を事実上断った。日米首脳会談にすべてをかけていた近衛首相はショックを受けた。日本側は十月上旬までに外交決着のめどがつかなければ対米戦争を決意することになっていたので、政府内は戦争か外交かで激論となった。時局をまとめられなくなった近衛首相は辞職した。[11]

■日米首脳会談失敗とヒスの影響

なぜ日米首脳会談は実現しなかったのであろうか。一つの理由として、国務省政治顧問のホーンベックが反対したことが挙げられている。ホーンベックは、「日本は弱体化した」「日本はアメリカを攻撃できない」「日本は崩壊へと向かっている」「日本と戦争に入る絶好の機会」「日本と取り引きするな」「日本の首相には権力がなく軍部指導者が決定する」「首脳会談はむだ」「日本との会談や合意に反対」「中国に配慮せよ」「日本と中国が泥沼の戦争をしたほうがよい」などと、近衛・ルーズベルト会談に反対する多くの報告書を書いている。[12]

日米首脳会談の交渉期間中にホーンベックは二週間の休暇をとったが、自分の休暇中は何も進展しないだろうと、記者に語ったそうである。またホーンベックは、近衛提案を拒否した実質的責任は自分にあると、のちに自ら述べている。ホーンベックの影響力がどの程度あったかは議論の余地があるが、ホーンベックの補佐のヒスは、報告書を下書きするなどして、日米首脳会談が実現しないように努めている。[13]

ちなみに、近衛首相は箱根の富士屋ホテルに側近を集めて、日米交渉案（近衛私案）をまとめさせたが、側近の一人に西園寺公一《さいおんじきんかず》が含まれていた。西園寺はゾルゲ・スパイ網（ソ連軍事諜報GRU）の協力者であった。近衛首相の日米交渉案（近衛私案）は、結局採用されなかったが、もしこれが採用されていたらどうなっていたであろうか。日本側の日米協定案の草稿をGRU系列の西園寺がつくり、アメリカ側の反対提案の草稿をGRU系列のヒスがつくるという奇妙な事態が起こっていたかもしれない。ソ連のスターリンはこのように世界中でスパイ網を構築していたため、戦後に多くの国を共産主義化させることに成功したのかもしれない。[14]

さて、日米首脳会談が実現しなかったさらに大きな理由は、ハルがアチソンに石油禁輸するように説得されてしまったことだろう。ヒスに促されたアチソンは九月二十二日にハルに決断を迫り、数日後に許可を得ると、九月二十六日にイギリスに、二十七日にオランダに、アメリカの方針を告げた。アメリカの方針は石油禁輸を続けることであり、変更する場合は事前に両国に通知することが決定された。こうしてアメリカは、イギリスやオランダと協調して石油禁輸をすることとなり状況が変わってしまった。このため、日米首脳会談の準備をこのまま続けられなくなってしまったのであろう。これを考えると、アチソンとヒスの影響が、日米首脳会談にも及んでいたことがわかる。

しかし、理由はこれだけではないであろう。近衛メッセージがマスコミに漏れてしまった結果、関係各国に影響を与えた。日本と三国同盟を結ぶドイツは、日本の裏切りを警戒した。日本と戦争を続ける中国は、日米首脳会談でアメリカが中国を裏切るのではないかと心配になった。アメリカに頼るイギリスは、影響力を行使しようとしたが、ハルが日米首脳会談を秘密裏に進めたので不安にかられた。こうして各国が日米首脳会談に反対する策動を始めた。さらにアメリカ国内では、反日団体や反日マスコミが、日米首脳会談に反対する活動を繰り広げた。[15]

日本国内でも、強硬派が日本の妥協に反対していた。近衛首相が日米首脳会談を目指したのも、トップ会談を開いて、その場で日本側が大幅に譲歩してしまい、天皇の裁可を得て陸軍強硬派などを押さえてしまうという狙いがあったようである。逆に言えば、そのようにしなければ強硬派を抑えることのできない、日本の政治体制が問題であったのかもしれない。強硬派を抑えることができなければ、日本の交渉の幅は狭まり、日米の溝は埋まらなくなってしまうだろう。[16]

■アメリカが問題としていたのは日本の東南アジア進出だった

近衛内閣が総辞職すると、陸軍大臣だった東条英機が首相となり、十月十八日に東条内閣が成立した。東条首相は、昭和天皇の外交重視の意向を受けて、日米外交に力を入れることにした。外務大臣には東郷茂徳が就任した。東郷外相はさっそく日米交渉をまとめようと精力的に活動した。前任の豊田外相によると「日米交渉は中国駐兵に期限をつければまとまるのであるが、陸軍がこれに反対したので総辞職となった」との説明を受けた。野村大使からは、三国同盟問題と通商無差別問題は了解が成立し、残りは中国駐兵問題だという電信が来ていた。東郷外相はこれらの情報をもとに、日米交渉をどうやって決着させるかを考えた。[17]

ところで日本の認識とアメリカの認識にはずれがあったことが指摘されている。日本側は三国同盟問題や通商無差別問題、特に中国駐兵問題をアメリカが問題にしていると認識していたのであるが、アメリカにとって最大の問題は日本の南進（東南アジア進出）であったといわれている。東南アジアにはアメリカの植民地のフィリピンがあり、フィリピンを防衛しなければならなかった。またアメリカは天然ゴムやスズなどの資源を東南アジアに頼っており、アメリカの安全保障上の問題だったのである。[18]

十月末に、日中戦争を戦う中国の蔣介石《しょうかいせき》はアメリカに支援を求めた。このため十一月初めに、国務省は陸海軍と会議を開いた。十一月五日ごろの米軍の作戦は以下のようなものだった。英米の主目的はドイツを倒すことで、極東の防衛力が整備されるまで日米戦は避けるべきである。日本が英米蘭の植民地などを攻撃した場合には、日本に対する軍事行動を行うが防衛戦にとどめる。中国には物質的支援を強化するが、米軍は派遣しない。日本に最後通牒を送ってはならない。これに対してホーンベック顧問は中国を見捨てるなと反対したが、陸軍の作戦関係者は、中国の敗北が予想されても、日本と戦争してまで米国が介入する根拠はないと反論した。ルーズベルトは軍部の意見を採用した。このように、アメリカの本音は、日本の中国進出よりも、東南アジア進出を問題としていたようである。[19]

東郷外相は、野村大使の報告や過去の経緯を参照して、中国駐兵問題などを扱った「甲案」と呼ばれる日米協定案を作成した。一方で、幣原喜重郎元外相から、局面打開の方策として、日米関係を資産凍結前に戻すという案が送られてきた。日本が南部仏印から撤退する代わりに石油の輸出を再開するというものであった。日本にいた幣原元外相のほうが、ワシントンにいる野村大使よりも、アメリカの本音がわかっていたのかもしれない。（幣原は、幣原外交で一時代を築いた有名な政治家であった。幣原外交は英米との協調に成功し、日本の国際的地位を向上させた。その一方で中国や共産主義への認識は甘かったとされ、陸軍からは幣原軟弱外交と呼ばれて、浪人生活を送っていた）東郷外相は、幣原案をもとに「乙案」を作成した。[20]

東郷外相は、野村大使を助けるために、来栖《くるす》三郎大使を特使として派遣することを決めた。東郷によると、ワシントンの日本大使館の働きぶりが日本で問題となっていたことと、かつて野村大使から来栖大使派遣の要請があったことが理由であるという。一方で陸海軍は、十一月下旬を過ぎるとモンスーンなど気象上の関係で南方攻略の作戦ができなくなるという理由から、十一月下旬までの外交決着を要求した。[21]

十一月四日、東郷外相は野村大使に、来栖大使を派遣することと、甲案と乙案が日本側の最終提案であることを通知した。そのすぐあとに、甲案で交渉を開始し、十一月二十五日までに日米協定案を合意させるように命じた。これを受けて野村大使は、七日にハル長官と会うと甲案を提示した。[22]

■日米交渉にも乱入したホワイト

アメリカ側は、日本の外交暗号を解読して日本側の手の内を読んでおり、それを「マジック情報」と呼んでいた。日本が来栖を送り込んでくることや、甲案や乙案と呼ばれる最終提案を出してくることも知った。そして、十一月二十五日までに日米協定がまとまらなければ、日本が戦争に乗り出すらしいということも、この「マジック情報」によってつかんでいたのである。アメリカの軍部は準備が整っておらず、この時点で日本との戦争に突入することを嫌がっていた。ルーズベルトは、日本がこれ以上軍事活動をしないことを条件に石油を輸出するような、期間限定での暫定協定案を検討するよう国務省に指示した。[23]

十一月十四日、来栖がサンフランシスコに上陸した。日米交渉が暗礁に乗り上げるなかで、来栖のアメリカ到着は、全米で注目を浴びた。来栖は十一月十五日（土）にワシントンに到着し、十七日（月）には、ルーズベルト、ハル、野村、来栖の四者会談が行われた。[24]

ここで、変わったできごとが起こる。財務省のホワイトが、外交の舞台に乱入したのである。ホワイトは、日米交渉をまとめるための案をつくると、四者会談が行われたのと同じ十七日に、モーゲンソー財務長官に提出した。モーゲンソーは翌日に、一部を修正してルーズベルトとハルに送った。[25]

ところで、このホワイト案は大好評であった。それまでの国務省と日本の交渉が、政治的な原理・原則をめぐって、堂々めぐりを繰り返すだけであったのに対し、ホワイトは、日本に経済借款を与えるとか、日本の軍艦を買い取るとか、経済的な条項をたくさん入れて日米の妥協をはかろうとしていた。国務省のハミルトン極東部長は、これまでの提案の中でもっとも建設的だと誉めた。そして陸海軍に送って意見を聞き、修正を加えた。[26]

このように、財務省の割り込みで国務省がかき回されている頃、日本側は甲案は見込みがないと判断して、乙案を提出することにした。そして十一月二十日、野村大使と来栖大使は、ハル長官に乙案を提示した。アメリカ側はマジック情報でこれが日本の最終提案だと知っていたので、日本に対案を提示することとした。アメリカの陸海軍は、最低三ヶ月の時間が欲しいと要望を出していたので、九〇日間限定で、日本との妥協をはかる対案（暫定協定案）を作成することになった。[27]

ハル国務長官は、国務省内の極東関係者に対案をつくらせた。こうして二日後には、アメリカ側の対案ができあがった。この対案は二部からなっていた。一つは、暫定協定案で、石油禁輸を緩和して日本と九〇日間の妥協を図るというものであった。もう一つは、長期的な日米協定の方針を示した基本原則文書で、暫定協定案とセットで渡される予定であった。財務省のホワイト案については、経済支援のような画期的な部分は削られてしまったものの、基本原則文書に取り入れられた。[28]

十一月二十二日（土）、アメリカ側の対案がほぼ完成すると、ハル国務長官は、イギリス、オランダ、中国、オーストラリアの大使・公使を呼びよせた。関係各国との調整を図るためである。日本の乙案と、アメリカ側の対案を説明して、大使たちに本国政府の了解をとるように要請した。[29]

その後、ハルのもとに野村と来栖がやってきた。彼らは、日米の妥協が成立することを見込んだのか、にこやかにしていた。ハルは、今日は土曜日なので、回答は、月曜日まで待って欲しいと頼んだ。アメリカ側は、マジック情報で期限が二十九日まで延びたことを知った。しかし、その期限を過ぎると「ことは自動的に起こる」というのだった。アメリカは戦争が近づいていることを知った。[30]

■暫定協定案をめぐる関係国の態度にやる気をなくしたハル

十一月二十四日（月）、ハルは最新の暫定協定案を見せるため、ふたたび、イギリス、オランダ、中国、オーストラリアの大使・公使を呼びよせた。ところが、話し合っていて、オランダ以外の政府は、大使たちに指示を与えていないことが分かった。ハルは、関係各国のやる気のなさに怒り出した。しかし、時差を考えると、アメリカ時間の土曜日に情報提示して、アメリカ時間の月曜日に返事をもらうというのは、各国に与えた検討時間が少なすぎたのかもしれない。[31]

ハル国務長官が関係各国のやる気のなさに怒っているとき、中国政府は大反対運動を展開しようとしていた。蔣介石総統があちこちに反対の電報を打ち始めたのである。

十一月二十五日（火）、アメリカ政府は中国政府の「暫定協定案反対！」電報の洪水におそわれた。

中国の蔣介石は、ハル国務長官だけでなく、あらゆるルートを使って、ルーズベルト大統領、スティムソン陸軍長官、ノックス海軍長官、モーゲンソー財務長官などアメリカ政府高官に反対意見を伝えようとした。それどころか、イギリスのチャーチル首相にまで反対電報を打った。自分の頭ごしに外交をされたハル国務長官は、自尊心をひどく傷つけられた。[32]

このとき中国で活躍していたのは、蔣介石の政治顧問を務めていたラティモアであった。ラティモアを蔣介石の政治顧問としたのは、カリー補佐官であった。カリーはルーズベルト大統領の経済担当補佐官として、特に中国問題で活躍していた。[33]

ラティモアもこの日、中国からカリーに電報を送った。アメリカと日本が妥協するのは中国に対する裏切りであり、アメリカへの信頼が失われたら中国政府が崩壊するかもしれないと警告し、蔣介石が興奮していることをルーズベルト大統領に至急知らせるべきだ、といった強いメッセージを送っている。[34]

この当時、蔣介石が日中戦争で、日本にかなり追いつめられていたのは事実であった。蔣介石の国民政府が何とか存続していたのも、アメリカが支援してくれるとの期待があったからであった。ところが、日米妥協のニュースが変に伝えられれば、中国の有力者は浮き足だって、蔣介石政府に見切りをつけ、日本側につくとの恐れがあった。蔣介石は、アメリカが妥協したら中国は崩壊すると脅したのである。

十一月二十五日、中国の電報洪水にハルが怒っているころ、各国が暫定協定案への回答を伝えて来たが、全面的賛成というわけではないようだった。こうしてハルは、関係各国のやる気のなさに落胆し、だんだん暫定協定案に対する熱意を失っていったようである。[35]

とはいっても、日米交渉の主体はアメリカであり、たとえ中国やイギリスが反対しようと押し切れる立場にあった。アメリカの陸・海軍の準備状況を考えれば、何としてでも日本との一時的妥協を図るべきであっただろう。ところが、ハルは、翌日の十一月二十六日に、アメリカの軍部にもよく知らせずに、暫定協定案を放棄してしまうのである。[36]

■十一月二十六日の大逆転の謎

なぜハルは、一夜にして暫定協定案を捨ててしまったのだろうか。ハルの説明によれば以下のようになる。

十一月二十五日の夜に、イギリスのチャーチル首相からルーズベルト大統領に電報が届いた。暫定協定案についてであったが、明らかに中国の影響を受けていた。チャーチルは、基本的に日米交渉はアメリカに任せるが、中国（蔣介石）への配慮が足りないのではないかと意見してきた。そして中国は心配の種であり、中国政府が崩壊したら連合国の危険が増大する、と送ってよこした。[37]

ハルは、極東の専門家たちと、会議を開いてチャーチル電報の内容について話し合った。その結果、ハルは暫定協定案を捨てることに決定したという。

理由は、（一）アメリカの世論が、日本に石油を送ることに反対していること。（二）国際協調が重要であるにもかかわらず、中国が猛烈に反対し、他国が玉虫色の態度を見せていること。（三）日本が暫定協定案をのむ可能性は低いと考えられるので、中国の士気を低下させ、さらには中国政府が崩壊する危険を冒してまで、暫定協定案を進める価値が認められないこと、である。[38]

十一月二十六日（水）朝、ハルはホワイトハウスのルーズベルト大統領を訪ねると、暫定協定案を放棄することを報告した。上記の理由を挙げて「暫定協定案を放棄して、基本原則文書（ハル・ノート）だけを、日本の大使に提出したい」と説明したところ、ルーズベルト大統領は即座に同意したという。[39]

こうして、アメリカは暫定協定案を放棄し、日本との戦争を決意した。ハルは翌日、「私はもう手を引いた。あとはスティムソン（陸軍）とノックス（海軍）の仕事だ」と言ったことから、戦争になることを理解していたことは明らかである。[40]

ハル・ノートは、とても日本が認められるものではなかった。ハル・ノートを読んだ東郷外相は「自分は目も暗《マ》む《マ》ばかり失望に撃たれた」と述べている。ハル・ノートによって日本は、政府も軍部もアメリカとの戦争の決意を固め、「真珠湾」へと突き進んでいくのである。[41]

ところで、このハルの説明による二十六日の大逆転劇の説明には、矛盾点や不可思議な点があることが指摘されている。

ハルは、十一月二十六日の早朝、ホワイトハウスを訪ねて大統領に説明し、暫定協定案を引っ込めてハル・ノートを渡すことの許可をとったとしている。しかし、モーゲンソー財務長官の日記によると、モーゲンソーがその朝、ルーズベルト大統領のもとを訪れたところ、ハルはルーズベルトに電話をしてきたのだという。ハルは、電話でルーズベルトに報告したのであろうか、それとも電話をする前に大統領のところに行っていたのであろうか。[42]

ハルは四年後、議会の聴聞会で、二十六日の朝、大統領に説明して許可を得たときに、どのような会話をしたのかと聞かれている。これに対して、ハルは、よく覚えていないとか、メモを見ると私は大統領と話したようだといったあいまいな答えをしている。「戦争か平和か」というこのような重要な出来事に対して、記憶があいまいというのは、おかしいのではないかと指摘されている。[43]

また、戦争に踏み切るかどうかという最重要な決定を、国務長官のハルが決められるのかという疑問もある。十一月初めの決定では、中国の敗北が予想されても、日米戦争してまで米軍が介入することはしないとされていた。ところが、蔣介石に中国は崩壊すると脅されると、ハル長官は軍部に相談せずに、勝手に日米戦争を決意してしまったのである。このため、実はルーズベルト大統領が暫定協定案をやめる決断をして、ハルに指示したのではないかと考える説もある。[44]

実際にスティムソン陸軍長官の日記には、以下のような記録が残っている。スティムソンは、十一月二十六日の朝、ルーズベルト大統領に電話して、日本の船団が南に向かっているとの情報を知っているか聞いたという。大統領は飛び上がらんばかりに怒って、日本の不誠実さをなじり、それなら話は変わるぞ、と言ったという。スティムソンは、この情報によって、大統領は暫定協定案をやめる決断をしたのではないかと感想を述べている。[45]

チャーチルの電報についても不思議な点がある。ハルは、この電報の内容について、十一月二十五日に極東専門家たちと会議をしたと述べている。ところが記録によると、チャーチルの電報がアメリカに届いたのは二十五日深夜、正確には二十六日の零時五十五分になっている。そうすると、ハルたちはいったい何時から会議を始めたのかとの疑問が生まれる。ところが関係者の証言によると、このチャーチルの電報は、記録上は深夜に国務省に届いたことになっているが、英国大使館にその内容が事前に伝わっており、国務省にも事前に知らされていたのだという。[46]

このように、なぜアメリカが、十一月二十六日に暫定協定案を突然放棄して、戦争を決意したのかについては、いろいろな疑問が寄せられている。

■ルーズベルトの陰謀説が出てきた理由

このような経緯もあり、後の時代に修正主義者と呼ばれる人々は、ルーズベルトの陰謀説を唱えるようになった。ルーズベルトは、日本が真珠湾を攻撃することを知っていながら、わざと攻撃させてアメリカを戦争に引きずり込んだとか、日本に経済的圧迫を加えてハル・ノートを出して挑発し、日本がアメリカを攻撃するようにさせた、といった説を唱えるようになった。ルーズベルトの陰謀説は証明されていないが、多くの本が出されているところを見ると、アメリカでもこのような陰謀説に共感を覚える人が多いのであろう。[47]

なぜこのような陰謀説が後を絶たないかと言えば、ルーズベルト政権にも弱みがあるからである。ルーズベルト政権は、日本の真珠湾奇襲攻撃で、歴史に残る大損害を受けてしまった。ルーズベルト政権としては、政策の実行には抜かりはなかったが、日本が交渉中に卑怯な奇襲攻撃をしてきたというように国民に説明しなければならなかった。

また、アメリカでは宣戦布告する権限は議会にあったので、ハル・ノートのような最後通牒を勝手に出すことは合衆国憲法に抵触する恐れがあった。もちろん慎重派のハルは、ハル・ノートに「試案にて拘束力なし」のような言葉を入れて、責任を逃れるのを忘れなかった。しかしスティムソンが議会に提出した日記には、「我々が危険にならないように日本に最初の一発を撃たせる」とか「私（ハル）はもう手を引いたので、後は君（スティムソン陸軍長官）とノックス（海軍長官）の仕事だ」などと書かれていたので、ルーズベルト政権は戦争を挑発したのではないかと疑われた。この点を、議会と国民にうまく説明しなければならなかった。[48]

それからルーズベルトは、大統領選挙で、敵から攻められないかぎり、戦争はしないと公約していた。もしわざと敵にアメリカを攻撃させようとしたのであれば、公約破りと言われる恐れがあった。

議会は、真珠湾攻撃で大損害を受けた責任を追及するため、聴聞会を開いた。ハルをはじめとして関係者は議会で証言したが、議会で宣誓して虚偽の証言をすると偽証罪に問われる恐れがあった。このため関係者は慎重になる必要があった。ハルは、弁護士や国務省と打ち合わせて入念な準備をした。ハルの回顧録は、このときの日米関係に関する証言内容をもとにして書かれているので、完全に正直な記録ではないのかもしれない。[49]

修正主義者で、ルーズベルトの政敵のハミルトン・フィッシュ上院議員は、だいたい次のようなことを述べている。「（真珠湾攻撃当時）我々は、平和交渉中に日本が非道な攻撃をしかけてきたという大統領の説明を違和感なく信じた。議員の誰一人として、戦争を挑発する大統領の最後通牒（ハル・ノート）の存在を知らなかった」。「十一月二十五日には、どうやって日本に最初の一発を撃たせるかが話し合われた。この結果が、議会とアメリカ国民を無視し、合衆国憲法に違反する、恥ずべき最後通牒となった」。「大統領とその仲間は、公約を破って戦争したことを謝ろうとしない」などと非難している。[50]

こういったことが、ルーズベルトの陰謀説が生まれる土壌となっていったのであろう。一九四四年の大統領選挙では、ルーズベルトは真珠湾をわざと攻撃させてアメリカを戦争に巻き込んだと対立候補が非難し、政治問題化してしまった。このような理由から、ルーズベルト政権が憲法違反や偽証罪に問われて政治問題化するような資料については、まだ公開されていないものがあるのかもしれない。

　このほかにチャーチルの陰謀説というものもある。ハル・ノートなどを調べている研究者や作家が、イギリスにはまだ情報公開されていない資料があることを指摘している。イギリスのチャーチル首相は、ルーズベルトに電報を出すときに「イギリスがアメリカを戦争に巻き込んだと言われないように」注意したそうである。またイギリスにとってルーズベルト政権は、イギリスを救ってくれた友人であった。イギリスがアメリカを戦争に巻き込んだと思われるような情報や、ルーズベルト政権の友人の名誉を汚すような情報は、まだ公開されていないのかもしれない。[51]

■ソ連のスパイたちは日米合意を妨害したか

　アメリカ議会は、ソ連の陰謀説についても調査している。ハル・ノートの一〇年後、一九五一年〜五二年にかけて、アメリカ議会上院ではマッカラン小委員会と呼ばれる調査委員会が設けられていた。この小委員会の目的は、「太平洋問題調査会」（略称ＩＰＲ）と呼ばれる団体を調べることであった。[52]

　ＩＰＲは学術団体であったが、いつのまにか共産主義者に乗っ取られてしまったとの疑惑が出ていた。そしてこのＩＰＲに集まった共産主義者が、アメリカ政府の極東政策に影響力を発揮し、ソ連に都合がよいような政策を、アメリカ政府がとるように誘導していたとの疑惑が出ていたのである。[53]

　アメリカ政府の政策をゆがめた一例として、太平洋戦争直前に、暫定協定案がひっくり返された事件も調査対象となっていた。ソ連の共産スパイがアメリカで暗躍し、暫定協定案をひっくり返して、日本とアメリカを戦争させたのではないかというのである。[54]

共産スパイの疑いがかけられた人々のなかには、次の三人が含まれていた。

●財務省のホワイト

●蔣介石政治顧問のラティモア

●大統領補佐官のカリー

彼らがどのような動きをしたかというと次のようになる。

先に述べたように、十一月十七日にホワイトは突然、日米協定案をモーゲンソー財務長官に提出して、日米交渉に割り込んだ。このときは日米合意に賛成していたようである。ところが二十五日、中国にいたラティモアはカリー補佐官に、中国が日米合意に強い反対を唱えていることを、大統領に伝えるように要請した。まもなくホワイトの態度が変わり、日米合意に反対するようになった。ホワイトは二十七日に、日米合意に反対する手紙を書いて、モーゲンソー長官からルーズベルトに提出させようとした。またホワイトは、ＩＰＲのカーター事務総長に電報を打って、ワシントンに来て日米合意に反対するロビー運動をするように要請した。ところが、このころすでにハル・ノートが渡されて、日米交渉は決裂していた。[55]

さて、彼らはソ連のスパイとして日米合意を妨害したのであろうか。

マッカラン小委員会は、約一年間にわたって開かれ、六六人の証人を呼んで聞き取り調査を行い、二万以上の文書を調査したという膨大なものであった。その結果は、目次と報告書も含めて一六巻にまとめられ、総ページ数は六〇〇〇ページを超える。[56]

しかし、残念ながら、暫定協定案の放棄がソ連の陰謀によるものなのかどうかは、明確な結論を出すことはできなかった。その理由として、調査に協力しない人が多かったことがあげられるだろう。

証人喚問に応じなかった人も多く、また証人喚問に応じても黙秘権を用いて発言しない人が多かった。これらの人々は、逆に、思想の自由の抑圧だとか、赤狩りだと言って抗議した。[57]

さて、マッカラン小委員会から四〇年以上経ってヴェノナ文書などが公開されたが、この三人について、何か新しいことが判明したのであろうか。ホワイトについては本書で扱ってきたが、「ジュリスト」「リチャード」などのコードネームで呼ばれるソ連の重要な情報源であり、ソ連が有利になるようにアメリカの政策に影響を与えていたことが知られている。[58]

大統領補佐官として、中国政策を担当していたカリーはヴェノナ文書などで「ページ」というコードネームで呼ばれていた。シルバーマスター・スパイ網のメンバーを積極的に助け、アメリカのポーランド政策やＦＢＩの調査情報をソ連に漏らしていたことがわかっている。一方、蔣介石顧問のラティモアについては、スパイであったかどうか現在でも確認されていない。[59]

カリーは、アメリカの戦闘機と義勇兵によって日本を爆撃するフライング・タイガース計画の責任者であった。ラティモアは日本を徹底的に弱体化するような占領政策を考えて米国政府に影響を与えた。カリーとラティモアについてはたくさんの疑惑があるが、本書では扱わないこととしたい。

■「オペレーション・スノー」（雪作戦）の衝撃

ところで、ソ連が崩壊した後に、ソ連のスパイがハル・ノートに関係する回顧録を出版して、世界を驚かせた。元ＫＧＢアメリカ課長代理のパブロフが「オペレーション・スノー」（雪作戦）と呼ばれる作戦があったことを明らかにしたのである。それによると、財務省のホワイトを使ってアメリカの政策をソ連の都合のよいように誘導し、日米戦争へと持ち込んで、日本のソ連攻撃を防いだのだという。

どのようにしたかというと、一九四一年春にパブロフが訪米してホワイトと会い、ソ連が望む政策である、日本軍の「中国撤退」と「満州撤退」をアメリカの要求に入れるようにホワイトに伝えた。実はソ連は、この要求を日本がのめないことを知っていた。ホワイトはパブロフの提案をもとに日米協定案をつくり、これがハル・ノートという強硬な提案につながったのだという。日本はハル・ノートに怒って、真珠湾攻撃を決断した。[60]

さらに二〇〇〇年には、元GRU大佐カルポフが、スターリン生誕一二〇年を記念した記事を発表した。カルポフがアーカイブを調査した結果、スターリンがハル・ノートの真の計略者であることがわかったという。そして「オペレーション・スノー」(雪作戦)の目的は、ホワイトを使って日米戦争を誘発し、極東におけるソ連の国益を守ることであったと述べている。[61]

これは本当なのであろうか。はたしてソ連の謀略が、日米交渉に影響を与えるようなことがあったのだろうか? ここで「オペレーション・スノー」がどのように行われたのかを見てみたい。

■日本の矛先がソ連からアメリカに向かうようにしてソ連を救う

パブロフによると、スターリンの大粛清の影響で多くのベテラン工作員が処刑されたため、一九三九年に二五歳のパブロフがKGBのアメリカ課長代理に抜擢されたという。そのころ、中堅工作員のアフメーロフも、スターリンの粛清でアメリカからソ連に呼び戻されていた。アフメーロフは処刑されなかったが、降格処分となり、パブロフの部下となった。パブロフは、経験豊富なアフメーロフにアメリカ工作の相談をするようになった。[62]

アフメーロフの話によると、アメリカで活動していたとき、ホワイトに実際に会ったという。当時、財務省にはXというソ連のスパイがいて、ホワイトのことをソ連に推薦した。そこでアフメーロフは、ホワイトに会うため、Xに社交の場を設けるよう依頼した。パーティーでアフメーロフは、ビルという偽名を使い、もうすぐ中国に行く予定の中国学者と偽って自己紹介し、ホワイトと話をしてみたところ、二人は意気投合した。そして、ホワイトの考え方はソ連の外交政策とだいたい一致していると分かったという。アフメーロフは、ホワイトを使ってアメリカの政策を誘導できると判断したが、ソ連諜報網に直接引き入れることはしなかった。すでに財務省にはXの他に二人の工作員がおり、情報は十分に得られるので、引き入れなくてよいと判断したからだという。[63]

これは一九三九年ごろの出来事だったので、チェンバーズが離脱してGRUが手を引いた翌年に、はやくもKGBがホワイトに手をつけようとしていたことを示している。しかし、元GRUのスパイ網を十分開拓できないうちに、スターリンの大粛清で、アフメーロフもソ連に呼び戻されてしまった。

さてパブロフとアフメーロフはモスクワで、ソ連の極東の安全を脅かす日本について議論した。そして、ホワイトを使ってアメリカの対日政策を誘導する工作を検討した。その結果、パブロフが訪米して、ホワイトに直接会って協力を依頼することになった。一九四一年春、アメリカに到着したパブロフは、ビル（アフメーロフ）からのメッセージがあると言ってホワイトを呼び出すことに成功した。ホワイトとパブロフは、ワシントンのレストランで会い、その場でパブロフはビルからのメッセージと言って、日米交渉の政策提案を書いたメモをホワイトに見せた。ホワイトは自分が考えていたことと同じだと言って驚いたという。その後、ホワイトは日米協定案を書いて、モーゲンソー財務長官に提出し、これがハル・ノートとなって真珠湾攻撃につながったという。このように、パブロフの工作によって日米戦争を誘発し、日本の矛先がソ連からアメリカに向かうようにしてソ連を救ったというのが「オペレーション・スノー」（雪作戦）の概要である。[64]

■ホワイトはパブロフのシナリオ通りに動いたのか

「オペレーション・スノー」が公表されると、驚いた西側の研究者やジャーナリストがパブロフに会いにロシアに行った。ところが、パブロフがインタビューで話した内容はパブロフが本に書いた内容よりも、ずっと控えめであったことが指摘されている。たとえば、パブロフは自分が大きな影響を与えたと言うことを拒み、自分が覚えているのは、ホワイトとの楽しい会談のことだけだと述べたという。別のインタビューでは、日米を対決させるような考えはまったくなかったと述べているのである。ここでパブロフがどのように話したのかを見てみよう。

パブロフのインタビューによると、「オペレーション・スノー」の目的は、極東のソ連領土を日本の攻撃と侵略の可能性から守るというものであった。特に満州にいる日本の関東軍はソ連にとって脅威であり、満州から撤退させたかったのだという。また、日中戦争で日本軍は中国全土に展開したが、日本軍が中国に根を下ろすのを防ぎたかったとも言っている。[65]

パブロフによると、日本軍を撤退させるために考えられたのが、アメリカの圧力を利用することであったという。約二〇年前にロシア革命でソ連が生まれると、日本は英米仏などと共にシベリアに出兵して干渉した。そして他の国が撤退しても日本はシベリアに居座ったが、ソ連は自力で日本軍を追い出すことができなかった。ところがアメリカが警告すると日本軍は撤退した。パブロフらはこれを思い出して、アメリカの力を使うことを考えたのだという。[66]

こうしてできた作戦は、アメリカが日本に経済的支援を与える代わりに、日本が中国や満州から撤退するというものだった。パブロフは、日米を対決させる考えはなかったと述べている。[67]

ところで、パブロフと会ったホワイトは実際にどう動いたのであろうか。ホワイトは五月ごろに日米ソ関係の解決を図る報告書の原稿を作成し、六月六日にモーゲンソー長官に提出している。しかし、モーゲンソー長官はホワイトの報告書に興味を示さず、そのうち独ソ戦が始まって状況が変わってしまったので、この報告書はお蔵入りとなった。ホワイトがこの報告書の修正版をつくって再びモーゲンソー長官に提出するのは、五ヶ月後の十一月十七日のことである。[68]

パブロフはアメリカを離れ、七月ごろにモスクワに戻った。すると対外諜報の責任者のフィーチンから、独ソ戦が始まったので「オペレーション・スノー」は終了とし、パブロフとアフメーロフはこの件を忘れるようにと言い渡されたという。そして記録はすべて破棄されてしまったという。[69]

ところでパブロフは、自分の提案（一九四一年）によってホワイトが動いたのを、いつ知ったのであろうか。パブロフによると、それは戦争終了後の一九四六年のことであったというから五年後になる。アフメーロフは再びアメリカに着任してソ連に帰国したが、財務省のXからの情報を知らせてくれたのだという。それによるとホワイトは、パブロフが知らせたビルの助言にとても感謝しており、個人的にお礼を言いたいとまで言っていたのだという。さらにそれから数十年たって、アメリカの政治家ハミルトン・フィッシュの回顧録（一九九一年出版）を読んだところ、その本にはホワイト案が付録として掲載されていた。そして、自分が提案した内容をホワイトが取り入れていたのを知って、かつての作戦「オペレーション・スノー」を思い出したのだという。[70]

ここで問題になるのは、フィッシュの回顧録には、六月六日と十一月十七日のホワイト案と、十一月十八日にモーゲンソーが提出したホワイト修正案が資料として掲載されているが、実際のハル・ノートは掲載されていなかったことである。パブロフは、十一月十八日のホワイト修正案がハル・ノートになったものと誤解し、実際のハル・ノートは読んでいないのではないかと、インタビューをした研究者から指摘されている。[71]

またパブロフは、この作戦を考え出したのはパブロフとアフメーロフであって、指導部が降ろしてきたものではないとインタビューで述べている。一方で、GRUのカルポフは、スターリンがハル・ノートの真の計略者だと述べている。どちらが正しいのであろうか。これについては、のちほど説明したい。[72]

■「オペレーション・スノー」は日米開戦にどのぐらい影響したか

このように西側の研究者やジャーナリストが「オペレーション・スノー」について調査したが、本に書かれている内容と、パブロフがインタビューで話した内容に違いがあるので、評価は分かれている。大きく分けると以下のようになる。

（一）影響は大きいとする説。ソ連諜報部の陰謀で日本とアメリカは戦争に追い込まれた。パブロフが示唆して、ホワイトが提出した日米を対立させる提案が、ハル・ノートにつながった。アメリカではホワイトなどのスパイ網、日本ではゾルゲなどのスパイ網が暗躍し、スターリンの思惑通りに日本はアメリカとの戦争に追い込まれ、ソ連は日本の攻撃を防ぐことができた。[73]

（二）影響は少ないとする説。パブロフが示唆してホワイトが提出した提案は、ハル・ノートにあまり大きな影響を与えていない。ホワイトの提案は、日米対立を目指すものではなく、日米を調停する妥協案である。またホワイトはパブロフの指示通りに提案を書いたのではなく、自分で考えた内容を入れている。[74]

（三）信頼性に問題があるとする説。パブロフが発表した内容は、ロシアの諜報部の検閲を受けており、また意図的に嘘をついているように見える部分もある。このため、「オペレーション・スノー」については信頼性に疑問がある。ソ連崩壊後に出版されているが、当時は秘密警察や諜報部門に対する国民の目は厳しかった。諜報部門の重要性を宣伝するために、大げさに成果を発表した可能性がある。[75]

パブロフの示唆を受けたホワイトはどのような提案書を書いたのであろうか。六月六日のホワイトの提案には、アメリカが日本に三〇億ドルの借款を与えるなどの見返りを与える代わりに、日本軍が中国とインドシナから撤退すると書かれているので、パブロフの提案を受け入れたようである。しかし、パブロフが望まないような条項も入っているので、ホワイトはパブロフのアイデアをもとに、自力で日米ソ関係を改善する案をつくったと考えたが方がよいようである。[76]

また、本に書かれている内容と、インタビューで話した内容とには違いがあることから、パブロフの著作物は、ロシア諜報部門の検閲を受けたのではないかと予想する研究者もいる。特にパブロフの本が出た当時は、共産主義が倒れ、秘密警察や諜報部門に対するロシア国民の目は厳しかったので、予算獲得のために大げさな報告をしたのではないかという意見もある。これが正しいとすると、諜報部門の失敗談は避け、諜報部門の活躍のお陰で祖国ソ連（ロシア）が助かったという話に持っていくということが考えられるだろう。[77]

■ソ連が表に出したくない事実とは何か

もしパブロフの本が検閲を受けているとしたら、何を変更させられたのであろうか。旧ソ連諜報部があまり表向きにしたくない情報とは何だったのであろうか。たくさんあるであろうが、その一つとして、一九三九年八月の独ソ不可侵条約から一九四一年六月の独ソ戦まで、ソ連はナチス・ドイツの同盟国であったことが考えられる。ソ連はナチスに戦争協力しながら、周辺国を侵略しまくっていたのである。全体主義国家（日独伊）から世界を救って国連の常任理事国となったソ連としては、ナチスに戦争協力していたという事実はあまり表に出したくないことであろう。[78]

「オペレーション・スノー」は、ソ連がナチスに戦争協力していたときの作戦である。このころソ連が何を目指していたかと言えば、ドイツがイギリスを破るのを助け、アメリカがイギリスを助けるために参戦してくるのを防ぐことであった。[79]

スターリンは、ドイツ（ヒトラー）よりもイギリス（チャーチル）を信用していなかったようである。ドイツがソ連侵略を準備しているとの情報が来ても、独ソを離間させようとするイギリスの謀略だと考えて信用しなかった。イギリスはドイツに敗北寸前なので、ドイツをソ連と戦わせようと企んでいるに違いないと考えていたようである。[80]

しかし、だんだんドイツとソ連の関係は悪化し始めていた。スターリンは、ドイツはいつかソ連に攻め込んでくると思っていたが、それはドイツがイギリスを倒したあとのことだと考えていたようである。もしドイツがソ連を攻撃してきたら、ソ連が困るのは、反対側の極東方面から日本が攻撃してきて挟み撃ちされることであった。スターリンはそのときのために「日ソ中立条約」を結んで極東の安全を図ったようである。これと似たような対策が「オペレーション・スノー」であったと考えられる。[81]

この時期のソ連は、日米対決を望んでいたのであろうか。アメリカがドイツと戦うのを望んでいなかったのは確かである。七章で述べたようにソ連は、アメリカがドイツに戦争を挑むのに反対し、共産党の前線団体にホワイトハウスを取り囲ませて反戦平和運動をさせていた。もし米独戦が起こったら、独ソ不可侵条約の関係から、ソ連はアメリカと敵対する恐れがあった。このころ日本は日独伊三国同盟を結んでいたが、もし日本がアメリカから攻撃を受けた場合、ドイツは自動的にアメリカと戦争に入ることになっていた。ソ連はアメリカを孤立させる戦術をとっていたので、日米戦から米独戦になるシナリオは、あまり好ましいものではなかっただろう。ソ連が日米戦を望んでいるというのは有名な話だったが、一九四〇年九月の三国同盟から一九四一年六月の独ソ戦までの九ヶ月は、日米戦を望んでいなかったのかもしれない。また、ソ連の分析では、アメリカは戦争準備が整っていないので、ドイツ打倒に集中するために、日本と外交交渉で妥協すると予想していた。[82]

おそらく「オペレーション・スノー」は、この日米交渉を利用して、ソ連の狙いである日本軍の「中国撤退」と「満州撤退」を、ホワイトを使ってアメリカから日本に要求させるのが狙いであったのだろう。パブロフも「オペレーション・スノー」で日米戦は望んでいなかったと述べている。パブロフは、ホワイトの六月六日提案を示されると、この中に自分たちの考えが含まれていることを認めたうえで、これを平和愛好政策と呼んでいる。[83]

しかし、六月二十二日の独ソ戦開始で、すべてが変わってしまった。ソ連は、独ソ不可侵条約を守らなくてもよくなった。アメリカを孤立させるのではなく、参戦させてドイツと戦わせなければならなかった。これまでホワイトハウスを取り囲んでいた米国共産党の前線団体は、イギリスの帝国主義戦争に参加するなと反戦平和を唱えていたが、すぐに活動方針を変えて、イギリスに協力してドイツと日本を叩けと、戦争参加を主張する団体に変わった。そして、ファシズム対民主主義の戦争にアメリカは参戦して、ソ連を助けよと訴え出したのである。[84]

■「満州撤退」という文言が書かれていないという謎

さて「オペレーション・スノー」については、謎が残っている。ホワイトは六月六日に提案書をモーゲンソー長官に出したが採用されなかった。ところが、五ヶ月後の十一月十七日に再び提案書を出して日米交渉に割り込もうとしているのである。パブロフのインタビューによれば、「オペレーション・スノー」は、六月の独ソ戦で終了したはずである。なぜホワイトは十一月にもう一度、修正版を提出したのであろうか。[85]

これには以下のような理由が考えられるかもしれない。（一）十一月十五日に来栖大使がワシントンに到着し、大きく報道されたので刺激を受けた。（二）十一月十四日にホワイトはソ連大使館のグロムイコらと会談しており、ソ連を救うように頼まれた。（三）ＫＧＢから新たな指令が来た。これについては次の章で検討してみたい。

また、「満州撤退」についても謎が残っている。パブロフが本に書いた「オペレーション・スノー」は、以下のような作戦であった。

ＫＧＢのパブロフが日米協定案をホワイトにつくらせ、その中に日本軍の「中国撤退」と「満州撤退」の条項を入れるよう要求した。ソ連は、日本がこの要求をのめないことを知っていた。ホワイトの提案をもとにハル・ノートがつくられると、日本はアメリカの要求に怒り、ＫＧＢの思惑どおりに日米戦争を決意した。

日本は特に「満州撤退」に怒って日米戦争を決意したと言われている。そしてソ連が特に望んでいたのも、日本軍の「満州撤退」だった。ここで問題になるのは、実際のハル・ノートには「満州撤退」とは書かれていなかったことである。

パブロフは、十一月十八日のホワイト修正案がハル・ノートになったと誤解しており、これに「中国撤退」と「満州撤退」が書かれているので、「オペレーション・スノー」は成功したと考えているようである。しかし実際のハル・ノートでは「中国撤退」は書かれていたが、「満州撤退」は削除されていた。[86]

ところが日本側は、「満州撤退」が書かれていないにもかかわらずハル・ノートは「満州撤退」を要求していると解釈し、KGBの思惑どおりに日米戦争を決意するという不思議なことが起こっている。

この問題を詳しく研究した須藤眞志によると、ハル・ノートを渡された日本側は、なぜか「中国撤退」には「満州撤退」も含まれると早とちりして、日米戦争を決意してしまったのだと述べている。「中国撤退」だけだったら交渉継続の可能性もあったとしている。須藤は、日本の野村大使と来栖大使が、ハル・ノートに「満州撤退」が含まれているのかを米国側に確認すべきだったと述べている。しかし、なぜアメリカ側が突然、満州関係の項目を削除してしまったのか、そして、それでもなぜ日本側が「満州撤退」が含まれると誤解したのかはわかっていないという。[87]

■ハル・ノートの元となったホワイト案の内容

さて、最初に十一月のホワイト案について検討してみたい。十一月十七日にホワイトは、日米協定案をモーゲンソー長官に提出した。モーゲンソーは十八日に、修正版をルーズベルト大統領とハル国務長官に送った。修正版では、国務省非難の部分が削除され、構成が少し変わっているが、おそらくモーゲンソーがホワイトに命じて修正させたのであろう。翌日の十九日に、これを読んだ国務省のハミルトン極東部長は、この提案は修正が必要だが、これまで見たなかでもっとも建設的で、国務省の上級部員も同じ意見であると報告した。[88]

ハミルトン部長が読んだホワイトの提案書（修正版）とはどのようなものであったのだろうか。ここで簡単に内容を紹介してみたい。

提案書の題名は「日本との緊張を緩和しドイツの敗北を確実にする課題の解決法」といった感じの長い題名になっている。提案書は四部からなり、(一) まえがき、(二) 米国と日本に関する自明の命題、(三) 提案する協定、(四) このような日米協定の利点、となっている。このうち (三) で提案されている協定案がハル・ノートとなっていくことになる。[89]

(一) の「まえがき」では、総力外交の必要性を説き、経済力など米国の優位性を生かすことを説いている。大統領がこの提案を出して日本が受諾すれば、好戦的な敵国を平和で繁栄した隣国にすることとなり、全世界が感動する。アジアの人々には平和と幸福と繁栄がもたらされ、ドイツの敗北は確実になり、大統領の名声は急上昇する (skyrocket) と、あまりにも楽天的で、見え透いたお世辞が書かれている。[90]

(二) の「米国と日本に関する自明の命題」では、日本と米国の問題点や解決法を挙げている。日米戦争になれば多くの人命が失われ、経済的損失は多大である。負けた国は復讐しようとし、将来にわたって平和を確立することができない。アメリカにとっては戦争の平和的解決が好ましい。日本はすでに戦争で荒廃し、外国貿易と資源を求めている。公正で平和的な条件のもとに日本と隣国が繁栄するのは、日米双方の利益である。日本はアメリカに勝てず、負けたら四等国に転落する。アメリカが戦争を避けて日米友好を目指せば、日本経済を平和で健全なものに戻すのに役立つ。日本の国民は、平和を回復し、産業や貿易を再興し、公正な条件のもとに隣国と友好関係を築くことに賛成する。最後に、もっとも重要なことに、アメリカ海軍は大西洋に戦力を集中して、ドイツとの戦いに備えることができる。[91]

(三)の「提案する協定」では、アメリカがすべきこと一一項目と、日本がすべきこと一〇項目の計二一項目が挙げられている。

(A)アメリカがすべきこととしては、米国海軍が太平洋から撤収すること、日本と二〇年間の不可侵条約を結ぶこと、満州問題の最終的解決を図ること、インドシナを米英仏日中で共同管理すること、中国への治外法権を撤廃すること、排日移民法廃止を議会に働きかけること、日本に最恵国待遇を与える通商条約の交渉をすること、日本に二〇年間二〇億円の借款を与えること、日米間で通貨安定基金を設けること、日本資産の凍結を解除すること、日本に英米並みの資源が渡るようにすること、などが挙げられている。

(B)日本がすべきこととしては、中国(一九三一年の境界線)およびインドシナとタイから、軍事力と警察力を撤退させること、国民政府(重慶政府)のみを支援すること、中国に流通する日本関係の貨幣や軍票を円貨幣に交換すること、中国への治外法権を撤廃すること、中国に円借款を与えること、ソ連が極東から兵を引くことを条件に日本軍が満州から撤退すること(一部例外を除く)、現在の軍需品生産量(軍艦、航空機、商船等含む)の四分の三を限度に米国に売却すること、ドイツ人技術者や軍関係者や宣伝員を追放すること、米中に最恵国待遇を与えること、米英中蘭比で一〇年間の不可侵条約締結を交渉すること、などとなっている。[92]

この(A)と(B)の二一項目を基本にして、修正・削除・追加されてできたのがハル・ノートである。

（四）の「このような日米協定の利点」では、アメリカにとっての利点と、日本にとっての利点、検討課題と結論が書かれている。

アメリカにとっての利点を簡単にまとめると、次のようになる。アメリカは対日戦争を回避でき、太平洋艦隊をほかの地域に向けられる。日本を気にすることなく英ソを支援することができ、ドイツに対して優位に立てる。日中戦争が停止され、日中両国が繁栄することにより、米国の貿易によい効果が得られる。

日本にとっての利点を簡単にまとめると次のようになる。日本は戦争で敗北せずに平和を確保できる。戦争経済から平和経済へ移行し深刻な不況でなく繁栄を得られる。体面を失うことなく中国から撤退できる。日本の活力と資本を、日本再建、満州建設、新しい貿易の可能性に充てられる。

結論を簡単にまとめると次のようになる。一、二週間の内に完全な提案書をつくって日本に提示することも可能であり、世界は我々の意図や提案内容を知ることができる。日本が同意しなくても、米国は政策を明確化して世論の支持を得ることができ、日本は国内分裂を生ずるという効果が得られる。日本が同意したら、大統領は中英ソなど関係国を集めてワシントンで会議を行う。

上記の提案は重要条件が無視されないことが必要である。日本の譲歩が得られれば太平洋に平和、得られなければ戦争の脅威は避けられず、ドイツ敗北の特別な機会は失われる。

日本が最低限譲歩すべきは、アジア大陸からの軍隊撤退と軍備の売却である。これを達成できなければ、連合国の軍事力を東洋から解放できず、日本がのちに侵略する可能性が残る。最低限の目的は、英米ソの軍事力を太平洋から解放することである。[93]

この最後の部分を読むと、確かにKGBのパブロフの提案を受け入れたように読める。また日米中は貿易で繁栄し、アメリカは英ソを支援しながらドイツ打倒に集中できるというとても楽天的な提案になっている。ハミルトン極東部長もこういった内容が建設的だと誉めたのかもしれない。

■ホワイト案の修正とハル・ノートの誕生

国務省は、ホワイト案を受け取ると、議会対策が必要な項目などを修正・削除していった。また陸海軍の意見を聞くことにした。陸海軍は、太平洋艦隊の移動など、軍事に関わる項目を嫌がった。そして日本が軍艦を売却することは考えにくく、屈辱と受け取るのではないかと反対した。こうして修正を重ねていった結果、当初全部で二一項目あったホワイト案は、一〇項目まで減って、これがハル・ノートとなった。この経緯をまとめると以下のようになる。[94]

十七日	ホワイト案	（A）一一項目	（B）一〇項目	（計）二一項目
十九日	国務省の修正	（A）一〇項目	（B）八項目	（計）一八項目
二十一日	軍部の修正等	（A）九項目	（B）六項目	（計）一五項目
二十二日	軍部の修正等	（A）八項目	（B）六項目	（計）一四項目
二十四日	重複項目まとめ	（A）と（B）を統合		（計）一一項目
二十五日	国務省の修正	（ハル・ノート）満州関係削除		（計）一〇項目

ハル・ノートの一〇項目を簡単にまとめると以下のようになる。(1)日米両政府は多国的不可侵条約を結ぶ努力をすること(日米英中蘭ソ泰)、(2)日米両政府は仏印の領土保全と貿易に関して多国間協定を結ぶ努力をすること(日米英中蘭泰)、(3)日本は中国とインドシナから全軍事力と警察力を撤退すること、(4)日米両政府は国民政府(重慶政府)以外を支持しない、(5)日米両政府は中国における治外法権を撤廃すること、(6)日米両政府は最恵国待遇等を基本とする通商条約交渉に入ること、(7)日米両政府は互いに資産凍結を解除すること、(8)日米両政府は為替安定のための計画に合意し必要資金を折半すること、(9)日米両政府は第三国との協定を、本協定の目的である太平洋平和に矛盾するように解釈しないこと、(10)日米両政府は他国政府がこの原則に従うように働きかけること。[95]

この提案を受け取った日本の東郷外相は、ハル・ノートはアメリカの従来の主張を超えていると驚いている。そして日本が承諾しにくい項目を承諾しにくい形で持ってきたのではないかと疑っている。特に(1)(2)(5)は、これまでまったく交渉されてこなかった項目であると手記に書いている。これまで見てきたように(1)(2)(5)は、ホワイト案から来ていることがわかる。[96]

また(3)(4)(9)も新規の内容が含まれていると述べている。(3)と(4)もホワイトが入れた項目がもとになっている。(9)については、日本が三国同盟を発動しないことを目的にしているのは明らかであるが、これはホワイトというよりも国務省が入れた項目のようである。こうしてみると、ホワイトの割り込みによって、新しい提案が突然たくさん加わり、日米交渉を混乱におとしいれたと言えるであろう。

なぜ国務省はホワイト案を誉めて、日米協定案に取り入れたのであろうか。やはりホワイトの提案書の建設的な調子と、日本への経済借款や通貨安定基金など経済的な条項が入っていたので、国務省は隣の芝生が青く見えたのかもしれない。

しかし研究者のランガーとグリーソンは「なぜ国務省は、真珠湾前の重大な時期に、日本が絶対に呑めないような提案、少なくとも原案では、外交初心者の、善意にすぎない素朴な貢献にしか思えない提案にこだわったのか、まったく理解できない」と批判している。[97]

日本側が特に強く反発したのは（3）中国と仏印から撤退（4）国民政府（重慶政府）のみを支持（9）三国同盟の否定であったと言われている。そして須藤の研究によると、日本側は中国撤退には満州撤退が含まれると解釈したという。実際に多くの軍人が回顧録の中で、ハル・ノートは満州撤退（あるいは満州国放棄）を要求したと述べている。満州撤退だけは、日本が絶対に譲れない一線であった。ここで、ホワイト案がハル・ノートになっていく過程で、満州問題がどのように扱われたのか、その経緯を探ってみよう。[98]

■なぜ「満州条項」は消えたのか

十一月十八日のホワイト修正案には、満州に直接関係する項目が三つあった。

一つ目は、「ソ連が極東から兵を引くことを条件に日本軍が満州から撤退すること（一部例外を除く）」である。パブロフによると、ＫＧＢが要求したのは、満州からの日本軍（関東軍）撤退だけであって、「ソ連が極東から兵を引くこと」は要求していなかったと述べている。ホワイトはなぜこの項目を入れたのであろうか。[99]

当時のソ連の状況を考えてみると想像がつく。ソ連はドイツの猛攻を受けて、いつ首都モスクワが落とされてもおかしくないような状況だった。ソ連は兵力を集中させたかったが、日本の侵攻に備えて、極東に兵力を置いておかなければならなかった。そこでホワイトは、ソ連が極東の兵力をドイツとの戦闘に回せるように、日本軍を満州から撤退させようとしたのであろう。

ところが、アメリカの陸海軍はこの項目に反対した。ソ連と日本が極東から兵力を撤退させても、日本の方が、地理的・時間的にいってすぐに兵力を戻せるから、ソ連に不利なので、ソ連は認めないと判断したのである。こうして二十一日には、この項目は削除されてしまった。[100]

ホワイトの想定では、日本は軍需品の四分の三を限度として、アメリカに売り渡すことになっていた。日本軍が満州から撤退し、さらに兵器を売り渡してしまえば、ソ連の脅威にはならないと考えたのかもしれない。しかしアメリカの軍部は、日本が兵器や軍艦をアメリカに売り渡すようなことはしないと考えていた。

二つ目は、「日本が、中国（一九三一年の境界線）およびインドシナとタイから、全軍事力と警察力を撤退させること」であった。「一九三一年の境界線」というのが問題となるが、一九三一年は日本が満州事変を起こした年であった。ホワイトの提案書の（四）の日本についての利点の部分で、日本は満州建設に集中できるというようなことを書いているので、ここでいう中国には満州が入らないことは明らかなようであった。

国務省はすぐにこの部分を修正し、タイを削除して、「日本が、中国（満州を除く——別の項目を参照）およびインドシナから、全軍事力と警察力を撤退させること」のように書き換えた。

三つ目は、「アメリカ政府は、満州問題の最終解決を図るよう努力すること」という項目であった。二つ目の国務省修正に「別の項目を参照」というものが出てくるが、この項目がこれに当たる。これを簡単に説明すると、日本は一九三一年に満州を侵略し、その後満州国を建国していた。しかしアメリカは、満州国を承認していなかった。ホワイトの提案は、アメリカ政府がこの問題を解決する努力をするということになる。ちなみにホワイトの六月の提案では、アメリカ政府が満州国を承認することという、日本を喜ばせるような提案になっていた。それから見ると少し後退したが、それでもこれは日本に好意的な項目であったと考えてよいであろう。

国務省はこのホワイトの項目を検討し、すぐに「アメリカ政府は、日中両政府に対し、満州の将来の地位について平和交渉に入るように提案する」に変更した。[101]

さて二十四日の時点では、この二つの項目は、ハル・ノート草稿の三番と六番としてまだ残っていた。ところが二十五日になって、国務省は突然、以下のように変更してしまうのである。

（3）「日本が、中国~~（満州を除く――第六の別の項目を参照）~~およびインドシナから、全軍事力と警察力を撤退させること」

（6）「~~アメリカ政府は、日中両政府に対し、満州の将来の地位について平和交渉に入るように提案する~~」

このように（3）から「（満州を除く――第六の別の項目を参照）」を削除し、（6）を削除してしまったのである。満州関係をすべて消してしまったのであった。そしてこれが「ハル・ノート」となって日本に渡されるのである。研究者によると「なぜこのような修正がなされたのか、現在でもたしかなことはわからない」のだという。[102]

しかし、米国国立公文書館の資料を探ると、このヒントとなるような文書が残されていることがわかる。二十四日の国務省案で、（6）の項目の横にホーンベックが手書きでコメントを入れた資料が残っている。それには「この項目をこのままにしておくと、日本が取り上げることになる」といった内容のコメントが入っている。これを読むと、あとで日本が何か言ってくると問題になるから、この項目は外しておこうといったニュアンスが感じられる。将来的な問題にならないよう、とりあえず問題を先送りするために満州関連の項目を外したのではないかと推測できる。*

■ハル・ノートは「満州撤退」を求めていたのか

さて、ハル・ノートでは満州関係の項目は外されたが、日本はなぜハル・ノートは満州撤退を要求していると解釈したのであろうか。ハル・ノートには、日本の満州撤退も含まれていたのであろうか。

この点についても、米国国立公文書館の資料を探ると、ヒントになりそうな資料があることがわかる。十二月二日、ハミルトン極東部長は、ハル・ノートを一般に公開すべきかについて報告書を書いている。公開する利点としては、アメリカ国民が内容を知ることができ、米国政府が基本原則に忠実であることを知らせることができるとしている。[103]

一方で、問題点として以下の三つを挙げている。（一）マスコミやアメリカ国民は、ハル・ノートを最後通牒と解釈する、（二）中国は、ハル・ノートは日本の満州撤退を求めていると解釈する、（三）三国同盟の項目を公表すると、日本がドイツに接近する口実となる。

そして、日本と戦争になるのであればこれらの問題点はなくなるが、そうであっても日米交渉全体を明らかにする他の文書と共に公表するのがよいとしている。当面は、必要に応じて口頭でマスコミに内容を説明することを推奨している。

ここで問題になるのは、（一）でわかるように、ハル・ノート単体では、一般から最後通牒と解釈されるということを国務省が認識していたことである。

次に（二）を少し詳しく見てみよう。ハミルトン極東部長は次のように言っている。ハル・ノートを公開すると、日本の中国撤退は米国の公約と中国は解釈する。そして満州について言及されていないにもかかわらず、ハル・ノートは、満州からの日本軍撤退、および満州を中国の一部と見なすことをアメリカが約束したものであると、中国はほぼ確実に主張するであろう。そのような中国の要求は、ハル・ノートで使用されている文言からは法的に認められない（not be legally warranted)。それにもかかわらず、中国がハル・ノートの文言をこのように利用してくることは確実である。[104]

これを簡単に言うと、アメリカは、日本軍の満州撤退や、満州が中国に属するようなことを言っていないのであるが、それでも中国は、ハル・ノートをそのように解釈するだろうということになる。中国がそのように解釈するのであれば、日本側も、同じように解釈するのも無理はないであろう。なぜこうなってしまったのであろうか。

日本側の解釈を見ると、ハル・ノートの（3）と（4）が問題であったようである。ハル・ノートを渡されたとき、来栖大使も（3）と（4）はまったくできない相談（どんな合意も不可能）だとアメリカ側に伝えたと議事録に記されている。[105]

（3）日本は中国とインドシナから全軍事力と警察力を撤退すること

（4）日米両政府は国民政府（重慶政府）以外を支持しない

ここで（3）が、「中国（満州を除く）」となっていれば、満州撤退や満州放棄と読まれるようなことは起こらなかったであろう。ところが「（満州を除く）」を削除してしまったので「中国」の定義があいまいになり、（4）に新しい意味が生まれた。満州国を承認していないアメリカが、満州国は自分のものだと考える国民政府（重慶政府）だけを支持せよと要求してくるということは、日本は満州国を放棄して全中国を国民政府に任せよということだ、という解釈が生まれたのであろう。[106]

日本側でも東郷外相らは、（4）が満州国放棄を求めていると解釈している。もともと（4）はホワイトが入れた項目であった。ホワイト案では、日本は満州国建設に集中できるなどと書かれていたので、ホワイトは満州国放棄とは言っていなかった。国務省と陸海軍がホワイト案を修正・削除しているうちに、当初の文章になかった新しいロジックが生まれてしまったのである。[107]

ここで問題となるのは、ハル・ノートが満州国放棄とまで解釈されてしまうことを知ったうえで、国務省がハル・ノートを日本側に渡したのかどうかである。これには二通りの解釈がある。

（一）国務省は、とりあえず満州問題を先送りするために、満州関係の文言を削除したが、新しいロジックができたことを知らなかった。ハル・ノートを渡した後に、満州国放棄と解釈されてしまうことに気づいた。

(二) これまでアメリカは満州国を承認してこなかったが、中国の猛抗議に配慮して、中国側が有利に解釈できる余地を残して、ハル・ノートを渡した。

これはどちらが正しいか判別するのは難しい。ただ、突然満州関係の文言を削除した二十五日に、ハルは一六時間働いたと言っている。午前中に陸海軍長官と会議し、正午にこのメンバーに大統領や陸軍参謀長や海軍作戦部長が加わって会議をした。さらに、関係国の大使や公使と電話や会見をした。また、午後と夜に国務省の極東関係幹部と会議をした。会議中にたくさんの電話がかかってきて、そのたびにハルはやる気をなくしていったという。ある研究者は、ハルは燃え尽きたと言っている。これから考えると、ハル・ノートの文面を深く考えるのは困難で、とりあえず面倒そうなものは先送りしたというのが正しいのかもしれない。[108]

またハルは十月にスティムソンと会談したが、その際に、日本にまず中国からの撤退を求め、満州関係についてはその後に考えると述べていた。二十五日にも、そのように考えたのかもしれない。[109]

二十六日に、ハルは野村大使と来栖大使にハル・ノートを渡すが、そのときに来栖大使は、(ハルが渡した)原則のなかには「スティムソン主義の繰り返しがある」と発言したとされている。そのときの議事録の原本が米国国立公文書館に残されているが、この部分に手書きで下線が引かれ、感嘆符「!」が書かれている。「!」は「びっくりマーク」と呼ばれるくらいだから、議事録を読んだ人が驚いたのであろう。これを書いたのが誰かわからないが、ハルとバランタインはこの会議に出ていたので、ハミルトンかホーンベックが書いたことが予想される。スティムソン主義は「満州不承認」を説いたものであるが、ハル・ノートもいつのまにか「満州不承認」になっていることに気づき、驚いて「！」を書いたのかもしれない。もちろん違う解釈も考えられる。[110]

ところで、ハルとハミルトンとバランタインは日本との合意に賛成であったようだが、ホーンベックは親中派で対日強硬派として知られていた。満州関係の文言を削除することを望んだホーンベックは、あるいは、満州不承認をハル・ノートに含ませることを狙っていたのかもしれない。[111]

■ホワイトの割り込みは日米開戦に影響を与えたのか

ここで、日米交渉が決裂して日米戦争になるまでに、ホワイトがどのような影響を与えたのかを見てみよう。

ホワイトは確かに日米交渉に割り込み、ホワイトの提案は、日本を怒らせたハル・ノートになっていった。しかしこれをよく見ると、ホワイトの日米協定案は妥協案であったことがわかる。日本は中国から撤退し、兵器はアメリカに売ってしまって、経済活動だけに集中する。こうして、日本を米ソの軍事的脅威にならないようにして、米ソはドイツ打倒に集中するというのがホワイトの狙いであった。

ホワイトが日米協定案を出して、国務省を混乱させたのは事実である。これまでになかった新しい項目が入り、日本の東郷外相を憤慨させた。しかしホワイト案を修正・削除・追加して、満州国放棄のようなロジックの文書にしてしまったのは陸海軍と国務省（特にホーンベック）であった。最初からホワイト案を使わない方がよかったのであろう。

一方ハルは、ハル・ノート（基本原則）だけでなく暫定協定案（三ヶ月限定）も出して日本と交渉しようとしていた。ハルはなぜ突然、暫定協定案をやめて、日米交渉を決裂させてしまったのであろうか。ハルは、ハル・ノートの翌日以降にイギリス・オランダ・オーストラリア・中国の大使や公使に会って、暫定協定案を放棄した理由を説明している。そして（一）中国の猛反対、（二）イギリスの消極的態度、（三）日本の軍事活動というように、だいたい三つの理由を挙げている。中国の蔣介石が日米妥協に猛反対して、あちこちに反対電報を打ち、イギリスのチャーチルまで影響を受けてしまったようである。やはり、蔣介石の猛反対の影響が大きかったのであろう。ところで蔣介石の電報をつくるのを手伝ったのは、プロパガンダの天才と言われるラティモアであるが、本書では深追いしないこととしたい。[112]

また日本の軍事活動の情報が入ってきたことも大きかったようである。日本はすでに戦争準備に入り軍隊を動かし始めていた。真珠湾を奇襲する機動部隊も、ハル・ノートを突きつけられる前に、すでに出発してしまっていた。そしてもし、二十九日までに交渉が妥結すれば、引き返す予定であった。しかしアメリカ側としては、南部仏印から日本軍が撤退し、太平洋で軍事活動をしないという交渉をしているときに、日本が東南アジアに向けて軍隊を動かしているというような情報が入ってきたら、日本は不誠実だと感じるであろう。さらに、暗号解読上のミス（マジックの誤訳や誤読）によって、日本の意図を読み誤ったことも指摘されている。

このように考えると、日米交渉が決裂したのは、中国の猛反対と、日本の軍事活動の情報のほうが、ホワイトの割り込みよりも大きかったようである。

一方で、ハル・ノートや真珠湾攻撃に関しては、まだ英米露に未公開情報があるようである。このためホワイトの影響度はまだ完全にわかっておらず、暫定評価となる。

ところで次の章で述べるが、ホワイトの割り込みは、実はソ連の指示によるものであった可能性が高い。

もしホワイトが日米交渉に割り込まなかったら、ハルと国務省はどうしていただろうか。ハル・ノートの代わりに、ハル四原則（と口頭声明）だけを出した可能性が大きい。ハル四原則であれば、最後通牒を出したと非難されることはなかったかもしれない。日本側は交渉を継続し、二十九日で時間切れになったかもしれない。

可能性は少ないが、二十九日までのあいだに米軍幹部が、三ヶ月時間が必要だと強く要請し、ルーズベルトがリーダーシップを発揮してハルと中国を説得し、暫定協定案を成立させるというシナリオが考えられたかもしれない。その場合、三ヶ月の間に独ソ戦の様子を見て日本側も考え直し、日米戦争が起こらなかった可能性もあったかもしれない。

ホワイト案を採用すれば、ルーズベルトの名声は急上昇する（skyrocket）はずであった。ところがホワイト案を取り入れた結果、国務省は混乱してハル・ノートを出してしまった。ルーズベルトは最後通牒を出したと非難され、名声に傷をつける結果となってしまったのかもしれない。

■ヒスの日米交渉決裂に対する影響

ヒスはホーンベックの補佐であったが、日米交渉決裂に何か影響を与えていたのであろうか。この時期のホーンベックの報告書を見ると、ホーンベックが自分で書いたものが多いようである。また日米交渉に関する書類は「極秘」と記されているものが多く、ハル長官は、日米交渉の内容が外部に漏れないよう幹部に気をつけさせていたようである。これらの点から考えて、ヒスは日米交渉にはあまり割り込めなかったのではないかと予想される。それでも、ホーンベックから交渉内容を秘密で聞き出して、ソ連に伝えるようなことはしていたかもしれない。

ハル・ノートが渡された翌日の十一月二十七日、ホーンベックは、極東の情勢を分析した報告書を作成している。それによると、日米戦争にならない確率は、十二月十五日までが五対一、一月十五日までが三対一であり、三月一日（九〇日後）までに日米戦争にならない方に、お金を賭けてもいいと述べている。十二月七日に真珠湾攻撃を受けるとは、まったく思っていなかったようである。[113]

これまでホーンベックは、二年以上にわたってヒスから影響を受けていた。ヒスは補佐としてホーンベックが読むべき記事を探し、ときには国務省で回覧させていたようである。ヒスは、ソ連や共産主義運動に都合のよい記事ばかり紹介して、ホーンベックの判断を狂わせたのかもしれない。

■財務省は真珠湾攻撃にショックを受けた

財務省の役人は、日本は弱く日本に強く当たれば崩壊するといったマスコミの情報を信じ込んでいた。ところが、資産凍結で石油禁輸をしたら真珠湾攻撃で大損害を受けてしまった。日本の真珠湾攻撃は、財務省にとってはショックな出来事だったようである。しかし、モーゲンソー財務長官は開き直ることにしたようである。

十二月七日、真珠湾攻撃の数時間後、モーゲンソー財務長官はルーズベルト大統領に電話をかけた。そしてモーゲンソーは、「我々は日本の資産を凍結しています」とか「我々は日本人の出国や通信を止めています」などといったことを述べたが、ルーズベルト大統領は「そうか」「分かった」といった上の空の返事を繰り返すだけだった。[114]

翌日の八日午前、財務省の幹部会議が開かれると、モーゲンソー長官は、ホワイトを財務省の外交担当・財務次官補待遇とすることを発表した。日本への石油禁輸などを行って真珠湾攻撃を招いたホワイトを逆に出世させたのである。あるいは、すべてをホワイトの責任にするためだったのかもしれない。[115]

フォーリー法務顧問はこの人事の意見を問われて、三省FFC委員会にもっとホワイトが出席して欲しいと述べた。ホワイトは三省FFC委員会にときどき出席し、いつもは数人の部下を出席させている。フォーリーの部署とホワイトの部署は密接に働いているが、ホワイトの部下が了承しなければFFCでは何も行われなかったとフォーリーは述べた。フォーリーがホワイトに確認を求めると、「まったくその通り」とホワイトは答えた。端的に言えば、三省FFC委員会はホワイトとホワイトの部下が主導権を握っていたということになるだろう。[116]

一方で、国務省から通貨安定基金担当として財務省に出向していたメール・コクランはこの人事に抗議し、財務省に辞意を表明して国務省に戻ることを要請した。[117]

十二月十五日、ホワイトは部下のウルマンがつくった「米国の対日石油輸出」の報告書を、モーゲンソー長官に送付した。この頃は、世界各地で日本軍が圧倒的に優勢だった。ホワイトはメモをつけて、「たいへんだが、アメリカはおそらくほとんどを取り戻せる」と長官を励ました。[118]

十八日、ホワイトはやはりウルマンがつくった「枢軸国の石油情報」の報告書をモーゲンソー長官に提出している。それによると、日本の石油備蓄量は一年から一年半であり、また来年夏にドイツは石油危機におちいるとの意見が多い、とあった。第二次世界大戦は、まさしく石油戦争であったのかもしれない。[119]

＊このホーンベックのコメントが入った文書の原本には、一九九二年機密指定解除の印が押されている。その通りだとすると五〇年以上、公開されていなかったことになる。資料には、ホーンベック特有の太い赤鉛筆でコメントが記されている。また、左側には何本もの線が記されており、この項目に少しいらいらしていたのではないかと予想される。1941.11/24 "Outline of proposed basis for agreement between the United States and Japan", File, [Far Eastern Division: US-Japan Conversations, November 22-25, 1941], Records Relating to United States-Japanese Conversations, compiled 02/05/1941 - 12/07/1941, RG59, NACP; ホーンベックのコメントが入っていない文書（基礎協定案）については、真珠湾攻撃調査委員会の報告書の中に収められており、一九四六年に発行されている（PHAH 14, pp.1132-7）。これは一九五六年発行の米国外交文書集にも収録されており、注七五で、ホーンベックのコメントがある資料の存在が言及されている（FRUS 1941 IV, p.646n.75）。

第十二章　アメリカに浸透していたソ連諜報部

■ソ連の諜報はコミンテルン、GRU、KGBなど多岐にわたった

ここでソ連諜報部がアメリカでどのような動きをしていたのかを見てみよう。第四章で述べたように、ソ連の諜報組織は複雑で、国際共産主義運動のコミンテルン、秘密警察のKGB、軍事諜報のGRUなどが独立に行動していた。

コミンテルンについては、第七章で述べたように、米国共産党指導部を操り、ソ連に都合のよいストライキや反戦平和運動をさせて、アメリカの世論や政策に影響を与えようとしていた。また、第四章に記したように、一九三一年、ハロルド・ウェアがコミンテルンからもらった工作資金二万五〇〇〇ドルを腰に巻きつけて、ソ連からアメリカに戻った。ウェアはアメリカ政府に接近し、政府内に共産党細胞を植えつける工作をした。元工作員のチェンバーズによると、一九三四〜三五年ごろまでに、七五人ぐらいの共産党細胞をアメリカ政府内に植えつけることに成功したという。その後、一九三九年の独ソ不可侵条約でナチス・ドイツとソ連が手を組んだことや、スターリンの大粛清に嫌気が

さして、共産主義運動から離れる人物が相次いだが、共産主義運動に残る人も多かったという。

GRU（ソ連軍事諜報）については、早くからアメリカ国内での活動を開始していたが、ソ連に対抗する日本とドイツの脅威が高まるにつれて活動を活発化させた。一九三五～三六年ごろ、ソ連に役立ちそうなアメリカ政府内の共産党細胞は、GRUスパイ網に組み入れられるようになった。そしてヒスやホワイトなどがアメリカ政府の機密情報をGRUに流すようになったという。しかし、スターリンの大粛清が始まり、海外の工作員はソ連に呼び出され、多くの工作員が処刑された。恐ろしくなった工作員のチェンバーズは一九三八年四月に地下組織から逃げ出した。チェンバーズに関係するGRUスパイ網は活動停止に追い込まれ、関係者は責任をとらされた。このあいだにKGBが、GRUスパイ網の多くを乗っ取ったとされている。

KGB（秘密警察の諜報部門）についても、一九三〇年代半ばから活動を活発化させていった。四章で述べたようにマッシング夫人（KGB）がヒス（GRU）と、国務省のダガンを取り合うような事件が起こっている。

ソ連の諜報網には、合法拠点と非合法拠点とがあった。合法拠点というのは、大使館員など合法的な名目でスパイを送り込んで諜報網を築き上げるのである。これに対して非合法拠点というのは、偽造パスポートなどで入国した工作員が、その国で会社経営者などの偽装職業をもって、諜報網を構築する。[1]

KGBの合法拠点にはオヴァキミャンという工作員がおり、アメリカの科学技術情報のスパイで成功したという。また非合法拠点には、アフメーロフのようなやり手の工作員がいた。しかしKGBにも、スターリンの大粛清の魔の手が伸びた。オヴァキミャンは米国に残ることに成功したが、アフメーロフなど多くの有能な工作員がソ連に呼び戻されたという。こうして一九三九～四一年にかけて、米国内におけるソ連の諜報活動は、最低レベルになったとされている。[2]

■ホワイトが属していたシルバーマスター・グループ

さて、ホワイトはKGB系列のシルバーマスター・グループに属していたと言われている。シルバーマスター・グループがどんなグループであったのか、この章で説明してみたい。

一九四一年ごろ、モスクワのKGBから、ホワイトが属するシルバーマスター・グループへの指令や情報の流れは、簡略化すると次のようであったと推定される。

KGBモスクワ（ベリヤ、メルクーロフ、フィーチン他）

⇔

KGBニューヨーク（オヴァキミャン、パステルニャーク、プロホロフ他）

⇔

アメリカの工作員（ゴロス、ベントリー、ミントン）

⇔

シルバーマスター・グループ（シルバーマスター、ホワイト、ウルマン、コー他）

KGBはアメリカで、ゴロスを工作員として用い、シルバーマスター・グループ経由で、ホワイトから情報を入手していたようである。ここでゴロスとシルバーマスターはどのような人物であったのかを見てみたい。

■ロシア出身の二人のスパイ、ゴロスとシルバーマスター

一九四一年当時、KGBとシルバーマスター・グループの間に入って活躍していたのは、ゴロスという古参の共産主義者であった。KGBは、スターリンの大粛清でベテラン工作員が粛清されて機能が低下しており、またドイツとの厳しい戦争の最中であったため、ゴロスに諜報活動を頼っていたのだという。KGBが米国政府内のスパイ網を直接管理するようになったのは、ゴロスが一九四三年に死んだ後だったようである。ゴロスとはどのような人物であったのだろうか。[3]

ゴロスは一八九〇年に旧ロシア帝国内で生まれ、若い頃から反政府運動や共産革命運動に関わっていたという。そしてシベリア送りとなったが、脱走して日本経由でアメリカに渡り、米国共産党創立メンバーの一人となった。その後ロシア帝国が倒れ、ソ連が誕生したが、ゴロスはアメリカで、ソ連への旅行や小包輸送を手がけるワールド・ツーリスト社の社長となった。実はワールド・ツーリスト社は、コミンテルン（米国共産党）が秘密のオーナーで、コミンテルンやソ連諜報部の人員が、偽造パスポートで移動する手助けも行っていた。こうしたなかで、ゴロスはKGBの仕事をするようになっていったのだという。[4]

ところで一九三九年に独ソ不可侵条約が結ばれて、ナチス・ドイツと共産主義のソ連が協力体制に入ると、FBIは米国共産党をナチスの協力者とみて監視を強めた。一九三九年十月には、ゴロスのワールド・ツーリスト社が家宅捜索を受けて、偽造パスポートに関係する書類などが押収された。有能な弁護士をつけて、一九四〇年春に司法取引で罰金を払って解決したが、今度はダイズ委員会（下

院非米活動委員会）がゴロスを調査し始めた。ＦＢＩに監視されるようになったゴロスは、心労のため健康を害して心臓病をわずらうようになった。[5]

次に、シルバーマスター・スパイグループの中心人物であるシルバーマスターについて見てみよう。シルバーマスターは一八九八年、旧ロシア帝国内で生まれたが、ポグロム（ロシア帝国のユダヤ人迫害・虐殺）にあい、家族で中国に移住した。シルバーマスターは中国にあった米国系の英語学校で学び、その後、米国に移住した。このため、シルバーマスターは英語とロシア語が話せた。米国で学生組織やロシア人移民組織で活動し、米国共産党支部ができるとすぐに入党したという。一九二〇年にはワシントン大学を卒業し、働きながら学び続け、一九三二年にはカリフォルニア大学から博士号を取得した。そのあいだアメリカ西海岸で米国共産党の活動に参加し、書記長のブラウダーと知り合いになったという。一九三五年にはワシントンに移り、再定住局（農務省）に入ってアメリカ政府入りを果たしている。[6]

さっそくシルバーマスターは、米国共産党書記長のブラウダーに指示を求めたようである。ブラウダーはアメリカ政府入りしたシルバーマスターに、公然の共産党員とつきあわずに、リベラル運動をすることを勧めた。シルバーマスターは、進歩的・革新的な政府職員とつきあい、有望な人物を共産党地下組織に引き入れようとしていたようである。のちに石油禁輸で活躍することになるウルマンもその一人で、一九三八年には、シルバーマスター夫妻とウルマンの三人で、共同でワシントンに家を購入している。その家でシルバーマスターは毎週末にパーティーを開き、情報収集に役立つ人脈を広げていった。[7]

■ゴロスがシルバーマスター・グループを引き受ける

スターリンの大粛清で、ソ連諜報部員の多くがソ連に呼び戻されたあとに存在感を高めたのが、米国共産党書記長のブラウダーであった。ブラウダーは、情報収集などで役立ちそうな人物が入ってくると、地下組織に組み入れていった。このようにしてシルバーマスターなど、米国政府内に地下組織の人脈をいくつか育てていた。しかし、共産党書記長のブラウダーも偽造パスポートの件で裁判となり、一九四〇年に有罪判決が出て、一九四一年三月に刑務所に入ることになった。ブラウダーは刑務所に入る前に、自分の持っている地下組織の人脈のいくつかを、長年の友人であるゴロスに引き渡すことにした。こうして、一九四〇年ごろに、ブラウダーの許可のもとにゴロスとシルバーマスターが会って、ＫＧＢに協力するゴロスがシルバーマスター・グループを引き継いだようである。[8]

しかし、ゴロスはＦＢＩの監視を受けていたので簡単にはいかなかった。実際にＦＢＩの捜査記録には、一九四一年一月十八日に、ゴロスとＫＧＢのオヴァキミャンが会っていることが記録されている。そして五月にオヴァキミャンは逮捕されている。ＦＢＩの監視を受けてゴロスの心臓病は悪化し、三月に動脈硬化がひどくなり、四月には発作を起こした。医者はゴロスに休養しなければもう長くないと警告した。このような中で、ゴロスは愛人のベントリーに頼るようになった。ベントリーはゴロスの密使として、共産党地下組織の情報源に会いに行くようになった。[9]

六月になって独ソ戦が始まった。共産主義者の祖国・ソ連の危機の前で、ゴロスに休む暇はなかった。ゴロスはＫＧＢの新しい担当と話し合った。ゴロスがたくさんの情報源を持っていることを知ったモスクワの本部は「ゴロスは魔法使いか？」と驚いた。そしてゴロスを何でも屋にせず、重要事項のみ頼め、と指令を出した。[10]

七月に、ゴロスはシルバーマスターと会って、今後の情報収集方法について手はずを整えた。ゴロスは心臓病を抱えＦＢＩの監視を受けていたので、ベントリーが二週間に一度、シルバーマスターの家に情報を回収しに行くことが決まった。日本への石油禁輸が実現した八月頃から、ベントリーは、シルバーマスターの家に定期的に通い始めた。ベントリーはどんな情報が欲しいかを指示し、メンバーの勉強のためにソ連や米国共産党の機関紙などをシルバーマスターに渡した。シルバーマスターは、メンバーから共産党費を徴収して、収集した情報と共にベントリーに渡した。[11]

シルバーマスターは喘息にかかっており、ときどきひどい呼吸困難に襲われた。自分の死は近いと感じており、「自分のあとの世代のために何かをした」と感じてから死にたいと願っていた。以前から情報源の人脈を着々と構築していたが、さらにスパイ活動を活発化させ、シルバーマスター・グループと呼ばれるスパイ網を作りあげていった。シルバーマスター・グループのメンバーとされているのは、財務省のホワイト部長と部下のウルマン、コー、アドラー、テーラー、そして大統領補佐官のカリーや、ホワイトと親しいシルバーマンなどで、日本への経済制裁や石油禁輸を推進した人物が多く含まれている。シルバーマスター・グループが集めた情報は驚異的で、アメリカ政府の機密情報や軍事情報など、ありとあらゆる情報を集めたという。さらに、ホワイトやカリーが出世するにつれて、アメリカ政府の政策に大きな影響を与えるようになったといわれている。[12]

シルバーマスター・グループというのは、そんなにきっちりしたグループではなく、アメリカ政府内の非公然の共産党員や共産党シンパが集まった、ゆるいグループであったようである。メンバーの一人であったフランク・コーは、議会から質問されて、シルバーマスター・グループというのは、シルバーマスターの家に週末に集まってバレーボールをする集まりだと説明している。[13]

■メンバーをだまして機密情報を集めさせる

シルバーマスター・グループが集めてくる情報の質はすばらしく、またスターリンの大粛清の影響で組織が弱体化していたので、最初のうちKGBは、ゴロスに任せていた。しかし独ソ戦後にKGBは体制を立て直し、一九四二年ごろからザルービンやアフメーロフなどベテランの工作員がアメリカに帰って活動を始めた。そしてKGBは、ゴロスのもつスパイ網を直接管理しようとした。ところがゴロスは権力を奪われるのが嫌で抵抗し、自分の情報源の名前も明かさなかったという。本来ならば許されないことであるが、盗んでくる情報の質がすばらしかったことと、戦争中ということもあり、KGBは大目に見ていたという。[14]

それでもKGBは、ゴロスに圧力をかけて情報源を引き渡すように迫った。ゴロスは仕方なく少しずつ情報源を手放していったが、心労で病状が悪化していった。そして一九四三年十一月に死亡した。その後、ゴロスの愛人のベントリーが、ゴロスの後を継ごうとしたが、KGBはスパイ網を直接管理するようにしていった。[15]

するとKGBは驚きの事実を発見した。ゴロスはスパイ網を共産党細胞として運営していたのである。ゴロスは、アメリカ政府内の情報源を米国共産党員として扱い、党費を徴収して忠誠心を育てる方針にしていた。そして情報はソ連に行くのではなく、共産党書記長のブラウダーまたは米国共産党のもとに行くと嘘をついて、情報を集めさせていたのである。なかには情報がソ連に行くと知っているメンバーもいたが、多くのメンバーが自分は米国共産党のために働いているのだと信じていた。[16]

ソ連のスパイ組織としては、シルバーマスター・グループ以外にもパーロ・グループなどの組織があった。パーロ・グループのメンバーは共産党細胞として活動し、お互いの家やアパートに定期的に集まって勉強会や情報交換をしていた。そして、ベントリーに渡すべき情報をメンバーで話し合い、妻たちも集まってタイプ打ちで協力していた。石油の情報が欲しいとパーロ・グループのメンバーに要請すると、この情報ならシルバーマスター・グループのフランク・コーがよく知っているとか、何々グループの方がよくできるなど、お互いの情報をよく知っていた。もし警察に踏み込まれたら、一網打尽であった。お互いの組織が何をしているのか、誰がメンバーなのかを分からないようにする、地下組織並行運営の原則をまったく守っていなかったのである。KGB工作員の感触ではワシントンには約一〇〇人の情報源がいて、彼らは共産党地下組織のベテランであり、知り合いで、お互いに何をしているかよく知っているようだった。[17]

KGBは少数のグループに分けて、お互いに何をしているか分からないように統制することにした。そして、ホワイトのような重要人物は直接接触することにした。こうすればセキュリティが向上するはずであった。ところがKGBのスパイ網管理は、問題を引き起こした。シルバーマスターはホワイトをグループからとられて、自分の影響力が低下することを嫌がり、抵抗した。米国共産党のために活動してきたと信じていたメンバーは、ソ連のために情報提供することを（重罪になるので）嫌がった。またリーダーのシルバーマスターに反感を持っているメンバーもおり、ソ連の工作員に新しいリーダーを立てるよう求めた。こうして一九四五年ごろ、シルバーマスター・グループはグループ崩壊のような状況に陥ってしまったという。[18]

■米国政府内に潜り込んでいた共産党細胞の活動

ここで米国政府内に潜り込んでいた共産党細胞について少し詳しく見てみよう。

地下組織を抜け出したチェンバーズは、共産党細胞を増やす目的は、共産党員を米国政府の要所に送り込んで、米国の政策に影響を与えることであったという。共産党地下組織のメンバーは、マルクス主義の勉強会を開き、有望そうな人物を共産党員にして、細胞組織を増やしていった。表面上は知的な討論グループのように見えるが、実際はスパイ活動も含めた共産党の地下組織であった。[19]

地下組織のメンバーが、誰か一人でも政府内の部署に入れば、そのメンバーは別のメンバーを自分の部署に引き込む努力をするという。そして地下組織メンバーは、お互いに採用し合い、お互いに高い評価をして出世していく。そして情報が多く得られる部署など、共産党の活動に有利な部署に異動できるように、お互いに助け合っていたとされている。[20]

当時の米国共産党が普通の政党と異なっていたのは、米国共産党は国際共産主義運動の一員で、コミンテルンの支配を受けていたことだった。そしてスターリンが権力を握ってからは、スターリンがコミンテルンも支配するようになり、米国共産党はソ連の支配を受けるようになっていった。このように、共産党員は米国共産党の指示を受け、米国共産党はコミンテルンの指示を受け、コミンテルンはソ連（スターリン）の指示を受けるような形になっていたという。[21]

共産党地下組織を抜け出したチェンバーズらは次のように言っている。かつての米国共産党は、多数派と少数派は議論で同じ権利をもっていた。ところがスターリンが権力を握って以来、少数派は粛清されるようになり、自分の意見が言えない組織になってしまった。そして、危機を乗り越えるという名目のもとに、恐怖政治や専制が正当化された。プロレタリアート独裁と言われていたが、解釈するのも指令するのもスターリンで、実質的にスターリン独裁であったという。そしてスターリンの共産主義が、政権を維持するために重要なのは、秘密警察による監視・統制であり、反対派の粛清であった。（スターリン主義）[22]

ソ連のスパイ網を抜け出したベントリーは、一般の米国共産党員はソ連にだまされた頭のおめでたい人だと述べている。共産党の真の目的は、資本主義の米国政府を転覆することであり、暴力革命も辞さない覚悟であった。しかし、一般の米国共産党員は、政府転覆のようなことは考えていなかったとのことである。[23]

一方、ソ連や米国共産党の戦略は、いつもはっきりしているわけではなかったという。突然、何か驚くような事件が起こると、共産党員は共産党幹部がどのような意見を持っているのかを聞きあって確かめたとのことである。また、ソ連がどのような意見を表明するのかを注視し、ソ連が発表する記事などを注意深く観察し、その方針に沿って行動して、ソ連の政策に反しないように注意していたようである。[24]

このように、独ソ戦のような大事件が起こると、ソ連は明確な指令を出すまでに時間がかかっていたようである。そして米国政府内に入り込んだ共産党細胞は、お互いに集まって共産党文献を勉強し、どのような行動をとるか話し合っていたようである。

■共産党地下組織に協力した者たちの動機とは

それではなぜ共産党地下組織のメンバーは、政府の機密情報を米国共産党あるいはソ連に流したのであろうか。その動機はいくつかあると考えられている。一つ目の理由は、メンバーは、自分は公平な世界をつくるために働いており、世界平和に貢献していると考えていたのだという。大恐慌での貧富の差の拡大、ヒトラーの全体主義、人種差別に憤りを感じたインテリの若者が理想の世界をつくるために、米国政府の機密情報を流したと言われている。米国政府を裏切っているとは思っておらず、むしろ米国のためと思ってスパイ活動をしたのだという。[25]

ソ連に同情していたメンバーもいたという。ソ連はナチスの猛攻を受けているが、米国政府内にはソ連が嫌いでソ連への支援を拒む人びとがいる。ソ連は米国の同盟国であるのに十分な支援を受けていない。だからソ連を支援するのは当然であり、ソ連のために何かをするのは共産党員の義務である。このように考えて、ソ連のためにスパイ活動をしたのだという。[26]

またソ連は共産主義者の祖国であり、ソ連を守ることは共産主義者の義務だとコミンテルンは教えていた。スターリン主義のもとでは、共産主義者は命令にただ従うように洗脳されていき、ソ連への愛国心が最高のアメリカへの愛国心だと教えられると、そのとおりに信じてしまうのだという。別のスパイ事件で逮捕されたある人物は、自分は共産党員でなく共産党シンパであったと主張していた。しかし、ＦＢＩが電話を盗聴すると、仲間にこのように話していたという。[27]

真の革命家であることの最初の試金石は、何が起ころうと、誰が何を言おうと、ソ連を信じることだ。ソ連はこのひどい全世界に輝く唯一の星なのだから、君は最後の血の一滴まで、ソ連を守らなければならない。

それから、共産主義革命を起こして資本主義の米国政府を倒すために、地下組織活動をしていると考える革命家のメンバーもいたようである。自分は、アメリカではなくコミンテルン（国際的な共産主義組織）に属していると考え、革命を起こして共産主義の理想社会を実現するために、ソ連に情報を流していたのだという。[28]

それから、あまり言及されないが、人間関係で共産主義に協力する人も多かったようである。誰でも人から愛され、認められたいものであり、人間関係あるいは感情は、イデオロギーよりも強い動機であるのかもしれない。ゴロスの密使ベントリーも、イデオロギーよりも個人的な動機で共産主義に協力していたと指摘されている。ベントリーは、マルクスの著作は何度読もうとしてもちっとも分からなかったと述べている。しかしベントリーは、共産党の大物のゴロスから愛されており、また共産党地下組織で重要人物扱いされるのが嬉しかったようである。そして、ゴロスが死亡し、ソ連諜報部が安全上の問題からベントリーを外そうとすると、生きがいを失って地下組織を裏切り、FBIに寝返った。実はシルバーマスターの妻のヘレンは、その四年前の一九四一年にベントリーに初めて会ったとき、ベントリーはFBIの回し者ではないかと疑ったそうである。当時のベントリーは自分が共産主義者だと思っていたが、実は共産主義運動に属していないことを、ヘレンが直観的に見抜いたのではないかと後に述べている。[29]

■シルバーマスター・グループのメンバーが目指していたもの

このように、米国政府の機密情報を流した共産党地下組織のメンバーには、さまざまな動機があったようである。ここで日本への経済制裁や石油禁輸で活躍した、シルバーマスター・グループのメンバーがどうであったかを探ってみよう（リーダーのシルバーマスターは筋金入りの革命家であった）。最初にホワイトである。一九三八年にチェンバーズが寝返ってホワイトに警告して以来、ホワイトは情報を渡すことを嫌がっていたようである。しかし一九四〇年ごろに、シルバーマスターが情報は米国共産党だけに行くと言って、ホワイトを復活させたようである。ベントリーによると、ホワイトは情報がソ連に行くことを知っていたが、そのことを話すのは望まなかったとのことである。[30]

ホワイトは共産党員でなく、共産党シンパあるいは左翼であったと言われている。ホワイトは戦後の世界経済発展に大きな役割を果たしたブレトン・ウッズ体制の立役者であり、ＩＭＦ（国際通貨基金）の設立に大きな役割を果たした。やはりホワイトは、世界平和や理想社会の実現を目指していたのであろう。しかし常に共産党員に囲まれていて、ソ連諜報員も積極的にホワイトに接触しようとしたので、だんだんソ連に都合のよい政策をとるようになっていったのであろう。[31]

次にフランク・コーである。コーはホワイトの片腕として活躍した。コーは、自分の情報はソ連ではなく、米国共産党書記長ブラウダーに行くと信じていたそうである。その後、ＫＧＢがシルバーマスター・グループを管理して真相を知ると、コーはスパイ網から逃げ出そうとしたそうである。コーはおそらく、米国共産党（あるいはコミンテルン）を通じて、世界平和や理想社会の実現を目指していたのであろう。[32]

ソロモン・アドラーについては、中国に渡っていてしばらく不在であった。そして米国に戻ると、シルバーマスター・グループに復帰した。ＫＧＢがシルバーマスター・グループを管理すると、アドラーは、自分の中国情勢の情報を共産党書記長ブラウダーにも知らせて欲しいと、ソ連の工作員に要求したという。やはりアドラーは、ソ連ではなく、米国共産党のために活動していると思っていたのであろう。地下組織を抜け出したチェンバーズによると、財務省のアドラーは一九三七年ごろ、米国共産党に週一回報告書を提出していたそうである。[33]

コーとアドラーは、赤狩りの時代にソ連ではなく共産中国に亡命して一生を終えた。彼らが忠誠を誓ったのは米国共産党であって、ソ連の共産主義（スターリン主義）は理想と違うと感じていたのかもしれない。しかし彼らは毛沢東の文化大革命に遭遇し、やはりスターリン主義（暴力と粛清）を見たのかもしれない。[34]

ウルマンの場合はどうであったのだろうか。ウルマンは、シルバーマスター・グループの副官とされ、米国の軍事機密を大量にソ連に流したとされる。ベントリーによると、ウルマンは情報がソ連に流れることをよく知っていたという。ウルマンはソ連のために命をささげる熱烈な革命家だったのだろうか。[35]

ところがKGBはウルマンを次のように評価しているのである。ウルマンが傾倒しているのはシルバーマスター夫妻であり、ソ連にはそれほど傾倒していないと。また、ベントリーは次のように言っている。ウルマンはシルバーマスター夫妻とパーティーで会ったが、妻のヘレンがウルマンの才能を見抜いて少しずつ開拓し、ワシントンの共産党組織に入るよう説得した。ウルマンは友人が少なく孤独で、シルバーマスター夫妻と同居するようになり、共産党組織を抜けてシルバーマスターの地下組織に入った。ウルマンは、シルバーマスターの訓練で有能な工作員になったが、一人では行動できないので、常に励ましと導きが必要だったと。このようにKGBとベントリーの見方から考えると、ウルマンの動機は、人間関係が大きかったのかもしれない。[36]

財務省で日本への経済制裁や石油禁輸に関わった主な人物の動機を探ってみたが、ソ連諜報部の指示に従ったというよりも、米国共産党やコミンテルンを通じて、平和な世界や理想社会をつくるため、あるいは人間関係のためという動機が強かったようである。

■ホワイトはいつソ連のスパイ網に復帰したのか

ここまで、シルバーマスター・グループなどがどのように活動していたかの概要について見てきた。ここでシルバーマスター・グループのホワイトが、いつKGBのスパイ網に組み込まれたのかを見てみよう。これまで密使ベントリーがシルバーマスターから聞いた話などが残されていたが、伝聞情報ではっきりしたことはわかっていなかった。これに「オペレーション・スノー」のパブロフの証言や、ソ連が崩壊してロシアとなった混乱期に、アーカイブを調査することが許されたワシリーエフやシェクターの記録をもとに、日米開戦前のKGBの動きを再現してみることにしよう。はたしてKGBはホワイトに指令を出していたのだろうか。*

一九三八年四月にチェンバーズがソ連の軍事諜報（GRU）を裏切って以来、ホワイトは休眠中の工作員となっていた。しかし、前章に記したように、一九三九年ごろ秘密警察諜報（KGB）のアフメーロフが、はやくもホワイトに接触したようである。しかし一九三九年末ごろ、スターリンの大粛清の影響で、アフメーロフはソ連に呼び戻されてしまい、ホワイトに接触しようとするソ連工作員はいなくなったとされている。一方でホワイトは、一九三九年ごろにシルバーマスターととても親しくなり、過去の活動を話して、何かできることがないかと伝えたという。そしてシルバーマスターを信用するようになったという。先に述べたようにシルバーマスターは、共産党書記長ブラウダーの許可のもとに、アメリカ政府内の共産党地下組織のメンバーや共産党シンパを集めたグループを作っていた。その目的は、アメリカ政府内の情報収集や、メンバーの情報交換であったようである。[37]

しかし、共産党書記長ブラウダーは、偽造パスポートの問題で有罪となり、刑務所に入ることになった。このためブラウダーは一九四〇年ごろに、シルバーマスターを旧友のゴロスに会わせて、シルバーマスター・グループを任せることにした。ソ連の有能な工作員がアメリカに帰ってしまって以来、ゴロスの役割が重要になっていた。ゴロスは、ミントンという人物をシルバーマスターに接触させて、スパイ網を築こうとしたようである。しかし、ゴロスもミントンも公然の共産党員であった。こういったゴロスの動きには以前から懸念の声が上がっていたようである。一九四〇年四月、ニューヨークKGBのパステルニャークは次のように文句を言っている。アメリカ人工作員の中には、ゴロスが実質的な（非合法）拠点リーダーになったと信じている者もいる。ゴロスは、彼らに様々な仕事を与えている。しかしゴロスは、アメリカの対抗諜報機関のリストに載っている。ゴロスの存在は、（非合法）拠点にとって危険である。[38]

さて、ここで一九四〇年ごろの、モスクワのKGB本部の状況を探ってみよう。「オペレーション・スノー」のパブロフは、次のように証言している。一九四〇年一月に、スターリンの腹心で秘密警察を管轄するベリヤ（内務人民委員）が、海外から戻ってきたソ連スパイを尋問した。KGBのアメリカ課長代理だったパブロフは、アメリカから戻ったザルービンやアフメーロフが尋問されるのを見ていたという。パブロフは、経験豊富なアフメーロフと親しくなって、様々な相談をするようになった。そしてパブロフとアフメーロフは、財務省のホワイトを利用してアメリカの政策を誘導し、日本を中国や満州から撤退させる計画を考え、外国諜報トップのフィーチンに提出した。すると十月か十一月にベリヤから呼び出され、計画の許可が出たという。[39]

このことからパブロフは、「オペレーション・スノー」は、パブロフとアフメーロフが考えた計画であって、上から降りてきた作戦ではないと述べている。一方で、元GRU大佐のカルポフは、アーカイブを調べた結果、スターリンがハル・ノートの真の計略者だとわかったと述べ、「オペレーション・スノー」が上から降りてきた作戦であることを示唆している。ソ連のアーカイブを調査したシェクターによると、一九四一年一月二十八日に、ニューヨーク合法拠点チーフのオヴァキミャンが、ホワイトなどアメリカの工作員や友人を使って、アメリカの対日政策に影響を与えることを提案したが、これを受けて、外国諜報トップのフィーチン（第五課長）は、一月三十日に上司のメルクーロフ（国家保安総局長）とベリヤに、報告書をまとめて提出した。これがもととなって「オペレーション・スノー」が行われたのだという。ホワイトを使う作戦は、パブロフらが考えたのであろうか、それともオヴァキミャンの提案をもとにモスクワのKGBが考えたのであろうか。これを少し検討すると以下のような予想が成り立つ。[40]

パブロフとアフメーロフが、ホワイトを使って日本を中国と満州から撤退させる作戦を立てると、一九四〇年十月か十一月にベリヤから許可が出た。モスクワのKGBはさっそくニューヨーク合法拠点チーフのオヴァキミャンに、ホワイトについて問い合わせた。オヴァキミャンは、ホワイトが、米国共産党支配下のシルバーマスター・グループに入っており、ゴロスが任されていることを知った。ゴロスのハンドラーであったオヴァキミャンは、さっそくゴロスから報告を受けた。（FBIは一月十八日にオヴァキミャンとゴロスが会っていることを確認している。）これをもとに、オヴァキミャンは、ホワイトを活用する提案を書いた。

オヴァキミャンの提案をもとに、モスクワのメルクーロフ（国家保安総局長）は、ゴロス、シルバーマスター、ホワイトの忠誠度を調査することにした。そのころスターリンの大粛清の影響で、共産主義やソ連を裏切る人物が多かったのである。調査の結果、最終的にこの提案書は認められた、とこのように予想することができる。そう考えると、「オペレーション・スノー」は、上から降りてきた作戦ではないとも言えるし、上から降りてきた作戦だとも言えるであろう。

こうしてKGBは、ゴロス、シルバーマスター、ホワイトが信頼できるかを調査することとなった。ホワイトの父親はリトアニアからの移民であったが、リトアニアにいるホワイトの親戚の中に、ソ連やスターリンに反対する運動をしている人物がいないかまで調査したという。これには三ヶ月かかったとされている。一方で二月ごろ、ニューヨークのオヴァキミャンはモスクワに、ゴロスの嫌疑は晴れたので、非合法工作員をアメリカに入れる任務を与えると報告している。ゴロスの嫌疑は、割合はやく晴れたのかもしれない。[41]

四月十一日付けの、対抗諜報担当プルドニコフ（第三課長）宛の報告書には以下のように書かれている。一九四一年に、ホワイト、シルバーマスター、アドラー、メアリー・プライスを工作員として獲得した。そしてホワイトは、チャーチルからルーズベルトへの手紙を提供し、シルバーマスターは、カリー大統領補佐官の中国視察報告書をソ連に提供した。[42]

これから考えると、一九四〇年ごろにホワイトは、シルバーマスター・グループの一員となり、一九四一年にKGBに取り込まれたということになる。そしてゴロスは、情報源の名前をすべて明かさず、当初はシルバーマスター、ホワイト、アドラー、メアリー・プライスの名前だけを明かしていたようである。
ところでホワイトは、チェンバーズの裏切り以来、ソ連工作員との直接の接触を嫌がっていたという。シルバーマスターは、ホワイトの情報は米国共産党のためのもので、ソ連には行かないと説得していたという。[43]
こうしてホワイトがＫＧＢに組み込まれたあと、四月下旬ごろにパブロフがワシントンに行き、ホワイトに実際に会って忠誠度を確かめ、日本を中国と満州から撤退させる「オペレーション・スノー」を実行したのであろう。ホワイトは五月に下書きをまとめ、六月六日に報告書をモーゲンソー長官に提出した。しかし、独ソ戦が起こったために、この報告書はお蔵入りした。

■ホワイトの日米交渉介入はＫＧＢの指令だった

さて、四月十日には、ゴロスのハンドラーがニューヨーク合法拠点チーフのオヴァキミャンから、プロホロフに代わっている。ゴロスはＦＢＩに尾行されていたので、安全策をとったのかもしれない。四月から五月にかけてＦＢＩの尾行は厳しく、ゴロスはあまり活動できなかったようである。それどころか、五月にオヴァキミャンはＦＢＩに逮捕されてしまっている。[44]
ニューヨーク合法拠点チーフのオヴァキミャンが逮捕されてしまい、ＫＧＢの米国での諜報活動は最低レベルになったとされている。オヴァキミャンの代わりにパステルニャークが工作員を統括することになったが、パステルニャークは英語が不十分で、対外諜報の経験も十分でなかったとされている。[45]
ゴロスの新しいハンドラーとなったプロホロフは、文書偽造が専門で、スパイ網運用の経験はなかったが、連絡役でよいと言われて引き受けたという。しかしオヴァキミャンが逮捕され、六月二十二日に独ソ戦が始まったので、そんなことは言っていられなくなった。[46]

六月二十七日、プロホロフとゴロスは会議を開いた。当時、ソ連はアメリカと結んでドイツに当たろうと考えていたが、資本主義国のアメリカが信用できるのかどうかわからなかった。そこでゴロスに、アメリカ政府の内部情報や裏事情を探らせることにした。先に述べたように、プロホロフは、ゴロスがたくさんの情報源をもっていると報告し、モスクワは、ゴロスは魔法使いかと驚いた。

七月ごろ、ソ連が知りたかった情報は、日本がドイツに呼応してソ連に攻め込むかどうかであった。オヴァキミャンに代わって責任者となったパステルニャークは、七月三日に、日本は日ソ中立条約を破ってソ連を攻撃するという情報があることをソ連に伝えている。29号（正体不明の情報源）とホワイトによればこの情報は確実であるという。そして、日本がソ連を攻撃した場合、アメリカは日本に経済制裁をする予定と、パステルニャークは報告している。さらに七月末にもパステルニャークは、日本が二ヶ月以内にソ連を攻撃するという情報を伝えている。一方で、日本政府内で意見対立があり、日本は独ソ戦の結果を待っているという情報も伝えている。[47]

七～九月にかけて、ソ連にはさまざまな情報が入ってきていた。ソ連には外交関係を通じて得た情報や、外交電文を解読した情報も入ってきていたが、日本はソ連を攻撃せず、南進するという情報もあった。また、ゾルゲは日本のシベリア攻撃はないと報告していた。ソ連はもっと多くの情報を必要としていた。[48]

七月以降、ミントンからの情報と呼ばれる情報が多く入ってきている。ゴロスは当初、公然の共産党員のミントンを、シルバーマスターとの連絡役あるいはグループのまとめ役に使っていた。このため、シルバーマスター・グループは当初、ミントン・グループと呼ばれていたようである。ミントンは共産党機関誌「ニュー・マッセズ」の編集者で、共産党の前線団体の「アメリカ平和動員」にも参加していた。八月から密使ベントリーが連絡役となって、シルバーマスターの家を定期的に訪問するようになったが、ミントンも並行してしばらく連絡役あるいはシルバーマスター・グループのまとめ役を務めていたようである。[49]

一方、シルバーマスターからの情報と呼ばれる情報もだんだん増えてきている。十月には、日本が上海から自由資金を送ることが報告されているが、これは西山勉財務官が、石油を輸入するために中国にある自由ドル紙幣を送ることを提案した情報だと思われる。また十一月には、ソ連大使館のグロムイコとホワイトの交渉状況についても報告している。おそらくミントン経由でなく、ベントリー経由の情報が増えてきたのであろう。[50]

このころ、ドイツの猛攻の前にソ連は撤退に次ぐ撤退を重ねていた。そして日本がドイツに協力して、ソ連を攻撃する可能性があるとまだ考えられていた。十月ごろから、モスクワKGBは、日本を経済制裁で脅すように、アメリカの情報源（ホワイトやシルバーマスター）に圧力をかけよと命じ始めたという。そして十一月に、ニューヨーク合法拠点のパステルニャークは、シルバーマスターとホワイトは、日本がソ連攻撃しないようルーズベルトに勧めることに積極的に参加していると報告した。このことは、ホワイトは十一月には、ソ連KGBの命令に従って動いていたことを示している。[51]

ハル・ノートが出された翌日の十一月二十七日、モスクワKGBは、次のような命令を出している。ミントン・グループあるいはシルバーマスター・グループは、ホワイト、コー、ウルマン、アドラー、シルバーマスター夫人からなる。ミントンは、諜報員としての訓練が必要。シルバーマスターには、カリーを勧誘させる。ホワイトにはしっかり情報収集させる。コー、ウルマン、アドラーは地位を強化させる。このことから、カリーは当時シルバーマスター・グループに協力するものの、メンバーと見なされていなかったようである。[52]

さて、これまで探ってきた情報から得られる結論としては、十一月のホワイトの日米交渉（ハル・ノート）割り込みはKGBの指令によるものだったようである。元GRU大佐カルポフは、スターリンがハル・ノートの真の計略者と述べているが、実際にスターリンの命令でホワイトが動いたのかもしれない。

しかし前章で見たように、ホワイトが提出したのは日米妥協案であった。このころのソ連の命令系統は長かったのでホワイトにうまく伝わらなかったのかもしれない。KGBからの指令は、ゴロス↓ミントン（ベントリー）↓シルバーマスター↓ホワイトのように伝わっていた。のちにKGBは連絡系統に人が多すぎると文句を言っている。[53]

■GRUスパイ網に属していたヒス

ここまで財務省とKGB（秘密警察諜報）の動きを見てきたが、国務省で積極的に経済制裁や石油禁輸に関わったアルジャー・ヒスとGRU（軍事諜報）の動きを見てみよう。ヒスについては、チェンバーズが地下組織から離脱して多くの証言を残しているため、一九三八年以前の状況はある程度わかる。しかし、チェンバーズ離脱後に、ヒスがどのような活動をしていたかは、それほどはっきりしていない。チェンバーズは、一九三八年四月にソ連のスパイ網を離脱すると、十二月にヒスの家に行って、共産主義や地下組織から抜け出すように説得を試みたが失敗したと述べている。その後、ソ連諜報部（GRU）は冷却期間を置き、ヒスとしばらく接触しなかったことが予想されているが、ヒスがいつソ連のスパイ網に復活したかが問題となる。[54]

ヒスと同じGRUスパイ網に属していたグラッサーという人物がいたが、グラッサーもチェンバーズ離脱後に冷却期間が置かれていた。グラッサーは財務省でホワイトの部下であったが、エクアドルに出向となった。近年の研究によると、エクアドルに行く直前の一九四〇年六月に、チェンバーズの後継者を名乗るポールという人物が、グラッサーに会いに来たという。しかし、グラッサーはエクアドルに行く直前であったので、この話は立ち消えになったという。その後、グラッサーがアメリカに戻ると、ヒスはポールと接触しており、グラッサーにもポールと接触することを勧めたという。これから推測すると、ヒスも一九四〇年六月前後に、ソ連のスパイ網に復帰したことが読み取れる。[55]

日本に石油を禁輸した一九四一年ごろはどうだったのであろうか。研究書『The Haunted Wood』によると、米国のソ連スパイ網はKGBもGRUも、スターリンの大粛清の影響を受けて、実質的に監督者がいなくなったような状況であったという。そして独ソ開戦後の一九四一年夏ごろは、英米と同盟を組むに当たって、機密情報の入手をすることがソ連諜報組織の主な目的であったようである。このように、このころソ連のスパイ網は弱体化しており、独ソ戦後は英米が信用できるのか、軍事支援が得られるのかどうかの機密情報を得ようとしていたようである。[56]

ところで第七章で述べたように、ヒスは独ソ戦開始の三日後に、石油輸出規制の強化と日本資産凍結を勧める報告書を唐突に提出して、国務省上層部にまで回覧させている。この報告書の目的は中国を救うためとなっていたが、独ソ開戦のあとに急に言い出したのは、やはり日本の北進を抑えてソ連を防衛することが隠れた動機である可能性が高いであろう。同じGRUスパイ網に属していたグラッサーは、チェンバーズとは一ヶ月に一度会って報告していたというが、ヒスもその程度の頻度で、ソ連諜報部（GRU）と接触していたことが考えられる。それから考えると、この経済制裁を推奨する報告書は、ソ連諜報部の要請ではなく、ヒスが自主的に提出したのではないかと予想できる。[57]

日本にスパイ網を構築したゾルゲも、ソ連防衛のために自主的に活動したと述べている。日本で対ソ開戦論が高まっていたころ、スパイ網のメンバーの尾崎秀実《おざきほつみ》は、日本を北進（ソ連攻撃）ではなく、南進に誘導する自信があると述べていた。尾崎は、近衛首相の側近グループに潜り込むことに成功していた。しかしゾルゲ・スパイ網は情報収集が目的であって、政治的働きかけをすることは禁じられていた。そこでゾルゲは、モスクワ（ソ連のGRU本部）に問い合わせた。すると本部の回答は「不必要」というものだった。ところが独ソ戦が開始され、日本が北進してソ連を挟み撃ちすると、ソ連が滅亡する可能性が出てきた。するとゾルゲは、「不必要」という回答は「禁止」ということではないと拡大解釈して、日本を南進させる働きかけを尾崎とともに行ったという。ゾルゲは自主的にソ連防衛のために働いたのであった。[58]

さて、ヴェノナ解読文書によると、ヒスは情報を定期的に渡さなかったそうである。また、グラッサーは、ヒスについて次のように述べている。ヒスは意志が強く、自分が非合法の共産党員であることを完全にわかっているが、他の米国共産党員と同様に、秘密保持に関して独自の考えを持っている。このような情報から考えると、ヒスもシルバーマスター・グループのメンバーのように、ソ連のスパイというよりも、一九四一年夏ごろは共産党細胞として自発的に活動していたのかもしれない。（のちにヒスは、国務省内で出世し、それにつれて、ソ連諜報部におけるヒスの重要性が高まっていった。ヒスの貢献は貴重なものとなり、ソ連はヒスに勲章を授与したと言われている。）[59]

ヒスは長生きして、ソ連が崩壊するまで生きていた。ソ連のあとをついだロシア共和国が、アーカイブを西洋の学者に公開する方針を発表すると、ヒスはロシア高官に手紙を書いた。ヒスの望みは、自分はもう八八歳となり平和に死にたいので、自分が給与支払の契約を結んだスパイではないことを証明して欲しいというものだった。しかし、本当に無実であるなら、西洋の学者が調査に行っても自分の無実が確認されるだけだと考えて手紙を書かないのが普通である。逆に言えば、自分は共産主義に共鳴した有志のスパイ（無給のスパイ）であったことを認めているようなものである。ヒスは、自分はお金のためにソ連諜報部のスパイになったのではなく、世界平和や共産主義の理想社会の実現のために、ソ連やコミンテルンあるいは米国共産党に自発的に協力したと考えていたのかもしれない。[60]

■アチソンやモーゲンソーは「無意識の工作員」だったのか

これまで、ソ連のスパイとされる財務省のホワイトとその部下や、国務省のヒスの動きを見てきたが、ここでアチソン国務次官補や、ホワイトの上司であるモーゲンソー財務長官をみてみよう。共産主義者でない政治家を共産主義者が取り囲んで影響を与え、その政治家を「無意識の工作員」にしてしまうことがある。無意識の工作員は、知らないあいだに共産主義に都合のよい政策をとってしまうのだという。はたしてアチソンやモーゲンソーは、無意識の工作員にされてしまったのであろうか。

第十章で述べたように、アチソンが一九四一年に次官補として国務省入りしたとき、首席補佐につけられたのは共産党地下組織（あるいはGRU）のドナルド・ヒスであった。そして、他の部署にいた兄のアルジャー・ヒス（GRU）が何かと決断を求めて近づいてきたのだった。またアチソンが担当した部署には、共産党地下組織あるいはソ連のスパイがすでにいたとされている。さらに武器貸与法などで財務省と交渉すると、財務省から出てくる代表はホワイトであった。このようにアチソンは共産主義者に囲まれており、無意識の工作員として共産主義に有利な政策を、知らず知らずのうちにとらされてしまったようである。

次に、ホワイトの上司のモーゲンソー財務長官についてみてみよう。モーゲンソー長官は日本への経済制裁や石油禁輸に積極的であった。

財務省の対日経済制裁の歴史は数年前にさかのぼる。一九三七年に日中戦争が起こると、財務省は日本への経済制裁や中国支援策を盛んに検討している。そして一九四〇年にモーゲンソーの乱が起こると、ホワイト、コー、アドラー、ウルマンが、日本への石油禁輸に向けて活発な動きを見せるようになる。

モーゲンソー長官は、なぜ日本への経済制裁や石油禁輸を目指したのであろうか。やはりモーゲンソー長官も、ホワイトなどの共産主義者に囲まれて、共産主義に有利となる政策をとるように影響を受けていたようである。例えばホワイトは中国共産党のプロパガンダ本である『中国の赤い星』をモーゲンソーに読ませたようである。元ソ連スパイの密使ベントリーは、モーゲンソーを無意識の工作員と呼んでいる。[61]

一九四一年夏に日本への石油禁輸がついに実現するが、財務省内の共産主義者にとっては、昔からやってきた、ソ連防衛のための日本攻撃の活動が、ついに実を結んだということになるのかもしれない。

ＫＧＢはワシントンに共産党地下組織のベテランが約一〇〇人おり、お互いに何をしているかよく知っていると述べている。おそらく共産党地下組織のベテランは、お互いに話し合いながら、コミンテルンあるいは米国共産党のこれまでの方針に従って、どうすればソ連と共産主義に有利になるかを考え、米国政府内で影響力を行使していたのであろう。

米国政府内に潜入した共産党地下組織の工作員は、上司にソ連のプロパガンダ本などを紹介し、ソ連の戦略に沿った政策を立案して、上司を無意識の工作員にしていた可能性が高い。先に述べたアチソンやモーゲンソーのほかに、ヒスの上司のホーンベック顧問などは、知らず知らずのうちにソ連と共産主義に有利な政策をとらされてしまったようである。また、マスコミの影響も大きかった。リベラル派のジャーナリストを装った共産主義者は、ルーズベルト政権の有力者に接近して、ソ連のプロパガンダを広めていたようである。ホーンベック顧問やイッキーズ内務長官などは、こういったジャーナリストと親しくなり、かなり影響を受けていたようである。特にホーンベック顧問は、反日団体からも大きな影響を受けていた。[62]

■マスコミ・政界・学界・産業界に共産主義者を潜り込ませる作戦

ソ連は、海外のマスコミを操るために、共産主義者が大マスコミに潜入・浸透する作戦を立てていた。共産主義者は、リベラル派のジャーナリストなどを装って、出版社や雑誌の編集部、新聞の書評セクションなどに侵入することとなった。その結果、ソ連が公的な報道機関でプロパガンダを流すと、マスコミに侵入した非公然の共産主義者がこの情報を強調して何度も流し、アメリカにソ連のプロパガンダを広めていったという。またソ連に反対する記事を検閲するようになっていった。このようにしてソ連は、アメリカのマスコミと世論を操作することに、かなりの成功をおさめていた。特にアジアについては、当時のアメリカには専門家が少なかったので、リベラル派を装った共産主義者の主張を見破ることができなかったようである。[63]

米国共産党が党員に指示を出す場合、手紙なども使われたが、全国の党員に指示を伝えるうえで重要な役割を果たしたのは、「デーリー・ワーカー」という新聞であったという。ソ連から米国共産党員への指令は、通常の場合このように伝わっていくのだという。ソ連が方針をソ連内の機関紙などで発表すると、米国共産党がその方針を取り入れた政策を決めて、米国共産党の機関紙（新聞の「デーリー・ワーカー」など）に掲載する。すると、地域リーダーが機関紙の記事に従ってスタッフに指令を出す。そしてデモやストライキなどの活動を行う。また共産主義と関係ないアメリカの一般団体に潜り込んだ非公然の共産主義者は、その一般団体の活動方針をソ連の方針に従わせるように影響力を発揮していくのだという。「デーリー・ワーカー」というのはただの新聞ではなく、共産党員に指令を伝える媒体であり、共産党員が何をしなければならないかを示し、共産党員は「デーリー・ワーカー」の指示に従って行動したとのことである。[64]

米国のマスコミ・政界・学界・産業界などに潜入した共産主義者は、このようにソ連の方針に従って活動していく。上からいちいち詳しく命令されなくても、ソ連が大きな方針を立てれば、その方針に従って活動しようとする共産主義者が、アメリカのマスコミ・政界・学界・産業界に大量に育てられていたようである。

■反共の政治家に変身したアチソン

一九四六年ごろからアチソンは、ソ連の謀略に気がつき始めたようである。アチソンは反共の政治家に変身し、トルーマン・ドクトリン（共産主義に力で対抗）やマーシャル・プラン（西ヨーロッパの復興支援）を支えたようである。そして一九四九年に国務長官に就任すると、NATO（共産圏に対する集団安全保障）設立に関わった。また日本が国際社会に復帰したサンフランシスコ講和会議で議長を務め、日米安全保障条約の締結を主導した。このような共産主義の封じ込め政策の結果、四〇年後の一九九一年にソ連が崩壊して、アメリカは共産主義との冷戦に打ち勝ったのである。アチソンは冷戦勝利の立役者の一人となった。

＊ジャーナリストのシェクターは、ロシアのアーカイブが西洋人に公開されていた頃に、アーカイブを調査して本にまとめた。しかし、財務省のXをカッツとする（カッツは財務省にいたことはなかった）など小さな間違いが多いことや、オッペンハイマーがスパイであったかどうかについても研究者のヘインズやクレアと見解が異なり、その著作はあまり高く評価されていないようである。それでも他の研究書に見られない資料を掲載している。Jerrold and Leona Schecter, *Sacred Secrets*; Haynes, Klehr and Vassiliev, *Spies*, pp.53-8

エピローグ

■日本は歴史から何を学ぶべきか

本書では、太平洋戦争前のアメリカ政府内部の動き、特にソ連の諜報組織や米国共産党地下組織がいかにアメリカ政府の政策に影響を与えたかをみてきた。

米国共産党地下組織のメンバーは共産主義活動家であることを隠してアメリカ政府に入ると、共産党細胞を増やす活動をして仲間を増やしていった。そして、有用な人物はソ連の諜報部に取り入れられていった。ソ連は、そのような人物を通じて、アメリカ政府の機密情報を盗み、またアメリカ政府がソ連に都合のよい政策をとるように誘導していたのである。

アメリカでは、共産主義者が支配する反日団体が反日活動を活発化させるとともに、マスコミに潜り込んだ非公然の共産主義者が反日報道を流して、ソ連が望むようにアメリカの世論を反日にしようと活動した。

アメリカ政府が望んでいなかった日米戦争へと突き進んでいった背後には、政府内の共産主義者の動きや、反日世論などの影響があったのである。これはアメリカだけのことではない。日本も太平洋戦争前にはゾルゲ・スパイ網に食い込まれている。

アメリカで反日運動が起こると、話し合えばわかると日本は思いがちであるが、反日運動の中心が、共産圏からお金をもらって活動している職業革命家の場合、「腹を割って」話し合っても簡単に解決することはできないであろう。

日本はアメリカと戦っていると思っていたが、実際にはアメリカ国内の共産主義者と戦っていたのかもしれない。そして共産主義者の背後にいるのはソ連であった。日本は、実はソ連と戦っていたのかもしれない。

日本は歴史から何を学ぶべきであろうか。現在の日本の安全保障上の問題となっている国の多くが、共産主義国か元共産主義国であることを考えると、日本は共産主義国の諜報・謀略活動の歴史についてもっと研究すべきであろう。大学付属の研究機関、あるいは独立した研究機関をつくって、研究を活発化させるべきなのであろう。

しかし日本は、共産主義国の諜報・謀略活動に対抗する前に、やるべきもっと重要なことがあるようである。

■日本政治の課題

太平洋戦争が始まると、アメリカ政府は戦争前の一〇年間（一九三一～一九四一）における日米間の外交文書を本にして出版した。その最初に資料として、外交責任者（アメリカの国務長官と日本の外務大臣）の名前を列挙している。アメリカ側は、スティムソンとハルの二人である。

日本側は、幣原、犬養、芳沢、斎藤、内田、広田、有田、佐藤、広田、宇垣、有田、野村、有田、松岡、豊田、東郷と、延べ一六人の名前が挙げられている。一〇年間でこれだけ多く外務大臣が代わるような国では、まともな外交は期待できないであろう。[1]

この外交資料には、資料として日本の首相の名前も書かれている。ここに書かれている首相は、若槻、犬養、斎藤、岡田、広田、林、近衛、平沼、阿部、米内、近衛、東条と、一二回変わっている。一〇年間で一二回首相が代わるようでは、謀略に引っかかって戦争に負けても不思議ではないであろう。ちなみに、アメリカの大統領はフーバーとルーズベルトの二人だけとなる。

現在でも日本では、首相が一年くらいで交代に追い込まれるようなことがおき、国務大臣の任期も短いことが多い。日本はまだまだ民主主義が成熟していないと反省が必要なのかもしれない。首相も大臣も一期四年、二期八年くらいの任期がなければ、きちんとした仕事はできないであろう。一方で、無能な人物、あるいは害を与えるような人物が選ばれて居座るのも困るであろう。よい人物を選んで、長い期間やらせる制度をつくるためにはどうしたらよいか、もっと議論すべきであろう。

逆に言えば、政治があまりしっかりしていなくても大国となれる日本は、国民がしっかりしており、まだまだ発展できる余地があると言えるのかもしれない。

共産主義国の諜報・謀略活動に対抗することも大切であるが、その前に日本の政治制度について問題点を深く検討し、成熟した民主主義を実現することが必要なのであろう。首相や大臣がコロコロ代わるような政治環境では、安全保障の観点からも問題である。よい人物を選んで長期間やらせるようなことができれば、日本ももっと発展できるようになるであろう。

注釈は下記に掲載しております。

https://www.php.co.jp/books/dl/pdf/9784569852522.pdf

参考文献

I. 一次資料

＜アーカイブ資料＞

Dean G. Acheson Papers, Truman Library
Bernard Bernstein Papers, Truman Library
Edward H. Foley, Jr. Papers, Truman Library
Abijah U. Fox Papers, Truman Library
Stanley K. Hornbeck Papers, Hoover Institution
Cordell Hull Papers, Library of Congress
Harold L. Ickes Papers, Library of Congress
Breckinridge Long Papers, Library of Congress
President's Secretary's File, Franklin D. Roosevelt Library
John J. Walsh Papers, Library of Congress

Record Group 56, General Records of the Department of the Treasury, National Archives, College Park (NACP)
    Records of the Office of the Assistant Secretary for International Affairs, Department of the Treasury, 1936-72［OASIAと略す］
    Records of the Assistant Secretary relating to Monetary and International Affairs, 1934-1946［ASMIAと略す］
Record Group 59, General Records of the Department of the State, NACP
    Decimal files
    Records of the office of assistant secretary and under secretary of state Dean Acheson, 1941-48, 1950
    Records Relating to United States-Japanese Conversations, compiled 02/05/1941 - 12/07/1941
    Records Relating to the Compilation of the World War II Conferences Volumes of the Publication "Foreign Relations of the United States", compiled 1947 - 1972
Record Group 169, General Records of the Division of Controls, NACP
    Reports on the Organization of the Division of Controls, compiled 1943 - 08/1945, documenting the period 07/1941 - 08/1945

Oral History Interview with Bernard Bernstein, 1975.7/23, Truman Library (http://www.trumanlibrary.org/oralhist/bernsten.htm)（2011年5月閲覧）
Interview with Jacques J. Reinstein, 2001.2/5, The Foreign Affairs Oral History Collection of the Association for Diplomatic Studies and Training, Frontline Diplomacy, Manuscript Division, Library of Congress, (http://hdl.loc.gov/loc.mss/mfdip.2007rei01)（2011年5月閲覧）

President Franklin D. Roosevelt's Visits to Hyde Park During His Presidency, FDR Library (http://docs.fdrlibrary.marist.edu/PREROOHP.HTML)（2011年10月閲覧）

Vassiliev Notebooks, Digital Archive, Woodrow Wilson International Center, (http://www.wilsoncenter.org/index.cfm?topic_id=1409&fuseaction=topics.documents&group_id=511603)（2010年10月閲覧）（2021年8月現在のアドレスは以下になる）(https://digitalarchive.wilsoncenter.org/collection/86/vassiliev-notebooks)

Vassiliev Black Notebook［Vassiliev, *Black* のように略す］

Vassiliev White Notebook #1-3［Vassiliev, *White #1-3* のように略す］

Vassiliev Yellow Notebook #1-4［Vassiliev, *Yellow #1-4* のように略す］

<政府文書>

Department of Defense, United States of America, *The "Magic" background of Pearl Harbor Vol. I-V* (Washington, D.C.: The Superintendent of Documents, U.S. Government Printing Office, 1978)［Magic Background I-Vと略す］

Department of Defense, United States of America, *The "Magic" background of Pearl Harbor Vol. II-IV Appendix* (Washington, D.C.: The Superintendent of Documents, U.S. Government Printing Office, 1978)［Magic Background II-IV Appendixと略す］

Department of State, *Foreign Relations of the United States: 1941 Volume IV The Far East* (Washington, D.C.: U.S. Government Printing Office, 1956)［FRUS 1941 IVと略す］

Department of State, *Foreign Relations of the United States: 1941 Volume V The Far East* (Washington, D.C.: U.S. Government Printing Office, 1956)［FRUS 1941 Vと略す］

Department of State, *Papers Relating to the Foreign Relations of the United States - Japan: 1931-1941, Volume I* (Washington, D.C.: U.S. Government Printing Office, 1943)［FRUS Japan Iと略す］

Department of State, *Papers Relating to the Foreign Relations of the United States - Japan: 1931-1941, Volume II* (Washington, D.C.: U.S. Government Printing Office, 1943)［FRUS Japan IIと略す］

Department of State, *Register of the Department of State, Oct. 1, 1940* (Washington, D.C.: U.S. Government Printing Office, 1940)

Department of State, *Register of the Department of State, Nov. 1, 1941* (Washington, D.C.: U.S. Government Printing Office, 1942)

Department of State, *Register of the Department of State, Oct. 1, 1942* (Washington, D.C.: U.S. Government Printing Office, 1942)

Department of State, *The Department of State Bulletin,* March 8, 1941,

Vol. IV: No.89 – Publication 1576 (Washington, D.C.: U.S. Government Printing Office, 1941)
Adrianus Franciscus Manning, Albert Emmanuel Kersten, *Documenten betreffende de buitenlandse politiek van Nederland 1919-1945 : periode C 1940-1945, Deel III, 1 Juni – 7 December 1941* (s-Gravenhage: Nijhoff, 1976)［*Documenten*と略す］
外務省編纂『日本外交文書　日米交渉：一九四一年（上・下巻）』（東京：外務省　1990）

＜日記等＞

Blum, John Morton, *From The Morgenthau Diaries, Years of Crisis 1928-1938,* (Boston: Houghton Mifflin Company, 1959)
Blum, John Morton, *From The Morgenthau Diaries, Years of Urgency 1938-1941* (Boston: Houghton Mifflin Company, 1965)
Goldstein, Donald M. and Katherine V. Dillon, *The Pacific War Papers: Japanese Documents of World War II* (Washington, D.C.: Potomac Books, 2004)
Ickes, Harold L., *The Secret Diary of Harold L. Ickes, Vol. II* (New York: Simon and Schuster, 1954)
Ickes, Harold L., *The Secret Diary of Harold L. Ickes, Vol. III* (New York: Simon and Schuster, 1954)
Long, Breckinridge, *The War Diary of Breckinridge Long: selections from the years 1939-1944* (Lincoln: University of Nebraska Press, 1966)
Morgenthau, Henry, *Morgenthau diary (China), Volume I-II* (Washington: U.S. Govt. Print. Off., 1965)
Morgenthau, Henry, *Morgenthau diary (Germany), Volume I-II* (Washington: U.S. Govt. Print. Off., 1967)
Morgenthau, Henry, *The Presidential diaries of Henry Morgenthau, Jr.* (1938-1945) [microform] (Frederick, MD: University Publications of America, 1981)
Morgenthau, Henry, *The Morgenthau Diaries* [Microfilm] (MD: University Publications of America, 1995)
Stimson, Henry Lewis, *Henry Lewis Stimson Diaries* [microform] (New Haven, Conn.: Yale University Library, 1973)
木戸幸一『木戸幸一日記　下巻』（東京大学出版会 1966）
木下道雄『側近日誌』（文藝春秋 1990）
参謀本部編『杉山メモ（上）』（原書房 1967）
原田熊雄『西園寺公と政局　第一巻～第八巻』（岩波書店 1950-1952）

II. 二次資料

＜政府・議会資料＞

United States. Congress. Joint Committee on the Investigation of the

Pearl Harbor Attack, *Pearl Harbor attack. Hearings before the Joint Committee on the Investigation of the Pearl Harbor Attack, Congress of the United States, Seventy-ninth Congress* (Washington, D.C.: U.S. Government Printing Office, 1946) [PHAH 1-39と略す]

United States. Congress. Joint Committee on the Investigation of the Pearl Harbor Attack, *Investigation of the Pearl Harbor attack : report of the Joint Committee on the Investigation of the Pearl Harbor attack, Congress of the United States, pursuant to S. Con. Res. 27, 79th Congress, a concurrent resolution to investigate the attack on Pearl Harbor on December 7, 1941, and events and circumstances relating thereto, and additional views of Mr. Keefe, together with Minority views of Mr. Ferguson and Mr. Brewster* (Washington, D.C.: U.S. Government Printing Office, 1946) [PHA Reportと略す]

United States. Congress. House. Committee on Un-American Activities, *Hearings Regarding Communist Espionage in the United States Government.: hearings before the House Committee on Un-American Activities, Eightieth Congress, second session, on July 31, Aug. 3-5, 7, 9-13, 16-18, 20, 24-27, 30, Sept. 8, 9, 1948* (Washington, D.C.: U.S. Government Printing Office, 1948) [HUAC Iと略す]

United States Congress House Committee on Un-American *Activities, Citations by official government agencies of organizations and publications found to be communist or communist fronts* (Washington, D.C.: U.S. Government Printing Office, 1948) [Citationsと略す]

United States. Congress. Senate. Committee on the Judiciary, *Institute of Pacific Relations: hearings before the Subcommittee to Investigate the Administration of the Internal Security Act and Other Security Laws of the Committee on the Judiciary, United States Senate, eighty-second Congress on the Institute of Pacific Relations. Pt. 1-14* (Washington, D.C.: U.S. Government Printing Office, 1951-2) [IPR1-14と略す]

United States. Congress. Senate. Committee on the Judiciary, *Institute of Pacific Relations. Part 15, Composite index to hearings and report: before the Subcommittee to Investigate the Administration of the Internal Security Act and Other Internal Security Laws of the Committee on the Judiciary, United States Senate, Eighty-second Congress, second session on the Institute of Pacific Relations* (Washington, D.C.: U.S. Government Printing Office, 1952) [IPR Reportと略す]

United States. Congress. Senate. Committee on the Judiciary, *Interlocking subversion in Government Departments. Part1-30, Hearing before the Subcommittee to Investigate the Administration of the Internal Security Act and Other Internal Security Laws of the Committee on the Judiciary, United States Senate, Eighty-third Congress, first session*

[-Eighty-fourth Congress, first session] (Washington, D.C.: U.S. Government Printing Office, 1953-56) [Interlocking pt.1-30と略す]
外務省百年史編纂委員会『外務省の百年』下巻（原書房 1969）
防衛庁防衛研修所戦史部『大本営海軍部 大東亜戦争開戦経緯1～2』（朝雲新聞社 1979）
防衛庁防衛研修所戦史部『大本営陸軍部 大東亜戦争開戦経緯1～5』（朝雲新聞社 1973-4）

<書籍他>

Acheson, Dean, *Morning and Noon* (Boston: Houghton Mifflin Company, 1965)
Acheson, Dean, *Present at the Creation* (New York: W. W. Norton & Company, 1969)
Anderson, Irvine H., *The Standard-Vacuum Oil Company and United States East Asian Policy, 1933-1941* (Princeton: Princeton University Press, 1975)
Andrew, Christopher, and Vasili Mitrokhin, *The Sword and the Shield* (Basic Books, 1999)
Andrew, Christopher, and Oleg Gordievsky, *KGB* (Harper Collins Publishers, 1990)
Aziz, Muhammed Abdul, *Japan's Colonialism and Indonesia* ('s-Gravenhage: M. Nijhoff, 1955)
Barnhart, Michael A., *Japan Prepares for Total War* (Ithaca and London: Cornell University Press, 1987)
Barnhart, Michael A., "The Origins of the Second World War in Asia and the Pacific: Synthesis Impossible?" *Diplomatic History,* Vol. 20, No. 2 (1996), pp. 241-260
Bentley, Elizabeth, *Out of Bondage: the Story of Elizabeth Bentley* (New York: Devin-Adair, 1951)
Bessedovsky, Grigory, *Revelations of a Soviet Diplomat* (Westport, Connecticut: Hyperion Press, 1977)
Best, Antony, *Britain, Japan and Pearl Harbour: Avoiding War in East Asia, 1936-1941,* Kindle Edition (London: Routledge, 2013)
Brownell, Will, and Richard N. Billings, *So Close to Greatness: a Biography of William C. Bullitt* (New York and London: Macmillan, 1987)
Budenz, Louis F., *The Techniques of Communism* (Chicago: Henry Regnery Company, 1954)
Bussemaker, Herman Theodore, *Paradise in Peril: Western Colonial Power and Japanese Expansion in South-East Asia, 1905-1941* (Bureau Grafische Producties, Universiteitt van Amsterdam 2001) (http://dare.uva.nl/ja/record/86412)（2013年10月閲覧）

Chambers, Whittaker, *Witness* (Chicago: Henry Regnery Company, 1952)
Chapman, J. W. M., "Japanese Intelligence 1918-45", *Intelligence and International Relations 1900-45* (The University of Exeter, 1987)
Churchill, Winston S., *The Second World War Vol.3 The Grand Alliance* (Boston: Houghton Mifflin Company, 1950)
Cohen, Warren I., *The Chinese Connection* (Columbia University Press, 1978)
Craig, Bruce, *Treasonable Doubt* (University Press of Kansas, 2004)
Dallin, David J., *Soviet Espionage* (New Heaven: Yale University Press, 1955)
Dawson, Raymond H., *The Decision to Aid Russia, 1941* (Chapel Hill: University of North Carolina Press, 1959)
Emmerson, John K., The Japanese Thread (New York: Holt, Rinehart and Winston, 1978)
Feis, Herbert, *The Road to Pearl Harbor* (Princeton, New Jersey: Princeton University Press, 1950)
Fish, Hamilton, *FDR: the Other Side of the Coin* (New York, Washington, Atlanta, Hollywood: Vantage Press, 1976)
Fish, Hamilton, *Memoir of an American Patriot* (Washington, D.C.: Regnery Gateway, 1991)
Ford, Daniel, *Flying Tigers: Claire Chennault and his American Volunteers, 1941-1942* (New York: Smithsonian Books/Collins, 2007)
Friedman, Donald J., *The Road from Isolation: The Campaign of the American Committee for Non-Participation in Japanese Aggression, 1938-1941* (Harvard University Press, 1968)
Gellman, Irwin F., *Secret Affairs: Franklin Roosevelt, Cordell Hull, and Sumner Welles* (Baltimore and London: The Johns Hopkins University Press, 1995)
Goodman, Walter, *The Committee* (New York: Farrar, Straus and Giroux, 1968)
Grady, Henry Francis, *The Memoirs of Ambassador Henry F. Grady: from the Great War to the Cold War* (Columbia and London: University of Missouri Press, 2009)
Grew, Joseph C., *Turbulent Era, Volume II* (Boston: Houghton Mifflin Company, 1952)
Haynes, John Earl, and Harvey Klehr, *VENONA: Decoding Soviet Espionage in America* (Yale University Press, 1999)
Haynes, John Earl, and Harvey Klehr, *In Denial* (San Francisco: Encounter Books, 2003)
Haynes, John Earl, and Harvey Klehr, *Early Cold War Spies* (Cambridge University Press, 2006)
Haynes, John Earl, Harvey Klehr, Alexander Vassiliev, *Spies: the Rise*

and Fall of the KGB in America (New Heaven & London: Yale University Press, 2009)

Heinrichs, Waldo, *Threshold of War* (New York, Oxford: Oxford University Press, 1988)

Heinrichs, Waldo, "The Russian Factor in Japanese-American Relations, 1941", Edited by Hilary Conroy and Harry Wray, *Pearl Harbor Reexamined: Prologue to the Pacific War* (Honolulu: University of Hawaii Press, 1990)

Hiss, Alger, *Recollections of a Life* (New York: Seaver Books, 1988)

Hodgson, Godfrey, *The Colonel: The Life and Wars of Henry Stimson 1867-1950* (New York: Alfred A. Knopf, 1990)

Hoover, Herbert, *The Memoirs of Herbert Hoover, The Cabinet and the Presidency 1920-1933* (New York: The Macmillan Company, 1952)

Hull, Cordell, *The Memoirs of Cordell Hull Volume I, II* (New York: The Macmillan Company, 1948)

Jacoby, Susan, *Alger Hiss and the Battle for History* (New Haven & London: Yale University Press, 2007)

Janeway, Michael, *The Fall of the House of Roosevelt* (New York: Columbia University Press, 2004)

Kahn, David, *Codebreakers* (New York: Macmillan, 1967)

Kessler, Lauren, *Clever Girl: Elizabeth Bentley, the Spy Who Ushered in the McCarthy Era* (New York: HarperCollins, 2004)

Klehr, Harvey, John Earl Haynes and Fridrikh Igorevich Firsov, *The Secret World of American Communism* (New Haven and London: Yale University Press, 1995)

Klehr, Harvey, and Ronald Radosh, *The Amerasia Spy Case: Prelude to McCarthyism* (Chapel Hill and London: The University of North Carolina Press, 1996)

Koen, Ross Y., *The China Lobby in American Politics* (Harper & Row Publishers, 1974)

Koster, John, *Operation Snow* (Washington, D.C.: Regnery History, 2012)

Kubek, Anthony, *How the Far East Was Lost* (Chicago: Henry Regnery Company, 1963)

Lai, Him Mark, *Chinese American Transnational Politics* (Urbana, Chicago and Springfield: University of Illinois Press, 2010)

Langer, William L., and S. Everett Gleason, *The Undeclared War, 1940-1941* (New York: Published for the Council on Foreign Relations by Harper, 1953)

Latham, Earl, *The Communist Controversy in Washington: from the New Deal to McCarthy* (Cambridge: Harvard University Press, 1966)

Layton, Edwin T., Roger Pineau and John Costello, *And I Was There* (New York: William Morrow and Company, 1985)

Manning, Adrian F., "The Position of the Dutch Government in London up to 1942", *Journal of Contemporary History,* Vol. 13, No. 1 (1978.1), pp. 117-135

Marshall, Jonathan, *To Have and Have Not: Southeast Asian Raw Materials and the Origins of the Pacific War* (Berkeley, Los Angeles, London: University of California Press, 1995)

Martin, James J., *American Liberalism and World Politics, 1931-1941: Liberalism's Press and Spokesmen on the Road Back to War between Mukden and Pearl Harbor,* Volume I-II (New York: Devin-Adair, 1964)

Masland, John Wesley, "Missionary Influence Upon American Far Eastern Policy", *Pacific Historical Review,* September 1941, Vol. 10, No. 3

Massing, Hede, *This Deception* (New York: Duell, Sloan and Pearce, 1951)

McCarthy, Joseph, *McCarthyism, the Fight for America: Documented Answers to Questions Asked by Friend and Foe* (New York: Devin-Adair, 1952)

McCarty, Jr., Kenneth G., *Stanley K. Hornbeck and the Far East, 1931-1941* (Ann Arbor, London: University Microfilms International, 1982) (Duke University Ph.D. dissertation 1970)

McMahon, Robert J., *Dean Acheson and the Creation of an American World Order* (Washington, D.C.: Potomac Books, 2009)

Miller, Edward S., *Bankrupting the Enemy* (Annapolis, MD: Naval Institute Press, 2007)

Miner, Deborah Nutter, *United States Policy Toward Japan 1941: The Assumption that Southeast Asia Was Vital to the British War Effort* (Ann Arbor, London: University Microfilms International, 1978) (Columbia University Ph.D. dissertation 1976)

Mook, Hubertus J. van, *The Netherlands Indies and Japan: Battle on Paper, 1940-1941* (New York: W. W. Norton & Co., 1944)

Morgan, Ted, *FDR* (Simon and Schuster, 1985)

Morgan, Ted, *REDS* (New York: Random House, 2003)

Newman, Robert P., *Owen Lattimore and the "Loss" of China* (Berkeley, Los Angeles, Oxford: University of California Press, 1992)

Olmsted, Kathryn S., *Red Spy Queen: a Biography of Elizabeth Bentley* (Chapel Hill: University of North Carolina Press, 2002)

Park, Tae Jin, *In Support of "New China": Origins of the China Lobby, 1937-1941,* (http://wvuscholar.wvu.edu:8881//exlibris/dtl/d3_1/apache_media/L2V4bGlicmlzL2R0bC9kM18xL2FwYWNoZV9tZWRpYS82NzE3.pdf)（2013年2月閲覧）（2022年6月現在のアドレスは以下）(https://researchrepository.wvu.edu/etd/7369/)

Pederson, William D., A *Companion to Franklin D. Roosevelt* (Wiley-Blackwell, 2011)

Rees, David, *Harry Dexter White: a Study in Paradox* (New York: Coward, McCann & Geoghegan, 1973)

Romerstein, Herbert, and Stanislav Levchenko, *The KGB Against the "Main Enemy"* (Lexington, Massachusetts: Lexington Books, 1989)

Romerstein, Herbert, and Eric Breindel, *The Venona Secrets* (Washington, D.C.: Regnery Publishing, 2000)

Romerstein, Herbert, and M. Stanton Evans, *Stalin's Secret Agents: the Subversion of Roosevelt's Government* (New York: Threshold Editions, 2012)

Rusbridger, James, and Eric Nave, *Betrayal at Pearl Harbor: How Churchill Lured Roosevelt into World War II* (New York: Summit Books, 1991)

Sandilands, Roger J., *The Life and Political Economy of Lauchlin Currie* (Duke University Press, 1990)

Schaller, Michael, *The U.S. Crusade in China, 1938-1945* (Columbia University Press, 1979)

Schecter, Jerrold, and Leona Schecter, *Sacred Secrets* (Washington, D.C.: Brassey's, 2002)

Schmitz, David F., *Henry L. Stimson* (Wilmington, Delaware: A Scholarly Resources, 2001)

Schultz, Duane P., *The Maverick War: Chennault and the Flying Tigers* (New York: St. Martin's Press, 1987)

Shelton, Christina, *Alger Hiss: Why He Chose Treason* (New York, London, Toronto, Sydney, New Delhi: Threshold Editions, 2012)

Sibley, Katherine A. S., *Red Spies in America* (University Press of Kansas, 2004)

Smith, John Chabot, *Alger Hiss: The True Story* (New York: Holt, Rinehart and Winston, 1976)

Steil, Benn, *The Battle of Bretton Woods: John Maynard Keynes, Harry Dexter White, and the Making of a New World Order* (Princeton University Press, 2014)

Stimson, Henry L., *The Far Eastern Crisis* (New York & London: Harper & Brothers Publishers, 1936)

Stimson, Henry L., and McGeorge Bundy, *On Active Service in Peace and War* (New York: Harper & Brothers, 1947)

Tanenhaus, Sam, *Whittaker Chambers* (New York: Random House, 1997)

Tsuchida, Akio, "China's 'Public Diplomacy' toward the United States before Pearl Harbor", *Journal of American-East Asian Relations,* Vol. 17, No. 1, 2010, pp. 35–55

Utley, Jonathan G., "Upstairs, Downstairs at Foggy Bottom: Oil Exports and Japan, 1940-41", *Prologue: The Journal of the National Archives,* Spring 1976, pp. 17-28

Utley, Jonathan G., *Going to War with Japan, 1937-1941* (Knoxville: University of Tennessee Press, 1985)
Victor, George, *The Pearl Harbor Myth* (Washington, D.C.: Potomac Books, 2007)
Weinstein, Allen, *Perjury* (New York: Random House, 1997)
Weinstein, Allen, and Alexander Vassiliev, *The Haunted Wood* (New York: Random House 1999)
Welles, Sumner, *Seven Decisions that Shaped History* (New York: Harper, 1951)
West, Nigel, *VENONA: The Greatest Secret of the Cold War* (London: HarperCollins, 2000)
White, G. Edward, *Alger Hiss's Looking-Glass Wars* (Oxford University Press, 2004)
Wohlstetter, Roberta, *Pearl Harbor* (Stanford: Stanford University Press, 1962)
Worth, Jr., Roland H., *No Choice But War* (Jefferson, North Carolina and London: McFarland & Company, 1995)
Yost, Charles W., *History and Memory* (New York & London: W. W. Norton & Company, 1980)
Yu, Maochun, *The Dragon's War: Allied Operations and the Fate of China, 1937-1947* (Annapolis, Md.: Naval Institute Press, 2006)
K・カール・カワカミ『シナ大陸の真相』（展転社 2001）
エドウィン・O・ライシャワー、徳岡孝夫訳『ライシャワー自伝』（文藝春秋 1987）
エドウィン・T・レートン、ロジャー・ピノー、ジョン・コステロ、毎日新聞外信グループ訳『太平洋戦争　暗号作戦（上）』（TBSブリタニカ 1987）
エドワード・ミラー、金子宣子訳『日本経済を殲滅せよ』（新潮社　2010）
エリック・ネイヴ、ジェイムズ・ラスブリッジャー、大蔵雄之助訳『真珠湾の裏切り』（文藝春秋 1991）
コーデル・ハル著、宮地健次郎訳『ハル回顧録』（Kindle版）（中央公論新社　2014）
ジョナサン・G・アトリー、五味俊樹訳『アメリカの対日戦略』（朝日出版社 1989）
ジョン・アール・ヘインズ、ハーヴェイ・クレア著、中西輝政監訳『ヴェノナ　解読されたソ連の暗号とスパイ活動』（ＰＨＰ研究所 2010）
ディーン・アチソン、吉沢清次郎訳『アチソン回顧録１・２』（恒文社 1979）
ユン・チアン、ジョン・ハリデイ、土屋京子訳『マオ　誰も知らなかった毛沢東（上）』（講談社 2005）
ラッセル・フリードマン、中島百合子訳『フランクリン・ルーズベルト伝』（NTT出版　1991）

リヒアルト・ゾルゲ、外務省編『ゾルゲの獄中手記』（山手書房新社 1990）
ロバート・B・スティネット著、妹尾作太男監訳、荒井稔・丸田知美共訳『真珠湾の真実　ルーズベルト欺瞞の日々』（文藝春秋　2001）
ロベルタ・ウールステッター著、岩島久夫・斐子訳『パールハーバー：トップは情報洪水の中でいかに決断すべきか』（読売新聞社 1987）
安倍源基『昭和動乱の真相』（原書房 1977）
石川信吾『真珠湾までの経緯』（時事通信社 1960）
入江昭著・篠原初枝訳『太平洋戦争の起源』（東京大学出版会 1991）
太田耐造追想録刊行会編『太田耐造追想録』（太田耐造追想録刊行会 1972）
大橋忠一『太平洋戦争由来記』（要書房 1952）
小尾俊人編『現代史資料３ ゾルゲ事件』（みすず書房 1962）
清沢洌『アメリカは日本と戦はず』（千倉書房　1932）［山本義彦編『清沢洌選集　第一巻』（日本図書センター 1998）収録］
来栖三郎『泡沫の三十五年』（中央公論社 1986）
小谷賢『イギリスの情報外交』（PHP研究所 2004）
斎藤良衛『欺かれた歴史　松岡と三国同盟の裏面』（読売新聞社 1955）
佐藤賢了『大東亜戦争回顧録』（徳間書店 1966）
産経新聞「ルーズベルト秘録」取材班『ルーズベルト秘録（上）（下）』（扶桑社　2000）
塩崎弘明「日蘭開戦の背景と経緯」『紀要』第29号（長崎純心大学・長崎純心大学短期大学部 1992）, pp.37-50
幣原平和財団編『幣原喜重郎』（幣原平和財団 1955）
須藤眞志『真珠湾〈奇襲〉論争』（講談社 2004）
須藤眞志『日米開戦外交の研究』（慶應通信 1986）
須藤眞志『ハル・ノートを書いた男 日米開戦外交と「雪」作戦』（文藝春秋 1999）
須藤眞志「ハル・ノートと満州問題」『法學研究』69巻12号（慶應義塾大学法学研究会 1996.12）, pp. 163-180
高山信武『参謀本部作戦課の大東亜戦争』（芙蓉書房出版 2001）
竹前栄治『ＧＨＱの人びと』（明石書店 2002）
田中新一『大戦突入の真相』（元々社 1955）
寺崎英成、マリコ・テラサキ・ミラー編著『昭和天皇独白録　寺崎英成・御用掛日記』（文藝春秋 1991）
東郷茂徳著・東郷茂徳記念会編『時代の一面』（原書房 1985）
富田健治『敗戦日本の内側—近衛公の思い出—』（古今書院 1962）
日本外交学会編『太平洋戦争原因論』（新聞月鑑社 1953）
日本国際政治学会 太平洋戦争原因研究部編『太平洋戦争への道　第一巻　満州事変前夜』（朝日新聞社 1963）
日本国際政治学会 太平洋戦争原因研究部編『太平洋戦争への道　第二巻　満州事変』（朝日新聞社 1962）

日本国際政治学会 太平洋戦争原因研究部編『太平洋戦争への道　第六巻　南方進出』（朝日新聞社 1963）
日本国際政治学会 太平洋戦争原因研究部編『太平洋戦争への道　第七巻　日米開戦』（朝日新聞社 1963）
野村吉三郎『米国に使して』（岩波書店 1946）
野本一平『宮城与徳　移民青年画家の光と影』（沖縄タイムス社 1997）
長谷川毅『暗闘』（中央公論新社 2006）
平間洋一『第二次世界大戦と日独伊三国同盟』（錦正社 2007）
保阪正康『蔣介石』（文藝春秋 1999）
保阪正康『東条英機と天皇の時代（上）（下）』（文藝春秋 1988）
細谷千博・斎藤真・今井清一・蠟山道雄編『日米関係史―開戦に至る十年（1931-41年）1　政府首脳と外交機関』（東京大学出版会 1971, 2000）
細谷千博・斎藤真・今井清一・蠟山道雄編『日米関係史―開戦に至る十年（1931-41年）2　陸海軍と経済官僚』（東京大学出版会 1971, 2000）
細谷千博・斎藤真・今井清一・蠟山道雄編『日米関係史―開戦に至る十年（1931-41年）3　議会・政党と民間団体』（東京大学出版会 1971）
三田村武夫『戦争と共産主義』（民主制度普及会 1950）
三輪宗弘『太平洋戦争と石油――戦略物資の軍事と経済』（日本経済評論社 2004）
武藤貞一『抗英世界戦争』（清水書店 1937）
森山優『日米開戦と情報戦』（Kindle版）（講談社 2016）
『［決定版］太平洋戦争③「南方資源」と蘭印作戦』（学習研究社 2009）

〈著者略歴〉
斎藤三知雄（さいとう　みちお）
米国在住の市井の歴史研究者。早稲田大学卒業。南カリフォルニア大学大学院修了。ローカライゼーション産業に従事するかたわら、歴史研究に着手する。全米のアーカイブ（米国立公文書館、米国議会図書館、フーバー研究所、ルーズベルト大統領図書館、トルーマン大統領図書館など）や大学図書館（南カリフォルニア大学、UCLA、スタンフォード大学など）で調査を行う。特に関心のあるテーマは、太平洋戦争前後の日米関係である。

出版コーディネート：有限会社イー・プランニング

日米開戦と二人のソ連スパイ
ホワイトとヒスが石油禁輪を促した

2022年8月2日　第1版第1刷発行

著　　者　斎　藤　三　知　雄
発 行 者　永　田　貴　之
発 行 所　株式会社ＰＨＰ研究所
東京本部　〒135-8137　江東区豊洲5-6-52
第一制作部　☎03-3520-9615（編集）
普及部　☎03-3520-9630（販売）
京都本部　〒601-8411　京都市南区西九条北ノ内町11
PHP INTERFACE　https://www.php.co.jp/

組　　版　有限会社メディアネット
印 刷 所　株式会社精興社
製 本 所　東京美術紙工協業組合

ISBN978-4-569-85252-2